◇ 现代经济与管理类规划教材
普通高等教育"十三五"规划教材

财政与税收
（第 3 版）

段治平　常　晋　朱海涛　编著

清华大学出版社
北京交通大学出版社
·北京·

内容简介

本书坚持遵循财政学的一般分析框架,并对税收有所侧重的编写思想,结合我国财政、税收改革前沿情况,力求用生动、简洁的语言、图表、案例,准确阐述财政与税收的一般规律和基本理论、基本业务及基础知识,重点反映政府与市场的关系、财政职能、财政支出、财政收入、财政管理及财政政策,并通过专题等形式介绍我国的财政改革实践,尤其是税收的改革实践。通过本书的学习,学生不仅可以明确财政与税收的研究对象,掌握财政与税收的最基本概念,了解财政与税收的基本业务,还可以拓宽非财政专业学生的知识结构,提高学生从事经济工作的综合素质,以尽可能了解和熟悉这个变革的社会。

本书可作为高等院校非财政专业学生教材,尤其是开设财政与税收课程或不开设税收学只开设财政学(对税收有所侧重)课程的教学用书,也可作为注册会计师、会计专业技术资格考试参考用书和广大经贸财会从业人员的学习参考书和培训用书。

本书封面贴有清华大学出版社防伪标签,无标签者不得销售。
版权所有,侵权必究。侵权举报电话:010-62782989 13501256678 13801310933

图书在版编目(CIP)数据

财政与税收/段治平,常晋,朱海涛编著.—3版.—北京:北京交通大学出版社:清华大学出版社,2020.10
 现代经济与管理类规划教材
 ISBN 978-7-5121-4241-1

Ⅰ. ①财⋯ Ⅱ. ①段⋯ ②常⋯ ③朱⋯ Ⅲ. ①财政-中国-高等学校-教材 ②税收管理-中国-高等学校-教材 Ⅳ. ①F812

中国版本图书馆 CIP 数据核字(2020)第 109666 号

财政与税收

CAIZHENG YU SHUISHOU

责任编辑:吴嫦娥

| 出版发行: | 清华大学出版社 | 邮编:100084 | 电话:010-62776969 | http://www.tup.com.cn |
| | 北京交通大学出版社 | 邮编:100044 | 电话:010-51686414 | http://www.bjtup.com.cn |

印 刷 者:北京鑫海金澳胶印有限公司
经   销:全国新华书店
开   本:185 mm×260 mm   印张:19.75   字数:506 千字
版 印 次:2008 年 1 月第 1 版   2020 年 10 月第 3 版   2020 年 10 月第 1 次印刷
定   价:59.00 元

本书如有质量问题,请向北京交通大学出版社质监组反映。对您的意见和批评,我们表示欢迎和感谢。
投诉电话:010-51686043,51686008;传真:010-62225406;E-mail:press@bjtu.edu.cn。

前 言

财政是国家治理体系的基础和支柱，税收事关广大纳税人和人民群众的直接利益，也是国家治理体系的重要组成部分。十八大以来，我国全面深化财税体制改革，重点推进中央与地方财政事权与支出责任划分、预算管理制度、税收征管体制三大改革，保民生、调结构、稳增长，正在"优化资源配置""维护市场统一""促进社会公平""实现国家长治久安"等方面持续地发挥着积极作用，也越来越受到社会各界的共同关注。

财政是以国家（或政府）为主体的经济（或分配）活动、经济行为或经济现象，是政府集中一部分国民收入用于履行政府职能和满足公共需要的收支活动，以实现优化资源配置、公平分配及经济稳定和发展等目标。实践中，财政表现为政府的一系列收支活动或政府的理财活动，是国家经济和政治活动的综合反映，是市场经济下公共经济活动的主要方面和政府调控经济的主要手段。财政活动，与我们每个人所处的社会经济生活密切相关。

财政学是研究财政收支活动及政策的科学，是从财政现象入手，并透过财政现象探索财政本质，揭示支配这些现象的规律性。财政学作为经济学的一个分支，其目标的确定、过程的分析、结果的评价完全遵循与经济学研究相一致的原则，并将整个国民经济划分为"政府"和"市场"（或者是"公"与"私"）两大部分，从二者的相互关系来研究经济，力图使政府活动更能符合全民利益最大化的经济目标。财政学知识不仅仅是财经管理人才知识结构不可缺少的组成部分，也是当代大学生应当了解和掌握的基本知识与技能。为学好这门课程，学习时应注意以下几点。

第一，财政学涉及面广，牵涉问题复杂，要抓主要矛盾，找出问题的本质和分析主线，有利于尽快掌握财政学的精髓。1892年，巴斯塔布尔的《公共财政学》是第一本正式出版的英文财政学专著。该书遵循着"基本理论—公共支出—公共收入—支出与收入的关系（主要涉及赤字与公债问题）—财政管理与控制"的思路，建立了自己的基本框架。本书的编写，沿用了这一基本框架：基本理论—财政支出—财政收入—国家预算与预算管理体制—财政平衡与财政政策。

第二，把财政学学习置于一个特定的社会经济背景之中。经济决定财政，财政影响经济，财政与经济的关系是财政学的一条根本线索。财政活动是在特定的社会经济环境中进行的，国民经济的运行决定了财政运行的范围、目标和方式。反过来，财政作为政府的活动，又强有力地影响着社会经济过程，直接影响投资、消费和进出口，影响GDP的增长和结构，影响收入分配和各阶层之间的收入差距，影响经济的稳定和可持续发展。现代财政学理论认为，经济活动是一切活动的核心，必须把财政问题放到经济活动中来研究、考察，才能对财政问题产生更高的认识。财政学作为一门应用经济学，更应在学习中做到理论联系实际，决不能仅仅局限在书本之内，要关注国内外经济形势，尤其是政府财政领域的走向，做到学以致用。为此,要尽量切合实际,同我国的改革实践结合起来,与当前的热点、焦点、敏感问题联系起来,留意一些相关性、背景性知识。通过学习,尽快认识、熟悉这个变革的社会。果真如此,财政学的学习就不会显得枯燥,不会脱离实际。

第三,坚持立足于国内,中学为体,西学为用。学习借鉴西方财政理论,要紧密结合中国国情,如我国经济不发达,具有发展中国家财政的某些共同特征,经济格局呈现明显的"二元结构",中国实行的社会主义市场经济体制是由原来以政府为主导的计划经济体制转换过来的,当前的市场经济体系还不完善,市场机制还不健全等。这是一条完全不同于西方式的构建路径。当然,同为"财政",又决定了东西方财政实践与理论具有共性,都以政府收支的全过程作为分析对象。在学习过程中,要留意国外的财政理论与实践,注重比较与借鉴,以发展我国的财政理论,更好地指导我国的财政改革实践,服务于建立中国特色的社会主义市场经济体制和国家治理能力的现代化。

第四,实证分析与规范分析相结合。实证分析,就是按事物的本来面目描述事物,说明研究对象"是什么",它着重刻画经济现象的来龙去脉,概括出若干可以通过经验证明正确或不正确的基本结论。实证分析运用于财政学,就是要按照财政活动的原貌,勾勒出从财政取得收入直至安排支出的全过程及其产生或可能产生的经济影响、财政活动同整个国民经济活动的相互作用,以及组织财政活动所建立的机构、制度和各种政策安排。规范分析要回答的问题是"应当是什么",即确定若干准则,并据以判断研究对象目前所具有的状态是否符合这些准则。如果存在偏离,应当如何调整。规范分析运用于财政学,就是要根据社会主义市场经济这一制度前提,根据公平与效率这两大基本社会准则,判断目前的财政制度是否与上述前提和准则相一致,探讨财政制度的改革问题。

基于上述认识,本书坚持基本遵循财政学的一般分析框架,并对税收有所侧重的编写思想,结合我国财政、税收改革前沿,力求用生动、简洁的语言、图表,准确阐述财政与税收中最一般的规律和基本理论、基本业务和基础知识,重点反映政府与市场的关系、财政职能、财政支出、财政收入、财政管理及财政政策等。为介绍我国财政改革实践,尤其是税收的改革实践,本书正文中穿插专题学习资料。本书可作为高等院校非财政专业学生教材,尤其是开设财政与税收课程或不开设税收学而只开设财政学(对税收有所侧重)课程的教学用书,也可作为注册会计师、会计专业技术资格考试参考用书和广大经贸财会从业人员的学习参考书和培训用书。

本书第1版于2008年由北京交通大学出版社和清华大学出版社联合出版。第1版由段治平担任主编,辛波、陈金库担任副主编。书稿写作分工如下:第1章、第2章、第12章由段治平编写;第3章、第6章由辛波编写;第4章、第5章由朱海涛编写;第7章由黄燕编写;第8~11章由朱智强编写;第14章由聂国栋、陈金库编写;第13章由段治平、陈金库编写;第15章、第16章由聂国栋编写。在编写过程中,李佳、吕志昌、高祖艳、王娟、王文杰等研究生参与了习题的补充修订、正文校核等工作。

本书第2版于2012年出版,修订工作主要有以下三个方面:一是进一步明确和完善有关理论与概念,如流动性陷阱、拉弗曲线、对公平的衡量方法、财政支出范围及原则等;二是对书中知识点、开篇导言、专题、案例、关键词、思考题等做了适当修正;三是对有关的财政与税收政策和相关数据进行更新。再版修订工作基本遵循第1版的分工:第1章、第2章、第12章由段治平、张炳泉负责完成;第13章由段治平、陈金库负责完成;第3章、第

6 章由辛波负责完成；第 4 章、第 5 章由朱海涛、张炳泉负责完成；第 7 章由黄燕、吕君负责完成；第 8 章、第 9 章、第 10 章、第 11 章由朱智强、吕君负责完成；第 14 章由聂国栋、陈金库负责完成；第 15 章、第 16 章由聂国栋负责完成。全书由段治平审核。

本书出版以来，蒙读者垂青，十余年时间重印 9 次，发行近 5 万多册。欣慰之余，我们深知，如何将新时代具有中国特色的现代财税理论、财税思想、财税实践尽可能地反映到教材中则是一项十分紧迫的任务。为此，在出版社和广大读者的支持下，我们从 2018 年初开始，着手本书的修订工作。本书修订工作主要有以下五个方面：一是结合十八大以来我国财税体制不断探索，对我国财政实践和财政理论的演进脉络进行重新梳理；二是在"政府、市场与财政"基础上，增加了社会与政府、市场、社会、财政的关系分析等相关内容；三是更新了相关的财税政策，尤其是税收政策的变动情况；四是数据更新，尽可能更新到 2019 年；五是对书中开篇导言、专题、案例、练习题等做了相应修改。本书再版修订工作是在第 2 版基础上进行的，分工如下：第 1~6 章、第 12~16 章由常晋负责完成，第 7~11 章由朱海涛负责完成，全书由段治平审核。

在本书出版与修订过程中，北京交通大学出版社的吴嫦娥女士支持良多，一些热心读者特别是财税专业的师生对教材修改提出了许多建议和意见，在此一并致以真挚的感谢！

为方便教师教学和学生学习，本书各章配有大量练习题，请登录北京交通大学出版社网站下载使用，或发邮件至 cbswce@jg.bjtu.edu.cn 索取。

十余年来，我们一直致力于一本生动简洁、内容丰富、通俗易懂，并能跟上时代步伐的财税教材，但由于笔者能力有限，难免存在一些疏漏之处，恳请广大读者批评指正。

编　者
2020 年 7 月

目 录

第1章　财政与财政学基本理论 …… 1
 1.1　财政活动、财政与财政学 …… 2
 1.2　西方财政理论变迁 …… 4
 1.3　中国财政思想与财政理论变迁 … 9
 ◇　本章小结 …… 15
 ◇　关键词 …… 16
 ◇　思考题 …… 16

第2章　政府、市场、社会与财政 …… 17
 2.1　政府、市场与社会的关系 …… 17
 2.2　财政的职能 …… 22
 2.3　构建中的现代财政制度 …… 25
 ◇　本章小结 …… 27
 ◇　关键词 …… 28
 ◇　思考题 …… 28

第3章　财政支出总论 …… 29
 3.1　财政支出范围及其分类 …… 30
 3.2　财政支出的规模与结构 …… 34
 3.3　财政支出绩效与制度管理 …… 41
 ◇　本章小结 …… 51
 ◇　关键词 …… 52
 ◇　思考题 …… 52

第4章　购买性支出 …… 53
 4.1　购买性支出概述 …… 53
 4.2　消耗性支出 …… 54
 4.3　投资性支出 …… 63
 ◇　本章小结 …… 66
 ◇　关键词 …… 66
 ◇　思考题 …… 66

第5章　转移性支出 …… 67
 5.1　转移性支出概述 …… 68
 5.2　社会保障支出 …… 69

 5.3　财政补贴支出、外援支出和债务支出 …… 94
 ◇　本章小结 …… 99
 ◇　关键词 …… 99
 ◇　思考题 …… 99

第6章　财政收入总论 …… 100
 6.1　财政收入分类 …… 101
 6.2　财政收入规模 …… 106
 6.3　财政收入原则 …… 112
 ◇　本章小结 …… 114
 ◇　关键词 …… 114
 ◇　思考题 …… 115

第7章　税收原理 …… 116
 7.1　税收性质及征税理论 …… 116
 7.2　税制要素与税收分类 …… 118
 7.3　税收负担及其转嫁与归宿 …… 124
 7.4　税收的经济效应与税收原则 … 129
 7.5　我国税收制度的演变及当前改革的主要内容 …… 132
 ◇　本章小结 …… 138
 ◇　关键词 …… 139
 ◇　思考题 …… 139

第8章　流转税 …… 140
 8.1　流转税概述 …… 140
 8.2　增值税 …… 143
 8.3　消费税 …… 152
 8.4　关税 …… 159
 ◇　本章小结 …… 163
 ◇　关键词 …… 163
 ◇　思考题 …… 163

第9章　所得课税 …… 164

9.1 所得课税概述……………… 165
9.2 企业所得税………………… 168
9.3 个人所得税………………… 177
◇ 本章小结………………… 187
◇ 关键词…………………… 188
◇ 思考题…………………… 188

第10章 财产及其他课税……… 189
10.1 财产课税概述……………… 189
10.2 财产保有税………………… 191
10.3 财产转让税………………… 198
10.4 其他税收…………………… 205
◇ 本章小结………………… 213
◇ 关键词…………………… 213
◇ 思考题…………………… 213

第11章 税收管理与税款征收…… 214
11.1 税务管理…………………… 214
11.2 税款征收…………………… 217
11.3 税务检查与违章处理……… 220
◇ 本章小结………………… 222
◇ 关键词…………………… 222
◇ 思考题…………………… 222

第12章 政府收费收入………… 223
12.1 政府收费及政府收费原则…… 223
12.2 政府收费的分类…………… 229
12.3 政府收费制度及收费
　　 制度创新………………… 233
◇ 本章小结………………… 238
◇ 关键词…………………… 238
◇ 思考题…………………… 238

第13章 国有资产收入………… 239
13.1 国有资产的形成与分类…… 239

13.2 国有资产管理与运营……… 243
13.3 国有资产收入与国有
　　 资产收益………………… 249
◇ 本章小结………………… 253
◇ 关键词…………………… 253
◇ 思考题…………………… 253

第14章 国家公债……………… 255
14.1 公债概述…………………… 256
14.2 公债制度…………………… 260
14.3 公债市场…………………… 263
14.4 公债的管理………………… 265
◇ 本章小结………………… 268
◇ 关键词…………………… 269
◇ 思考题…………………… 269

第15章 国家预算与预算管理体制… 270
15.1 国家预算概论……………… 271
15.2 国家预算制度……………… 275
15.3 国家预算管理体制………… 278
◇ 本章小结………………… 284
◇ 关键词…………………… 285
◇ 思考题…………………… 285

第16章 财政平衡与财政政策…… 286
16.1 财政平衡与社会总
　　 供求平衡………………… 287
16.2 财政政策…………………… 291
16.3 财政政策与货币政策
　　 的配合…………………… 299
◇ 本章小结………………… 303
◇ 关键词…………………… 304
◇ 思考题…………………… 304

参考文献………………………… 305

第 1 章 财政与财政学基本理论

【学习目的】

掌握财政活动、财政、财政学概念,了解财政学与其他相关学科的关系,熟悉中西方财政理论与实践的演变过程,了解东西方财政理论的异同。

【开篇导言】

平常家里过日子,今年一共有多少钱可以花,往哪儿花,花得对不对,每个人可能作为家里的成员,一定非常关心。如果是一个国家,你是不是同样关心?这就涉及财政问题。

在当今社会,说起"财政",人们并不陌生,财政问题和财政现象无处不有、无处不在,并与每个单位、个人的利益息息相关。2019 年,中央一般公共预算收入 89 309.47 亿元,为预算的 99.5%。加上从中央预算稳定调节基金及中央政府性基金预算、中央国有资本经营预算调入 3 194 亿元,收入总量为 92 503.47 亿元。中央一般公共预算支出 109 475.01 亿元,完成预算的 98.4%。加上补充中央预算稳定调节基金 1 328.46 亿元,支出总量为 110 803.47 亿元。收支总量相抵,中央财政赤字 18 300 亿元,与预算持平。2019 年,中央政府性基金预算收入 4 039.78 亿元,为预算的 96.3%。加上 2018 年结转收入 360.4 亿元,收入总量为 4 400.18 亿元。中央政府性基金预算支出 4 178.84 亿元,完成预算的 91.9%,主要是铁路建设基金等基金收入减少、支出相应减少,以及民航发展基金具备执行条件的项目储备不足。其中,中央本级支出 3 113.39 亿元,对地方转移支付 1 065.45 亿元,向一般公共预算调出 4.23 亿元。中央政府性基金收入决算数比执行数增加 0.16 亿元,支出决算数比执行数减少 0.02 亿元。财政收入保持平稳较快增长,财政支出保持较高强度,支出进度总体加快,对重点领域和关键环节的支持力度进一步加大,有力促进了经济社会平稳健康发展。

"财政"就在我们身边。从早到晚:水、电、煤气、公共汽车……从生到死:医院、幼儿园、学校、失业与再就业、社会保障……财政问题不仅是经济学问题,而且广泛地涉及政治学、行政学、法学、教育学、心理学等方面。正像萧伯纳把经济学喻为一门使人生幸福的艺术一样,财政学是促进人们树立和增强社会意识、宏观意识、和谐意识、平衡意识的助动器,是人的自然属性和社会属性完美结合的黏合剂。作为当代大学生,应该对财政、税收方面的知识,尤其是我国的财政税收状况和改革方向有一个基本的了解。

本章从财政活动入手,引出财政的概念,以及财政学所要研究的内容、研究视角,并系统论述了西方财政理论变迁情况、我国财政思想与财政理论变迁情况。希望通过这样简单明了的安排,开启财政与税收知识殿堂的大门。

1.1　财政活动、财政与财政学

1.1.1　财政活动

财政活动，首先表现为财政支出。财政支出，与各级政府的职能与事权相统一，也与特定社会经济条件下的难点、重点、热点问题紧密相关。前者如政府机关的行政经费、国防费用、文化科学教育费用及各项政府性投资；后者如"三农"问题、社会保障问题、贫困问题、地区发展不平衡问题、国企改革与银行改制问题等。从理论上讲，凡是政府职能需要花钱的地方，都需由财政支出来完成。

"财政"既表现为各级政府的支出安排，又反映出企业与个人必须向政府缴纳各种税收和费用。这就涉及财政收入问题。财政收入主要是各项税收，另外还有政府性收费、国有资产收益等非税收入。而公债则为财政收入的一种特殊形式越来越受到人们的关注。

财政收支是财政活动最直接的表现。财政活动还包括财政管理、财政政策与财政调控等。财政管理涉及财政资金的使用效率问题，财政支出应该用在何处，怎样用更少的钱办更多的事；而财政政策的调整，更会影响到整个社会的运转，也会不同程度地影响到企业、个人和家庭的决策。

可见，财政支出、财政收入、财政管理、财政政策问题，不仅仅是政府自身的问题，而且与一般公众有着较为密切的关系。政府的这种财政活动是国家经济和政治活动的综合反映，是市场经济下公共经济活动的主要方面和政府调控经济的主要手段，已经深入地贯穿于现代社会经济生活之中。

1.1.2　财政概念

"财政"一词属于外来语。据考证，"finance"一词起源于拉丁语 finis，意思为货币支付，表示一切货币关系的总和。16世纪末期，法国政治家布丹在其所著《共和国六讲》一书中使用了"财政"一词，并且将它由拉丁文的 finare 写成法文 finances，专指财政收入和公共理财活动。到了18世纪，英国著名的古典政治经济学代表人物亚当·斯密的代表作《国民财富之性质与原因的研究》中多处使用 finance。直到1892年巴斯塔布尔才用 public finance 表述"财政"这个概念（汉语的意思是公共财政）。这一表述虽然得到西方大多数学者的赞同，但也不乏反对者。例如，1898年阿当斯就曾以 science of finance 来表述，1937年瞻森曾以 government finance 来表述，1965年约翰森则以 public economics 来表述。

"财政"虽然是一个具有悠久历史的经济范畴，但我国古代没有"财政"这个词，却有属于财政范畴或接近于财政范畴的术语。如文献中所说"乘其财用之出入"，在这里"乘"是计算的意思，"财用"是指货物和货币，"出入"实际上就是指财政收入与支出。除此之外，诸如"国用""国计""邦计""理财""度支""计政"等也都不同程度地表达了财政的概念及其思想。

"财政"一词在我国的出现还是百年前的事情。1898年（光绪二十四年），在戊戌变法"明定国是"诏书中有"改革财政，实行国家预算"的条文。梁启超在《自由书二·文明与英雄之比例》中写道："财政愈充溢，国势愈进步。"1906年（光绪三十二年），实行新官制，改户部为度支部，中央在度支部下设"清理财政处"，各省设"清理财政正、副监理官"等职官。但当时对"财政"的理解偏重于货币，所以所设"财政处"的主要职责是负责铸币，包括铜钱、银币、纸币及制定各种钱币发行的制度规则等，直到建立民国（1912年）以后，才逐渐对"财政"有了较全面的理解[①]。陈启修的《财政学总论》一书，是中国最早的财政学专著之一，他强调："财政者公共团体之经济或经济经理也；易词言之，即国家及其他强制团体当其欲满足其共同需要时关于所需经济的财货之取得管理及使用等各种行为之总称也。"寿景伟的《财政学》就明确提到了"公共财政"概念，并从公共财政的角度对全书进行了分析。该时期对财政概念的概括，以尹文敬的《财政学》（1935年出版）最具代表性。他指出，财政"即国家或地方政府，当其欲满足共同需要时，关于所需经济的财货之取得、管理及使用等各种行为之总称也"。20世纪40年代中华书局所出版的《辞海》是这样解释的："财政谓理财之政，即国家或公共团体以维持其生存发达为目的，而获得收入、支出经费之经济行为也。"

新中国成立初期至改革开放前，对于财政的定义，主要有两种论点：第一种论点认为财政是以国家为主体所进行的分配，第二种论点认为财政是国家的经济活动。我国1986年出版的《汉语大词典》对财政的解释：谓理财之事，即国家或公共团体在资金的管理、积累、分配、使用等方面的经济活动。

现在通常的解释：财政是以国家（或政府）为主体的经济（或分配）活动、经济行为或经济现象；也可以将财政的一般概念表述为：财政是一种以国家为主体的经济行为，是政府集中一部分国民收入用于履行政府职能和满足公共需要的收支活动，以达到优化资源配置、公平分配及经济稳定和发展的目标。实践中，财政表现为政府的一系列收支活动或政府的理财活动。

1.1.3 财政学主要研究内容及研究视角

财政作为客观存在的范畴，必然促使人们不断地研究，以更好地了解、把握和驾驭它，这就产生了财政学。财政学是研究财政收支活动及政策的科学，是从财政现象入手，并透过财政现象探索财政本质，揭示支配这些现象的规律性。

财政学的体系主要有三部分：一是财政基础理论（即什么是财政，以及财政本质、财政职能等）；二是财政制度（通过一些范畴，如国家预算、国家税收、国家公债、国家财政支出、财政体制等展开）；三是财政政策。这三部分之间的关系是：财政理论是基础，财政制度是实践，理论通向实践的桥梁是财政政策。

财政与经济的关系是财政学的一条根本线索。财政为国家命脉、政治关键和经济枢纽。国民经济的运行决定财政的运行，财政运行反过来影响国民经济的运行。财政学作为经济学的一个分支，其目标的确定、过程的分析、结果的评价完全遵循和经济学研究相一致的原则，并将整个国民经济划分为"政府"和"市场"（或者是"公"与"私"）两大部分，从二者的相互关系来研究经济，力图使政府活动更加符合全民利益最大化的经济目标。财政学所要回答的同样是经济学的四个基本问题：生产什么（生产多少私人物品，多少公共物品？政

[①] 孙文学. 公共财政框架理论简论：我国财政理论的重大发展与创新. 财经问题研究，2003（12）.

府是提供更多的医疗服务，还是提供更有利于健康的环境？），如何生产（私人部门生产还是公共部门生产？政府的政策同时也会影响企业"如何生产"的选择，如对高污染技术征税），为谁生产（如有限的公共基础教育资源如何分配？用什么机制分配？），如何决策（公共财政学的目标之一就是研究民主社会的集体决策，即社会选择是如何做出的，而且集体决策比其他经济学研究的个人决策要复杂得多，因为不同的社会成员对公共产品有不同的偏好）。

从经济学角度对财政问题进行研究，这是财政学的基本视角；而从政治学角度研究财政问题，则是财政学的重要视角。因为政治是经济的集中表现。人们所有的经济活动，都直接关系到和影响着人们的经济利益，由此而形成的经济理论也就必然要反映社会成员的各种利益要求和矛盾。这就使得经济理论研究往往难以局限于"经济"的层面，而或多或少地上升到"政治"层面上来。财政活动的主体是政府，财政活动不仅影响和牵涉各方面的利益关系，更主要的还在于作为政府活动的一个部分，它往往就是政治活动的支点和后盾。这样，财政理论上的争论，使得人们往往超越经济的范围而采用了政治的办法来解决问题。

财政学研究的视角，绝不仅仅限于经济学和政治学。政府作为现代社会的管理者，其活动还涉及各种各样的社会问题，而财政则是其处理社会问题的最重要手段之一，所以社会学也是研究财政问题的重要方面之一。此外，由于财政活动牵涉整个国家和全体社会成员的生活，因而财政学研究还必须从哲学、伦理学、心理学等视角进行。可见，财政学是一门经济学，也是一门政治学，更是一门社会学，还是一门伦理学。财政现象是国民经济的综合反映。只有具备广泛的知识并且运用这些知识来综合分析财政现象，才可能透视财政现象的真谛。

从当代中西财政活动来看，公共财政是主流，但由于各国发展情况不一，中西财政活动的演变也不一样。在西方，财政学就是公共财政学，是市场经济的产物。在中国，改革开放前主要表现为与计划经济体制相适应的财政学；改革开放后，随着市场化改革的深入，财政学正在逐步公共化，无论是体系还是内容都已大幅度向国际通行的公共财政学靠拢。

1.2 西方财政理论变迁

西方国家理财思想及财政理论，派别繁多，观点迥异。但纵观其变化，同西方经济理论一样，是伴随着资本主义制度的产生与发展而不断演进的。

西方学者认为，西方财政的原始形式最早形成于17—18世纪。当时德国有一批学者被国王选为财政金融顾问，作为国王的"智囊团"经常参加在王室私人议事室召开的会议，讨论有关国家的财政金融事务。这些学者被称为官房学者，其学派被称为"官房学派"。德国的官房学派虽然较早地研究了国家财政问题，但由于这个学派主要是为国王统治出谋划策，其论述涉及面广，对财政问题的研究并没有形成系统、科学的论述，因而只能说是西方财政学的原始形式，还不能说官房学派奠定了西方财政学的基础。西方财政理论大体可以分为四个阶段：重商主义财经理论盛行时期、古典政治经济学财经理论盛行时期、凯恩斯主义财经理论盛行时期、新自由主义财经理论及当代公共财政理论盛行时期。

1.2.1 重商主义财经理论盛行时期

重商主义出现于15世纪初，流行于16—17世纪，大约盛行了300年。重商主义的发展，经历了早期和晚期两个阶段，其经济理论的基本思想只局限于流通领域，保护主义关税、现代税收制度和国债制度是这一时期的主要财政理念。早期重商主义者，主张实行高关税率限制商品进口，防止金银外流，保护本国对外贸易，促进国内商品生产和交换的发展。晚期重商主义者，主张发展工业，扩大商品出口，限制商品进口，通过贸易顺差换回大量金银货币。重商主义的出现反映了资本主义原始积累的需要。当资本主义生产方式因工业资本的发展成熟而站稳脚跟时，这种理论也就完成了它的使命而退出了历史舞台。

1.2.2 古典政治经济学财经理论盛行时期

古典经济学财政理念盛行了200多年，历经自由资本主义和垄断资本主义两个阶段，始终居于财政经济理论的统治地位。古典经济学的财政思想主要是反对国家干预经济，提倡提高国家税收收入，强调对内加强财政管理，保护、扶持工商业发展，对外实行高关税，限制进口等。主要包括亚当·斯密的财政理论、大卫·李嘉图的财政理论、瓦格纳的财政理论和庇古的财政理论。

亚当·斯密在其1776年出版的《国民财富的性质和原因的研究》（即《国富论》）卷五中，分析了财政收入和财政支出等财政活动，标志着财政学作为一个独立学科的出现。他认为私人的、自由的经济制度在市场自发调节下能保持理想的秩序，每个人在追求最大私利的同时，社会利益也能得以最大限度地实现；国家的活动属于非生产性活动，不创造物质财富，国家职能是保护国家安全、维护社会治安、抵御外来入侵、建设并维持某些公共事业等一些对社会有益而又不可缺少的活动，充当"守夜人"的作用，应为小政府、廉价政府；关于财政收入问题，提出了以受益者负担为中心的收入理论，即按享受国家经费开支利益的大小和方向来筹集经费；关于税收问题，他提出了平等、确定、便利、最少征收费用的赋税原则；关于公债问题，提出了"公债有害论"，即不主张发行公债；关于财政支出问题，他主张严格限制、量入为出的理论，必须限制在国防、司法、公共工程建设和维护公共机关的需要。

在亚当·斯密之后，经过大卫·李嘉图、穆勒、萨伊、瓦格纳、巴斯塔布尔、道尔顿、庇古等大批学者的努力，西方财政学不断得到完善。

英国的大卫·李嘉图同意斯密关于国家职能、公债、财政收支方面的观点，又提出了自己的赋税理论和财政补贴理论。李嘉图的赋税理论主要体现在赋税总论和赋税论两个方面。在赋税总论方面，他认为任何形式的赋税都来源于利润、地租或其他形式的收入，都会减少资本积累。为了减轻对生产的破坏，他主张尽量减少对最终由资本来承担的赋税的征收，认为最好的财政计划是节约的财政计划，最好的赋税是负担最轻的赋税。在赋税论方面，他研究了包括地租税、利润税、工资税、农产品税、黄金税等当时主要的税种的转嫁、归宿问题及各项赋税政策对国民经济的影响。他反对政府对农产品进行补贴。李嘉图的一些观点和思想，被后人概括为"税收邪恶论"和"李嘉图等价定理"[1]，对后世产生了重大而深远的

---

[1] 李嘉图等价定理是英国著名古典经济学家大卫·李嘉图于19世纪提出来的。他认为，政府支出是通过发行国债融资还是通过税收融资没有任何区别，即债务和税收等价。其核心观点是国债仅仅是延迟的税收，当前为弥补财政赤字发行的国债本息在将来必须通过征税偿还，而且税收的现值与当前的财政赤字相等。从本质上来看，李嘉图等价定理是一种中性原理，认为是选择征收一次性总量税，还是发行国债为政府支出筹措资金，对于居民的消费和资本的形成，没有任何影响。

影响。

德国的瓦格纳的财政理论是建立在其国家职能理论和社会政策思想基础上的。他认为，国家职能不仅仅是维持国内秩序和防御外敌的任务，而且还要为社会的经济、文化、福利的发展服务。他主张扩大国有财产，实行铁路、保险、银行的国有化。他认为随着人类社会的发展，国家职能应该不断扩大，财政支出不断增长，并与经济的增长存在一种函数关系，即瓦格纳法则。在财政收入方面，他提出了"社会政策的赋税"的观点，认为赋税不仅仅是以满足财政需要为目的，还应当增加社会政策的目的。因此，他主张在所得税中采用累进税制，对奢侈品、财产课以重税。他还建立起了自己的赋税原则：财政政策原则、国民经济原则、公正原则和税务行政原则，即著名的瓦格纳四端九项原则。

英国的庇古对财政理论的研究根源于其社会福利经济学论——1920年出版的《福利经济学》。观点有两个：一是国民收入总量越大，社会的经济福利越大；二是国民收入在个人之间的分配越是均等，社会的经济福利越大。关于财政收入，他提出了税收最小牺牲原则，对所得税实行累进税制，对穷人实施低税或免税政策，从而达到收入的均等化，增加社会福利。关于财政支出，他主张增加失业人员、贫困家庭补助的社会福利支出，缩小收入差距，以及利用财政支出的变化，促进资源优化配置和充分就业等。庇古提出了边际私人成本与边际社会成本及外部性问题：当存在负外部性时应对企业征以特别的税收（庇古税），正外部性时则应给予一定的补贴。

除上述外，法国的让·巴蒂斯特·萨伊的名言"最好的财政计划是尽量少花费，最好的租税是最轻的租税"，一直流传至今，成为自由放任学说在财政领域的经典性表述。约翰·斯图亚特·穆勒1848年的《政治经济学原理及其在社会哲学上的若干应用》，则立足于"政府"，从探讨政府职责和任务的角度对财政问题进行分析和论述，至今仍富有现实意义。

最有理论价值的则是巴斯塔布尔1892年出版的《公共财政学》。该书首次以 *Public Finance* 为书名，为政府收支范畴给出了一个贴切的术语与概念，并将财政学从经济学中独立出来，建立了财政学的基本分析框架。紧接着，普伦1896年出版了《公共财政学导论》，亚当斯1898年出版了《财政科学：公共支收探索》，1922年道尔顿出版了《公共财政学原理》，1928年庇古出版了《公共财政学研究》。

这一阶段，财政学著作从无到有，初步建立了系统完整的财政学科体系，并且有较大发展。但这一时期的财政学，除了少量的税收理论外，更多的是对具体的税收、公共支出和公共债务活动的分析，强调的几乎全是微观分析，主要讨论的是古典的公共财政活动的配置职责[①]。

1.2.3 凯恩斯主义财经理论盛行时期

19世纪最后20年，自由资本主义开始向垄断过渡，到20世纪初形成了垄断资本主义制度，从而要求垄断资本主义的经济理论逐步取代自由资本主义经济理论。由于各种社会矛盾激化，1929—1933年爆发了资本主义历史上波及最广、最深刻、最剧烈的经济危机。这次危机从美国开始，很快冲击到整个资本主义世界的各个角落，导致整个资本主义世界的生产量下降了1/3~2/5。在此背景下，西方资产阶级过去传统的经济政策破产了。

---

① 张馨. 财政学. 北京：科学出版社，2006：16.

1936年,凯恩斯发表了《就业、利息和货币通论》,把经济危机的根源归结为"有效需求不足",要求政府放弃自由资本主义的原则,实行国家直接干预经济生活,提出了政府运用财政、货币政策,增加投资,刺激消费,实现充分就业的一整套理论政策体系。凯恩斯的财政理论与政策主张主要有以下三个方面:在财政支出方面,他论证了政府投资具有"倍数"扩张社会总需求的作用,主张政府应担负直接投资的责任("乘数原理");在税收方面,他突破了仅就增加财政收入和税负转嫁进行研究的传统界限,着重分析了税收调节收入分配、变动私人部门需求,进而调节经济运行的作用,并拟议出一套以直接税为主和以累进税为特色的课税体系;在财政宏观调控方面,他以需求管理为重点,分析了变动财政支出在促进充分就业和经济稳定增长方面的作用,特别是他首次冲破了"量入为出"的理论原则,系统地论证了财政赤字的经济合理性。

凯恩斯的《就业、利息和货币通论》发表后,以萨穆尔逊、汉森等为突出代表的许多西方经济学家致力于完善和发展凯恩斯提出的财政理论与政策思想,从而使得以加强政府干预为特点的西方财政理论得到了进一步的发展,如提出了补偿性财政政策和周期预算平衡准则等。从19世纪40年代末开始,属于宏观经济范畴的财政政策等内容开始进入西方财政学中。在凯恩斯主义的指引下,马斯格雷夫于1959年出版的《公共财政学理论:公共经济研究》,把财政的职能由资源配置扩大到了调节收入和稳定经济等三大领域,在美国建立了国家垄断资本主义时期的财政学。

1.2.4 新自由主义财经理论及当代公共财政理论盛行时期

赤字财政政策在20世纪60年代至70年代初的美国等西方国家,被信奉凯恩斯主义的总统们发挥到了极致,由此破坏了宏观经济的总体平衡,出现了严重失业与剧烈通货膨胀交替作用同步上升的"滞胀"问题。对这一问题,凯恩斯主义经济理论既不能作出解释,也不能提出政策措施加以解决,表明凯恩斯主义的失效。在这种背景下,西方经济学界发生了"凯恩斯反革命",他们捡起萨伊"供应创造自己的需求"的老招牌,反对政府干预和宏观调节,主张私有化和放松管理并削减联邦福利支出。这些派别被统称为"新自由主义"经济学派,也有人称之为"新保守主义"经济学派。其中与财政税收有直接关系的经济理论在美国是以拉弗为代表的"供应学派",间接相关的有弗里德曼所代表的"货币学派"及卢卡斯所代表的"合理预期学派",在英国则有以哈耶克为代表的伦敦学派和"撒切尔主义"等。

以米尔顿·弗里德曼为首的货币学派认为,不仅政府对经济的大规模干预窒息了市场经济的活力,而且所谓的"流动性陷阱"[①]假说也得不到实证研究的支持。因此,他们认为必须抛弃"财政最重要"的政策主张,而代之以"货币最重要"。同时,他们认为,由于货币效应存在滞后现象,政府采取反周期性的货币政策行动很难收到效果,因而主张采取"保持货币(存量)增长稳定不变"的政策。

以阿瑟·拉弗等为代表的一些学者认为,凯恩斯主义的政府干预政策不仅干扰了市场机制的有效运作,而且在注重需求管理的同时,忽视了供给问题的重要性。他们主张,政策重

---

① 流动性陷阱是凯恩斯提出的一种假说,指当一定时期的利率水平降低到不能再低时,人们会产生利率上升而债券价格下降的预期,货币需求弹性就会变得无限大,即无论增加多少货币,都会被人们储存起来。发生流动性陷阱时,再宽松的货币政策也无法改变市场利率,使得货币政策失效。此时即使货币供给增加,利率也不会再下降。

点应转到刺激生产、投资以增加供给上来，由此形成了供给学派。拉弗还提出了描述和说明政府收入或 GDP 与税率之间关系的"拉弗曲线"①，为减税以刺激供给增长的政策主张提供了理论依据。实际上，20 世纪 80 年代初美国总统里根推行供给学派的政策主张及其他一些西方国家掀起减税浪潮后，在一定程度上促进了经济增长。

当人们围绕着凯恩斯理论展开无休止的争论时，以布坎南和塔洛克为首的一批经济学家在财政学的一个重要领域取得了重大的理论进展。其核心思想是主张恢复财政谨慎原理，并要求对政治权力进行宪法约束。所以许多人认为，在财政学领域代表"新自由主义"的，是由布坎南创立的"公共选择"理论②。他们将财政作为公共经济部门，集中研究社会公共需要及其满足手段，即公共产品问题，并通过构建投票论、政治联盟论、官僚主义论和制度选择论等，运用经济分析的方法，研究了决定公共产品的生产、分配以及相关的政治与集体行动的决策过程，形成了具有很大影响的公共选择学派。这就是公共财政理论。

> **专题 1-1**
>
> **公共财政理论的基本框架**
>
> 公共财政主要是指一国政府为市场提供公共产品的分配活动或经济活动，它是与市场经济相适应的一种财政模式。公共财政是弥补市场失灵的财政，是非营利性的财政，是一视同仁的财政，是法制化的财政。公共财政理论的基本框架，主要包括以下 5 个方面。
>
> （1）财政对象："公共产品论"。西方财政学对于许多问题的研究，都是以公共产品论为研究起点的。公共产品是与私人产品相对而言的，是指具有共同消费性质的物品。从世界范围来看，大部分公共产品必须由政府直接提供。公共产品构成了市场经济中政府（财政）活动的对象。
>
> （2）财政目的："公共需要论"。人类社会的需要可以分为私人个别需要和社会公共需要。公共需要指的是社会公众对于公共产品的需要。在现代经济条件下，私人个别需要由市场提供的私人产品来满足，社会公共需要由公共部门（主要是政府）提供的公共产品来满足。政府财政的直接目的就是满足社会公众对公共产品的需要。
>
> （3）财政起因："市场失灵论"。其基本思路是：市场有效运行—市场配置资源机制失衡（市场失灵）—经济运行不稳定—政府干预—财政介入—市场运行恢复平稳。也就是说，政府干预和财政介入的根本原因是市场失灵。
>
> （4）财政模式："公共财政论"。政府经营国有资产的目的有两个：一是弥补市场缺陷，不以盈利为目标；二是进入竞争性领域，追逐利润最大化。西方财政理论认为，首先应该为私人经济活动创造各种有利条件，为市场经济的有效运转提供服务，主张单一的公共财政模式，即把政府财政的活动范围界定在市场失灵领域之内。

---

① 拉弗曲线（Laffer curve）：一般情况下，税率越高，政府的税收就越多。但税率的提高超过一定的限度时，企业的经营成本提高，投资减少，收入减少，即税基减小，反而导致政府的税收减少。描绘这种税收与税率关系的曲线叫作拉弗曲线。拉弗先生以其"拉弗曲线"而著称于世，并当上了里根总统的经济顾问，为里根政府推行减税政策出谋划策。

② 陈宝森．西方财政理论研究．北京：经济科学出版社，2005：3．

(5) 财政决策:"公共选择论"。财政是为政府提供公共产品服务的,但提供什么样的公共产品就是财政的决策过程。公共产品的供应是建立在个人效用和偏好基础之上的,这就需要公共抉择,而代议制民主制度及公决或议会投票等成为政府预算决策的手段与依据。

1.3 中国财政思想与财政理论变迁

中国历史悠久,各朝各代都十分重视"定赋税、制国用"。植根于中国的财政思想更值得我们关注。尤其是在改革开放时期,中国财政理论变化最激烈、发展最迅速、思想最活跃、创新和成果也最为丰富。与计划经济体制下的财政学研究相比较,改革开放以来,财政学理论研究最鲜明的特点是引进、学习和借鉴西方财政学理论,否定计划型财政理论,财政理论中的市场性因素和内容逐步增加,并指导和服务于市场化改革。

1.3.1 古代财政实践与财政思想

中国古代财政思想一般是指从西周到鸦片战争之前中国封建经济时期的财政思想。从社会发展的进程及其财政思想演变的特点来看,中国古代的财政经济思想可分为:封建领主经济阶段(自西周至春秋战国时期)的财政思想,也称先秦财政思想;封建地主经济前期(自秦汉到唐王朝时期)的财政思想;封建地主经济后期(自北宋至鸦片战争前)的财政思想。概括中国传统的封建财政思想,主要包括义利观、徭役、赋税、土地思想、财富、理财、均输、常平、漕运、盐政、救荒、养民、会计、农本商末、外贸、屯田、奢俭、富民、量入为出、均节财用、量出制入、职业分工、封建财政收支等理论观点①。

周公的勤政裕民、量入为出、均节财用(均平、合理定额管理和专款专用)原则,明确划分财政收支项目,建立有明确职权划分的能相互监督的财政管理机构、对财政收支活动定期进行考核检查等一系列财政思想,对后世产生了相当大的影响。

战国时期的财政思想及其政策主张以齐国和秦国为代表。齐国管仲的财政思想,是以"治国必先富民"为基础的,具体有无税论和平准论,以无税论为依据制定了专卖政策、国有政策、官营政策,以平准论为依据制定粮食国有政策和调节价格政策,并获得成功,称霸最早。秦国的商鞅变法力求富国强兵,其财政政策,一是重农抑商政策,包括实行贵粟、徕民、令农为战、按功封爵等;二是实行重税政策,商鞅主张以课税为财政收入主要来源,不采取国有、官营和专卖政策,税收负担尤以商业及奢侈品为重。他的严刑重罚的法治精神,为历代政治改革家所推崇②。

西汉初年,吸取秦朝迅速灭亡的教训,十分注意休养民力。陆贾:"秦非不欲为治,然失之者及举措暴众而用刑太极故也。"汉高祖刘邦时代,以"无为"思想为指导,推行重农

---

① 项斌,马傅. 中国古代财政思想史稿. 北京:中国财政经济出版社,1993.
② 一般来讲,儒家的财政思想重"仁""义""罕言利",主张薄赋敛,均节财,反对国家干涉经济;法家的财政思想贯彻"法治"主义,实行"富国强兵"的政策,"重财利",主张国家干预经济。

抑商和田赋轻征政策。汉武帝时代，桑弘羊的"民不加赋，而国富足"及著名的"均输""平准"政策，对后世影响较大。而"租赋制—编户制度"在两汉比较盛行，即编户农民对国家承担田租、算赋、口赋和兵役四项负担，赋以丁计。

魏、晋、南北朝、隋至中唐时期的财政政策主要有："屯田制度"（曹魏招民屯田），"户调制"（废除以人头计算的口赋和算赋制），"占田制"（允许农民占有一定数量土地），"租调制"（即北魏田赋制度，"调"即人丁均田，按户征收），"唐初租庸调制"（庸即纳绢代役）。唐代中期至明中后期的财政政策主要是"两税法"，即以户税、地税为主统一各项税的新税制。"两税法"明确提出量出为入的财政原则，从而改变了从西周以来一直奉行的量入为出的财政原则。其间，唐代刘晏的"理财常以养民为先"，杨炎的"凡百役之费，先度其数而后赋于人，量出制入"（意思是要先核定国家的财政支出规模，然后再去征税），北宋王安石的"因天下之力，以生天下之财，取天下之财，以供天下之用"及"均节财用"的财政思想，使他们成为当时善理财政、改革税赋功勋卓著的杰出代表人物。

明万历九年（1581年），张居正为了增加国家田赋收入和改变徭役不均的现象，在全国推行一条鞭法，即赋役合一、随田亩征收；正杂统筹，正杂税和各费合并为一简化税制，官收官解，雇人应役；计亩征银，由实物转为货币税。一条鞭法的实行，从税制上结束了二千多年来赋役分征的历史，开始赋役合一，征于田亩。在理财方面，明代丘浚提出"理财之道，以生财之道为本"的治财哲理。

清康熙五十一年（1712年），以当年人丁数为准，以后"滋生人丁永不加赋"，为摊丁入地准备了条件。到雍正六年（1728年），全国实行"丁银摊入地亩"的制度，即将丁口赋完全摊入地亩，或摊入税粮，后称这项赋税制度为摊丁入地制度。这项制度不仅包括地租，而且包括丁银，故又称地丁银制度。

中国古代财政思想文献数量较多，较同期世界上任何其他文明国家都更为丰富，散见于各代典籍的财政思想及理财之道的论说汗牛充栋，文化遗产博大精深。但中国古代众多的财政思想主要是作为王道哲学中治国平天下的理财之政来论述的，并没有把这些内容进行科学理论的论述，未能形成系统的财政理论体系，使其成为一门财政学。

1.3.2　近代财政实践与财政理论

清代后期国家财政主要表现为：国家财政成为外国资本主义的附庸，中国政治、经济包括财政金融命脉，大多掌握在帝国主义列强手中；军费开支及政府经费占国家财政支出大部分，其中包括中国人民反抗帝国主义入侵的战争经费和帝国主义支持清王朝镇压人民革命的军费开支；收入方面加重旧税，开征新税，即田赋的附加和摊派，食盐的加价、关税和厘金的开征；在抵抗外国侵略战争中，屡战屡败，败则赔款，赔款又转为外债，并以关税等收入作担保，使清后期财政走入绝境。

辛亥革命胜利后，西方列强对革命政府缺乏信任，不但将中国关税收入控为己有，而且也拒绝贷款给新政府。北洋政府统治时期，在财政方面，预算年度采用跨年制，政府会计年度从每年的7月1日开始，到次年的6月30日止；将税收收入划分为国家税和地方税的同时，中央政府与地方政府也拥有了各自的税收征管机构。

1927—1949年，国民政府财政的特征主要表现在以下两个方面：其一，财政活动的规范化有了较大进展；其二，建立了适应现代资本主义经济发展要求的新型税制结构。国民政府的财政收入以税收收入为主,辅之以专卖收入、行政收入、官产收入、债务收入和其他零星收入。这一时期,我国资本主义经济发展,开始出现工业的初步迹象,加上抗日战争对经济建设的需要,当时的国民党政府也在经济发展和政府财政管理体制方面做出了一定的努力,财政学也有了传播和发展的空间[①]。但中国的财政学基本上还处于引入西方公共财政学的阶段,带有很强的编译性质,没有具有中国特色的财政学的存在,基本上都持有公共财政观,都是从国家或政府的公共活动角度来分析财政支出、财政收入、财政平衡和财政管理等问题。

1.3.3 当代财政实践与财政理论

1. 新民主主义革命时期财政(1924—1949年)

中国共产党在领导中国人民进行新民主主义革命过程中,经历了北伐战争(1924—1927年)、土地革命战争(1927—1937年)、抗日战争(1937—1945年)和全国解放战争(1945—1949年)4个历史阶段。这一时期的财政是战时财政,财政工作的方针和政策,是随着根据地和革命战争的发展而提出来的,其一切经济活动的根本宗旨是服从和服务于战争、保证革命战争的供给、为革命战争的胜利提供可靠物质保证。这一时期有关财政思想的较为著名的文献,是毛泽东于1933年8月在江西南部十七县经济建设工作会议上所作的《必须注意经济工作》的演说和1934年1月在全国第二次工农代表大会上的《我们的经济政策》的报告,以及于1942年12月在陕甘宁边区高级干部会议上的《经济问题与财政问题》报告,透彻地阐明了根据地建设中革命和生产、政治和经济、财政和经济的辩证关系,其中提出了许多后来长期影响中国财政工作、财政思想和财政理论的著名观点。

2. 社会主义初期财政(1949—1978年)

由于"左"的指导思想的作用和苏联经济理论的影响,以及国内外形势影响,如抗美援朝等因素,我国经济体制走上了以计划经济为主的曲折道路。这一期间,完成了由新民主主义向社会主义的过渡,政府扮演着"大家长"的角色,统收统支,统一调配,财政部门实质是政府收支的执行机构。1950年6月,党的七届三中全会上提出了"为争取国家财政经济状况的基本好转而斗争"的任务,确立了"巩固财政经济工作的统一管理和统一领导,巩固财政收支的平衡和物价稳定"的方针,并采取了一系列有力的措施,如没收官僚资本、发展国营经济、发行公债、打击投机资本、统一税收制度、调整工商业税收、统一全国财政收支。这一时期的特点是:财政经济基础由多元走向单一,国有经济逐步走向主体;形成高度集中的财政管理体制;分配关系单一。

新中国成立后的财政理论,先是以学习借鉴苏联财政理论为主[②],1960年以后,才注重结合我国实际进行财政理论研究,逐步形成具有中国特色的、以研究计划经济条件下财政实践活动为特征的社会主义财政学[③]。同时,我国财政学体系的建立和发展,受到《资本论》

[①] 这一时期,我国财政学研究的专门著述主要有:胡钧的《中国财政史》(1920)、陈启修的《财政学总论》(1924),杨汝梅的《民国财政论》(1927),王宗培的《中国之内国公债》(1933),何廉、李锐的《财政学》(1935),尹文敬的《财政学》(1935),胡善恒的《公债论》(1936)等。

[②] 如A.M.亚历山大洛甫的《苏联财政》,弗·吉雅琴科的《苏联财政的本质和职能》。

[③] 这一阶段,正式出版的财政学专著很少,目前所能见到的专著有许廷星的《关于财政学的对象问题》(1957),曹国卿的《社会主义财政的本质和作用》(1957),许飞青、冯羡云的《中国财政管理体制问题》(1964)及中国人民大学财政教研室的《财政学》(1964)等。

和政治经济学体系的很大影响①。至此,传统的财政学理论围绕如何运用国家资金更好地建设社会主义的目标而形成了一套计划经济模式的学科理论,并对当时的国家经济建设起到了重要的理论指导的作用。其中,关于财政本质、财政职能和作用、财政与经济关系等财政基本理论问题,是中国财政理论界研究的重点,也是最具特色、最有深度及最成体系的部分。这一时期所产生的不同理论学派主要有"国家分配论""货币关系论""价值分配论""资金运动论"等理论主张②。在很长一段时间内,"国家分配论"占据了主流地位。

专题 1-2

国家分配论的主要内涵

"国家分配论"认为,财政是人类社会各个不同形态国家为实现其职能(包括满足社会公共需要),运用政治权力,并以其为主体无偿地参与社会产品或国民收入的分配所形成的一种分配关系,简称为财政分配关系。财政的一般本质(共同本质),是以国家为主体的分配关系。财政的特殊本质(社会性),则因社会制度的不同而不同。

财政分配的基本要素。①分配主体。财政的分配主体是国家,国家确定财政分配对象、财政分配数量、财政分配范围和财政分配方式。②分配客体。一部分社会产品或国民收入进行初次分配和再分配。③分配形式。财政的分配形式与经济形态的发展紧密相关。在自然经济形态下,财政分配形式主要是实物形式和力役形式;在商品或市场经济形态下,财政分配形式主要是价值形式。④分配目的。财政分配目的是保障国家职能的实现。国家职能主要包括两个方面:社会管理职能和经济管理职能。社会管理职能包括:维护国家政权,保卫国家安全,维护社会正常秩序。经济管理职能包括:保护社会经济正常运转;保证社会充分就业;减少经济危机,加快经济发展。

财政起源观。财政是一个古老的历史范畴,是人类社会发展到一定历史阶段的产物,有五千多年的历史。生产力的发展,剩余产品的出现,是财政产生的物质基础,是财政产生的经济条件;私有制、阶级和国家的出现是财政产生的政治条件,财政是因国家的产生而产生的。从古至今,财政就是国家财政。

财政发展观。财政的发展是与国家的社会形态紧密联系在一起的。社会形态转变,国家财政的阶级属性也相应演变,并表现出不同的财政特征③。

---

3. 计划经济与市场经济相结合的社会主义财政(1978—1994 年)

随着"文化大革命"的结束,片面强调公有化、狂热追求国有制的极"左"思潮也逐渐式微并趋于没落了。1978 年召开的中共十一届三中全会要求党和国家把工作重点转到经济

---

① 千家驹的《新财政学大纲》(1949),伍丹戈的《论国家财政》(1951),丁方、罗毅的《新财政学教程》(1951)及尹文敬的《国家财政学》(1953)都是这方面的论著。

② "国家分配说"认为,财政的本质是以国家为主体的分配;"剩余产品说"认为,财政的本质就是对剩余产品的分配;"社会共同需要说"认为,财政的本质是为了满足社会共同需要而进行的分配;"货币关系说"认为,财政本质是"货币关系",财政是"货币资金运动的形式";"社会再生产说"认为,研究财政的本质必须从社会再生产出发,以再生产为前提;"价值分配说"认为,财政的本质是价值的分配。

③ 孙翊刚. 财政五十年:若干财政理论问题研究. 北京:经济科学出版社,1999.

建设上来，并提出了"改革、开放、搞活"的指导方针，我国经济体制经历了由计划经济向有计划的商品经济的转化，标志着中国的社会主义革命和社会主义建设进入了一个崭新的历史时期。1980年邓小平在《目前的形势和任务》讲话中提出，要把"计划经济指导下发挥市场调节的辅助作用"作为我国经济发展的新道路的重要内容之一。1982年在党的十二大报告中提出，计划经济为主、市场调节为辅的论断。党的十二届三中全会通过的关于经济体制改革的决定中，提出了社会主义是有计划的商品经济的论点。1987年党的十三大进一步提出，计划和市场的作用范围都是覆盖全社会的，并指出必须把计划工作建立在商品生产和价值规律的基础上，"社会主义有计划商品经济的体制，应该是计划与市场内在统一的体制"。这一时期的财政特点是：财政经济基础逐步多元化，财政分配关系多元化、层次化，国有经济比例在不断减少。

中国财政理论界除继续坚持和发展20世纪五六十年代"国家分配论""货币关系论""价值分配论""资金运动论"四大流派之外，又产生了"社会共同需要论"[①] 和 "剩余产品论"[②] 两个新学说。同时为适应经济改革各个阶段具体任务的需要，对一些重大财政改革措施从理论上进行重点研究，如国有资产的保值增值、国家财政收入比例下降、预算外资金膨胀、公债规模日渐扩大、地方财政要求扩大财权、劳动者下岗待业、贫富差距等，也不断推动着财政理论的发展。这一阶段，对西方财政学的研究逐步受到重视[③]。

4. 市场经济条件下的公共财政（1995—2012年）

1992年以来我国经济体制改革最具有历史意义。其中，邓小平南方谈话起到了至关重要的决定作用。他指出，"计划多一点还是市场多一点，不是社会主义与资本主义的本质区别"，"计划经济不等于社会主义，资本主义也有计划；市场经济不等于资本主义，社会主义也有市场"，"计划和市场只是资源配置的两种手段和形式，而不是划分社会主义与资本主义的标志。"1992年党的十四大政治报告提出了经济体制改革的目标模式是实行社会主义市场经济。1993年3月全国人民代表大会审议通过的《中华人民共和国宪法修正案》，其中一条重要的修正意见，就是在原来的《宪法》中加上12个字："国家实行社会主义市场经济。"这标志着社会主义市场经济已经成为全国人民共同的奋斗目标。之后，各个方面都开始了改革。尤其是加入WTO后，更是从深层次上进行改革，与国际接轨，开始了全面构建市场经济体制的过程。1992年以来我国财政的特点是：通过市场机制配置资源，财政收入多元化，财政分配更加理性化、制度化，经济的市场化必然带来财政的公共化。

在财政研究方面，为适应市场经济体制发展的要求，出现了多种新观点、新理论，并且各种观点之间的碰撞开始加剧与激化。在论战中，学者们主要针对改革开放以前我国在计划经济时代长期实行的国家财政体系的弊端，集中讨论了中西方国家财政体系的异同点，在吸

---

① 何振一认为，"社会再生产过程中为满足社会共同需要而形成的社会集中化的分配关系，这就是财政范畴的一般本质和内涵。"（何振一. 理论财政学. 北京：中国财政经济出版社，1987.）

② 王绍飞认为，"财政分配的对象不是社会总产品和国民收入，而是包含在社会总产品和国民收入中的剩余产品。"（王绍飞. 财政学新论. 北京：中国财政经济出版社，1984.）

③ 1981年7月，王传伦编著的《资本主义财政》一书，系统介绍了资本主义国家财政理论的框架。1983年3月，张愚山翻译的美国阿图·埃克斯坦的《公共财政学》一书，是当时直接译自西方学者的财政学理论的第一部译著。20世纪80年代中期，涉及西方财政理论的著述日益增多，其中较有影响的著作有：1985年上海财经大学主编的《资本主义国家财政》，1985年席克正等合作编写的高等财经院校统编教材《资本主义国家财政》，1988年刘永桢主编的《资本主义财政学》。

收西方关于公共财政研究的合理成分的基础上,围绕建立适应市场经济要求的我国新型公共财政体系的目标展开了广泛的研究①。其中,吸收西方公共财政论的合理成分以指导我国建立新型国家公共财政体系已经成为一种普遍共识。考虑到我国财政支出中国有企业支出的规模和比重较大,产生了建立所谓"公共财政和国有财政的双元财政"②的主张。"双元财政"的主要着眼点,是将国有企业支出从一般财政支出中剥离出去,使整个财政支出结构走上公共财政的道路。这一期间,中国财政理论在若干基础领域的研究取得了卓有成效的进展。这些领域具体包括公共财政框架理论、公共支出理论、税收理论、公债理论、政府间财政关系理论、财政风险理论等。至此,"公共财政论"成为我国的主流财政理论。

5. 新时代的现代财政理论(2013年至今)③

2013年,习近平总书记首次提出了经济社会发展面临"新常态"。为适应这一新的发展阶段,必须在原有财政制度的基础上构建新的现代财政制度,现代财政理论应运而生。大国财政理论和我国面临的新的国际经济形势要求我们要以包容性增长的思想,逐步构建起适应经济新常态的现代财政制度。

1) 财政包容性增长思想

包容性增长是建立现代财政制度的思想基础。财政部前部长楼继伟曾对包容性增长从理论、国际实践和发展路径等方面进行了系统性说明。延伸到财政领域,包容性增长的关键在于明确政府和市场的地位和职能。政府职能的发挥需要依赖于财税等公共资源,而财税资源则来自纳税人的市场经济活动,并通过政府预算和财政支出进一步发挥作用。可以说,推进我国财税体制改革的第一步是明确包容性增长的路径和具体措施。

财政包容性增长要求国家不能仅仅关注发展成果的再分配,还要保障发展机会的创造,争取使得每一个普通大众都能够获得公平的发展机会,通过自己的努力来获取发展成果。政府利用财政收入来进行转移支付的分享,实现收入的再分配,是要为民众营造一种公平的发展环境,在保护市场机制的前提下提供必要的公共服务,在解决就业和提升人民幸福感方面发挥政府的作用,实现财政建设的可持续性。这种包容性增长的思想适应我国的财政体制改革,要求政府部门加速自身建设,改革财税体制,建立完善的现代财政制度。

2) 现代财政理论

自1998年公共财政理论逐渐受到学术界的广泛认可后,政府实践层开始主张建立公共财政制度。然而随着时代特征的不断变化,公共财政理论已无法适应全面深化改革的需要。新一轮的财税体制改革主张建立现代财政制度,多数论及"现代财政"的学者均认为现代财政制度是实现国家治理现代化的基石,较强的财政汲取能力是推动现代化的保障,我国要建立的现代财政制度应具有强国性与集中性性质。现代财政制度包括了现代预算制度、税收制度和政府间财政关系几个基本方面,应从财政收支、预算管理和财政管理体制等方面来构建。

首先,现代财政理论要求我国建立起全面规范的预算绩效管理体制,应从以下方面展开

---

① 这方面的代表作有平新乔的《财政原理与比较财政制度》(上海三联书店,1992年版)、陈共主编的《财政学》(四川人民出版社,1991年版)、蒋洪主编的《财政学教程》(上海财经大学出版社,1996年版)等。

② 1995年6月,叶振鹏和张馨合著的《双元结构财政:中国财政模式研究》一书,全面阐述了双元财政的观点,所谓双元财政,是指社会主义市场经济条件下由相对独立的公共财政和国有资产财政组成的有机体。

③ 马海涛,白彦锋,岳童. 新中国成立七十年来我国财政理论的演变与发展. 财政科学,2019(4):14-24.

工作：一是保障政府公共部门预算制度的公开透明化；二是统筹协调政府活动，规范重点支出建设并完善预算制度；三是逐步建立起跨年度的预算平衡机制，从而改进我国年度预算基本制度；四是要进一步规范改革一般性转移支付和专项转移支付制度以实现分配的公平；五是在借鉴国际经验的基础上加强预算执行管理；六是要规范地方土地财政活动和政府投融资活动；七是依据法律制度废止部分税收优惠政策。其次，现代财政理论要求改革现存的税收制度体系，继续推进几大税种的改革，逐步建立起完善的现代税收体制。最后，现代财政理论要求我国继续调整政府间财政关系，使得各级政府的财政收入与其事权和支出责任相匹配。具体来说，要先依据不同税种的属性和基本功能厘清中央与地方政府间税收收入划分，将税基流动性较大和再分配作用较强的税收收入归于中央，将税基稳定且依赖于地方信息的税收收入归为地方；在划分事权和支出责任时应将关乎国家安全和市场规范等的各项事权集中于中央政府，将地域性较强的具体服务项目归于地方政府，在此基础上利用转移支付制度将某些支出责任交于地方政府承担。

3）"一带一路"与大国财政理论

2013 年，习近平总书记提出的"一带一路"倡议成为我国在 21 世纪重要的对外开放构想，开启了我国经贸与外交关系的新格局，是引领包容性全球化的倡议。随着我国经济总量规模的不断增加和经济结构的复杂化，特别是"一带一路"倡议的持续推进，"大国财政"逐渐成为财税学者关注的焦点。大国财政正是基于我国当前的发展理念和时代背景而提出的，符合我国新的发展战略与和平发展的基本要求，这也要求我国的财政建设要符合全球经济新秩序，发挥我国在全球化治理中的重要作用。

大国财政要求我国的财政制度建设应增强集中性和可持续性。财政的集中性能够保证中央政府在获取财政资源的同时在全国各地合理进行资源的配置，实现区域间经济发展的公平性；财政集中性的另一层含义是要让目前分散的财政功能重回财政部门，真正使得财政在推进国家治理能力现代化的进程中发挥作用。财政的可持续性则是指要在包容性增长的思想指导下，保障经济发展结果的普惠性和经济发展机会的公平性，使得每个人都能够公平发展。大国财政也要求我国在国际上承担大国责任，统筹国内外，发展国际公共产品来提升我国财税的国际话语权。这就要求我国企业要更加积极地"走出去"，我国政府要以开放的姿态开展国际交流合作，通过结合国际税收协定网络来充分支持我国外向型经济的发展，增强我国在国际经济活动中的财税主权和财税话语权。

本章小结

本章主要讲述了财政学的基本问题。

财政收支是财政活动最直接的表现。财政活动还包括财政管理、财政政策与财政调控等。财政是以国家（或政府）为主体的经济（或分配）活动、经济行为或经济现象。财政是一种以国家为主体的经济行为，是政府集中一部分国民收入用于履行政府职能和满足公共需要的收支活动，以实现优化资源配置、公平分配及经济稳定和发展等目标。实践中，财政表现为政府的一系列收支活动或政府的理财活动。

财政学是研究财政收支活动及政策的科学，是从财政现象入手，并透过财政现象探索财政本质，揭示支配这些现象的规律性。财政学的体系主要有三部分：财政基础理论、财政制度和财政政策。从经济学角度对财政问题进行研究，这是财政学的基本视角；而从政治学角度研究财政问题，则是财政学的重要视角。

　　西方财政理论大体可以分为四个阶段：重商主义财经理论盛行时期、古典政治经济学财经理论盛行时期、凯恩斯主义财经理论盛行时期、新自由主义财经理论及当代公共财政理论盛行时期。在西方，财政学就是公共财政学，是市场经济的产物。所谓公共财政，主要是指一国政府为市场提供公共产品的分配活动或经济活动，是与市场经济相适应的一种财政模式。

　　从社会发展的进程及其财政思想演变的特点来看，中国古代的财政经济思想可分为：封建领主经济阶段（自西周至春秋战国时期）的财政思想，也称先秦财政思想；封建地主经济前期（自秦汉到唐王朝时期）的财政思想；封建地主经济后期（自北宋至鸦片战争前）的财政思想。中国古代财政思想文献数量较多，较同期世界上任何其他文明国家都更为丰富，但没有把这些内容进行科学理论的论述，未能形成系统的财政理论体系，使其成为一门财政学。我国近代财政实践与财政理论，还处于引入西方公共财政学的阶段，带有很强的编译性质。改革开放前主要表现为与计划经济体制相适应的财政学，"国家分配论"占据了主流地位。改革开放后，随着市场化改革的深入，财政学正在逐步公共化，无论是体系还是内容都已大幅度向国际通行的公共财政学靠拢。"公共财政论"成为我国的主流财政理论。进入新时代，为适应经济"新常态"现代财政理论应运而生。

关键词

财政活动　财政　财政学　公共财政论　国家分配论　双元财政　现代财政论

思考题

1. 简述财政学的研究视角。
2. 简述财政学与其他学科的关系。
3. 简述亚当·斯密在《国富论》中阐述的主要财政论点。
4. 简述凯恩斯在《就业、利息和货币通论》阐述的主要财政论点。
5. 简述公共财政论的主要内容。
6. 简述国家分配论的主要内容。
7. 试述西方财政理论变迁。
8. 试述我国古代财政思想的主要内容。
9. 简述我国财政学界对社会主义中国财政理论的不同界说。
10. 论述东西方财政理论的比较与借鉴。

第 2 章 政府、市场、社会与财政

【学习目的】

了解政府、市场、社会与财政的基本内容，熟悉市场与政府的关系，掌握财政职能的含义与内容，了解构建现代财政框架的基本内容。

【开篇导言】

为什么会有政府？政府活动的目标是什么？应该提供哪些产品和服务？为什么需要财政？政府应该怎样开展它的财政活动？无论是过去还是现在，无论是国内还是国外，人们对政府及财政的感情和理解是复杂的。

从公共财政的观点看，政府的根本任务是满足社会公共需要，而这种满足需要一定的资金作为后盾，这就引起了政府收支活动。财政活动的主体是政府。这种活动一方面体现为政府以征税、收费、举债等方式取得收入，即财政收入；另一方面体现为政府以投资、拨付经费、补助等方式进行支付，即财政支出。从根本上说，政府全部开支的财源最终来自私人部门。正如塞缪尔解释的那样，税收会成为负担[1]。财政学作为经济学的一个分支，其目标的确定、过程的分析、结果的评价完全遵循和经济学研究一致的原则，并将整个国民经济划分为"政府"和"市场"（或者是"公"与"私"）两大部分，从二者的相互关系来研究经济，力图使政府活动更能符合全民利益最大化的经济目标。

本章以市场经济的运行为出发点，在初步阐述政府、市场、社会与财政之间的关系基础上，提出财政的职能，并结合我国的国情，分析现代财政框架的构建。本章既是对第 1 章有关财政思想与财政理论的引申，又是对后面各章的概括。

2.1 政府、市场与社会的关系

党的十八届三中全会通过的《中共中央关于全面深化改革若干重大问题的决定》提出，"财政是国家治理的基础和重要支柱，科学的财税体制是优化资源配置、维护市场统一、促进社会公平、实现国家长治久安的制度保障"，并历史性地明确了市场"在资源配置中的决定性作用"。由此，"推进国家治理体系与治理能力现代化"的目标，不仅要求我们重新审视政府、市场与社会在资源配置中的职责划分、深化经济体制改革，还要求我们重新思考国家治理体系与治理能力现代化要求下的现代财政理念。

---

[1] 罗森. 财政学. 4 版. 北京：中国人民大学出版社，2000：3-4.

2.1.1 资源配置主体的功能界定

资源具有稀缺性，要使有限的资源尽可能有效地满足公共和私人需要，就必须由资源配置主体通过相关手段对其进行有效分配，以便用最少的资源耗费换取最佳收益。当前，资源配置主体主要包括政府、市场和社会。

1. 政府："看得见的手"

自从凯恩斯开创性地从理论上系统分析了政府在资源配置过程中的特殊职能之后，政府的经济功能日益增强。在市场经济体系中，政府可以以多种角色，包括购买者、调控者、担保者、仲裁者、监管者甚至道德劝说者，参与到市场活动之中。一方面，政府可以直接参与配置资源。政府的宗旨是为民众提供公共服务，作为社会公众的利益代表，政府要行使经济管理职能，尤其是在"市场失灵"领域，这就决定了政府具有提供公共品、克服外部性和不完全信息、直接配置公共资源以满足公共需求的职能。政府作为"看得见的手"，其配置资源的手段包括行政手段、法律手段、货币政策、产业政策和财政手段等。另一方面，在市场决定资源初次配置、解决微观经济效率问题的前提下，政府还可以作为间接主体，针对市场配置的过程和结果拾遗补阙，包括经济增长、失业、通胀等宏观失控问题，从而通过宏观调控创造更好的条件。"如果没有政府干预，就不能实现有效的市场配置。"

在社会主义市场经济体制下，政府始终是整个经济发展进程的"驾驭者"。科学的宏观调控和有效的政府治理是发挥社会主义市场经济体制优势的内在要求。在资源配置的宏观领域，政府的职责和作用主要体现为保持宏观经济稳定，加强和优化公共服务，保障公平竞争，加强市场活动监管，维护市场秩序，推动可持续发展和社会公平正义，促进共同富裕，弥补市场失灵；在资源配置的微观领域，政府应致力于引导分散的市场主体对资源配置的决定性作用，并将其作用于实现党和政府制定的发展战略和长远目标上，提高对市场经济、市场规律的认识和驾驭能力，减少政府对资源的直接配置和对微观经济活动的直接干预。然而，由于政府行为自身的局限性以及其他客观因素的制约，政府为弥补"市场失灵"而对经济、社会生活进行干预的过程中会产生系列新问题，该管的事没有管好，该放的权没有放足，政府职能错位、越位和缺位现象时有发生。这样，由于信息失灵、目标选择失误、管理失控等"政府失灵"的存在使资源配置效率无法达到最优。

2. 市场："看不见的手"

经济发展就是要提高资源尤其是稀缺资源的配置效率，以尽可能少的资源投入，生产尽可能多的产品，获得尽可能大的效益。作为配置资源最为有效的手段，市场可以决定生产什么、如何生产以及为谁生产等基本问题，从而按效率原则竞争性地配置资源。亚当·斯密最早对资源配置中这只"看不见的手"进行了阐述，而新古典经济学则进一步构建了符合帕累托最优的瓦尔拉斯一般均衡模型，在忽略相关假设条件的前提下推导出市场能够自动实现符合帕累托最优均衡状态的资源配置结果。具体而言，资源配置中的市场主体在自主选择、等价交换和自由竞争的前提下，在维护产权、促进平等和保护自由的制度基础上，通过价格机制、竞争机制、供求机制等手段来引导社会资源配置。在市场经济条件下，市场具有更多政府没有或无法持续有效发挥的优势，只有市场机制才能实现资源的有效配置，其重要性日益凸显。我国经历了由"十四大"提出的市场在资源配置过程中起"基础性作用"到十八届三中全会调整的"决定性作用"的转变，进一步强调了市场配置的重要意义。

根据新古典经济学理论的界定，市场配置资源的有效性要以完全市场为前提和基础，而在现实中这种完全市场并不存在。这样，在不完全市场的调节下，整个经济难以达到效率。由于垄断、外部性、信息不完全和公共产品的供给不足与免费搭车，市场配置会出现低效问题，即"市场失灵"，因此，除了进一步完善市场机制和市场体系外，还需要政府进行有效的宏观调控与社会的公平分配。同时，市场经济先天性的带有资本主义私有制关系的烙印，这就要求我们在社会主义市场经济体制下，在充分发挥市场"决定性作用"的过程中，必须避免将市场规律绝对化、一般化。虽然市场是一种有效的运行机制，但其有效性离不开财政制度支持下的政府职能的发挥，是以更好地发挥政府作用为根本前提的。也就是说，在社会主义市场经济体制下，市场虽然在资源配置中起决定性作用，但"并不是起全部作用"。

3. 社会："第三只手"

除了亚当·斯密所主张的资源配置的"两只手"以外，社会机制作为"第三只手"也同样不容忽视。早在20世纪70年代，就有学者基于政府失灵和市场失灵提出了社会组织参与资源配置的相关理论，并将其视为社会作为政府和市场之外的制度形式参与配置资源的"第三种力量"和重要依据。社会组织的兴起与发展使资源配置过程中的权力主体更加多元化，由于政府和市场均在某种程度上存在低效或失灵问题，即使是两种力量相结合所产生的配置机制也并非万能，这样，社会机制作为一种有效替代和重要补充应运而生。社会机制实际上是与政府、市场相对等的用于解决社会资源配置的一种制度形态，在部分国家也称作"第三部门"模式，它涵盖了社会生活的各个方面，可以有效弥补市场经济中社会建设和发展方面的不足。在实践层面，社会机制及其载体社会组织的作用日益凸显。在我国构建社会主义和谐社会的进程中，社会组织正在逐步成为社会建设发展的主体之一。党的十六届六中全会首次使用了"社会组织"的定义，提出"健全社会组织，增强服务社会功能"，"十八大"则进一步提出要"引导社会组织健康有序发展"。十八届三中全会以推进国家治理体系和治理能力现代化为目标，提出要创新社会治理体制，增强社会发展活力，提高社会治理水平，将社会组织的重要地位和作用提到了前所未有的高度。这也充分说明，我国正在紧跟全球范围内"政府—市场—社会"三维资源配置体制的转型浪潮，逐步将社会组织从被监管对象转变成发展建设和国家治理的主体。

在资源配置方面，社会组织与政府活动具有某种程度上的相似性，都是在公共决策范畴内配置公共资源、提供公共产品或社会服务。除此之外，社会组织还具有与政府部门、市场企业组织不同的特点，包括独立性、公益性、志愿性、多样性、灵活性及较低的交易成本等。同时，社会组织能更好地满足社会多层次与多元化需求，提高资源使用的社会化效益。然而，受时间、经费、人力等方面限制，加上"内部人控制"所导致的低效、腐败及资源匮乏和管理体制滞后等问题，社会组织在资源配置过程中也会出现"志愿失灵"现象。同时，社会组织获得的外部资源支持很大程度上依赖于政府与市场的发展水平，尤其在我国，社会组织建设起步较晚，其发展与壮大仍需要政府与市场的支持和引导。

2.1.2 财政与政府、市场、社会的多元关系

财政作为政府、市场甚至社会配置资源的重要工具，是连接经济系统、政治系统和社会系统的主要枢纽，在整个社会资源分配过程中都发挥着举足轻重的作用。市场经济时代，公共产品与市场机制、社会机制之间的关系，决定了财政活动成为满足社会公共需要的一种分

配活动或经济行为。政府作为财政过程的直接组织者，围绕"财政能干什么""财政应该干什么"等基本问题，在协调政府、市场和社会的基础上，通过宏观调控实现资源的合理利用和有效配置。改革开放后，中国迈向真正意义的现代国家，财政开始逐步承担起实现国家治理体系和治理能力现代化的重任。

1. 政府与市场关系中的财政行为

如何处理政府和市场的关系，是任何国家深入推进经济体制改革的关键和核心问题。政府与市场关系形式的不同，决定了不同的经济体制。斯蒂格利茨曾指出，政府与市场之间需要一个平衡，但这种平衡在各个国家的不同时期和不同发展阶段各不相同，政府如何作为也会"因国而异"。在一般市场经济条件下，政府和市场在资源配置及经济运行中的作用是有机统一的，应该明确分工：市场对资源配置起基础性作用，提供私人产品满足私人需求；而政府则致力于弥补市场本身存在的缺陷，解决市场失灵问题，在市场无法发挥作用的领域提供公共产品满足社会公共需求，并为市场配置提供良好的制度环境，各归其位、各司其职。此时，财政作为政府干预的主要手段，应该明确界定政府和市场各自的最适领域与行为边界，以及最佳结合方式，最终共同使资源配置达到帕累托状态，实现公平与效率的最优结合。

具体而言，由于市场的发育成熟、市场体系的发展完善是一个长期渐进的过程。特别是发展中国家，在市场难以正确引导和调节社会资源配置符合宏观效率准则的地方，尤其是在市场失灵的领域和范围内，需要依靠政府力量通过非市场手段来参与配置资源，发挥计划机制在资源配置中的作用，此时，财政才能允许通过自身的收支活动配合、服务和支持政府的经济计划加以干预，发挥激励与约束作用。而财政干预的规模、程度、数量和范围，都应以不扭曲市场对资源的有效配置为准则，即财政活动应保持中性。但是，现代市场经济极其注重市场机制在资源配置中的基础性作用，在市场能够有效发挥作用的竞争性领域和范围内，并不需要财政介入。奥尔森曾明确指出，政府能给市场经济带来繁荣的前提之一是必须控制政府各种形式的掠夺行为。

在我国，进一步处理好政府和市场关系，实际上就是处理好在资源配置中，市场起决定性作用还是政府起决定性作用这个问题。党的十八届三中全会表明，在改革方向上明确市场对资源配置的决定性作用，推动资源配置依据市场规则、市场价格、市场竞争实现效益最大化和效率最优化，更好发挥政府通过经济、法律、行政等手段在宏观领域对市场主体自主决策上的导向作用和调控能力，"着力解决市场体系不完善、政府干预过多和监管不到位问题"，从而努力形成政府作用和市场作用的有机统一、相互补充、相互协调和相互促进的格局，实现"有效市场"和"有为政府"的有效结合，实现经济社会持续健康发展。

2. 政府与社会关系中的财政行为

政府与社会的关系，实际上是社会体制的基本要素之一，反映了政府与人民的关系。市场失灵的存在表明了政府干预的重要性；而政府失灵的存在，则在客观上体现了对社会组织拾遗补阙功能的需求。虽然社会组织的存在与发展在很大程度上依赖于政府力量，尤其在法律授权和资金支持等方面，但这并非是社会组织与政府部门的关系基础。从社会视角来看，政府与社会都处于公共领域，分别利用公共资源和民间资源进行职责分工。根据各自扮演角色的不同，在一些市场无法有效配置的公共资源和民生领域，政府部门与社会组织的关系大致可以分为两种。一是合作互补关系。常见的相关领域包括卫生保健、教育科研、文化慈善和社会服务等福利领域。一方面，在社会组织的资源结构中，政府始终占据着主导地位。政府通过财政介入和资金支持等形式引导社会组织的发展，形成良性的"伙伴关系"，共同参与公共事务的治理，缓解社会矛盾。另一方面，社会组织通过自筹款项在政府作用薄弱、私人市场关系发达的领域内提供更优质的社会服务，弥补政府福利供给上的不足，为政府减负的同时改善政府与公民的关系。二是竞争冲突关系。在这种关系中，社会组织作为政府的对立面而存在，双方都认为其目标和策略彼此对立，表现为两种不同权威体系的竞争以及社会权力和政府权威的制衡。在我国长期存在的"强政府、弱社会"的背景下，二者的关系主要表现为政府对社会组织的渗透与控制，社会组织的生存空间与发展思路受到诸多局限，不得不依靠政府来获得政治合法性，在惯于"大包大揽"的政府机构面前仍处于弱势地位，民间力量在社会领域的积极作用被严重限制，社会组织很难对政府形成竞争威胁。

在市场无法发挥作用的领域内，财政应该"退居二线""简政放权"、还权于民，积极调整政府与社会的关系，加快政社分离，"推进社会组织明确权责、依法自治、发挥作用"。减少政府权力对社会组织的不合理干预和控制，转变政府社会职能，将政府不该管、管不了、管不好的职责逐渐向社会组织引导，防止政府因包揽过多而与民争利，积极寻求政府与社会组织的对话、沟通、协商与合作，激发社会组织的活力，促进社会有序地自我运转，提高社会协同和公众参与的程度，逐步构建和谐的政府-社会关系，实现"小政府、大社会"目标。

3. 市场与社会关系中的财政行为

21世纪以来，各国政府开始逐渐向服务型政府转型，市场机制和社会组织地位的相对强化促进了二者的相互渗透与合作。市场经济带来的自由空间为社会组织的发展与壮大创造了条件，而市场配置资源过程中产生的社会问题又需要通过社会组织来完善与解决。一方面，随着社会经济的日趋复杂，市场主体已经超越单纯的利润最大化目标，开始考虑和重视社会公益，使市场主体具有主动与社会组织合作的动机，同时市场的经济理性行为也需要社会道德进行有效管理和约束。而随着营利手段和形式的多元化，市场主体正在谋划通过提高公益形象来提高潜在获利能力，而社会组织在面对政府资助日益收缩的困境下，也正逐步转向商业领域发展新的资金来源，这也为市场主体与社会组织共同谋求协作联盟创造了契机。另一方面，多元平衡的互惠机制是市场经济商品交易的本质特征，这也同样体现在社会服务和公益资源的配置中。顺应市场经济改革的社会组织改革和社会治理机制创新，不仅需要财政通过简政放权、鼓励社会参与等方式突破经济发展与社会建设中的政府单一主体与垄断机制，还需要多种财政手段刺激多元社会组织的发展与壮大，以实现公共服务的社会供给与选择，这就意味着社会组织发展已经成为进一步深化市场经济改革的延伸平台。

因此，对于那些可以通过市场机制和社会组织提供的民生项目，应该以适当的方式交还给社区居委会、中介、非营利机构等社会组织来承担，引进竞争激励机制和淘汰机制，从而扩大民生服务的供给数量，提高服务效率和质量。此时，政府部门应该主动退出，财政只负责与公众共同监督社会组织活动的合理性与合法性。在我国，受计划经济体制的长期影响，政府不仅挤占了市场资源配置效益的发挥，而且也几乎压制了社会组织的基本功效。

2.2 财政的职能

市场失灵是政府存在的理由,而财政则是政府活动的物质基础。"政府应做的,就是财政要干的"[①]。所谓财政职能,是指政府活动本身所固有的内在经济功能,是对财政在社会经济中的地位与作用、影响的理论概括。在不同的社会制度和不同的经济体制下,人们对财政的职能有不同的认识与实践。

在20世纪50年代末,我国财政学界普遍认为,财政具有分配、监督两种职能。所谓财政的分配职能,是指利用各种财政范畴对社会产品和国民收入进行有计划的分割。它是财政最主要和最基本的职能。所谓财政的监督职能,是指财政在有计划分配社会产品过程中,对国民经济各方面的活动进行监督的功能。财政的分配职能和监督职能是与计划经济联系在一起的,反映了当时高度集中的计划经济体制对财政的客观要求。

1978—1992年,我国的经济体制改革正由计划经济向市场经济转变,财政的调节任务很重,故将财政的分配职能分为两部分,即财政的分配职能和财政的调节职能。这一期间,我国财政学者大多认为,财政具有分配、调节、监督三大职能。这也反映了当时集中统一的计划经济体制逐渐被打破,政府需要运用包括财政在内的多种手段对经济实行间接调控的客观要求。

1992年以后,随着我国经济体制改革目标的明确及市场化进程的加快,如何转变政府职能、理顺政府与市场的关系,成为重大而紧迫的现实课题,重新探讨财政职能也就势所难免。有人鉴于有效配置资源是市场经济的基础性作用,财政的配置职能应从原"分配职能"中独立出来,提出"分配、调控、配置和监督"四大职能。而越来越多的人认为,在社会主义市场经济体制下,财政具有配置、分配、稳定三项职能。这种"新三职能说",是进入20世纪90年代以后,人们借鉴西方财政学而逐步形成的,目前已在我国多种版本的财政学教科书中出现,并且得到了越来越多人的赞同[②]。

2.2.1 资源配置职能

资源配置就是社会总产品的配置(广义)或生产要素的配置(狭义),所要解决的是稀缺的资源用来生产什么及怎样生产两大基本问题。资源配置的核心是效率问题,其实质是劳动生产率。在现实生活中,效率是以投入产出比来计量的。即通过优化生产要素组合,把有限的社会资源进行最优配置,以获得更大的社会经济效益。由于经济活动也是人参与的活动,只有充分调动劳动者的积极性,优化社会资源的配置才能实现高效率。可见,资源配置的高效率包括两个方面:一是从分配上充分调动劳动者的积极性;二是社会资源的优化配置,使有限的资源形成最佳的资产结构、产业结构及技术结构和地区结构。

资源配置有两种方式。一种是市场方式,即按照市场需求和供给的变化,通过价格的变动来实现资源的优化配置。市场方式在资源配置中起基础性作用。另一种是政府方式,

---

[①] 何盛明. 政府应做的就是财政要干的. 关于市场经济条件下国家财政职能的几点思考. 财政研究,1998(8).
[②] 目前,财政学界又加上了财政的监督职能,连同配置、分配、稳定三项职能,并称为财政四大职能。

即依据政府的意图和计划来配置资源。由于政府的这种经济活动一般集中反映在政府财政预算的收支中，所以政府的这种资源配置方式也就表现为财政的资源配置职能。需要强调指出的是，政府方式在资源配置中仅起补充和配角作用，中心思路是确保市场效率，所要解决的只能是通过市场不能解决，或者通过市场解决不能令人满意的事项，主要包括以下几个方面。

（1）矫正市场与竞争的不完善。市场机制具有"不完全性"，处于体制转型中的我国更是存在"市场残缺"问题：价格扭曲，信息失真，地区封锁，资源转移的种种限制及垄断的存在都妨害市场有效竞争。为此，一是完善市场体系，改善市场结构，解决不完全市场问题；二是运用法律手段、行政手段、经济手段对市场垄断进行干预；三是完善信息渠道，降低信息成本，解决不完全信息问题。

（2）纠正外部效应。市场无法解决外部效应问题。对于负效应，应采用征税的办法，使该产品成本达到社会平均成本；对于正效应，则采用财政补贴的办法，使该产品收益与社会效益相对等。

（3）对只有自然垄断性质的大型公共设施和基础产业的投资和调节。市场机制不能提供具有非竞争性、非排他性及存在"搭便车"问题的公共物品，需要财政提供更多的公共产品，弥补公共产品短缺。同时，对于耗资大、收效慢及起主导作用或风险性较高的产业，有时也需要政府来投资。

（4）调节资源在产业部门之间的配置。新中国成立初期，我国采取加快建立重工业体系的产业政策，建立起了独立的工业体系，但同时以牺牲农业和第三产业为代价。当前我国经济面临的最重要问题之一就是产业结构不合理。调节资源在产业部门之间的配置，主要通过以下两个途径：一是增量调节，即通过调整预算支出中的投资结构，或通过不同的税率、不同的折旧率及不同的贷款利率来调节投资结构；二是调整资产存量结构，即改变现有企业的生产方向，促使一些企业转产。调整资产存量结构过去主要靠对企业实行"关、停、并、转"的行政手段，今后应根据市场经济要求，除必需的行政手段外，主要通过兼并和企业产权重组来进行，并针对不同产业实行区别对待的税收政策。

（5）调节资源在不同地区之间的配置。由于历史的、地理的和自然条件方面的差异，以及市场机制导致资源往往向经济发达地区单向流动，从而使滞后地区更加落后，发达地区也更加发达，这就不利于经济的长期稳定均衡地发展。20世纪50年代末至60年代初期，我国曾搞了一个"三线"建设，生产力布局开始向内地转移，损失浪费极为严重。改革开放以来，我国通过推行"梯度推移"的战略，优先发展东部沿海地区，一方面促进了东部地区的迅速崛起，同时却在另一方面拉大了东西部地区的差距。1999—2000年国家正式提出西部大开发战略，近几年提出"振兴东北战略"。所有这些都需要运用财政支出、税收、公债、补贴、财政体制及政策等方面的手段来调节资源在不同地区间的合理配置。

（6）调节资源在国内、国际市场之间的配置。在以往我国出口竞争力还不够强的形势下，我国采取了很多政策措施来支持出口。特别是1998年亚洲金融危机时，我国出口形势极端严峻，政府为此提出了"千方百计扩大出口"的口号，并采取了相应的政策措施。随着近年来对外贸易的快速增长，我国的外贸依存度也迅速提高，国际市场对国内经济的健康发展，甚至是国家经济安全的影响也越来越大。可以预见，随着我国经济的快速发展及资源禀赋状况，无论是对外贸易的规模还是速度都将有一个较大的增长。为此，如何调节资源在国内、国际市场之间的配置必将是一个长期任务。其中,关税、出口退税、出口补贴等都是较好的调节手段。

上述分析表明,我国财政资源配置职能,不仅仅像西方市场经济国家那样,主要是对市场配置失灵的修正,还承担着运用市场经济规律,通过直接投资或引导间接投资对资源进行配置,承担起推动社会主义市场经济实现稳定、快速、健康发展的重任①。

2.2.2 收入分配职能

这里的收入是指一个国家生产成果份额,即一国的国民总收入。收入分配通常是指国民收入分配,即社会成员在国民总收入中所占有或享有的份额状况。收入分配分为初次分配和再分配。初次分配是在物质生产领域内部进行的要素分配,即根据要素投入的数量和价格获得相应的要素收入,如凭借劳动力的投入获得工资,凭借资本的投入获得利润或利息。再分配是指在初次分配的基础上进行的各种分配。

一般而言,决定市场经济条件下的居民收入分配状况的因素,一是每个人所能提供的生产要素(如劳动力、资本、土地等)数量,二是这些生产要素在市场上所能获得的价格。由于人们所拥有(或继承)的生产要素的差别,人与人之间的收入分配状况往往高低悬殊,客观上需要社会有一种有助于实现公平目标的非市场方式的再分配机制。所谓公平分配,一般包括经济公平和社会公平两个层次:经济公平是市场经济的内在要求,强调要素投入和要素收入相对称,它是在市场平等竞争的环境下由等价交换来实现的。社会公平是指将收入差距维持在现阶段社会各阶层居民所能够接受的合理范围内,具体可从以下三方面来把握:从伦理角度看,什么程度的收入不平等是可容忍的或可接受的;从政治角度看,什么程度的收入不平等会危及一国社会的稳定和秩序;从经济角度看,什么程度的收入分配差距既能激励人们追求收入的动机,又能吸引各种资源参加生产②。

财政的收入分配主要包括四个方面:直接的人与人之间的收入分配,即低收入者与高收入者之间的收入分配;地区间的收入分配,即贫困地区与富裕地区的收入分配;部门或行业之间的收入分配;代与代之间的收入分配。财政的收入分配职能的目标是实现社会的公平分配。即调整国民收入和财富的分配,尤其是对那些社会公认的处境悲惨或不利的群体施以援助,使国民收入和财富的分配达到社会认可的"公平"状态。其政策手段主要有税收、财政支出和政府管制三个方面。

(1) 税收。财政收入通过初次分配和再分配进行。通过税收,政府可以在相当大的范围实现对收入的调节。其中,最重要的税收工具是累进所得税。累进所得税的最大特点是其应税所得越大,税率越高。通过征收累进所得税可对高收入者课征较高的税率来缩小收入差距。事实上,分配职能的税收工具还有对奢侈品征税、对遗产和赠与征税等。

(2) 财政支出。财政支出通过再分配进行,一是具有社会救助性质的转移支出,主要是

---

① 张美芳. 经济转轨时期中国公共财政体系的构建研究. 南京:南京农业大学,2004.
② 对公平的衡量主要有两种方法:一种是贫困指数,另一种是基尼系数。贫困指数是指处于贫困线以下的人口占总人口的比例。要将某一个收入水平定为贫困线。贫困指数越大,说明贫困者越多,也就越不公平;反之,则越公平。基尼系数则需要将各社会成员从低收入至高收入进行排列,然后将人数与其对应的收入分别逐个相加,算出这些人的收入占总收入的比例,以及这些人数占总人数的比例。一般情况下,基尼系数的取值总是在 0 到 1 之间。其数值越小,收入分配就越公平;反之,则越不公平。

对那些处境不利的人们提供实物救济,如最低生活保障制度。二是具有社会保险性质的转移性支出,主要包括养老保险、医疗保健和失业保险等。三是通过一些公共支出项目的安排间接影响收入分配格局。

(3) 政府管制。除税收和财政支出外,政府还可对市场机制进行直接干预,如最低工资支付制度、生活必需消费品,以及对服务(如教育、医疗收费)实行价格上限、实行房租管制等。

由于社会主义国家是以消灭剥削、消除两极分化、最终实现共同富裕为基本目标,所以我国财政收入分配职能不仅在范围和广度上比西方资本主义国家大,而且发挥财政分配职能作用的着力点也与西方发达国家有着根本区别。

2.2.3 经济稳定职能

自发的市场机制并不能自行趋向于经济的稳定增长;相反,由总需求和总供给之间的不协调而导致的经济波动,是经常发生的。为此,需要政府作为市场上的一种经济力量,运用宏观上的经济政策手段有意识地影响、调节经济,保证宏观经济得以稳定、均衡地向前发展。宏观经济调控目标通常包括充分就业、物价稳定、经济稳定增长和国际收支平衡[①]。其中,通过不同时期的财政政策的制定和财政实践上的制度性安排,来维系总供给和总需求之间的大致平衡,便是政府所掌握和运用的重要政策手段之一。需要指出的是,财政的经济稳定职能,在西方国家主要是指财政对经济的稳定作用,着重指政府运用财政政策反经济周期作用。在中国,财政的稳定职能除经济稳定职能以外,还包括对社会和政治的稳定。

财政的经济稳定职能的实现途径,主要有以下四个方面。

(1) 运用"相机抉择"的财政政策,针对不断变化的经济形势,灵活地变动财政收入和支出,维持社会总供给和总需求的大体平衡,从而实现经济稳定。

(2) 通过制度性安排,发挥"自动稳定器"作用。在财政收入制度方面主要是指实行累进所得税制,在财政支出制度方面主要体现在转移支付的安排上。

(3) 通过投资、补贴和税收等多方面安排,加快农业、能源、交通运输、邮电通信等公共设施的发展,消除经济增长中的"瓶颈",加快产业结构的转换,为经济稳定和发展提供保证。

(4) 切实保证非生产性的社会公共需要,为经济和社会的发展提供和平安定的环境,使增长与发展相互促进、相互协调。

2.3 构建中的现代财政制度

《中共中央关于全面深化改革若干重大问题的决定》(以下简称《决定》),围绕财税改革指出"财政是国家治理的基础和重要支柱",并且在此基础上提出要"建立现代财政制度"。党的十九大进一步指出要加快现代财政制度构建,因此如何加快现代财政制度建设成为理论界、实务界竞相探讨的重要问题。

[①] 有关具体内容请参见本书 16.2 节财政政策。

2.3.1 现代财政制度的内涵

现代财政制度建设的目的是推进国家治理体系与治理能力现代化。关于现代财政制度，理论界尚无明确统一的定义。根据《决定》的相关表述，全面深化改革的目标是完善和发展中国特色社会主义制度，推进国家治理体系与治理能力现代化。"完善和发展中国特色社会主义"是构建现代财政制度的总目标或根本方向，而其短期目标是"推进国家治理体系与治理能力现代化"。财政是国家治理的基础和重要支柱，推进国家治理体系与治理能力现代化的基础和重要支柱就是强大而坚实的国家财政，要管理强大而坚实的财政必须建立与之相匹配的科学有效的财税体制，而科学有效的财税体制又体现于现代财政制度的建立。

现代财政制度的建设周期为我国第二次现代化建设时期。纵观世界范围，已然发生的整个现代化过程大体经过了两个发展阶段：第一阶段是从农业社会向工业社会整体变迁的过程，这一变迁被称为第一次现代化；第二阶段是从工业社会向信息社会或知识经济社会的变迁过程，这一过程被称为第二次现代化。因此，对于现代财政制度中"现代"二字的把握要从实现工业化社会向信息化社会并向更高级的经济社会形态整体变迁的过程这个角度来理解与诠释，即现代财政制度所发挥作用的时间段应该与我国第二次现代化建设的时间相匹配。

现代财政制度的建设标准是与当下资源配置的方式相适应，即市场在资源配置中起决定性作用，更好地发挥政府的作用。在现代与财政之间关系的把握上，将现代与财政对接形成现代财政这个概念，其目的在于与以往财政制度有所区别，要以"现代"二字作为衡量制度形态的标尺，即当下所形成的财政制度是否符合"现代"这样一个标准。

2.3.2 现代财政制度建设的主要内容

现代财政制度作为一个由基本理论、基本制度和基本政策组成的系统，具体包括财政职能、财政支出、财政收入、财政决策、财政体制、财政政策六大部分。其中，每一部分又有相对独立的基本理论、制度与政策，它们形成一个完整的现代财政框架。

1. 以市场失效为标准构建现代财政职能框架

我国经济由高速增长阶段转向高质量发展阶段，我国社会主要矛盾已经由人民日益增长的物质文化需要同落后的社会生产之间的矛盾转化为人民日益增长的美好生活需要和不平衡不充分的发展之间的矛盾。在经济发展的高质量阶段，一是政府提升国家治理体系与治理能力。各种社会经济组织与社会问题均会出现，这在客观条件上就要求优化政府组织结构，提高政府具备处理复杂社会问题与危机的能力。二是实现交易活动的市场化。社会资源配置方式的改变要求政府职能的相应转变，规范政府与市场的关系，切实减少政府对经济活动的不当干预，解决职能边界越位、缺位、错位的问题。三是促进社会公平正义。随着生产力发展水平达到了一定程度，政府与市场的分工更加协调，市场机制可以有效解决效率问题，而政府的工作重心应由原来的解放和发展生产力转移到促进社会公平正义上来。

2. 以高层次、高质量公共需要为标准构建现代财政支出框架

满足公共需要是财政的天然属性，但经济发展高质量阶段的公共需要与以往经济阶段的公共需要有所不同，高质量阶段的公共需要层次更高，范围亦更广。社会主要矛盾的根本性变革，说明我国社会生产力与公众的生活水平得到很大提高。高层次、高质量的生活需求开始出现并且会不断增强。一方面，公众产生了对更高水平基础设施建设的需要；另一方面，

随着生活水准的提高与人均收入的增加，社会公众基本需要的支出比例将减少，对提高生活层次的消费性支出需求将增加，因而资源将被更多地用于满足发展性需要，如教育、安全、卫生等，因此消费性支出占社会总支出的比重会得到相应程度的提高。

3. 以规范化、法制化为目标构建现代财政收入框架

法制化作为成熟市场经济的必要基础，一方面，财政收入法制化的核心在于征税、收费要有明确的法律依据，防止政府"攫取之手"；另一方面，财政收入法治化的核心是保证政府的有限性和高效性，通过规范政府、市场与社会组织的行为边界，构建有限政府，更好地发挥政府的作用。

4. 以民主化、科学化为目标构建现代财政决策框架

搞一个企业还需要一个完整的报告。一个国家，更应如此。预算制度不改革，就不可能建立起现代财政管理制度，政府职能的调整，政府管理的公开和透明也不可能实现。一是完善全口径预算管理体系，深化预算绩效改革。一方面，全面性、一致性作为现代政府预算的基本原则，其要求将所有政府收支按照一定标准纳入预算管理；另一方面，全面实施预算绩效管理是建立绩效预算的前提与基础。二是加强预算公开，提高预算透明度。预算公开透明是现代政府预算的基本原则，是现代财政制度建设的重要环节与完善国家治理基础的制度保障。

5. 以合理分权为原则构建现代财政体制框架

财政体制问题在很大程度上可归结为各级政府间的财政关系问题。政府间财政关系的明晰、规范和合理是现代财政制度的基本要求。分税制的财政体制改革的基本思路是：以公共需要理论为基础，以政府职能层次和效率为原则，合理界定各级政府的职能和事权；再根据各级政府的职能和事权，对与之相适应的财力范围和税权即财权作出界定；最后，根据公共支出均等化原则，在中央政府对地方政府间实施规范化的转移支付制度，保证地区间的协调发展。

6. 以稳定、发展为目标构建现代财政政策框架

财政政策对保持和促进国民经济和社会的稳定发展、熨平经济周期波动、调节社会收入分配关系、提高居民的社会福利与社会保障水平等发挥着重要作用。要以政府职能转换为契机，以充分发挥现代财政的职能作用为出发点，综合运用预算、税收、公共支出、国债、财政补贴、转移支付等各种政策工具，适时适度地对经济运行和社会发展进行有效的宏观调控，逐步建立起适应市场经济体制要求的现代财政政策框架。

本 章 小 结

本章主要介绍了当前资源配置的主体主要包括政府、市场和社会。财政作为政府、市场甚至社会配置资源的重要工具，是连接经济系统、政治系统和社会系统的主要枢纽，在整个社会资源分配过程中发挥着举足轻重的作用。市场经济时代，公共产品与市场机制、社会机制之间的关系，决定了财政活动成为满足社会公共需要的一种分配活动或经济行为。政府作为财政过程的直接组织者，围绕"财政能干什么""财政应该干什么"等基本问题，在协调政府、市场和社会的基础上，通过宏观调控实现

资源的合理利用和有效配置。改革开放后，中国迈向真正意义的现代国家，财政开始逐步承担起实现国家治理体系和治理能力现代化的重任。

政府与市场的搭配是否合理，关键取决于政府在其中的定位。尤其是政府通过财政来实现的职能如何。财政职能是财政本身所固有的功能，在不同时期的具体表现形式也有不同。财政三大职能为资源配置职能、收入分配职能和经济稳定职能。

因为财政是国家治理的基础和重要支柱，所以推进国家治理体系与治理能力现代化的基础和重要支柱就是强大而坚实的国家财政，要管理强大而坚实的财政必须建立与之相匹配的科学有效的财税体制，而科学有效的财税体制又体现于现代财政制度的建立。

关键词

市场　完全竞争　混合经济　市场失灵　公共产品　公共权力　公共事务　公共需要　政府　政府职能　政府失灵　财政职能　公共财政建设

思考题

1. 简述资源配置主体的功能界定。
2. 简述政府与市场关系中的财政行为。
3. 简述政府与社会关系中的财政行为。
4. 简述市场与社会关系中的财政行为。
5. 简述我国财政职能历史演变、"新三职能"主要内容及其主要政策手段。
6. 简述加快现代财政制度建设的实施路径。

第3章 财政支出总论

【学习目的】

通过本章的学习，理解财政支出各种不同分类的意义和内容，特别需要注意的是财政支出结构的变化趋势及其影响因素。在了解评价财政支出效益的三种方法，即成本-效益分析法、最低费用选择法和公共定价法的基础上，联系我国财政支出的实践，对评价财政支出效益的方法和途径给予正确的理解。

【开篇导言】

财政支出是以政府为主体，以政府的事权为依据进行的一种货币资金的支出活动，是国家对集中起来的财力进行再分配的活动。同时，财政支出又是政府施政行为选择的反映，体现着政府政策的意图，代表着政府活动的方向和范围。

20世纪90年代，东欧社会主义体系的崩溃和美国的贸易禁运使古巴经济严重萎缩。虽然古巴在经济上非常贫困，但其婴儿死亡率却低于许多工业化国家，古巴的收入水平只是加拿大的1/10，但其婴儿死亡率却与加拿大持平。这令世界银行的专家感到费解，2004年在其《世界发展报告》中，把这种现象称为"古巴之谜"。进一步分析得知，自1961年起古巴政府将私立医院收归国有，至今没有改变。2000年古巴在医疗方面的公共支出超过了国内生产总值的10%，2002年也达到国内生产总值的6.6%，而拉丁美洲和加勒比地区公共医疗支出的平均水平是3.3%。另外，古巴十分重视教育，每年投入教育的经费占GDP的11%。与此形成鲜明对照的是，古巴全国人大的教科文委员会办公室是一座简易的二层楼，楼梯狭小得难以两人并行；古巴教育部大厦，年久失修，电梯十分落后，会议室中的桌椅陈旧，厕所内的便具和水管几乎锈蚀到难以维系的程度[1]。

纵观中国近70年发展历史，财政支出规模增长较快，一直处于上升态势。2019年，各级财政部门按照有保有压、突出重点的原则，积极调整优化财政支出结构，大力压减一般性支出，重点支持推进供给侧结构性改革和兜牢基本民生底线，保障国家重大发展战略实施和重点领域改革，财政资金投向更加精准高效，全国一般公共预算支出首次突破20万亿元，各项重点支出得到较好保障。

本章首先介绍财政支出概念及其分类，然后对财政支出结构、规模和效益进行分析，为进一步分析购买性支出（第4章）和转移性支出（第5章）奠定一个良好基础。

---

[1] 刘德中. 古巴之谜. 中国财经报，2005-07-28.

3.1 财政支出范围及其分类

财政支出的范围取决于政府职能的大小。财政支出的不同分类形成了不同的支出结构，而不同的支出结构对财政运行乃至于对整个经济运行产生的影响差异很大。分析财政支出结构，首先要了解财政支出是如何分类的。

3.1.1 财政支出范围及原则

财政支出，也称政府支出或公共支出，是指政府为履行职能而消耗的一切费用的总和。具体来讲，财政支出是以国家为主体，以财政的事权为依据进行的一种财政资金分配活动，集中反映了国家的职能活动范围及其所发生的耗费。财政支出是政府的重要宏观经济调控手段，财政支出结构的确立与调整，对社会经济结构、产业结构的形成和变动，对国家职能的履行，有着至关重要的作用和影响。

政府职能的大小决定了财政支出的范围。在市场经济条件下，政府职能范围必须限定在市场失灵领域，从而决定了财政支出的范围也只限于市场失灵领域。对市场有效配置资源的领域，财政支出不应介入其中，防止出现政府财政支出"越位"现象；对市场不能有效配置资源的领域，财政支出必须承担优化资源的作用，防止政府财政支出出现"缺位"现象。

与财政的资源配置、收入分配和经济稳定三大职能相对应，财政支出原则一般坚持效率原则、公平原则和稳定原则。①效率原则是指财政支出应能够有助于资源的配置，促进经济效率的提高，具体包括三个问题：一是资源配置的规模，即哪些项目的实施应该由财政支出来实现；二是如何配置资源，即如何分配财政资金；三是资源配置是否具有效率，即如何讲求节约和有效地使用财政资金，要尽可能用同样多的投入获取更大的产出。②公平原则是指财政支出应有助于社会公平的实现，即通过社会的再分配，提高社会大多数人的福利水平，实现社会的相对公平。③稳定原则是指财政支出应有助于实现充分就业、物价稳定、经济稳定增长和国际收支平衡，促进社会经济的稳定发展。经济稳定是以经济发展为基础的稳定，即保持一定增长率。经济稳定为经济发展提供必要的社会条件。经济发展体现着社会生产的提高，是最具根本意义的事项，而财政分配可以促进经济更快发展。当财政支出三原则出现矛盾时，一般应追求效率，兼顾公平，保证稳定。

3.1.2 按支出用途分类

根据马克思主义经济理论，社会总产品反映了社会在一定时期内的生产成果，在价值形态上由三部分组成：生产过程中已经消耗掉的生产资料的价值（C）；物质生产部门的劳动者所创造的必要产品的价值（V）；物质生产部门的劳动者所创造的剩余产品的价值（M）。如图3-1所示，经过初次分配之后，社会总产品价值相应地转化为补偿基金、消费基金和积累基金。

从最终使用来看，补偿基金并非全部用于补偿消耗掉的生产资料，因为在固定资产规模不断扩大的情况下，全社会的固定资产折旧价值中，总有一部分可用于积累性的投资。消费基金也不会被全部消费掉，总有一部分会以储蓄的形式沉淀下来，用于新增投资。而积累基

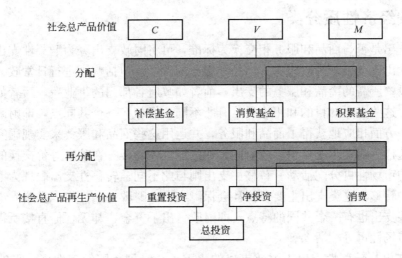

图 3-1 社会总产品价值构成与最终用途

金一般都会用于新增投资。可见,社会总产品经过初次分配和再分配之后,最终的使用在静态上形成了补偿性支出、消费性支出和积累性支出,在动态上形成了投资性支出和消费性支出。

3.1.3 按费用类别分类

按费用类别分类,也就是按国家职能分类。如果把政府职能划分为两大类,即经济管理职能和社会管理职能,那么,国家财政支出就形成了经济管理支出和社会管理支出。前者主要是经济建设费,后者包括社会文教费、国防费、行政管理费和其他支出。

2007—2019 我国财政支出结构的变化如表 3-1 所示。

表 3-1 我国财政支出结构的变化

项目	"十一五"				"十二五"				"十三五"				
	2007	2008	2009	2010	2011	2012	2013	2014	2015	2016	2017	2018	2019
一般公共服务支出	17.1	15.7	12	10.4	10.1	10.1	10	8.7	8.4	7.9	8.1	8.3	8.7
国防支出	7.1	6.7	6.5	5.9	5.5	5.3	5.4	5.5	5.2	5.2	5.1	5.1	5.1
公共安全支出	7	6.5	6.2	6.1	5.8	5.7	5.7	5.5	5.1	5.9	6.1	6.2	—
教育支出	14.3	14.4	13.7	14	15.1	16.9	15.9	15.2	15.5	15.0	14.8	14.6	14.6
科学技术支出	3.6	3.4	3.6	3.6	3.5	3.5	3.9	3.5	3.2	3.5	3.6	3.8	4.0
文化体育与传媒支出	1.8	1.8	1.8	1.7	1.7	1.8	1.8	1.8	1.8	1.7	1.7	1.6	—
社会保障和就业支出	10.9	10.9	10	10.2	10.2	10	10.2	10.5	10.4	11.5	12.1	12.2	12.4
医疗卫生支出	4	4.4	5.2	5.3	5.9	5.8	5.9	6.7	6.7	7.0	7.1	7.1	7.0
环境保护支出(节能环保支出)	2	2.3	2.5	2.7	2.4	2.4	2.4	2.5	2.3	2.5	2.8	2.9	3.1
城乡社区事务支出	6.5	6.7	6.7	6.7	7	7.2	7.4	8.5	8.0	9.8	10.1	10.0	10.8
农林水事务支出	6.8	7.3	8.8	9	9.1	9.5	9.4	9.3	9.8	9.9	9.4	9.5	9.4
交通运输支出	3.8	3.8	6.1	6.1	6.9	6.5	6.7	6.9	6.3	5.6	5.3	5.1	4.8
其他支出	5.9	4.7	4.2	3	2.7	2	2.3	2.1	2.1	1.0	0.9	1.0	—

3.1.4 按经济性质分类

按财政支出是否与商品和服务相交换为标准,可将财政支出分为购买性支出和转移性支出。购买性支出直接表现为政府购买商品和服务的活动,包括购买进行日常政务活动所需的或用于国家投资所需的商品和服务的支出,前者如政府各部门的事业费,后者如政府各部门的投资拨款。这些支出的目的和用途虽然有所不同,但却有一个共同点,即财政一方面付出了资金,另一方面相应地获得了商品和服务,并运用这些商品和服务来实现国家的职能。也就是说,在这样一些支出安排中,政府同其他经济主体一样,在从事等价交换的活动。它体现的是政府的市场性再分配活动。转移性支出则与此不同,转移性支出表现为财政资金无偿的、单方面的转移。这类支出主要包括社会保障支出、财政补贴支出、捐赠支出和债务利息支出等。这些支出也有一个共同的特点,即财政付出了资金,却无任何直接所得。它体现的是政府的非市场性再分配活动。

购买性支出与转移性支出占财政支出的比重,会受到一国经济发展水平的影响。一般而言,在经济发达国家,由于政府较少地直接参与生产活动,财政职能主要侧重于社会收入分配和保持经济稳定,因而其转移性支出占财政支出的比重较大,或与购买性支出相当,或较购买性支出增长得更快。而发展中国家,由于政府较多地直接参与生产活动,财政职能主要侧重于促进经济增长,所以其购买性支出占财政支出的比重较大。我国作为一个发展中国家,财政支出结构具有发展中国家一般的特征,总体上表现为转移性支出所占的比重偏低。

3.1.5 按层级政府职责分类

如果按照层级政府的职责,财政支出还可划分为中央财政支出和地方财政支出。1994年,我国推行了分税制改革,并对中央与地方政府的事权与财权进行了重大调整,重新界定了中央与地方政府的财政收支范围。按事权划分由中央财政负担的各项开支主要包括:重点建设支出,如基本建设投资,中央企业的挖潜改造资金、新产品试制费、简易建设费和地质勘探费,国防费,武装警察部队经费,对外援助支出,外交支出,以及中央级农、林水利事业费、工业、交通、商业部门事业费,文教卫生事业费,科学事业费,行政管理费和其他支出等。按事权划分由地方财政负担的各项开支主要包括:为本地区经济发展安排的基本建设投资,地方企业的挖潜改造资金、新产品试制费、简易建筑费,城市维护费,城市水资源建设资金和排污费支出,价格补贴支出,以及地方级农林水利事业费,工业、交通、商业部门事业费、文教卫生事业费,科学事业费,抚恤和社会救济费,行政管理费,公检法支出和其他支出。

从实际情况看,自1994年以来,由于地方政府支出责任的增加,地方政府的财政支出呈现明显的增长趋势。从绝对规模来看,地方财政支出从1994年的4 038亿元增加到了2018年的188 196.32亿元,总体增长46倍多,平均每年增长18%(具体见表3-2)。这是一个很高的增长速度,既快于同时期全国财政支出的平均年增长速度,也大大快于GDP的平均年增长速度。从相对比重来看,1994—2018年,地方财政支出占全部财政支出的比重一直稳定在70%~85%,远高于分税制改革前1978—1993年平均58%。

表 3-2 中央和地方财政支出及比重

时间	绝对数/亿元			比重/%	
	全国	中央	地方	中央	地方
"一五"时期	1 320.52	966.85	353.67	73.2	26.8
"二五"时期	2 238.18	1 047.15	1 191.03	46.8	53.2
1963—1965	1 185.81	701.34	484.47	59.14	40.86
"三五"时期	2 510.6	1 530.07	980.53	60.9	39.1
"四五"时期	3 917.94	2 123.64	1 794.3	54.2	45.8
"五五"时期	5 282.44	2 625.34	2 657.1	49.7	50.3
"六五"时期	7 483.18	3 725.64	3 757.54	49.8	50.2
1993	4 642.3	1 312.06	3 330.24	28.3	71.7
1994	5 792.62	1 754.43	4 038.19	30.3	69.7
1995	6 823.72	1 995.39	4 828.33	29.2	70.8
1996	7 937.55	2 151.27	5 786.28	27.1	72.9
1997	9 233.56	2 532.5	6 701.06	27.4	72.6
1998	10 798.18	3 125.6	7 672.58	28.9	71.1
1999	13 187.67	4 152.33	9 035.34	31.5	68.5
2000	15 886.5	5 519.85	10 366.65	34.7	65.3
2001	18 902.58	5 768.02	13 134.56	30.5	69.5
2002	22 053.15	6 771.7	15 281.45	30.7	69.3
2003	24 649.95	7 420.1	17 229.85	30.1	69.9
2004	28 486.89	7 894.08	20 592.81	27.7	72.3
2005	33 930.28	8 775.97	25 154.31	25.9	74.1
2006	40 422.73	9 991.4	30 431.33	24.7	75.3
2007	49 781.35	11 442.06	38 339.29	23.0	77.0
2008	62 592.66	13 344.17	49 248.49	21.3	78.7
2009	76 299.93	15 255.79	61 044.14	20.0	80.0
2010	89 874.16	15 989.73	73 884.43	17.8	82.2
2011	109 247.79	16 514.11	92 733.68	15.1	84.9
2012	125 952.97	18 764.63	107 188.34	14.9	85.1
2013	140 212.10	20 471.76	119 740.34	14.6	85.4
2014	151 785.56	22 570.07	129 215.49	14.9	85.1
2015	175 877.77	25 542.15	150 335.62	14.5	85.5
2016	187 755.21	27 403.85	160 351.36	14.6	85.4
2017	203 085.49	29 857.15	173 228.34	14.7	85.3
2018	220 904.13	32 707.81	188 196.32	14.8	85.2

数据来源:《2019年中国统计年鉴》。

注:(1) 中央、地方财政支出均为本级支出。(2) 本表数字2000年以前不包括国内外债务还本付息支出和利用国外借款收入安排的基本建设支出。从2000年起,全国财政支出和中央财政支出中包括国内外债务付息支出。

3.1.6 国际分类方法

表 3-3 为国际基金组织财政支出分类。

表 3-3 国际基金组织财政支出分类

职 能 分 类	经 济 分 类
1. 一般公共服务 2. 国防 3. 公共秩序和安全 4. 教育 5. 保健 6. 社会保障和福利 7. 住房和社区生活设施 8. 娱乐、文化和宗教事务 9. 经济服务 　(1) 燃料和能源 　(2) 农林牧渔业 　(3) 采矿和矿石资源业、制造业和建筑业 　(4) 交通和通信业 　(5) 其他经济服务和服务业 10. 其他支出	1. 经常性支出 　(1) 商品和服务支出 　　• 工资和薪金 　　• 雇主缴款商品和服务的购买 　　• 其他商品和服务的购买 　(2) 利息支付 　(3) 补贴和其他经常性转让 　　• 补贴 　　• 对下级政府的转让 　　• 对非营利机构和家庭的转让 　　• 国外转让 2. 资本性支出 　(1) 固定资本资产的购置 　(2) 存货购买 　(3) 土地和无形资产的购买 　(4) 资本转让 　　• 国内资本转让 　　• 国外资本转让 3. 净贷款

从表 3-3 可以看出，国际货币基金组织采取了职能分类法和经济分类法对财政支出进行分类。其中，国际货币基金组织的职能分类法与我国按国家职能分类法比较接近。我国政府的财政支出不包括债务利息支出（2000 年以前）、预算外支出、政府基金支出和社会保险支出，同时企业亏损补贴没有作为支出项目列示，而是作为负项冲减财政收入。为此，对我国财政支出可按照下列公式进行调整和计算：

政府总支出(国际口径)＝财政支出(官方口径)＋债务利息支出＋企业亏损补贴＋
预算外支出＋社会保障支出

3.2 财政支出的规模与结构

财政支出规模是指财政支出的总体水平，即一个财政年度内政府通过预算安排的财政支出总额。

3.2.1 衡量财政支出规模的指标

财政支出规模自身的衡量指标有两个：一个是财政支出的总额，即财政支出规模的绝对量指标；另一个是财政支出比率（财政支出占 GDP 的比重），即财政支出规模的相对量指标。一般来讲，绝对量指标在对一国财政支出变化进行纵向对比时有实际意义，而相对量指标在对一国财政支出与其他国家财政支出进行横向对比及对本国财政支出变化进行纵向比较时均有参考意义。

3.2.2 财政支出规模的增长趋势

1. 经济发达国家财政支出规模增长分析

在早期的资本主义经济中,财政支出总额及其占GDP的比重都是比较小的。那时,资本主义国家奉行经济自由主张,采取放任政策,对私人生活和私营企业的经营活动不加干预,国家的职能基本上限于所谓"维持社会秩序"和"保卫国家安全",在经济、文化、社会等方面很少有所作为。

随着资本主义基本矛盾的发展和激化,资本主义国家为了维持经济发展和克服日益频繁的经济危机,加强了对经济的干预。同时,为了防止社会动荡,不得不为公众提供基本的社会保障,由此而导致财政支出的绝对量日益膨胀。另外,GDP的增长,筹措财政收入的措施的加强,以及增发公债作为弥补支出的手段成为可能,也从财源方面支持了财政支出的不断增长。

自20世纪80年代中后期开始,虽然主要西方国家财政支出的绝对额依然继续增长,但在国民生产总值中的比重却变化不大,有些国家甚至出现略有下降的局面,如表3-4所示。之所以发生这种变化,主要是从20世纪70年代开始,西方国家经济出现了"滞胀"现象,人们普遍认为财政支出过快增长是导致这一局面的重要原因之一。为了治理"滞胀",各国政府都不得不尽量控制财政支出的增长,因而延缓了财政支出的增长速度。

表3-4 主要发达国家的财政支出占GDP比重的变动情况 %

年份 国别	1880	1929	1960	1985	1994	2005
法国	15	19	35	52	47.4	48.5
德国	10	31	32	47	33.6	37.2
瑞典	6	8	31	65	51	53.5
英国	10	24	32	48	42.7	39.6
美国	8	10	28	37	23	34.3

2. 发展中国家财政支出规模增长分析

发展中国家在经济发展过程中,同样出现了财政支出增长的情况。发展中国家自第二次世界大战结束后,纷纷走上经济独立的道路。为了能够早日赶上发达国家,解决本国贫困问题,政府大量参与经济方面的建设,从而使政府的财政支出规模迅速扩张。特别是20世纪80年代以来,这种财政支出增长的态势更加明显。根据世界发展报告的统计资料,在1960年,发展中国家政府支出占GDP的比重仅为15%左右,1998年提高到28%左右,目前,这一比重已达到25%左右。尽管发展中国家的财政支出无论从绝对量还是从相对量来说都在增长,但与发达国家相比,还是存在一定差距的。

3. 我国财政支出规模的变动

我国自1978年改革开放以来,社会主义经济体制发生了巨大变化,从高度集中的计划经济转变到有计划的商品经济,继而走向社会主义市场经济。经济体制的改革充分调动了生产要素的积极性,生产效率不断提高,经济增长率年均9.6%,人均GDP大幅度增加,从1978年的381元迅速提高到2019年的1万美元。根据瓦格纳法则,随着经济不断增长和人均收入增加,财政支出占GDP的比重应不断提高。可是,我国这些年的情况是,虽然财政支出的绝对量在不断扩张,财政支出增长率也比较高,但财政支出(预算内)占GDP的比重却经历了先下降后上升的过程,具体见表3-5。

表3-5 我国财政支出规模的变动情况

年 份	财政支出/亿元	收支差额/亿元	财政支出增长率/%	财政支出占GDP的比重/%
1978	1 122.09	10.17	33.0	31.2
1980	1 228.83	−68.90	−4.1	25.7
1985	2 004.25	0.57	17.8	22.4
1989	2 823.78	−158.88	13.3	15.8
1990	3 083.59	−146.49	9.2	15.8
1991	3 386.62	−237.14	9.8	14.6
1992	3 742.20	−258.83	10.5	13.1
1993	4 642.30	−293.35	24.1	12.6
1994	5 792.62	−574.52	24.8	11.2
1995	6 823.72	−581.52	17.8	10.7
1996	7 937.55	−529.56	16.3	10.9
1997	9 233.56	−582.42	16.3	11.6
1998	10 798.18	−922.23	16.9	12.6
1999	13 187.67	−1 743.59	22.1	13.9
2000	15 886.50	−2 491.27	20.5	15.0
2001	18 902.58	−2 516.54	19.0	16.8
2002	22 053.15	−3 149.51	16.7	18.0
2003	24 649.95	−2 934.70	11.8	18.5
2004	28 486.89	−2 090.42	15.6	19.3
2005	33 930.28	−2 280.99	19.1	18.5
2006	40 422.73	−2 162.53	19.1	19.1
2007	49 781.35	−1 540.43	23.2	19.3
2008	62 692.66	−1 262.31	25.7	20.8
2009	76 299.93	−7 781.63	21.9	21.9
2010	89 874.16	−6 863.65	17.8	21.8
2011	109 247.79	−5 373.36	21.6	22.3
2012	125 952.97	−8 699.46	15.3	23.3
2013	140 212.10	−11 002.46	11.3	23.5

续表

年 份	财政支出/亿元	收支差额/亿元	财政支出增长率/%	财政支出占GDP的比重/%
2014	151 785.56	−11 115.53	8.3	23.6
2015	175 768.02	−23 551.00	13.2	26.0
2016	187 755.21	−28 150.24	6.3	25.4
2017	203 085.49	−30 492.72	7.6	24.7
2018	220 904.13	−37 544.29	8.7	24.5

资料来源：《2019年中国统计年鉴》。

注：(1) 在国家财政收支中，价格补贴1985年以前冲减财政收入，1986年以后列为财政支出。为了可比，本表将1985年以前冲减财政收入的价格补贴改列在财政支出中。(2) 财政支出为政府的预算内支出。(3) 从2000年起，财政支出中包括国内外债务付息支出。

3.2.3 财政支出规模增长的因素及其理论解释

政府公共支出从总体上均呈现出一种不断增长的趋势。从各国公共支出增长的实践分析，其原因大致归为三类。一是经济性因素。包括经济发展水平、经济体制的选择、物价水平、征税能力及政府的干预政策等。一般而言，经济发展水平越高，财政支出规模越大；经济管理体制越集权，财政支出规模越大；物价水平越高，名义财政支出规模就会越大；政府的征税能力越强，财政支出规模就越大；如果政府减少干预且干预手段主要是管制而不是财政收支活动，财政支出规模就会相对缩小。二是政治性因素。包括政局是否稳定、政体结构的行政效率等。如果一国政局不稳，出现内乱、战争等突发事件，财政支出规模必然会超常规扩张。如果一国的行政机构臃肿、人浮于事、相互扯皮、效率低下，必然导致经费开支的增加。三是社会性因素。包括人口状况、文化背景等。人口增加，相应的教育、医疗保健、交通、住房、治安等方面的需求就会增加，财政支出的压力就会增大；人口老龄化导致社会保障支出和其他社会福利性支出增加，这是上中等收入国家特别是高收入国家财政支出规模不断膨胀的主要原因。

财政支出规模不断增长的趋势，引起了经济学家们的关注，他们试图对财政支出的增长作出解释。其中主要有三个代表性的观点，即阿道夫·瓦格纳的公共支出不断增长法则，皮考克和卫斯曼的公共支出梯度渐进理论及马斯格雷夫的公共支出增长的发展模型。

1. 公共支出不断增长法则

1882年，德国经济学家阿道夫·瓦格纳通过对19世纪的许多欧洲国家和日本、美国的公共支出增长情况的考察，提出了公共支出不断增长法则，又称瓦格纳法则。他认为一国政府的支出与其经济成长，也就是政府职能的扩大与国家所得的增加之间存在一种函数关系，即随着国家经济的发展与政府职能的扩大，要求保证行使这些政府职能的公共支出不断增加。瓦格纳认为，只要符合政府职能的要求，即使出现暂时的财政不均衡也无妨，利用公债举办公共事业是可行的，条件是它将来带来的财政收入的增加额能抵消举办这些公共事业的费用。

瓦格纳把导致政府支出增长的因素分为政治因素和经济因素。所谓政治因素，是指随着经济的工业化，正在扩张的市场与这些市场中的当事人之间的关系会更加复杂，市场关系的复杂化会引起对商业法律和契约的需要,并要求建立司法组织去执行这些法律,这就需要社会把更多的资源用于提供治安和法律设施。所谓经济因素,是指工业的发展推动了都市化的进程,人口的居住将密集化,由此将产生拥挤等外部性问题。这样就需要政府进行管理与调节工作,需要政府不断介入物质生产领域,因而形成了很多公共企业。此外,瓦格纳把对于教育、娱乐、文化、保健与福利服务的公共支出的增长归因于需求的收入弹性,即随着实际收入的上升,这些项目的公共支出的增长将会快于 GDP 的增长。

但瓦格纳关于公共支出增长的含义究竟是指绝对增长还是相对增长,在当时并不清楚。后来,其追随者进一步发展了该理论,其内容可以归纳如下:政府支出的增长幅度大于经济增长是一种必然趋势;政府消费性支出占国民所得的比例不断增加;随着经济发展和人均所得的上升,公共部门的活动将日趋重要,公共支出也就逐渐增加。导致财政支出增大的原因主要是:随着资本主义经济的发展,原来由私人部门进行的若干活动,逐渐地由政府办理;人口的增加,城市的迅速发展,各种矛盾的激化,使得政府的一般行政、公安司法、经济管理、社会协调等方面支出扩大;由于某些投资所需财力较多,或出于调节经济活动的需要,政府就应参与投资、调控;随着国民所得的增加,政府对文化、福利方面的投资将会成倍增加。瓦格纳法则适应了当时俾斯麦政府强化国家机器、扩大干预经济,以加紧对内镇压、对外扩张的帝国主义政策的需要,成为包括德国在内的各个帝国主义国家推行帝国主义财政政策的理论基础。

2. 公共支出梯度渐进理论

英国经济学家皮考克和卫斯曼在 20 世纪 60 年代也对公共部门增长的情况进行了研究,提出了导致公共支出增长的外在因素和内在因素,并认为外在因素是说明公共支出增长超过 GNP 增长速度的主要原因。其理论的前提假设是:政府喜欢多开支,公民不愿多纳税。政府决定预算规模时,应注意公民能容忍的税收水平,而这就是政府公共支出的约束条件。以此为基础,他们做出了如下的推论:随着经济发展,收入水平上升,以不变的税率征收的税收会上升,于是政府支出的上升会与国民生产总值的上升呈线性关系,这是公共支出增长的内在原因;但在非常时期,如发生经济危机、战争,公共支出上升的压力会骤然增大,政府被迫提高税率,而公众在危机时期也会接受提高了的税率,这是公共支出增长的外在原因。

外在原因通过三方面的效应导致公共支出的快速增长。第一,替代效应。替代效应是指在社会动荡时期,纳税人有可能接受较重的税收负担,私人的税收容忍水平将会提高,政府支出也就有可能较大地增加,从而使整个财政支出在渐进的过程呈现一个上升的"台阶";当社会危机结束后,财政支出水平就会下降,但政府不会轻易容许已经上升的"租税容忍水平"降到原有的水平。因此,财政支出虽然会下降,但不会降到原来的水平。第二,审视效应。皮考克和卫斯曼认为战争等导致社会剧变的因素会迫使政府重视那些平日无须注意的问题,如第二次世界大战后的调整、退伍军人的退休金及全民素质的提高等,从而促使人们对扩大公共部门支出予以支持,即存在所谓的审视效应。第三,集中效应。战争等导致社会剧变的因素还会促使中央政府不断扩大财权,地方政府不断缩小财权,即所谓的集中效应。由于上述效应的作用,公共部门就会呈现出梯度渐进增长的态势。

3. 公共支出增长的发展模型

马斯格雷夫与罗斯托应用经济发展阶段理论来解释公共支出的不断增长。他们认为,经济发展可划分为五个阶段,即传统阶段、为起飞创造条件阶段、起飞阶段、成熟阶段、大众高额消费阶段。在经济发展的起飞阶段，政府投资在总投资中占有较大的比重，公共部门为经济发展提供社会基础设施，如道路、运输系统、环境卫生系统、法律与秩序、健康与教育，以及其他用于人力资本的投资等。他们认为，公共部门的这些投资对于处于经济与社会发展的早期阶段的国家进入"起飞"和发展阶段来说，是必不可少的。而且，在增长的中期，尽管私人投资已经占有一定份额，政府投资还应继续进行，但这时政府投资只是对私人投资的补充。此外，无论是在发展的早期还是中期，都存在市场缺陷，从而有可能阻碍经济趋于成熟。因此，为了对付市场缺陷，政府的干预也应该增加。

马斯格雷夫认为，在整个发展阶段，GNP 中总投资的比重是趋于上升的，但政府公共投资占 GNP 的比重却会下降。罗斯托指出，一旦经济达到成熟阶段，公共支出将从关于基础设施的支出转移到对于教育、保健与福利服务的支出。而在"大众消费"阶段，进行再分配的政策性支出的增加会大大超过其他项目的公共支出，也会快于 GNP 的增加速度。

专题 3-1

我国财政支出合理规模的确定

现阶段，我国财政支出规模的调整，要以科学的发展观为指导，以促进经济社会全面、协调和可持续发展为目标，在确定我国财政支出具体内容的基础上，来确定具体的支出规模。鉴于目前我国的公共社会事业发展还比较落后的状况，以及政府在促进公共社会事业发展中的主导作用，政府应该不断增加对公共物品与公共服务的投入力度。当然，在公共需求不断增长的情况下，单靠政府财政是难以从根本上解决问题的，我们应大胆借鉴西方发达国家的经验，积极探寻公共产品与服务供给的市场化途径，合理界定政府与市场在提供公共产品与服务方面的大致分工。在这一大方向下，财政支出的规模可以随着社会经济的发展与变化状况来进行动态调整。

至于政府财政支出规模占 GDP 的比例究竟多大才算合适，对此问题，可以具体考虑以下几个因素。第一，我国所处的经济发展阶段。目前，我国仍处在经济发展的起飞阶段，面临消除二元经济结构、实现经济转型时期。在这一阶段，政府要承担更多的投资职责，既包括基础设施投资，也包括新兴产业的启动投资。从这个角度上讲，政府应该多支配一些资源。我国正处在社会主义初期阶段，面临着许多困难，社会福利水准不可能像发达国家那么高，通过政府之手所进行的资金分配规模不能太大。第二，我国正处在社会转型时期，在这一过程中，要使各种矛盾得以化解和保证社会基本稳定，政府就要承担大量的转型成本，就要支配相应的资源。第三，我国政府管理公共资源的能力还不是很强，如果把大量的资源交给政府支配，其中相当一部分就有可能转化为人们竞相追逐的"租金"，这既损害公平，也损害效率。因此，政府支配的资源应限于满足政府履行最基本职能的需要。第四，从根本上来讲，在市场经济体制下，政府应该是一个"小政府"，对资源的配置市场应该发挥基础性作用，政府支配的资源应该主要限于消除市场失灵。根据以上分析与许多学者的研究，再加上主要发达国家在经济起飞阶段的历史经验，我国财政支出的规模应保持在 GDP 的 25%～30% 为宜。

3.2.4 财政支出结构

简单来说，财政支出结构是指各类财政支出占总支出的比重，也称财政支出构成。从社会资源的配置角度来说，财政支出结构直接关系到政府动员社会资源的程度，从而对市场经济运行的影响可能比财政支出规模的影响更大。不仅如此，一国财政支出结构的现状及其变化，表明了该国政府正在履行的重点职能及变化趋势。

1. 基于政府职能的财政支出结构分析

从某种程度上说，财政支出是政府活动的资金来源，也是政府活动的直接成本。因此，政府职能的大小及其侧重点，决定了财政支出的规模和结构。如果按照市场主导型观点，不仅财政支出规模不可能很大，而且财政支出结构无疑偏重于行政管理、法律秩序、防卫等维持国家机器正常运转方面的支出。如果按照政府主导型观点，财政支出规模可能比较大，或者即使受经济发展水平的制约，财政支出规模不是很大，但支出结构会偏重于集中资源和经济事务方面的支出。鉴于财政支出结构与政府职能存在紧密的对应关系，把政府职能简化为两大类，即经济管理职能和社会管理职能，相应地，财政支出也就形成了经济管理支出和社会管理支出。

自新中国成立以来，经济管理体制和政府职能在20世纪70年代末发生了根本性变革。在计划经济时期，国家注重经济职能的实现，政府调动几乎全部资源，直接从事各种生产活动，财政支出大量用于经济建设。在社会主义市场经济体制下，市场在资源的配置上起到了基础性作用，政府正在逐步减少资源配置的份额，退出一些适合民间部门从事的生产活动领域，财政用于经济建设方面的支出比例已大大降低。伴随着政府职能的这种转变，财政支出结构发生了很大变化。经济建设支出占财政支出总额的比重从改革前的平均60%左右下降到"十五"时期的不足30%；相反，社会管理支出比重则大幅度提高，从40%左右上升到70%以上。

2. 基于经济发展阶段的财政支出结构分析

财政支出结构状况既与一国经济体制和相应的政府职能有关，又受经济发展阶段的制约。为了说明经济发展阶段与财政支出结构之间的关系，首先把政府提供的公共服务分为三类：一是维持性服务；二是经济性服务；三是社会性服务。相应地，财政支出分为维持性支出、经济性支出和社会性支出。维持性支出是指用来保证国家机器正常运转的支出，主要包括行政管理支出、国防支出、公共秩序和安全支出等；经济性支出是指政府参与生产和投资活动的支出，如扶持基础产业发展的支出、基础设施建设的投资等；社会性支出是指用于提高全民素质和健康水平、消除贫困、提高福利水平等方面的支出，包括教育、保健、养老、失业及其他福利服务的支出。

从百年来的世界各国经济发展的历程来看，随着人均收入水平的提高，各国政府的财政支出结构大致会呈现如下的演变规律：从维持性服务开始，首先扩展到经济性服务领域，然后进一步扩展到社会性服务领域。与此相适应，维持性支出比重逐渐下降，经济性支出比重逐步上升，然后这两者都逐渐下降而社会性支出比重明显提高。以世界银行关于国家类型的划分标准为依据，世界银行2015年按人均国民总收入划分国家类型。人均国民总收入在1 045美元及以下为低收入国家，1 045~4 125美元为中等偏下收入国家，4 126~12 735美元为中等偏上收入国家，12 736美元及以上为高收入国家。三类国家的财政支出结构见表3-6。

表 3-6 三类国家的财政支出结构   %

项目	高收入国家		中等收入国家		低收入国家	
	占GDP	占总支出	占GDP	占总支出	占GDP	占总支出
维持性支出	11.3	26.2	7.0	28.3	9.1	37.7
国防支出	5.5	12.2	3.4	13.2	3.0	10.9
经济性支出	5.5	14.0	5.7	20.4	6.4	22.2
社会性支出	21.1	49.5	11.5	42.1	7.6	27.5
教育	4.3	11.0	3.8	14.9	3.9	14.7
卫生保健	3.4	8.3	2.0	7.7	1.7	6.3
社会保障	12.2	27.5	4.6	15.7	1.3	4.2
住房	1.2	2.7	1.1	3.8	0.7	2.3
利息支出	4.6	10.3	2.5	0.3	3.2	12.6
国家个数	19	19	26	26	11	11

我国处于低收入和下中等收入的临界区，财政支出结构更多地相似于低收入国家，只是各项比重还略有差异。

3.3 财政支出绩效与制度管理

3.3.1 财政支出绩效

在预算资金既定的情况下，如何把有限的财政资金配置于最佳用途上？这就是财政支出的使用效益问题。所谓效益，是指人们在有目的的实践活动中"所得"与"所费"的对比关系。从价值形态上看，效益意味着通过资源投入的合理组合，实现既定产出的成本最小化。所谓提高经济效益，就是"少花钱、多办事、办好事"。至于财政支出效益的内涵，可从以下三个方面把握。

(1) 内源性效益。内源性效益是指财政支出本身所产生的效益，包括直接效益和间接效益。直接效益是指某些财政项目直接产生的可计量的经济效益，比如经济建设支出项目、农业支出项目等。间接效益是指某些项目不直接产生经济效益但却存在社会效益，有些可以量化，有些难以量化，比如事业性支出项目、行政性支出项目等。

(2) 部门绩效。部门绩效是指使用财政支出的公共部门财政年度内的工作绩效。它包含两层含义：一是部门在财政资源的配置上是否合理并得以优化，财政资源使用是否得到相应的产出或成果，也就是对部门资源配置的总体进行评价；二是部门本身的工作绩效评价，如是否完成了既定的社会经济发展指标，完成预算目标的财力保证程度，部门内资金使用的效益情况等。

(3) 单位绩效。财政支出最终能否发挥相应的效益，还要取决于使用单位。对单位绩效评价应该从具体单位的实际情况来考察，并结合相应的技术方法来实施。

在现代民主社会里，财政支出决策虽然主要是通过民主政治特别是以投票为主要特征的政治决策作出的，但政治决策实质上是主观的，而资源配置的经济效率需要客观标准。所以，评估财政支出决策时，必须进行一些定量分析，判断某一特定支出项目或支出方案的收益是否超过成本，是否可以实施。对于一些效益不易衡量的财政支出项目，则在实现既定目标的前提下，尽量节省其成本费用开支。因此，针对不同的财政支出项目，需选用多种衡量财政支出效益的方法。

1. 成本-效益分析法

所谓成本-效益分析法，就是针对政府确定的项目目标，提出若干建设方案，详细列举各种方案的所有潜在成本和效益，并把它们转换成货币单位，通过比较分析，确定该项目或方案是否可行。现在，成本-效益分析法在许多国家的中央政府、各级地方政府及世界银行等国际组织得到广泛应用。

成本-效益分析法一般分为六个基本步骤：确定政府项目要实现的目标；列举成本和效益；测算成本和效益；测算贴现成本和效益；选择决策标准；选定项目。

案例 3-1

如何运用成本-效益分析法对政府项目进行评价

假定某政府某项目持续四年，把项目实施的当年作为 0 年，当年没有收益，只有成本 1 000 万元，而且以后各年不再有成本。下一年开始有收益 350 万元，而且以后每年都有与此数额相同的收益。如果社会贴现率为 5%，那么，该项目是否可行？

(1) 净现值标准

某政府某项目各年度净现值见表 3-7。

表 3-7 某政府某项目各年度净现值 万元

年份 项目	第0年	第1年	第2年	第3年	总额
t 年的贴现系数	1	0.952	0.907	0.864	
t 年的收益	0	350	350	350	1 050
t 年的收益乘以贴现系数（PVB）	0	333.33	317.46	302.34	953.14
t 年的成本	1 000	0	0	0	
t 年的成本乘以贴现系数（PVC）	1 000	0	0	0	1 000
NPV=PVB−PVC					−46.86

在本案例中，尽管收益总额（1 050 万元）超过成本总额（1 000 万元），但贴现后的收益 PVB 小于贴现后的成本 PVC，因此，净现值 NPV=PVB−PVC=−46.86<0。这表明，政府不应当实施该项目。

(2) 收益-成本比率标准

根据表 3-7 中的数据，可得出 $BCR=\dfrac{953.14}{1\,000}=0.953<1$，这说明该项目是不可取的。

(3) 内部收益率标准

当 PVC=0 时，可得出 IRR=2.5%<5%，也说明该项目不可取。

2. 最低费用选择法

由于相当多的财政支出的成本与效益难以准确衡量，有的甚至根本无法衡量，不能运用成本-效益分析法，因此就要选择其他方法。

最低费用选择法的主要特点是，不用货币单位来计量备选的财政项目的社会效益，而只计算每项备选项目的有形成本，并以成本最低为择优的标准。

运用最低费用选择法的步骤大体如下：首先，根据政府确定的目标，提出多种备选方案；其次，以货币单位为统一尺度，分别计算出各备选方案的各种有形费用并予以加总；最后，按照所需费用的高低排出顺序，以供决策者选择。在目标既定的情况下，费用最低的备选方案自然为最优方案。

最低费用选择法多被用于军事、政治、文化、卫生等财政支出项目上。运用此方法确定最佳支出方案，难点不在技术，而在于被选方案的确定上。因为，所有备选方案应能无差别地实现同一个既定目标，据此再选择费用最低的方案，但要做到这一点仍是很困难的。

3. 公共定价法

市场经济中，价格机制是实现最优资源配置的主要机制。由于政府也提供大量的满足社会公共需要的"市场型物品"，这些物品就同样面临着价格的确定问题，这就是所谓的公共定价。通过公共定价，可以纠正市场失灵，提高资源配置效率，可以实现某些重要微观市场的稳定，还可以改进收入分配，而且可以使这些物品得到最有效的使用，提高财政支出的效益。

公共定价涉及两个方面，即定价水平和定价体系。

定价水平是指政府提供每一单位"公共物品"的定价是多少。在管制行业，定价水平依据正常成本加合理报酬得到的总成本计算，因此确定定价水平实质上是研究如何确定总成本。

定价体系是指把费用结构（固定费用和可变费用的比率）和需求结构（家庭用、企业用和产业用，以及少量需求和大量需求等不同种类的需求，高峰负荷和非高峰负荷等不同负荷的需求）进行综合考虑的各种定价组合。

4. 其他方法

对于财政支出效益的评价，除了以上介绍的几种主要方法外，理论界还提出了以下几种方法。

(1) 综合指数法，即在多种经济效益指标计算的基础上，根据一定的权数计算出综合经济效益指数。该方法评价的准确度较高、较全面，但在指标选择、标准值确定及权数计算等方面较为复杂，操作难度也相对较大。

(2) 因素分析法，即将影响投入（财政支出）和产出（效益）的各项因素罗列出来进行分析，计算投入产出比进行评价的一种方法。

(3) 生产函数法，即通过生产函数的确定，来明确产出与投入之间的函数关系，借以说明投入产出水平（也就是经济效益水平）的一种方法。用公式表示为：$Y=f(A, K, L, \cdots)$，其中 Y 为产出量，$A, K, L, \cdots$ 表示技术、资本、劳动等投入要素。生产函数法不仅可以准确地评价综合经济效益,而且对评价资源配置的经济效益、规模经济效益、技术进步经济效益等都有重要的参考价值,只是函数关系的确定较为复杂。

(4)模糊数学法,即采用模糊数学来建立模型,对经济效益进行综合评价的方法。将模糊的、难以进行比较、判断的经济效益指标之间的模糊关系进行多层次综合计算,从而明确各单位综合经济效益的优劣。

(5)公众评判法,即对于无法直接用指标计量其效益的支出项目,可以聘请有关专家进行评估并对社会公众进行问卷调查,以评判其效益的一种方法。它具有民主性、公开性的特点,但应用范围有限且有一定模糊性。

3.3.2 财政支出的制度管理

1. 政府采购、国库集中支付与部门预算制度

政府采购制度、国库集中支付制度与部门预算改革是控制财政支出规模的三种有效约束机制。三者互为条件,相辅相成,是公共财政体制框架下强化财政支出管理的必然选择。

1)政府采购制度

政府采购也称公共采购,是指各级政府及其所属机构为了开展日常政务活动或为公众提供公共服务的需要,在财政的监督下,以法定的方式、方法和程序,对货物、工程或服务的购买。

与私人采购相比,政府采购具有以下明显的特征:政府采购资金来源是公共资金,这些资金的最终来源为纳税人的税收和政府公共服务收费;政府采购的目的主要是实现政府目的;政府采购的主体是依靠国家财政资金运作的政府机关、事业单位和社会团体等;政府采购为非商业性采购,不以盈利为目标;采购范围广、规模大;采购过程要求能够较充分地体现公平、公正、公开的原则;采购制度一般是围绕政府意图而制定的,具有较强的政策性。

(1)政府采购的方式。① 公开招标采购,是指通过公开程序,邀请所有有兴趣的供应商参加投标。② 选择性招标采购,是指通过公开程序,邀请供应商提供资格文件,只有通过资格审查的供应商才能参加后续招标;或者通过公开程序,确定特定采购项目在一定期限内的候选供应商,作为后续采购活动的邀请对象。③ 限制性招标,是指不通过预先刊登公告程序,直接邀请一家或两家以上的供应商参加投标。以上三类是按照招标范围的不同进行的划分。此外,根据是否具有招标性质可分为招标性采购、非招标性采购等。

(2)政府采购的流程。主要步骤有:采购实体提出采购计划;财政部门进行审核;确定政府采购需求;采购活动事先分析和预测;审查供应商资格;择优确定采购模式和方式;发布政府采购信息;供求双方签订采购合同;履行政府采购合同;供应商与财政部门的资金结算;采购实体及监督管理部门的效果评价。

(3)政府采购制度的作用。① 从公共财政来讲,进行政府采购,可以适当地节约财政资金,提高支出效益。通过引入竞争机制和信息披露制度,扩大采购的可选择面,就可以在更大的范围内挑选性价比更高的产品。② 从政府角度来讲,政府可以通过调整采购总量来实现对经济的总量调控,可以通过选择采购对象对国民经济各产业进行调控,也可以通过对采购地区的选择支持某些特殊地区的发展。③ 从供应商角度来讲,由于政府是市场中的最大消费者,而且政府采购遵循公开、公平、公正的原则,在竞标过程中执行严密、透明的"优胜劣汰"机制,所有这些都会调动供应商参与政府采购的积极性,而且能够促使供应商

不断提高产品质量、降低生产成本或者改善售后服务，以使自己能够赢得政府这一最大的消费者。由于供应商是市场中最活跃的因素，所以供应商竞争能力的提高又能够带动整个国内市场经济的繁荣昌盛。

2) 国库集中支付制度

国库即"国家金库"，是负责办理国家财政收纳、拨付业务的机构。国库集中支付制度是对财政资金实行集中收缴和支付的管理制度，其核心是通过国库单一账户对财政资金的运行进行集中管理。

国库集中支付是以国库单一账户体系为基础，以健全的财政支付信息系统和银行间实时清算系统为依托，支付款项时由预算单位提出申请，由规定审核机构（国库集中支付执行机构或预算单位）审核后，将资金通过单一账户体系支付给收款人的制度。国库单一账户体系包括财政部门在同级人民银行设立的国库单一账户和财政部门在代理银行设立的财政零余额账户、单位零余额账户、预算外财政专户和特设专户。财政性资金的支付实行财政直接支付和财政授权支付两种方式。

具体操作过程如下。首先，通过国库单一账户体系对财政性资金进行集中管理，相应地撤销各预算单位重复和分散设置的账户，预算资金不再拨付给各预算单位分散保存；其次，各预算单位可根据自己履行职能的需要，在批准的预算指标基础上编制分月用款计划，在批复的用款计划的额度内提出用款申请，按有关规定自行决定购买何种商品和劳务，但款项要通过财政部门集中支付系统来支付；最后，资金都要通过国库单一账户体系直接支付给商品和劳务供应者。属于直接支付类型的支出，通过财政零余额账户直接支付到收款人；属于授权支付类型的支出，通过预算单位零余额账户直接支付到收款人。

国库集中支付制度改革，是我国继分税制预算管理体改革之后，对预算管理制度进行的又一次重大变革。实行国库集中支付制度，有利于政府加强对资金的统一调度和管理，是增强政府宏观调控能力的需要；有利于预算执行管理的精细化，形成预算执行与预算编制的有机衔接，提高预算管理科学化精细化水平，是实现财政科学化精细化管理的需要；通过财政直接支付和财政授权支付，把资金集中支付到商品和劳务供应者或用款单位，有效解决了预算单位账户重复设置和财政资金运行环节过多的问题，推行公务卡改革又使预算单位的现金支付行为有据可查、有迹可循。启动财政国库动态监控，对预算单位支付行为和资金流向实施全程监控，实现了多角度、多层次和宽领域综合反映资金支付情况，将财政监督由过去的事后检查变为全程监督和管理，防止截留、挤占、挪用和设置"小金库"等违纪行为，有利于从源头上防治腐败问题的发生，是加强党风廉政建设的需要。

建立国库集中支付制度是财政国库管理制度改革的一个重要方面。其基本内容是将所有财政性资金集中在国库或国库指定的代理银行开设账户，所有的财政性资金支出均通过单一账户集中支付。各单位可根据自身履行职能的需要，在批准的预算项目和额度内自行决定购买商品和劳务，但支付款项要由财政通过国库单一账户体系集中支付到商品和劳务供应者或用款单位。

实行国库集中支付制度后有"五个变化"。一是账户设置改多头开户为国库单一账户体系管理。单位未经批准不得擅自在银行开设任何新的账户，否则视同"小金库"处理。二是资金支付改"层层实拨"为下达预算指标额度，"资金流"变为"指标流"，资金由国库直达最终用户。三是资金管理改"以拨列支"为"以支列支"，未实际支付的资金都保存在国库，由财政所有并统一调度。四是预算执行信息反馈从事后变为即时，从隐蔽到公开。五是监督方式改事后监督为全程监督、全方位监督。

3) 部门预算

(1) 定义。部门预算是反映政府部门收支活动的预算,是由政府各部门根据国家有关政策规定及其行使职能的需要,由基层预算单位编制,逐级上报、审核、汇总,经财政部门审核后提交立法机关依法批准的涵盖部门各项收支的综合财政计划。部门预算是市场经济国家政府预算管理体制的基本组织形式。

(2) 部门预算主要内容及特点。① 从编制范围看,部门预算涵盖了部门或单位所有的收入和支出,不仅包括财政预算内资金收支,还包括各项预算外资金收支、经营收支及其他收支。② 从支出角度看,部门预算包括部门或单位所有按支出功能分类的不同用途的资金,无论是基本建设经费,还是各项事业经费,或是其他经费,全部按规定的格式和标准统一汇总编入一本预算,可以全面地反映一个部门或单位各项资金的使用方向和具体使用内容。③ 从编制程序看,部门预算是汇总预算,它是基层预算单位编制,逐级审核汇总形成的。具体编制时,由基层单位根据本单位承担的工作任务、部门发展规划及年度工作计划测算编制,经逐级上报、审核并按单位或部门汇总形成。④ 从细化程度看,部门预算既细化到了具体预算单位和项目,又细化到了按预算科目划分的各支出功能。⑤ 从合法性看,部门预算必须在符合国家有关政策、规定的前提下按财政部核定的预算控制数编制,预算在呈报上级部门前必须经单位领导同意,单位总体预算在上报全国人大前必须报经国务院批准。全国人大按法定程序批准年度预算后,由财政部门将预算批复到部门,部门再逐级批复到基层预算单位。

专题 3-2

以打造"阳光预算"为龙头,进一步深化部门预算改革

1. 着力打造"阳光部门预算"

公开透明是现代财政制度的基本特征,"阳光是最好的防腐剂"。建立公开透明的预算制度,保障人民群众的知情权、参与权、监督权是党的群众路线的内在要求,也是整个财税改革的关键和龙头。一是夯实部门预算公开的制度基础。目前《中华人民共和国预算法》(以下简称《预算法》)已将预算公开的内容写入相关条款,要用法治思维和法治方式推进部门预算公开。二是理顺部门预算公开工作机制。由各部门按主体原则负责本部门预算公开。三是细化部门预算公开内容。逐步将部门预算公开到基本支出和项目支出,加大"三公"经费公开力度。逐步将部门预算公开范围扩大到除涉密信息外的所有预算信息。

2. 着力推动中期财政规划管理

一是实行部门滚动规划管理。按照建立跨年度预算平衡机制的要求,结合有关财政政策以及相关行业、领域事业发展规划,同步编制部门滚动规划,对规划期内的预算支出实行总量控制和跨年度平衡,并以三年为周期实行滚动管理。二是加强项目库建设。充分发挥项目库在滚动规划管理中的基础性作用,加强年度间项目库的衔接,提升项目库管理水平。三是推进信息化建设。以发展全国统一的应用支撑平台为契机,对现有的基础信息数据库、项目库、预算编制软件等进行统一规范,逐步做到"标准统一、数据共享",逐步实现部门预算数据在同级财政部门与预算部门、上下级财政部门之间的共享

和互联互通，为滚动规划管理提供重要支撑和平台。

3. 着力健全预算支出标准体系

一是进一步完善基本支出定员定额标准体系。完善事业单位经费保障机制，研究建立符合不同类型事业单位特点的预算定额管理机制。二是加快推进项目支出标准定额体系建设。以通用定额标准的制定为切入点，分类推进项目支出定额标准体系建设。三是加强预算支出标准的应用将预算支出标准全面运用到预算编制、执行、绩效管理和公开全过程，做到有标准即应用。

4. 着力推进预算编制的细化与规范

按经济分类编制预算是细化和规范部门预算编制的内在要求。一是进一步提高年初预算到位率。细化和改进部门预算编制，将部门预算的每一项支出都分解落实到基层单位和具体用途，根据项目实施方案合理确定分年预算，从根本上减少存量资金的产生。二是全面推进按经济分类编制部门预算。三是进一步规范部门预算编报口径和内容。

5. 着力加大部门预算统筹力度

一是增强预算统筹能力。建立一般公共预算与政府性基金预算、国有资本经营预算之间的统筹协调和资金调配机制，加大政府性基金预算、国有资本经营预算调入一般公共预算的力度。加强对相关支出的审核，避免多头申请经费和重复安排预算。二是全面实施综合预算管理。将部门的各项收支全部纳入预算管理，加大对各项资金的管理和统筹力度。三是优化部门预算支出结构。结合政府职能转变，合理界定部门预算支出范围，区分公共产品的公共性层次，做到有保有压、有进有退、有增有减。要积极主动适应"新常态"，健全厉行节约长效机制，严格控制一般性支出，减少财政供养人员，压缩行政经费。

6. 着力提高财政资金使用绩效

盘活存量、用好增量是加强部门预算管理的重要举措，也是提高资源配置和使用效率的有效手段。一是强化约束，二是盘活存量，三是讲求绩效，完善监督问责和公开机制，将绩效评价结果向同级政府和人大报告、向社会公开，落实好责任追究制度。

4) 政府采购和国库集中支付制度及部门预算的关系

实行部门预算和国库直接支付，可以解决财政管理中长期存在的预算编制粗放、资金分配权分散、透明度不高及挤占、挪用财政资金等问题，为编制政府采购预算、制定、下达和执行政府采购计划奠定了基础。而实行政府采购制度可以为财政支出管理和部门预算管理创造一种全方位、全过程管理模式，实施政府采购后的采购价格、预算单位设备配置等信息也为细化部门预算、制定部门支出标准创造了条件。政府采购制度既需要部门预算和国库集中支付制度改革加以配套，同时又促进和支持了部门预算和国库集中支付制度改革。只有将这三项改革同时做好，我国财政支出的效益才能真正发挥，财政支出的绩效也可以被明确地考核，财政职能才能得到更好的发挥。

2. 政府间的转移支付制度

政府间的转移支付是解决不同级次政府之间财力余缺调剂的制度。政府间的转移支付与一般性的转移支付不同，有其独特的内涵、方式和效应。

1) 政府间转移支付的依据

（1）解决纵向财政失衡问题。纵向财政失衡是针对财政体制中上下级政府之间财政收支差异的状况而言的。在各级政府之间既定支出范围得以确定之后，当某一级政府财政面临着赤字、而其他级次政府却出现盈余时，就意味着财政失衡问题的存在。在市场经济国家，分税制财政管理体制可能导致中央政府掌握较多财力，地方政府财力不足，出现纵向失衡。无论从公平还是从效率的角度看，财政纵向失衡都必须解决。

（2）解决横向财政失衡问题。从资源要素禀赋角度来看，地区之间的差异是绝对的，尤其当国土面积广阔时更是如此。要素禀赋的差异必然导致横向财政失衡问题。比如富裕地区财政收入充裕，出现财政盈余；而贫困地区税源狭小，财政状况拮据。富裕地区能够为其居民提供较高水准的公共产品和服务；而贫困地区却难以提供最基本的公共产品和服务。横向财政失衡状况的存在和加剧不利于各地区均衡发展和社会共同进步，需要依靠政府间转移支付来调节横向财政失衡。

（3）解决公共产品提供中的外部性问题。地方政府提供区域性公共产品的受益范围几乎不可能恰好被限定在地方政府的辖区之内，这就出现了外部性问题。当存在正外部性时，从本地利益出发，地方有可能高估提供公共产品的成本，而低估其整体效益，并有可能以无法完全负担成本为理由，减少此类公共产品的提供。当存在负外部性时，地方政府则容易高估该公共产品的正效益，低估或者忽视提供该公共产品的成本，从而使这种附带着的外部不经济继续存在乃至有所增加。这种扭曲性政策的实施，不仅影响着区域性公共产品的提供和本地区及相关地区居民的利益，而且也不利于地区间经济关系的协调。这种情况下，实行财政转移支付制度，由上级政府给予下级政府一定的财政补助，对具有外部性的公共产品的提供实施适当的调节，就是一种较为有效的干预方式。

（4）弥补划分税收方式的不足。在财政体制中，希望单纯依靠税收分割来达到政府间事权与财权的最佳协调，这基本是一种理想模式。因为税收划分本身只是在中央与地方之间划分确定税收的归属，只是各级财政体制中各级政府间财政关系的一部分，而不是全部，还有财政支出的划分、收支关系协调等大量问题需要解决。所以，在目前实施分税制的国家，无一例外地实行了财政转移支付制度，来弥补分税方式的不足。

2) 政府间转移支付的种类

政府间转移支付的形式有一般补助、专项补助和配套补助三种类型。专项补助和配套补助为有条件补助，一般补助为无条件补助。在实践过程中，根据具体情况的不同，可对不同的补助形式进行选择运用。

（1）一般补助。一般补助是指中央政府对资金的使用方向等不作具体规定，也没有任何附加条件，地方政府有权自主决定补助的使用方向和方式，所以也称为无条件补助。

一般补助对于地方政府而言，增加了一笔财政净收入，由于没有限定使用条件，地方政府可以依照本地情况，灵活地安排资金投向，自由度较大。

一般补助的确定往往需要考虑多种因素，比如地方政府的收入能力、地方的支出需求、上级财政的承受能力等。在具体测算地方财政收入能力和支出需求时，还需要分析影响收入能力和支出需求的各种具体因素。

一般补助的政策意图主要是解决横向财政失衡问题，具有抽肥补瘦的特点。如果一般性补助数额过大，财力过于平调，则会挫伤较富裕地区的积极性，同时也有可能使落后地区产生依赖性。

(2) 专项补助。专项补助是指规定了资金使用方向的补助。作为一种规定了用途的拨款，专项补助显然是不得挪作他用的。专项补助的主要功能在于协助地方政府改善基础设施、生态环境等方面的条件。根据不同时期经济社会发展薄弱环节或宏观调控重点的变化，对专项补助的项目范围及补助比例通常也需要进行相应的调整。地方政府需要承诺按照既定的用途使用资金，并且接受上级财政的检查和监督。

(3) 配套补助。配套补助也叫对称补助，是指中央政府对地方政府进行补助的同时，也要求地方政府拿出一部分配套资金来进行相关项目的投资。配套补助的政策意图在于促使下一级政府与上级政府一道，共同承担提供某些公共产品和服务的职责。配套补助对于资金使用方向的具体规定可能严格，也可能不严格。

三种补助形式的特点如表 3-8 所示。

表 3-8 三种补助形式的特点比较

形式 程度 特征	一般补助	专项补助	配套补助
体现中央政府意图	弱	强	强
行政干预成分	弱	中	弱
影响地方政府的决策	弱	中	中
地方政府运用补助金的自由度	强	中	中
促进特定效果的提高	弱	强	中

3) 我国政府间转移支付实践

(1) 规模庞大且迅速增长的政府间转移支付。从 1994 年我国实行分税制财政体制以来，中央对地方的转移支付数额逐步增大，1995 年中央对地方的转移支付数额为 2 534.06 亿元，占中央财政支出的 55.9%；1999 年为 4 086.61 亿元，占中央财政支出的 49.6%；到 2002 年为 7 351.77 亿元，占中央财政支出的 52%。根据预算安排，2006 年中央对地方政府的税收返还和补助增加到 12 697 亿元，占中央财政总支出 22 222 亿元的 57%；占地方财政收入总额 29 600 亿元的 43%，相对规模之大超过了世界上绝大多数国家（只有日本等极少数国家能够相提并论）。2008 年，中央对地方税收返还和转移支付支出 22 945.61 亿元。2005 年，美国联邦、州与地方三级政府的总支出为 38 590 亿美元，其中联邦政府支出约为 24 720 亿美元，联邦政府对州与地方政府的补助总额为 4 260 亿美元，约占联邦政府支出的 17%，约占州与地方支出总额的 31%，分别比中国同期低 40 个和 14 个百分点。事实上，与加拿大、澳大利亚和其他大多数发达国家及发展中国家相比，我国政府间转移支付的相对规模也要大得多。我国的政府间转移支付相对规模之所以远大于其他国家，与公共支出（公共服务）责任过度下放这一事实密切相关（见表 3-9）。

表 3-9 2005 年公共服务与支出责任在中央与地方间的分配 %

	中央	地方	合计
社会保障与就业	45	55	100
教育	10	90	100
医疗卫生	4	96	100

资料来源：财政部，关于 2005 年中央和地方预算执行情况与 2006 年中央和地方预算案的报告。

(2) 日益拉大的财政差距与服务差距。引人注目的是，虽然政府间转移支付相对规模十分庞大，但我国各地区间的财政差距和公共服务差距正迅速扩大，并远远超过备受关注的地区间经济（人均收入）差距。按照2018年的数据测算，在我国31个省（自治区、直辖市）中，5个人均财政支出（含中央的转移支付与税收返还）最高的省级辖区的人均支出，相当于5个人均支出最低辖区的人均支出的3.5倍；其中，人均支出最高辖区（西藏58 537元）相当于最低辖区（山东9 374元）的6.2倍之多（见表3-10）。

表3-10 地区间经济差距、财政能力差距和公共服务差距

	计量指标	比 值
经济差距	城乡人均收入（2019）	2.64:1
财政能力差距	5个最高辖区/5个最低辖区（2018）	(3.5:1)/(6.2:1)
公共服务差距	城乡医疗卫生资源 城乡小学生人均财政支出（2019）	5.2:1 3.4:1

(3) 现行转移支付的类别与结构。目前我国政府间转移支付的形式呈现多样化的特点，具体有体制补助（或上解）、专项补助、结算补助（或上解）、税收返还及公式化的补助等。表3-11是中央财政对地方财政转移的规模与结构。目前转移支付的主要部分是税收返还，虽然近年来相对规模有所下降，但目前占转移支付总额的比重仍然超过1/3。然而与许多发达国家（例如日本和德国）不同，我国中央对地方的税收返还是按来源地规则设计的。在此规则下，各辖区获得的税收返还数额只是取决于向中央政府"贡献"多少税收，不取决于各辖区的人口、人均收入、地理特征及其他影响财政能力（标准收入）和支出需求（标准支出）的因素。在地区差距很大而且没有其他有效手段时，这种做法产生很大的问题。收入来源地规则意味着地方掌握的资源越多、经济发展程度越高、地方居民越富有，获得的转移就越多，导致公共服务参差不齐。从1995年开始，中央财政根据其财政状况，每年从中央财政收入增量中拿出一部分资金，选择一些对地方收支影响较大的客观性因素及主观因素，采用相对规范化的计算方法，实施对各地的转移支付。转移支付开始走向规范化。

表3-11 中央财政对地方财政转移的规模与结构　　　　　　　亿元

年份	中央对地方税收返还和转移支付	增长	一般性转移支付	一般性转移支付占全部转移支付的比重	专项转移支付	专项转移支付占全部转移支付的比重	对地方税收返还
2012	45 361.68	13.7%	21 429.51	53.3%	18 804.13	46.7%	5 128.04
2013	48 019.92	5.9%	24 362.72	56.7%	18 610.46	43.3%	5 046.74
2014	51 591.04	7.4%	27 568.37	59.3%	18 941.12	40.7%	5 081.55
2015	55 097.51	6.8%	28 455.02	56.8%	21 623.63	44.2%	5 018.86
2016	59 486.35	4.5%		60.6%		39.4%	
2017	65 051.78	9.3%	35 145.59	61.6%	21 883.36	38.4%	8 022.83
2018	69 680.66	7.1%	38 722.06	62.8%	22 927.09	37.2%	8 031.51

注：数据来源：财政部历年中央决算的报告，其中2016年部分数据缺失。

专题 3-3

中国的财政均等化与转移支付体制改革[①]

基本公共服务均等化的内涵包括全体公民享有基本公共服务的机会均等、结果大体相等，同时尊重社会成员的自由选择权。应本着范围适中、标准适度的原则，在就业服务和基本社会保障等"基本民生性服务"，义务教育、公共卫生和基本医疗、公共文化等"公共事业性服务"，公益性基础设施和生态环境保护等"公益基础性服务"，生产安全、消费安全、社会安全、国防安全等"公共安全性服务"方面，逐步实现均等化。

目前，政府间转移支付规模巨大但均等效果不佳，转移支付体制存在明显的结构性缺陷。在约占地方收入43%、中央支出57%、总额达11 474亿元的转移支付中，完全遵循严格的均等化规则的转移支付充其量也不到20%（其中一般性转移支付约占10%），而超过80%的部分要么与财政均等的内在逻辑不符，要么其实际效果捉摸不定。其中，合计占转移支付总量67%（2005年）的税收返还和专项转移支付，完全是按照不同于财政均等目标的内在逻辑和规则设计的，其实际的均等化效果极可能是负面的。

未来一段时间，中国财政改革与发展将从中国基本国情出发，坚持以公共化为取向，以均等化为主线，以规范化为原则，不断健全公共财政体制，完善基本公共服务体系，为全面建设小康社会和加快构建社会主义和谐社会提供坚实的物质和制度保障。根据国际经验，基本公共服务均等化的基础和基本实现手段是财政能力均等化。而转移支付制度是实现基本公共服务均等化、调节收入再分配和实现政府政策目标的重要手段。完善和规范中央财政对地方财政的转移支付制度，一是增加一般性转移支付规模，优化转移支付结构。中央财政新增财力中要安排一定数额用于加大一般性转移支付力度，重点帮助中西部地区解决财力不足问题，促进地区之间协调发展。二是加强中央对地方专项转移支付管理。到期项目、补助数额小、突出中央宏观调控政策意图不明显的项目予以取消；交叉、重复的项目重新清理，逐步进行归并；对年度之间补助数额不变且长期固定的项目列入中央对地方体制性补助。同时，规范中央对地方专项拨款配套政策，减轻地方政府压力。三是建立监督评价体系，着力提高中央财政转移支付效果。

本 章 小 结

财政支出是国家对集中起来的财力进行再分配的过程。依据不同的目的和标准，可对财政支出做出不同的分类。不同种类财政支出之间的数量关系，形成了财政支出的结构。

[①] 王雍君. 中国的财政均等化与转移支付体制改革. 中央财经大学学报，2006（9）.

世界各国的财政支出自20世纪以来不断上升，财政支出占GDP的比重经历了由上升到逐渐稳定的过程。我国财政支出规模从绝对额看逐年增长，从相对量看改革之后持续下降，近几年略有反弹，但财政支出的不断增长已成为一种趋势。

对特定财政项目进行评估的主要方法是成本-效益分析法、最低费用选择法、公共定价法等，其目的是要提高财政项目的经济效益与社会效益。

政府采购、国库集中支付、部门预算制度作为财政支出管理体制改革的三项核心内容，互为条件，相辅相成，是我国目前财政支出改革的三项主要工作。

政府间的转移支付是弥补各级政府间财力不均衡的主要手段。政府间转移支付的依据有解决纵向财政失衡问题、横向财政失衡问题、解决公共产品提供中的外部性问题及弥补划分税收方式的不足。政府间转移支付的种类有一般补助、专项补助和配套补助。

关键词

财政支出　瓦格纳法则　购买性支出　转移性支出　公共定价　财政支出效益
政府采购　部门预算　国库集中支付

思考题

1. 简述按经济性质对财政支出分类的意义。
2. 政府活动扩张论认为影响财政支出规模上升的最基本因素是什么？
3. 梯度渐进增长论怎样解释非常时期财政支出增长过程？
4. 为什么现实中最常用的决策标准是净现值标准？如何利用NPV标准选定项目呢？
5. 根据财政支出结构发展阶段论，结合我国经济情况，谈谈财政支出结构的变化。
6. 确定财政支出的合理规模应主要考虑哪些因素？
7. 财政支出管理改革的三项内容是什么？针对我国的现状具体分析这三者对我国财政支出的重要性。
8. 政府间转移制度在我国的实践。

第 4 章 购买性支出

【学习目的】
通过本章的学习，熟悉购买性支出的分类，了解消耗性支出和投资性支出的含义、内容及我国的实践情况。

【开篇导言】
历史上，太平天国的农民战争，由于清政府无力支付军费，只好由地方自筹，因而引起清王朝君权削弱，加大了各省督抚的权势，形成了庚子年间东南自保的各自为政局面。洋务运动的失败，也是由于官方资金的不足，无法对新式工业投资，因而导致失败。甲午中日战争的失败，部分原因亦在于清政府财政短绌，无力支付军费，以致兵力不足，难与入侵日军作战。辛亥革命的失败，与清政府的财政困难也有一定关系，且其困难之状况远比以前各时期更加严重。例如，孙中山先生就任临时大总统后，国库一空如洗，根本发不出军饷。而西方列强对革命政府又缺乏信任，不但将中国关税收入控为己有，而且也拒绝贷款给新政府。相反，蒋介石因为获得了江浙财阀支持，并在共产党支持下，取得北伐胜利，建立了国民政府。

社会学家曹锦清在《黄河边的中国》一书中指出，仿佛农民负担的加重只是乡村两级干部横征暴敛、中饱私囊的结果，这种舆论不公平。事实是，某镇当时仅维持中小学教育经费，就得用去全乡镇60%左右的财政收入。医疗服务不属于纯公共品，但是世界上大多数国家，政府都在提供医疗卫生服务方面扮演重要角色。1983年以后，我国卫生支出占GDP比重一路下滑。2005年国务院发展研究中心发表了"中国医改基本不成功"的报告，政府缺位是主要原因。

改革开放以来，我国政府大量增加了对于基础设施建设项目的投资，并实施了三峡、南水北调、申办奥运会等消耗大量政府支出的项目。实证研究表明：公共品，尤其是地方公共品的提供在结构上有严重倾斜：与工业发展、招商引资相关的公共设施猛增，而与教育、卫生、环境等与人民生活直接相关的公共品提供上严重不足。

购买性支出直接表现为政府通过市场购买商品和服务，并运用这些商品和服务来实现国家的职能。购买性支出包括消耗性支出和投资性支出。本章重点论述消耗性支出和投资性支出的含义、内容及我国的实践情况。

4.1 购买性支出概述

购买性支出基本上反映了社会资源和要素中由政府直接配置与消耗的份额，因而是公共财政履行效率、公平和稳定三大职能的直接体现，具体包括消耗性支出和投资性支出。购买性支出的作用及对国民经济的影响主要体现在以下三个方面。

(1) 购买性支出直接形成社会资源和要素的配置，因而其规模和结构等大致体现了政府直接介入资源配置的范围和力度，是现代财政对于效率职能的直接履行。这样，购买性支出能否符合市场效率准则的根本要求，是现代财政活动是否具有效率性的直接标志。

(2) 购买性支出对社会福利分布状态产生直接影响，因而是公共财政履行公平职能的一个重要内容。购买性支出对国民收入的分配有间接影响。当购买性支出增加时，由于生产增长，国民收入会随之增加，企业收入和劳动者的收入总量均会增加。但是，由于各种原因，在新增国民收入中，由利润占有的和由工资占有的部分不可能均等，从而在国民收入初次分配中，利润和工资各自所占份额将发生变化。此外，由于各种经济活动受政府购买性支出变动影响的程度不尽相同，不同的部门和企业，以及在不同的部门和企业中就业的劳动者之间所增加的收入也不尽一致。这些因素，都可能导致国民收入分配结构发生变化。

(3) 购买性支出直接引起市场供需对比状态的变化，直接影响经济周期的运行状况，因而是政府财政政策的相机抉择运作的基本手段之一，是现代财政履行稳定职能的直接表现。按照一般的需求理论，当购买性支出增加时，政府对社会产品的需求增长，从而导致市场价格水平上升和企业利润率提高；企业因利润率提高而扩大生产规模，所需生产资料和劳动力也随之增多。所需生产资料增多，可能刺激生产这类生产资料的企业扩大生产；所需劳动力增多，会扩张对消费资料的社会需求，进而导致生产消费资料的企业扩大生产规模。在广泛存在社会分工条件下，由政府购买支出增加所引发的上述过程，将会在全社会范围内产生一系列互相刺激和互相推动的作用，从而导致社会总需求的连锁性膨胀。这既有可能形成经济繁荣局面，又有可能形成供给过度情况。

相反，如果政府减少购买支出，随着政府需求的减少，全社会的投资和就业都会减少，从而导致连锁性的社会需求萎缩。这既可能形成需求不足，又可能对过度的总需求起到一定的抑制作用。西方学者认为，这种由政府购买支出变化引致社会投资、就业和生产规模的变化，往往数倍于政府支出变化的规模，故被称为政府支出的乘数作用。凯恩斯主义者正是以此为依据，主张政府通过财政活动干预经济。为此，必须正确把握财政的购买性支出对市场均衡状态的影响，以确保政府正确实施财政政策。

4.2 消耗性支出

4.2.1 消耗性支出概述

消耗性支出，是指政府向企业和个人购买所需的商品和劳务，以维持日常政务活动的支出。消耗性支出又称耗尽性支出，是政府调节社会资源配置的重要手段。

消耗性支出按照具体用途可划分为行政管理支出、国防支出、科研支出、教育支出、文化支出、卫生支出，通常把上述支出归结为行政管理支出、国防支出和文教科卫支出三大部分。表4-1是1978—2018年我国消耗性支出类型及数额。

表 4-1　1978—2018 年我国消耗性支出类型及数额　　　　　　　　亿元

年　份	社会文教费	国防费	行政管理费
1978	146.96	167.84	52.90
1980	199.01	193.84	75.53
1985	408.43	191.53	171.06
1989	668.44	251.47	386.26
1990	737.61	290.31	414.56
1995	1 756.72	636.72	996.54
1996	2 080.56	720.06	1 185.28
1997	2 469.38	812.57	1 358.85
1998	2 930.78	934.70	1 600.27
1999	3 638.74	1 076.40	2 020.60
2000	4 384.51	1 207.54	2 768.22
2001	5 213.23	1 442.04	3 512.49
2002	5 924.58	1 707.78	4 101.32
2003	6 469.37	1 907.87	4 691.26
2004	7 490.51	2 200.01	5 521.98
2005	8 953.36	2 474.96	6 512.34
2006	10 846.2	2 979.38	7 571.05
2007	17 241.12	3 554.91	15 460.37
2008	21 796.85	4 178.76	18 302.54
2009	19 101.6	4 951.10	15 158.49
2010	23 093.6	5 333.37	16 194.06
2011	29 617.2	6 027.91	18 842.74
2012	35 208.19	6 691.92	20 145.89
2013	37 910.35	7 410.62	21 897.67
2014	41 224.45	8 289.54	21 986.27
2015	65 248.00	9 087.84	23 406.00
2016	73 654.3	9 765.80	23 804.3
2017	78 562.1	10 432.37	25 105.9
2018	80 652.8	11 280.46	25 964.1

资料来源：《中国统计年鉴（2019）》。

消耗性支出和投资性支出的不同点在于前者是非生产性支出，它的使用并不形成任何资产；而后者通过政府投资，国家可以获得相应的资产。消耗性支出中的行政管理支出和国防支出都属于纯公共支出，是国家履行政治和行政职能的必然选择；而文教科卫支出应归为准公共产品，因为根据受益主体的可区分性及消费的可分割性，文教科卫支出中的部分可以由公共部门提供，也可以由私人部门提供。由此可见，消耗性支出的性质也不能完全归结为纯公共需要，应该根据具体的支出项目来决定。

4.2.2 行政管理支出

1. 行政管理支出的内容

行政管理支出是指政府为维持社会秩序和提供公共服务而进行的支出，主要是用于国家各级权力机关、行政管理机关和外事机构行使其职能所需的费用，也就是行政事业单位经费。根据2020年《政府收支分类科目》的分类，行政管理支出包括三类科目。

(1) 一般公共服务支出：人大事务、政协事务、政府办公厅（室）及相关机构事务、发展与改革事务、统计信息事务、财政事务、税收事务、审计实务、海关事务、人力资源事务、纪检监察事务、商贸事务、知识产权事务、民族事务、港澳台事务、档案事务、民主党派及工商联事务、群众团体事务、党委办公厅（室）及相关机构事务、组织事务、宣传事务、统战事务、对外联络事务、其他共产党事务支出、网信事务、市场监督管理事务和其他一般公共事务支出。

(2) 外交支出：外交管理事务、驻外机构、对外援助、国际组织、对外合作与交流、对外宣传、边界勘界联检、国际发展合作和其他外交支出。

(3) 公共安全支出：武装警察部队、公安、国家安全、检察、法院、司法、监狱、强制隔离戒毒、国家保密、缉私警察和其他公共安全支出。

2. 行政管理支出的变动趋势

1) 影响行政管理支出变动的因素及变动趋势

行政管理支出属于纯公共产品，并且属于国家最基本的职能范围。关于行政管理支出，这种对于社会财富的"虚耗"究竟是好是坏，难以简单地下定论，应根据一个国家一定时期的社会发展目标再结合支出规模来具体分析。比如从生产角度来考虑，这种虚耗不创造任何实质财富，应该越少越好；比如从消费的角度来看，该支出促进了生产，应该越多越好。

行政管理支出的特点包括提供的是纯公共商品、消费性、低收入弹性、连续性等。

(1) 政府承担的公共事务。自由资本主义时期，奉行"廉价政府"，行政管理支出很少。随着资本主义的发展，国家干预的盛行必然导致政府承担的公共事务越来越多，国家的行政管理支出就会不断增加。

(2) 政府机构规模、行政人员数量和行政机关效率。政府机构规模越大、行政人员数量越多，国家的行政管理支出的数额就越大；而行政机关的效率越高，国家的行政支出则会越少，这也正是各国在国家预算中不断提高财政支出效率的原因。

(3) 内部的激励约束机制和外部监督体系。健全的内部激励机制和外部监督体系都会对财政支出形成一种有效的约束，所以为了提高财政支出的效益，加快内部激励机制和外部监督体系的建设是非常重要的。

(4) 物价变动幅度。随着物价的上涨，行政管理支出也会不断地增加。

2) 行政管理支出规模的发展趋势

(1) 行政管理费的绝对规模呈不断增长的趋势。从世界各国的一般发展趋势来看，社会消耗性支出的规模呈现一种扩张趋势。原因是：行政机关的不断扩大，公共事务日益增多；社会经济活动日趋复杂，经济和社会纠纷增加，用于维持社会秩序的支出增加；国际交往也会随着经济发展和外事活动的频繁而增多，外交支出增加等。

(2) 行政管理支出占财政支出的比重呈下降的趋势。首先，行政管理支出属于非生产性支出，它受社会剩余产品扣除额的限制，不会无止境地增加；其次，行政管理部门的职能合并和效率提高，即行政管理部门的"规模经济"问题，将会进一步缩减行政管理支出；最后，行政管理支出受社会公众的监督，支出增减要通过法定程序。

3. 我国行政管理支出的现状

新中国成立之初，"一五"到"四五"期间，行政管理费占财政支出的比重呈持续下降的趋势，这与当时的经济发展水平及经济体制相关。自改革开放以来，行政管理费的增速在多数年份都接近20%，曾经在2007年达到了104.2%。近年来由于我国的财税管理体制改革、国家机构改革、中央的"八项规定""六项禁令"以及《党政机关厉行节约反对浪费条例》等一系列因素，加强了行政经费的管理，特别是加强了整顿"三公"经费的力度，行政管理费的增速迅速下降，2014年增速为0.4%。与财政支出增速的放缓同步，行政管理支出增速也在逐年降低；行政管理支出在财政支出中所占的比重，同样在逐年下降，到2014年这一比例为14.4%；如果放眼于国民生产总值，2010年后行政管理费的比重基本低于4%，由于目前我国政府正处于社会职能扩大化的阶段，这基本符合财政支出规模增长的一般规律。1978—2018年行政管理费增减变动及其占财政支出和GDP的比重如表4-2所示。

表4-2 1978—2018年行政管理费增减变动及其占财政支出和GDP的比重

年份 项目	行政管理费/亿元	行政管理费增速/%	财政支出增速/%	行政管理费占财政支出比重/%	行政管理费占GDP的比重/%
1978	52.90	13.3	33.0	4.4	8.3
1980	75.53	16.7	−4.1	5.4	1.48
1985	171.06	4.3	17.8	6.5	1.46
1990	414.56	15.8	9.2	9.8	1.63
1995	996.54	19.6	17.8	12.8	1.49
1996	1 185.28	19.3	16.3	13.1	1.53
1997	1 358.85	9.3	16.3	12.3	1.53
1998	1 600.27	16.7	16.9	12.3	1.69
1999	2 020.60	15.0	22.1	11.6	1.86
2000	2 768.22	17.2	22.5	11.3	2.00
2001	3 512.49	22.9	19.0	6.4	1.26
2002	4 101.32	16.8	14.3	18.6	3.9
2003	4 691.26	14.4	11.8	19.03	4.0
2004	5 521.98	17.7	15.6	19.4	4.0
2005	6 512.34	17.9	19.1	19.2	3.5
2006	7 571.05	16.3	19.1	18.7	3.6
2007	15 460.37	104.2	23.2	31.05	6.0
2008	18 302.54	18.4	25.7	29.24	6.1
2009	15 158.49	1.9	21.9	19.9	4.3
2010	16 194.06	6.8	17.8	18.0	3.7

续表

年份	项目	行政管理费/亿元	行政管理费增速/%	财政支出增速/%	行政管理费占财政支出比重/%	行政管理费占GDP的比重/%
2011		18 842.74	16.3	21.6	17.2	3.9
2012		20 145.89	7.9	15.3	16.0	3.7
2013		21 897.67	6.9	11.3	15.6	3.7
2014		21 986.27	0.4	8.3	14.4	3.4
2015		23 408.07	0.1	15.9	13.3	3.4
2016		26 304.48	0.1	6.7	14.0	3.5
2017		29 493.38	0.1	8.2	14.5	3.5
2018		32 742.53	0.1	8.8	14.8	3.6

资料来源：根据中华人民共和国统计局网站资料计算。

4.2.3 国防支出

1. 定义

国防支出是指国家用于国防建设和国家防御的事业支出，包括国防费、民兵建设费、国防科研事业费、防空经费、动员预编费、招飞事业费、专项工程及其他支出等。国防支出是属于纯粹的公共产品，因而只能由政府加以提供。

2. 影响国防支出变动的因素

（1）政治因素。政治因素包括国内政治因素和国际政治因素。由于国防支出主要是用于防御外敌，因而同国内政治似乎并无直接关系。但是，国内政局是否稳定，各地区之间是否协调，各民族之间是否团结，老百姓对政府的服务是否认可等，实际上会影响到国防支出的规模。至于国际局势对国防支出的影响，则是不言而喻的。国防实际上是两国间或多国间的一种博弈行为，在这种双方或多方博弈均衡中，一方的行为取决于他方。如20世纪50年代，第二次世界大战虽早已结束，战争的危险却依然存在，因为"热战"虽已停止，"冷战"却紧锣密鼓地进行。处在这样紧张的国际环境中，各国无疑都要做好准备，或准备侵略，或准备反侵略，使国防开支居高不下。20世纪60年代末期以后，虽然局部战争仍然存在，但战争的危险毕竟日趋减少，尤其是进入20世纪80年代以后，国际社会曾掀起了几次规模较大的裁军活动，国际形势趋于缓和。在这样的背景下，世界各国的国防支出大多相对减少。这说明国防支出规模与国际政治形势密切相关。

（2）经济因素。国防支出是财政通过对国民收入的再分配形成的。因此，国防支出规模首先受国家财政状况的制约。通常情况下，国家财政状况越好，国防支出的规模也就可能越大。而国家财政的状况，最终又受经济发展水平的制约。经济发展速度越快，效益越高，用于国防支出的资源就可以更多一些。这里有两个重要的指标：一是国防支出占财政支出的比重，二是国防支出占国内生产总值（GDP）的比重。在比重一定的情况下，GDP或财政支出的规模越大，国防支出的规模也就越大。

（3）经费使用效率因素。国防服务虽不像私人商品那样可以进行直接的成本收益考察，但也是有效率可言的。私人商品的效率考核重点放在既定成本下的利润最大化，而国防服务的效率衡量则重点放在既定目标下的成本最小化。在国防目标已定的情况下，经费使用的效率越高，国防支出的规模就可以越小，反之亦然。

（4）兵员制度。一国政府在动员兵力时，可以采取完全自愿的方法，也可以采取强制性的办法。前者称为自愿兵役制，后者称为义务兵役制。两种不同的动员制度各有利弊。一般来讲，义务兵役制可以有效地保证兵员供给，军事人员的薪金常常低于劳动力市场均衡时的工资水平，有助于减少直接的军事开支费用。但相应地，国家需要更多地承担他们退役后的基本生活保障，从而增加社会保障方面的支出。自愿兵役制可以给每个适龄公民以平等选择的机会，有助于实现官兵的报酬与其机会成本的均衡，也有利于提高官兵的军事素质和部队战斗力。从总体上看，理论界更倾向于选择自愿兵役制。

此外，一定时期的国防开支，还受物价水平、技术水平和地域因素的制约。就技术水平来说，它对国防支出的影响表现在：第一，国防服务属于资本密集型行业，其发展受技术水平的制约。只有高新技术的发展才能为国防服务奠定现代化的基础。第二，国防需求的外生性决定了国防技术具有高度的排他性。因此，从根本上说，强大的国防是建立在一国自身技术现代化的基础之上的。就地域因素来说，一般地，地域越是广大，国家用于保卫疆土的防卫性支出就越多。

3. 我国国防支出的现状及变化趋势

自改革开放以来，我国国防支出的增长速度维持在15%左右；国防支出占财政支出的比重逐步下降，从1978年的15.0%降到1985年的9.6%，到2004年，降到7.7%；而国防支出占GDP的比重，1978年为4.61%，1985年为2.12%，2004年为1.4%，由此可以看出我国奉行防御性的国防政策体现在实际当中。按照国防建设与经济建设协调发展的方针，近年来国家有步骤地加大了国防费投入。2014年国防费比2013年增加878.9亿元，增幅为11.9%；2015年增加798.3亿元，增幅为9.6%；2016年增加677.9亿元，增幅为7.5%；2017年增加666.6亿元，增幅为6.8%；2018年增加848.1亿元，增幅为8.1%。从2014年到2018年五年间，国防费支出从8 289.5亿元增加到11 280.46亿元。

第一，增加的国防费主要用于国防和军队自身建设。如提高军队人员工资待遇；进一步完善军人社会保险制度；保障军队体制编制调整改革；加大军队人才建设投入等，"增加多少不重要，重要的是增加部分都用来干什么——是防御，还是扩张。"事实已经证明，我国坚持防御性的国防政策，坚决反对霸权主义和对外扩张，因此，不会对任何国家造成威胁。

第二，同西方国家相比，我国近年来增加的国防费并不多。正如《2004年中国的国防》白皮书所指出的，我国国防费的绝对额长期低于一些西方大国，占国内生产总值和国家财政支出的比重也相对较低。

第三，在20世纪80年代，我国增加国防费的幅度非常低。因此，20世纪90年代以来增加的国防费主要是补偿性的，用于弥补某些方面的资金不足，从而实现国防和军队现代化建设的整体推进。

如表4-3所示，2018年国防费的增速为8.1%。虽然从全世界范围来看国防费位列第二，但是其额度仍远低于美国。奥巴马向国会提交的2016年政府预算报告中，国防部的基础预算为5 430亿美元。此外，2010年以来，我国国防费占GDP的比重为1.3%左右，而近二十年来世界主要国家军费占GDP的比重为2%～5%，美国基本达到 4%，而俄罗斯在 4%～5%。预计在未来数年，我国国防费仍将保持平均 7%的增长。在世界范围内进行比较，我国国防费占 GDP 与财政支出的比例仍然偏低，国防费增长处于合理区间。

表 4-3　国防费增减变动及其占财政支出和 GDP 的比重

年份	国防费增速/%	财政支出增速/%	国防费占财政支出比重/%	国防费占 GDP 比重/%
2009	18.5	21.9	6.5	1.4
2010	7.7	17.8	5.9	1.3
2011	13.0	21.6	5.5	1.2
2012	11.0	15.3	5.3	1.2
2013	10.8	11.3	5.3	1.2
2014	11.9	8.3	5.3	1.2
2015	9.6	13.2	5.2	1.2
2016	7.5	6.3	5.2	1.2
2017	6.8	7.6	5.1	1.3
2018	8.1	8.7	5.1	1.3

4.2.4　科教文卫支出

科教文卫支出是指政府为满足劳动力再生产和劳动能力提高的需求及精神文化消费需求而安排的用于科学、教育、文化、卫生等事业方面的支出。科教文卫事业基本上属于社会公共需要，但它又不是完全意义上的社会公共需要，部分存在价格排他和利益私有的性质，它是对混合商品中的公共商品部分的成本补偿。

1. 科研支出

1) 定义

科研支出是指国家用于基础科学技术研究与开发的支出部分。科学研究和国防支出不一样，科学研究属于混合公共产品，一方面，市场能够提供一部分科研经费，因为这部分科研活动具有明显的产出，符合市场中的成本效益准则；另一方面，有些科研活动，如大多基础科学研究，不能产生直接的经济效益，因而不能通过市场获得所需的经费，但这部分科研活动对整个社会经济发展来说又是必不可少的，因而只能由政府提供财力。

2) 我国科研支出现状

我国财政用于科学研究的支出及其占财政支出的比重和占 GDP 的比重基本是逐年增加的。另外，国家还通过科技三项费用、税收优惠和财政补贴等多种渠道，鼓励和带动民间科技的投入。科研投入的主体可以多元化，其中政府应该起到一种引导作用，通过政府的投资带动民间资本的投入，这样才能使科学研究成为我国经济发展的强大推动力。同时，我国还通过国债投资、提高折旧率、税收优惠、提高企业应税所得的扣除比例和财政贴息多种措施，大力发展高新技术，改造传统产业，支持重点技术改造，推动经济结构调整和产业结构升级，促进我国经济的快速增长。我国对科研投入的力度是逐年加大的，尤其是我国正处于经济起飞阶段，国家对于科研的投入必然会越来越多，特别是基础科研投入的增长将会更加明显。通过表 4-4 可以看出，2014—2018 年科技支出在财政支出中的比重仍然下降，比重不足4%；而科技支出占GDP的比重不足1%，这也是限制我国目前的基础科研发展的根本原因。

表4-5 科学技术支出变动及其占财政支出的比重

	2012年	2013年	2014年	2015年	2016年	2017年	2018年
科学技术支出/亿元	4 452.63	5 084.30	5 314.45	5 862.57	6 564.00	7 266.98	8 326.65
科技支出占财政支出的比重/%	3.5	3.6	3.5	3.3	3.5	3.5	3.6

2. 教育支出

1）属性及提供主体

教育支出可以是公共产品，也可以是准公共产品，还可以是私人产品。政府、企业、个人都可以成为教育的提供主体。然而，考虑到不同层次教育对一个国家经济和社会发展的不同作用，各个主体应该在不同层次教育产品的提供中发挥不同的作用。

政府在基础教育阶段应该担负全部责任，因为义务教育属于纯公共产品；高等教育及其他的职业教育，应采用混合提供方式，政府除了给予一定的财政支持外，还要发挥政策主导功能，私人主体可以更多地参与到高等教育和职业教育中。我国目前针对这种状况正在进行探索和改革，并且取得了初步成效。

2）我国教育支出的现状

我国的教育经费仍然以政府投入为主，尤其是20世纪80年代以来，我国财政对教育投入的增长速度加快了，教育支出在财政支出中的比重由1970年的4%左右上升到2003年的12.03%。2012—2018年为15%左右，如表4-5所示。除政府投入外，目前已经形成政府投入、社会团体和公民个人办学、社会捐款和集资办学、收取学费和杂费及其他经费等多种形式、多元化的教育资金来源。近年来，收取的学杂费和社会团体及个人办学经费的比重增长较快。

表4-5 教育支出变动及其占财政支出的比重

	2012年	2013年	2014年	2015年	2016年	2017年	2018年
教育支出/亿元	21 242.10	22 001.76	23 041.71	26 271.88	28 072.80	30 153.18	32 169.47
教育支出占财政支出的比重/%	16.9	15.7	15.2	14.9	15.0	15.4	15.6

教育支出在财政支出中的比重由1970年的4%左右上升到2016年的15.0%。

3）完善我国教育支出的对策

(1) 从认识上提高教育尤其是基础教育对国民经济发展的重要性。

(2) 加大对教育的财政投入力度。增加财政对教育，尤其是基础教育的投入力度。

(3) 转变对高等教育完全产业化的认识，鼓励多渠道多元化高等教育投入，鼓励私人和企业投入教育，并着力完善对困难学生的资助体系。

(4) 缩小地区间教育差异化问题。需要政府转移支付制度的完善，更需要地区间财力平衡政策的出台。

3. 文化支出

1) 文化支出的性质

从文化支出的性质来看，既有消费活动的特点，又有人们精神文化生活需要的满足，从而对社会生产力的发展起到一定的作用。文化产品的消费既有私人性的一面，又有社会性的一面，即文化产品的收益具有外在性，这就要求政府介入文化事业，提供相应的文化产品。尤其是在我国，由于文化事业的特殊性，更是受到政府的高度关注。

2) 文化支出的内容

我国文化支出包括：文化事业支出，指文化和旅游部和地方文化部门的事业费；出版事业费，是指新闻出版署和地方出版事业系统的事业费，包括出版经费、出版部门举办的中等专业学校的事业费等；广播电视电影事业费；文物事业费，是指国家文物局和地方文物系统的经费。

3) 我国文化支出的现状

建设先进文化是社会主义制度的要求，也是建设全面小康和和谐社会的要求。除了要在原有的文化事业支出、出版事业支出、广播电视电影事业费及文物费等几个方面发挥重要作用，更要在新兴领域发挥财政的主导作用。随着商品经济的发展，对文化的需要会更多，对文化进步的要求也会更高，所以政府必须在这方面发挥自己的优势，倡导正确、健康的文化观、文明观，为构建和谐社会服务。当然，政府的关注和财政的投入，并不完全排斥市场的作用。近年来，新闻出版、广播电视所做的一系列改革和积极探索，都取得了较好的成效。

4. 卫生支出

1) 卫生支出的分类

我国医疗卫生服务主要包括以下两个方面。

（1）医疗服务。医疗服务的利益体现是个人化的，即可以通过市场提供。政府出于社会福利目的，也可提供该类服务，但如果从经济原则分析，政府提供该种服务往往会造成门诊和床位的拥挤、医疗费用超支等现象，效率较低。

（2）公共卫生服务。公共卫生服务的利益体现主要是社会化的，具有较强的外部性，比如防疫、传染病的防护等。这类支出很难通过市场由私人或企业提供，只能由政府来提供。

我国卫生支出包括：卫生事业费，是指国家卫生健康委和地方卫生部门的事业费；公费医疗经费，包括中央级公费医疗经费和地方级公费医疗经费；计划生育事业费；中医事业费，指国家中医药管理局及地方中医管理部门的事业费；公共卫生支出；其他医疗、卫生、免疫、保健、营养等事业经费。

2) 我国卫生支出的现状

我国凡是用于医疗、卫生、保健服务所消耗的费用，通常称之为卫生费用。据测算，2014年卫生总费用为10 176.80亿元，占财政支出比重为6.7%；2015年为11 953.18亿元，占财政支出比重为6.8%；2016年为13 158.80亿元，占财政支出比重为7.0%；2017年为14 450.63亿元，占财政支出比重为7.1%；2018年为15 623.55亿元，占财政支出比重为7.1%。总体来看，我国卫生费用总规模及政府投入规模都偏低；在有限规模内，各费用间的对比也不尽合理，中央与地方财政中用于卫生事业的支出呈现相反的变化；地区间卫生事业的投入也不尽合理。最重要的是，用于公共卫生的支出比重偏低。

4.3 投资性支出

4.3.1 投资性支出概述

1. 投资性支出的概念

投资性支出是指政府为购置满足公共需求所必需的资产而花费的财政支出,也称为公共投资或政府投资。

投资是经济增长或经济发展的动力,是经济增长的主要因素。马克思在谈到货币资本的作用时把货币资本的投入看作是经济增长的第一推动力,因为任何一项投资或生产活动首先要从货币资本的投入开始。凯恩斯认为投资是经济增长的推动力,并且提出投资对经济增长具有乘数作用。

2. 投资性支出的特点

政府投资的项目可以不盈利或少盈利;政府资金雄厚,可以从事一些大型项目或长期项目;政府可以从事一些社会效益好而经济效益一般甚至没有经济效益的投资项目。

3. 投资性支出的范围

政府投资的主要范围包括:基础设施、基础产业的投资,涉及国家安全的行业,自然垄断行业,关系到国家综合实力和国际竞争力的高新技术产业,正在成长为新的经济增长点的支柱产业等。

4.3.2 基础设施投资

1. 基础设施的含义

基础设施是指关系国民经济整体利益和长远利益的物质基础设施。世界银行《1994年世界发展报告》指出,基础设施包括两类。第一类是经济基础设施,即永久性工程建筑、设备、设施和它们提供的为居民所用和用于生产的服务,包括公有事业(电力、管道煤气、电信、供水、环境卫生设施和排污系统、固体废弃物的收集和处理系统)、公共工程(大坝、灌渠和道路)及其他交通设施(铁路、城市交通、海港、水运和机场)。第二类是社会基础设施,包括文教、医疗、社会保障、人力开发等。

民间投资越来越多地进入基础设施,成为一种发展趋势。具体形式有电信、铁路、机场、港口、城市公交等既竞争又排他的基础设施,可以民间参股、控股甚至独资经营方式来进行;收费高速公路、桥梁、隧道等竞争性弱但排他性强的基础设施,可适当地引入竞争,通过价格控制,使投资者有利可图,也保护了消费者的利益;入不敷出的基础设施项目,如铁路,可用免税、赠与土地、财政补贴等手段来吸引民间投资。

2. 基础设施建设与财政投融资

1998年我国开始实施积极财政政策,财政部门向国有商业银行发行1 000亿元国债,同时银行配套发放1 000亿元贷款,重点用于农林水利、交通通信、环境保护、城乡电网改造、粮食仓库和城市公用事业等基础设施建设。当年的投资结构大为改善,基础设施建设呈现前所未有的新局面,农林牧渔水利投资增长47.8%,交通邮电通信投资增长了53.4%,一批大型基础设施项目交付使用，一批电气化铁路、高速公路、水库等大中型项目竣工投产。到2004年积极财政政策逐步淡出时，已经发挥了应有的作用，使国内基础设施投资规模和数量大大增加，为社会经济发展提供了足够的动力和支持。

国际经验表明，采取将财政融资的良好信誉与金融投资的高效运作有机结合的办法进行融资和投资，即财政投融资，是发挥政府在基础产业部门投资中作用的最佳途径。在国外，财政投融资对基础产业的支持主要通过政策性银行来实现。政策性银行既不是银行，也不是制定政策的机关，而是执行有关长期性投融资政策的机构。在政策性银行的负债结构中，长期性建设国债、集中邮政储蓄和部门保险性质的基金应占有重要份额，这些实际上就是典型的财政投融资。

我国1994年成立了三家政策性银行：中国国家开发银行、中国农业发展银行、中国进出口银行。政策性银行在很大程度上充当了政府投融资的代理人，把计划、财政、金融的政策性投融资业务结合起来，形成有效的政府投融资体系。

3. 基础设施的项目融资方式

1) BOT

BOT（build-operate-transfer），建设—运营—转让，指一个承建者或发起者（非国有部门）从委托人（通常为政府）手中获取特许权，然后从事项目的融资、建设和运营，并在特许期内拥有该项目的所有权和经营权，特许期结束以后，将项目无偿转让给委托人。在特许期内，项目公司通过对项目的经营，获取利润，用于收回投资成本，并取得合理的利润收入。1993年，国家计委在制定"八五"计划吸引外资计划中首次提出引入BOT融资方式。它首先运用于电厂、铁路、公路、港口和城市供水等基础设施建设。

2) TOT

TOT（transfer-operate-transfer），移交—经营—移交，指通过出售现有投产项目在一定期限内的产权，获得资金建设新项目的一种融资方式。政府把已经投产运营的项目在一定期限内的特许经营权交给外资或民间企业经营，以项目在该期限内的产权或现金流量为标的，一次性地从外商或民间企业那里融得一笔资金，用于建设新项目，特许经营期满后政府收回项目所有权。

TOT的特点是：移交已建好的项目，减少风险，降低壁垒，因此对民间资本吸引力最大；可以民有民营，也可以国有民营，提高基础设施的经营效率，使经营业绩与利益挂钩，达到有效激励；提高有限财政资金建设基础设施的功效；经营期满归还政府，保证政府实施基础设施的调控权。

3) ABS

ABS（asset-backed securities），资产支持证券，以目标项目所拥有的资产为基础，以该项目未来的收益为保证，通过在国际资本市场上发行债券来筹集资金的一种项目证券融资方式。

4.3.3 农业投资

1. 农业的基础地位与特殊性

（1）基础地位。① 农业是国民经济的基础产业。农业为人类提供了最基本的生存资料，为工业提供了最重要、最基本的原材料。② 农业发展是工业化、城市化和现代化的前提和基础。为工业化提供了资本积累的源泉,为工业化提供了剩余劳动力,工业化又是城市化和现代化的前提和内容。③ 农业稳定是经济和社会持续稳定发展的重要因素。

(2) 农业的特殊性。① 农业面临双重风险:市场风险与自然风险。② 农产品市场是一种典型的发散型蛛网市场。③ 农业比较利益低。

2. 我国财政支农中存在的问题

(1) 支农支出的比重偏低,并逐渐下降。新中国成立初期,我国财政用于农业的支出平均水平保持在6%左右,在20世纪50—60年代达到了百分之十几的水平,但是从70年代末期开始,直到经历了改革开放,我国经济突飞猛进地发展并增长,财政支出也大规模地增加,然而用于农业的支出相对量却越来越少。

(2) 在财政支农中,用于农业科研的支出比例很小,用于农业基本建设的支出也很少。目前,解决"三农"问题已经成为构建和谐社会的主要步骤。2006年我国已经取消农业税以减轻农民负担,并且逐步构建农村社会保障体系以提高农民的生活质量,但目前与科技兴农以促进三大产业协调发展的目标还有一定距离。因此,还要增加财政支农支出,增加国家财政对农业的投资,鼓励对农业科研的投资,提高农业的科技含量,使我国农业向高科技、产业化道路发展。

农林水事务支出变动及其占财政支出的比重如表4-6所示。

表4-6 农林水事务支出变动及其占财政支出的比重

项目	2012年	2013年	2014年	2015年	2016年	2017年	2018年
农林水事务支出/亿元	11 973.88	13 349.55	14 173.83	17 380.49	18 587.40	19 088.99	21 085.00
农林水事务支出占财政支出的比重/%	9.5	9.5	9.3	9.9	9.9	9.8	9.9

3. 农业投资的重点

(1) 改善农业生产条件的投资。在新的形势下财政必须进一步提高对农村和农业工作重要性的认识,并根据农村和农业工作中心任务的要求进一步明确财政支出的范围,突出重点。财政支农支出将集中用于那些"外部效应"较强和"市场失灵"的领域,比如农业基础设施建设,大江大河的治理,农业科技的研究开发和推广示范,农业产业化、农业社会化服务体系建设,自然灾害的防御等。

(2) 农业科研和科技推广投资。确保对农业的多渠道资金投资,加大对农业的投入。一是大力支持农村经济改革;二是支持农业基础设施建设和生态环境保护;三是加强对农业科技开发的推广。

(3) 逐步建立城乡统一的现代税收制度。进一步完善农村税费改革制度,改革所得税和增值税,建立城乡统一的现代税收制度。

(4) 财政支农支出比例增加。提高中央财政和地方财政对农业的支持力度,加大对农业的投入。

案例4-1

美国饿马水坝由谁来投资

美国西部的哥伦比亚河可用于优良的水电开发,但需要首先在上游建设一个蓄水库(饿马水坝),这个蓄水库储存雨季的水供旱季用,也可储存多雨年度的水供干旱年度之用。当水放开时,可流经下游的 20 个水坝,每个水坝都可发电。因此,一个私人公司是不愿开发饿马这个水坝的,因为它大部分的利益将归其他私人电力公司获得。结果饿马就成为美国的一项公共工程,并通过政府来建设。

在这里,虽然政府干预是必需的,但公有制或政府的公共提供也并非是唯一可能的解决办法。政府也可以允许一个私人公司通过法律授权向它的受益者征收费用,联邦政府还可以付给一个私人公司一种补助金,以补偿饿马因此受到的利益损失,或者下游的受益人也可自愿组合来修筑,或者设计出一个公私混合的组织,在这个组织的指挥下,联邦政府可修筑饿马水坝,让发电设备由私营企业提供。但是,在美国,政府不喜欢付给大公司补助金或给私人公司以征收费用的权力。并且自愿组织因有利害冲突也不易组织起来,因此这种情况常常导致由政府来经办。

本 章 小 结

购买性支出基本上反映了社会资源和要素中由政府直接配置与消耗的份额,具体包括消耗性支出与投资性支出。

消耗性支出包括行政管理支出、国防支出、文教科卫支出。行政管理支出与国防支出属于公共支出,由政府提供;文教科卫支出属于混合产品,部分存在价格排他和利益私有的性质,政府支出是对其公共部分的成本补偿。

投资性支出是指政府为购置满足公共需求所必需的资产而花费的财政支出,也称为公共投资或政府投资。政府投资的主要范围包括:基础设施、基础产业的投资,涉及国家安全的行业,自然垄断行业,关系到国家综合实力和国际竞争力的高新技术产业,正在成长为新的经济增长点的支柱产业等。在市场经济体制下,财政投资对基础部门和基础产业的发展有重要作用。

关键词

消耗性支出   投资性支出   国防支出   行政管理支出

思考题

1. 简述消耗性支出的内容与变化趋势。
2. 简述投资性支出的范围。
3. 影响国防支出变动的因素是什么?
4. 如何看待我国国防支出的变化状况?

第5章 转移性支出

【学习目的】

通过本章学习，重点掌握转移性支出的主要内容；全面了解社会保障制度的内涵，了解我国社会保障制度的现状、存在的问题、改革的趋势与应采取的措施；熟悉财政补贴的类型、作用。

【开篇导言】

在美国，拿食品救助券的人有时候要占到总人口的15%以上，中国香港在20世纪80—90年代接受政府救济的人口比例曾达到13%~15%，而上海市近几年享受低保的人口仅为百分之零点几。社保基金，百姓叫它"保命钱"，被关注越来越多，理由却是"保命钱"不保。2006年上海社保基金腐败大案就暴露了公共基金在运作和监管方面存在漏洞。

房价过高的问题，看起来是由供求关系所决定的，但本质上是由公共财政缺位所造成的。在城镇居民中，有20%~25%的低收入群体的住房问题，应当通过政府援助、社会保障等制度来解决。

因病致贫和因病返贫是农民贫穷的一大原因。农村合作医疗保险的实施也是几起几落。什么样的保险形式才能为农民接受？2004年开始以货币的形式给农民种粮补贴，其根据是什么？2006年，十六届六中全会提出，要在2020年基本建立起覆盖城乡居民的社会保障体系。然而目前的社会保障状况距离这一目标还很远。

改革开放以来，尤其是分税制改革以来，财权的上移和事权的下放，导致中央政府和地方政府之间的纵向财政失衡问题。目前，我国大约70%的公共支出发生在地方（即省、市、县、乡）；其中55%以上的支出是在省级以下。但由于地方政府缺乏稳定的收入来源，加上经济发展的不平衡，地方政府的收支状况令人担忧。据中国社科院估计，截至2014年末，地方政府总负债30.28万亿元，地方融资平台借债占较大比重。

以上现象归结到财政领域就是财政的转移性支出问题。转移性支出是指国家为了实现特定的社会经济职能，而将财政资金进行单方面的、无偿的支付，又不取得相应商品和劳务的有关支出。财政的转移性支出问题，一般包括两个方面：政府对居民个人的转移支付（如各类社会保障支出）、政府对企业的转移支付（主要是给予企业的各种补贴，如财政补贴）相应地，本章先介绍转移性支出的基础知识，然后重点对社会保障支出和财政补贴支出的相关内容进行论述。

5.1 转移性支出概述

5.1.1 转移性支出的历史发展

转移性支出在历史上一直是西方许多国家财政支出中占比重较小的一个支出类别，20世纪30年代以来，情况则发生了很大变化：①转移性支出特别是其中对居民的补助支出，占财政支出的份额急剧增大，在有些国家甚至占财政支出的一半或一半以上；②用于转移性支出的资金也稳定地由某些特定的税收（如工薪税）提供；③日益紧密地同政府的社会保障计划结合在一起。

由于转移性支出具有单方面和无偿的特征，一般来说，西方很多学者把它与税收相对照，称之为"负的税收"。税收是居民和企业将资金无偿转移给政府，而转移性支出则是政府将资金无偿转移给居民和企业。

这两种转移尽管方向相反，但对国民收入在本国居民间的分配格局影响不大，但都会影响政府和非政府经济主体之间，以及非政府经济主体之间的资金分配关系。正因为有这种共性，国民收入发生了有利于债权人的变化。一些国家常将税收和转移性支出手段配合使用。

5.1.2 转移性支出的影响

（1）政府用以支付债务利息的资金取自税收，但20世纪30年代以来，获得利息的却只是政府债务的债权人。通过这一转移，国民收入发生了有利于债权人的变化。

（2）对国外政府的捐赠和对国际组织的缴纳虽涉及的是国民收入的对外分配，会使支出国居民所支配的国民收入少于其所创造的国民收入，但对国民收入在本国居民间的分配格局影响不大，在一国的国际收支平衡表上，此类捐赠和缴款被记在"经常项目"的支出账上。

（3）对居民的补贴支出，主要影响的是国民收入的初次分配格局。一般来说，补贴资金主要取自高收入的企业和居民，主要支出对象则是低收入的居民。通过这种"课税—补贴"转移过程，国民收入分配的差距可以缩小，低收入、无收入居民的最低生活水平可能得到某种保证。这项补贴支出还可以间接影响社会生产。

一是由于受补贴居民多属低收入阶层，所购买的生活资料一般是大众消费品。因此，补贴支出增加将会增加对此类消费品的需求，进而刺激生产此类消费品的企业扩大生产、增加投资，继而又会刺激生产有关原料和生产资料的企业扩大生产。

二是高收入居民的边际消费倾向一般低于低收入居民，国民收入从高收入居民向低收入居民转移，提高全社会的边际消费倾向，从而改变全社会的消费/储蓄比例，进而对社会的投资率产生影响。

（4）对企业的补贴，即为鼓励企业对关系国计民生的关键或短缺部门投资而进行的补贴；限价补贴，指对产品价格受政府限制的企业给予补贴，补贴支出增加将会增加对此类消费品的需求，使其获得等于甚至高于平均水平的利润；亏损补贴，指对因价格或市场原因造成亏损的企业进行补贴，以维持就业和生产，并促其适应市场变化进行产业调整。

这项补贴固然也直接改变了国民收入的分配状况，但其主要影响却在生产方面，无论出于何种目的，采取何种形式，均有刺激企业生产的作用。

5.1.3 转移性支出的作用

转移性支出也体现了公共财政履行配置资源和要素、调节收入和促进经济增长三大职能。

(1) 配置资源和要素。转移性支出引起了货币收入的流动，在间接的意义上仍然配置了资源和要素，是公共财政履行公平职能的最重要手段之一。

(2) 调节收入。政府通过转移性支出，增加了转移对象的货币收入，在私人和企业间进行了收入再分配，从而成为政府实施社会公平政策的重要手段，是公共财政履行稳定职能的重要手段。

(3) 促进经济增长。政府的转移性支出增加了有关私人和企业的可支配收入，间接增加了社会购买力，影响了宏观经济的运行态势。特别是其中的济贫支出和社会保险支出等，能够自动地随着宏观经济运行状态而逆向变动，从而成为宏观经济运行的自动稳定器，是政府最重要的宏观经济政策运作手段之一。

5.2 社会保障支出

社会保障，是指国家和社会通过立法对国民收入进行分配和再分配，对社会成员特别是生活有特殊困难的人们的基本生活权利给予保障的社会安全制度。社会保障是通过采取公共措施实现的由社会提供的援助，而且这种援助所提供的是物质和经济的援助而非精神安慰。

5.2.1 国外社会保障制度简介

1. 社会保障制度的产生及发展

社会保障制度是随着生产的社会化而产生并不断发展的。在自给自足的自然经济下，人们在一家一户的土地上劳动，劳动时间没有严格的规定，劳动的组织不严密，劳动的成果也基本上属劳动者自己所有，此时人们尚未形成组织严密的社会，所以就没有实行社会保障的需要。随着生产力的发展，社会分工的不断细化，社会组织的不断出现，社会保障成为必要[①]。

德国是世界上最早制定社会保险立法的国家。1883年德国通过了疾病保险法，次年通过了工伤事故保险法，1889年通过了老年与残废保险法。其资金的来源是由企业和工人分摊交纳的保险费。

到第一次世界大战前夕，欧洲国家的社会保障立法，除英国之外，主要是解决工伤事故补偿、老年人年金、疾病保险等比较迫切的问题。在第二次世界大战之间，欧洲国家社会保障立法的主要目标是解决失业保险和救济问题。

1929年西方发达国家爆发了有史以来最为严重的经济危机，造成了剧烈的社会动荡，

---

① 19世纪70年代以后，一是物质条件的变化（产业革命的爆发及工业化进程的突进，为社会成员的保障提供了一定的物质基础），二是社会条件的变化（工薪劳动者完全以工资为生，一旦由于各种原因使收入中止，劳动者就有可能陷入困境。对他们来说，无论是集体还是个人，都没有足够的力量抗拒年老、疾病、突发事件、失业等造成的失业中断及贫困）。

危及资本主义制度的生存。西方各国政府普遍认识到建立社会保障制度对维护资本主义制度、维护市场经济正常运行的重要作用，于是纷纷扩大社会保障的范围和程度。

第二次世界大战结束之后，西方发达国家经历了较长时期的经济繁荣，福利国家开始兴起，政府在各个方位进行社会保障，社会保障制度的覆盖面和受益范围进一步扩大，政府用于社会保障方面的开支的绝对值和其占国民生产总值的比重显著上升，形成了较为完善的社会保障制度。具体分为两种情况。一是以美国、日本为代表的多数国家实行的传统型的社会保障，贯彻"选择性"原则，即选择部分人实行，强调待遇与收入及缴费相联系，并有利于低收入者，支付有一定期限，费用由个人、单位和政府三方负担。二是以瑞典、英国为代表的福利型社会保障，实行"收入均等化、就业充分化、福利普遍化、福利设施体系化"和包括"从摇篮到坟墓"的各种生活需要在内的社会保障制度，按照统一标准缴费，统一标准支付，基金主要由政府税收解决。

20世纪70年代以后，西方国家普遍进入经济滞胀时期，经济停滞不前，通货膨胀加剧，使这种社会保障制度的实行给政府和社会带来沉重的负担，社会保障支出日益增多。例如，1982年的英国经济规模比1972年增长了3.2倍，与此同时，该国的福利性支出增长了4.6倍。再例如，日本的养老保险制度，有个体户和私人企业加入的国民养老金、公司职员加入的厚生养老金、政府公务员加入的共济养老金、议员养老金等5种之多。其中国民养老金被称为基础养老金。按规定，20岁以上未满60岁的日本国民，除特殊情况外，必须强制加入基础养老金。据厚生劳动省估计，1999年在职人员缴纳的保险费在其工资收入中所占比率由前一年的17.35%提高到19.5%，而以后每5年要再提高5%，到2025年日本人口老龄化进入高峰时，这个比例将达到34.3%。世界经济合作与发展组织成员在1960年至1990年的三十年中，社会保障支出占国内生产总值的比重由7%上升至15.4%，其中增长的最大开支项目是养老金、医疗保健、失业救济和家庭福利。

社会保障制度给政府带来沉重的负担，给经济带来了负面效应，扩大了劳动成本，影响了本国的国际竞争力。为此，一些国家纷纷采取措施进行改革，在不轻易大面积触动人们既得利益的前提下，推行了社会保障体制改革，如推迟退休年龄、降低退休待遇等。如德国前总理格哈德·施罗德推出了"2010年行动纲领"的改革计划，具体包括失业者、失业保险金的发放时间从32个月减少到12~18个月，养老金的津贴标准在税前工资所占的比重也从48%降低到40%，而养老金的缴费比例由19.5%上调为22%，并把退休年龄提高到67岁，同时参加医疗保险的职工除了缴纳保险金以外，就诊、领取药物、住院还要额外付费。但由于社会保障的刚性支出，很难实现大幅度的下降，因而各国普遍维持了高水平的社会保障支出。西方国家社会保障思想与制度变迁可归纳为图5-1。

2. 社会保障制度的特点

(1) 保障项目多。例如，美国实施的保障计划有300多项，每一项下面还需要更具体的支出安排来保障，这就需要国家强大的财力做后援，也可以说，国家需要把很大一部分财政收入用在社会保障支出上，这就制约了财政支出对其他项目的投入。

(2) 社会保障资金有大宗、稳定的来源。这主要依赖于社会保障税的征收，纳税人主要是取得工资收入的职工和支付工资的雇主，采用"源泉扣缴"的课征方法。保障资金不足的部分，由政府来承担。

(3) 社会保障支出依法由政府集中安排。在西方国家，虽然对社会保障项目的具体管

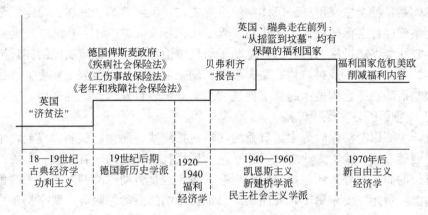

图 5-1　西方国家社会保障思想与制度变迁

理，既有政府，也有社会团体和民间组织，但从总的倾向上看，社会保障项目是由政府集中管理的，并且实施的一切细节，从资金来源、运用的方向、标准、收支的程序，大都有明确的法律规定，也就是说有完善的社会保障法律体系来保证它的实施。

3. 社会保障制度的类型

(1) 社会保险型。政府按照"风险分担，互助互济"的保险原则举办的社会保障计划。政府按照保险原则举办的社会保障计划，要求受保人和雇主缴纳保险费，而当受保人发生受保事故时，无论其经济条件如何，只要按规定缴纳了保险费，就可以享受政府提供的保险金。

(2) 社会救济型。政府在全社会范围内用资金或物资向生活遇到困难的人提供救济或帮助的社会保障类型。其特点：一是受保人不用缴纳任何费用，保障计划完全由政府从一般政府预算中筹资；二是受保人享受保障计划的津贴需要经过家庭收入及财产调查，只有经济条件符合受保人的资格才享受政府的津贴。

(3) 普遍津贴型。政府按照"人人有份"的福利原则举办的一种社会保障计划。受保人和雇主不需要缴纳任何费用，当受保人发生事故时，无论经济条件如何，都可以获得政府的保障津贴。其特点是：政府完全拨款，但受保人领取津贴时，不需要进行家庭经济条件和财产调查。例如，新西兰的公共养老金计划属于此类型，加拿大的老年保障计划 OAS 过去也是此类型，2001 年后改为社会救济型。

(4) 节俭基金型。政府按照个人账户举办，雇主和雇员按照职工工资的一定比例向雇员的个人账户缴费，个人账户中缴费和投资收益形成的资产归职工个人所有，但这部分资产要由政府负责管理。一旦受保人发生保障事故时，政府要从其个人账户中提取资金支付保障津贴；当职工不幸去世时，个人账户中的资产家属可以继承。其特点是：受保人之间不能进行任何形式的收入再分配，因而不具有互助互济的功能；具有强制储蓄的功能，政府可以利用这部分资金进行社会投资，有利于提高国民储蓄率。马来西亚、印度等 20 多个发展中国家的公共养老金都是这种类型。

5.2.2　我国社会保障体系及作用

社会保障体系是指社会保障各个有机构成部分系统的相互联系、相辅相成的总体。完善的社会保障体系是社会主义市场经济体制的重要支柱,关系改革、发展、稳定的全局。我国古代最早完整阐述社会保障体系的著作是《管子·入国》。该书记述了管仲五次督促官府在九个方面实施社会保障措施的内容,并总结了历代统治者对社会保障制度的完善措施,表现在兴建仓储、备灾备荒、拨付款物、赈灾救灾、国家建馆、抚恤孤穷、官吏考绩、救灾济贫等方面,这些措施在一定程度上起到了促进"国家安定、百姓乐业"的作用。

1. 传统体制下的社会保障体系

在城市,主要以劳动保险为主。覆盖的项目包括伤残、死亡、疾病、养老、生育及供养直系亲属待遇等方面。除了失业之外,几乎包含现代社会保障的所有项目;覆盖的人群,除了企事业单位的职工之外,还包括他们的直系亲属,这是劳动保险制度的一大特色;在筹资和统筹机制上,费用主要来源于企业向全国总工会缴纳的劳动保险金,费率是企业工资总额的 3%;在实施的范围上,各种所有制和行业的企业都包含在内,1956 年,享受劳动保险待遇的职工人数相当于当年国营、公私合营和私有企业职工总数的 94%。

在农村,主要以集体经济为基础的五保户制度、农村合作医疗等。在养老方面,我国进行了土地改革,农民获得土地,有了基本的土地保障。这个阶段,农村的养老以家庭养老为主,同时,人民公社为老年人提供一定的生活保障,例如,保障基本的食物供给,无子女的老年人能得到"五保户"待遇。在医疗方面,在中国农村诞生的"赤脚医生"和合作医疗制度,是农村医疗保障的主要形式。此外,生产队和人民公社也承担了一些优抚安置、社会救济的职能。

2. 改革开放之后的社会保障体系

改革开放以来,针对国有企业"铁饭碗"被打破、下岗、失业、离退休人员增加、人口老龄化趋势加快,居民收入差距拉大,公费医疗的浪费与低效等问题,我国社会保障制度的改革和发展经历了 1978—1991 年的恢复性改革(在部分市县试行国有企业职工退休费用社会统筹,并以此带动了工伤、医疗等社会保险制度的改革,促进了"企业保险"向"社会保险"的转变)、1991—2000 年的探索性改革(确立了社会统筹和个人账户相结合的社会保险制度)、2000—2006 年的"做实"试点,以及 2006 年十六届六中全会提出的基本建立"覆盖城乡居民的社会保障体系"的"全覆盖",逐步形成了包括社会保险、社会福利、优抚安置、社会救助和住房保障的具有中国特色的社会保障体系[1],如图 5-2 所示。

据财政部公布的数据,2015 年全社会的社会保障支出占财政支出比重约为 23%,低于发达国家 15~20 个百分点,中国的社会保障水平依然不高。然而,人社部与财政部 2016 年 4 月 20 日联合下发《关于阶段性降低社会保险费率的通知》(以下简称《通知》),就国务院常务会议通过的阶段性降低养老保险、失业保险缴费比例有关事项正式发文。《通知》称,生育保险和基本医疗保险合并实施工作,待国务院制定出台相关规定后统一组织实施。两险种合并实施列入"十三五"规划纲要。一方面是整体社会保障水平亟待提高,另一方面又是企业和个人缴费水平急需下调,凸显了我国当前社会保障制度建设的不易。

党的十九大报告强调"加强社会保障体系建设",明确提出"按照兜底线、织密网、建

---

[1] 社会保障是一个比较宽泛的概念,有三种说法。其一,社会保障包括了社会保险、社会救济、优抚安置和社会福利等,是各项社会生活保障制度的统称。其二,社会保障就是社会保险。因为社会保险范围的扩大化就是社会保障。其三,社会福利是最高层次、最为广泛的社会保障。它不仅包括社会保险、社会救济和优抚安置,还包括住房福利、教育福利、医疗健康福利、公共娱乐福利、个人及家庭服务福利等。本书倾向于第三种说法。

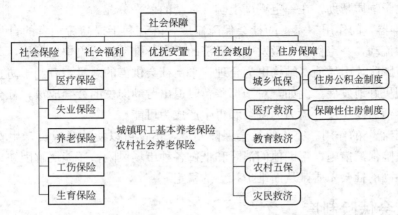

图 5-2 具有中国特色的社会保障体系

机制的要求,全面建成覆盖全民、城乡统筹、权责清晰、保障适度、可持续的多层次社会保障体系。"其中,"覆盖全民"体现的是社会保障制度应当具备的普惠性要求,其实质是要求所有社会保障项目都能够覆盖到有需要的人身上。"统筹城乡"体现的是社会保障制度应当追求公平的内在要求,只有打破城乡分割的格局,才能让全体人民在统一的制度安排下获得平等的社会保障权益。"权责清晰"的核心是坚持权利与义务有机结合,社会保障作为互助共济的风险分担机制,需要政府(包括各级政府)既要尽力而为又要量力而行,个人应当坚持人人尽责、人人享有,同时企业与社会各方均需要依法自觉地承担起相应的责任。我国社会保障体系以社会保险为主体性制度安排,就是强调参保人享受各项社会保险待遇前要承担相应的缴费义务,即使是低收入困难群体也要尽可能通过劳动创造收入、改善生活。"保障适度"是指社会保障水平要与社会经济发展水平相适应,水平不能太低也不能太高,低了不能满足人民群众的起码需要,也不能解决与之相关的社会问题;高了则易滋生"等靠要"福利依赖,造成负面的社会效应。"可持续"是指社会保障制度能够长久地正常运行和发展下去,它不仅要能够满足当代人的需求,还要努力维护代际公平与国家长治久安以及人民的世代福祉。"多层次"强调的是不能只有政府主导的法定保障项目,还需要充分调动市场与社会力量以及发挥家庭保障的传统优势,最大限度地动员各种资源,促使社会保障体系的物质基础不断壮大,这是确保这一制度更加全面地满足人民对美好生活需要并且永续发展的重要条件。

3. 我国社会保障制度的作用

在我国,社会保障制度是社会主义市场经济改革深化时期必不可少的减振器和保护网。

(1) 防范风险与"安全网"的作用。防范风险,包括人身风险与工作风险。人身风险又包括年老、疾病、工伤、生育风险,工作风险包括失业风险。社会保障将个人风险转化为社会风险,让社会为个人风险买单,避免个人遭遇风险时因独木难支而陷于困境甚至绝境,保障其生存尊严,保障人民群众在年老、失业、患病、工伤、生育时的基本收入和基本医疗不受影响,无收入、低收入及遭受各种意外灾害的人民群众有生活来源,满足他们的基本生存需求。

(2) 收入再分配与"平衡器"的作用。社会保障制度具有收入再分配的功能,调节中高收入群体的部分收入,提高最低收入群体的保障标准,适当缩小不同社会成员之间的收入差距。例如,社会保险可以通过强制征收保险费,设立保险基金,对收入较低或失去收入来源的社会成员给予物质帮助，在一定程度上实现社会的公平分配。

(3) "助推器"的作用。完善的社会保障制度，既有利于提高劳动者的自身素质，促进劳动力的有序流动，一定程度上激发中国经济的活力，推动经济更快地发展，又可以避免社会消费的过度膨胀，引导消费结构更为合理，平衡社会供需的总量，有利于防止经济发展出现波动，实现更好地发展。例如，对于那些暂时退出劳动岗位的社会成员，社会保险可以确保其基本的生活需要，使劳动力的供给和再生产成为可能。

(4) "稳定器"的作用。完善的社会保障制度，不仅可以使社会成员产生安全感，能为其建立各种风险保障措施，帮助他们消除和抵御各种市场风险，还能缓解因缺乏生活基本保障而引发一系列的社会矛盾，从而维护社会的稳定。

5.2.3 社会保险制度

1. 社会保险概述

社会保险作为一种为丧失劳动能力或暂时失去工作的人提供的收入保险制度，一般是由政府举办，强制从业职工在其就业年份里拨出一部分收入交纳保险税（费）作为保险基金，投保者缴纳社会保险税（费）满一定期限后，一旦由于保险计划规定的原因丧失劳动能力而收入中断或减少时，即可按规定获得一定的保险收入。具体包括养老保险、医疗保险、失业保险、工伤保险和生育保险。我国社会保障制度的核心是社会保险。2011—2018 年社会参保人数如表 5-1 所示。

表 5-1　2011—2018 年社会参保人数　　　　　　　万人

年份 项目	2011	2012	2013	2014	2015	2016	2017	2018
养老	28 391.3	30 426.8	32 218.4	34 124.4	35 361.2	37 929.7	40 293.3	41 901.6
医疗	47 343	53 641	57 073	59 747	66 582	74 391.6	117 681.4	134 458.6
失业	14 317	15 225	16 417	17 043	17 326	18 088.8	18 784.2	19 643.5
工伤	17 696	19 010	19 917	20 639	21 432	21 889.3	22 723.7	23 874.4
生育	13 892	15 429	16 392	17 039	17 771	18 451.0	19 300.2	20 434.1

《中华人民共和国社会保险法》（以下简称《社会保险法》）于 2010 年 10 月 28 日通过，并定于 2011 年 7 月 1 日起正式实施。《社会保险法》的主要内容有以下六个方面。

(1) 确立了全面覆盖和统筹城乡的调整适用范围。在五项社会保险制度中，基本养老保险和基本医疗保险覆盖各类劳动者和全体居民，工伤、失业、生育保险覆盖全体职业人群，以法律形式确立了广覆盖的社会保险体系。《社会保险法》适应我国统筹城乡发展的要求，将新农保制度纳入了基本养老保险的调整范围，并预留了逐步建立和完善城镇居民社会养老保险制度的发展空间；新型农村合作医疗制度也纳入了基本医疗保险的调整范围，授权国务院规定管理办法；规定进城务工的农村居民与其他职工一样依照本法参加社会保险；还明确了被征地农民的社会保险问题。

(2) 规定了社会保险制度的筹资渠道，特别是强化了政府在筹资方面的责任。城镇职工社会保险基金的主要来源是社会保险缴费，其中，职工基本养老保险、职工基本医疗保险和失业保险费用，由用人单位和职工共同缴纳，工伤保险和生育保险费用由用人单位缴纳，职工个人不缴费。居民社会保险基金主要由社会保险缴费和政府补贴构成，新型农村社会养老保险实行个人缴费、集体补助和政府补贴相结合；城镇居民基本医疗保险实行个人缴费和政府补贴相结合。

政府在社会保险筹资中的责任主要有：县级以上人民政府对社会保险事业给予必要的经费支持，在社会保险基金出现支付不足时给予补贴；国有企业、事业单位职工参加基本养老保险前，视同缴费年限期间应当缴纳的基本养老保险费由政府承担；在新型农村社会养老保险和城镇居民基本医疗保险制度中，政府对参保人员给予补贴；基本养老保险基金出现支付不足时，政府给予补贴；国家设立全国社会保障基金，由中央财政预算拨款及国务院批准的其他方式筹集的资金构成，用于社会保障支出的补充、调剂。全国社会保障基金由全国社会保障基金管理运营机构负责管理运营，在保证安全的前提下实现保值增值。

(3) 保障并扩大了参保人的各项社会保险权益。以下举例说明《社会保险法》在各项制度设计上，始终以保障参保人的合法权益为出发点：为了解决缴费不足15年人员的养老待遇问题，规定这些人员可以缴费至满15年，然后按月领取基本养老金，也可以转入新型农村社会养老保险或者城镇居民社会养老保险，按照国务院规定享受相应的养老保险待遇；规定参加基本养老保险的个人，因病或者非因工死亡的遗属可以领取丧葬补助金和抚恤金，未达到法定退休年龄时因病或非因工致残完全丧失劳动能力的可以领取病残津贴；在工伤保险待遇中，将原来规定的由用人单位支付的"住院伙食补助费""到统筹地区以外就医的交通食宿费""终止或者解除劳动合同时应当享受的一次性医疗补助金"等三项费用改由工伤保险基金支付；为保证工伤职工得到及时救治，规定工伤保险待遇垫付追偿制度[①]；对失业人员在领取失业保险金期间患病就医，由现行规定可以申领少量的医疗补助金，改为参加职工基本医疗保险并享受相应待遇，其应当缴纳的基本医疗保险费从失业保险基金中支付；规定参保职工未就业配偶按照国家规定享受生育医疗费用待遇。

(4) 明确了社会保险行政管理体制，提高了社会保险费征收的强制性。一是明确行政管理体制，规定国务院和地方各级人民政府社会保险行政部门负责社会保险管理工作。二是明确规定了"社会保险费实行统一征收"的方向。三是赋予社会保险费征收机构必要的强制征收手段，规定用人单位逾期仍未缴纳或者补足社会保险费的，社会保险费征收机构可以向银行和其他金融机构查询其存款账户，并可以申请县级以上有关行政部门作出划拨社会保险费的决定，书面通知其开户银行或者其他金融机构划拨社会保险费。用人单位账户余额少于应当缴纳的社会保险费的，社会保险费征收机构可以要求该用人单位提供担保，签订延期缴费协议。用人单位未足额缴纳社会保险费且未提供担保的，社会保险费征收机构可以申请人民法院扣押、查封、拍卖其价值相当于应当缴纳社会保险费的财产，以拍卖所得抵缴社会保险费。

(5) 强化了社会保险基金管理和监督。一是规定社会保险基金专款专用。二是规定社会保险基金按照统筹层次设立预算，并对预算编制的主体、程序等作出了规定。三是规定基本养老保险基金逐步实行全国统筹，其他社会保险基金逐步实行省级统筹。四是规定社会保

---

① 即职工所在用人单位未依法缴纳工伤保险费，发生工伤事故的，由用人单位支付工伤保险待遇。用人单位不支付的，从工伤保险基金中先行支付，然后由社会保险经办机构依照本法规定追偿。

基金在保证安全的前提下，按照国务院规定投资运营实现保值增值。五是规定了由人大监督、行政监督、社会监督共同构成的比较完善的社会保险监督体系。

（6）完善了社会保险经办服务内容。一是对社会保险经办机构的职责作出了比较全面的规定，包括负责社会保险登记、社会保险费核定和按照规定征收社会保险费；按时足额支付社会保险待遇；根据管理服务的需要，与医疗机构、药品经营单位签订服务协议，规范医疗服务行为；及时、完整和准确地记录参加社会保险的个人缴费和用人单位为其缴费，以及享受社会保险待遇等个人权益记录，定期将个人权益记录单免费寄送本人；免费向用人单位和个人提供查询服务；提供社会保险咨询等相关服务。二是规定了社会保险经办机构的设立原则，统筹地区设立社会保险经办机构，社会保险经办机构根据工作需要可以在本统筹地区设立分支机构和服务网点。三是规定社会保险经办机构的人员经费和经办社会保险发生的基本运行费用和管理费用，由同级财政按照国家规定予以保障。四是为解决社保关系转移接续难问题，规定跨统筹地区就业人员的社会保险关系（养老、医疗和失业）随本人转移、缴费年限累计计算。五是为解决医保报销难的问题，规定对参保人员就医应当由基本医疗保险基金支付的部分，由社会保险经办机构、医疗机构和药品经营单位直接结算；社会保险行政部门和卫生行政部门应当建立异地就医医疗费用结算制度，方便参保人员享受基本医疗保险待遇。

专题 5-1

社会保险与商业保险的主要区别

社会保险是指国家、社会对发生生活困难的社会成员（首先是劳动者）给予物质帮助的制度，商业保险是指保险公司对财产因意外灾害或人身伤亡而造成的经济损失提供的补偿。很明显，社会保险的保险对象是人，商业保险的保险对象既有人，又有物，这是社会保险同商业保险的一个重要区别，除此之外，社会保险同商业保险的主要区别有以下九个方面。

（1）社会保险是强制性的，商业保险是自愿性的，二者的性质不同。社会保险由国家立法强制实施，是法定保险。参加商业保险是自愿性的，不能强制，保险人与被保险人之间完全是一种自愿的契约关系，通过同保险公司签订合同来实施，是约定保险。

（2）社会保险是政府行为，具有垄断性，商业保险是企业（商业）行为，具有竞争性。社会保险只能由政府来办，政府可以指定一个部门或委托一个机构来经办，而且，只能由一个部门或一个机构统一办理一种或所有险种的社会保险，但不允许有几个部门或几个机构同时办理同一个险种。商业保险公司可以开设任何一个险种，多家保险公司可以经办同一个险种，也可以自行设计和经办任何保险险种，完全按照市场规则在平等的基础开展竞争。

(3) 实施社会保险无选择性，实施商业保险有选择性或限制性。社会保险的目标是为社会成员提供必要时的基本保障，参加社会保险是全体劳动者或社会成员，不受年龄、健康状况和生活习惯等限制，是覆盖全社会的，而商业保险则有较强的选择性，特别是某些险种，愿意选择年轻、体健、有高收入生活保障、无不良生活习惯和无家族遗传病者投保，而不愿承保老、弱、病、残者，以及低收入者。

(4) 社会保险有统一规范性，商业保险则有自主性，而无统一性。社会保险基本上是在一国范围内统一规范保险的险种，每个险种的缴费比例都是统一的，商业保险则不同，每个保险公司都可以开设任何一个险种，也可以随时增设险种，不同的保险公司开设同一险种时，投保人的缴费和待遇都可以不同。

(5) 社会保险机构是非营利性的，商业保险公司则具有营利性，二者目的不同。社会保险机构其出发点是为了确保劳动者的基本生活，维护社会稳定，促进经济发展，不能从社会保险基金中盈利，保险基金的本金、利息和增值都归参保人所有，社会保险机构的工作人员的经费全部由财政负担，不再提取管理费。商业保险公司则要用投保人交纳的保险费进行投资运营，其盈利所得一部分归被保险人，一部分在保险公司中进行分配。

(6) 社会保险具有公平性，商业保险则突出效率，资金来源不同，政府承担的责任也不同。社会保险由国家、用人单位和个人三者分担，政府对社会保险承担最终的兜底责任，参保人按照统一的规定交纳保险费，而且大部分保险费是由用人单位缴纳的，并按统一标准享受待遇，同样的条件，收费相同，享受的待遇也相同，不存在差别，较好地体现了社会公平性。商业保险在公平与效率这对矛盾中，主要体现效率，完全由投保人负担，有钱投保，无钱则不投保；钱多可以投高额保险，钱少保障就低。受市场竞争机制制约，政府主要依法对商业保险进行监管，保护投保人的利益。

(7) 社会保险具有公益性，商业保险则是非公益性的。社会保险是为全体劳动者或全体社会成员的利益服务的，是一项公益性事业。商业保险只为自愿投保的那一部分人提供合同规定的保障，而不是为社会公众的利益服务。

(8) 社会保险保障程度较低，商业保险提供的保障水平较高。社会保险为被保险人提供的保障是最基本的，其水平高于社会贫困线，低于社会平均工资，保障程度较低；商业保险提供的保障水平完全取决于保险双方当事人的约定和投保人所交费的多少，只要符合投保条件并有一定的缴费能力，被保险人可以获得高水平的保障。

(9) 社会保险具有安全性，商业保险有一定风险性。社会保险基金要保证绝对安全。多年来，国务院多次强调，社会保险基金只能购买国债或国家发行的特种定向债券，不能进行任何直接或间接投资，一部分存入财政专户，并要进行严格的管理、审计和监督，各级财政作社会保险基金的后盾。商业保险在投资运营中要进行高回报、高风险的投资，回报高，风险也必然高，风险和回报是成正比的，未来几十年的高额保险受各种因素的影响，保险公司要自负盈亏。

2. 养老保险

基本养老保险制度，是指缴费达到法定期限且个人达到法定退休年龄后，国家和社会提供物质帮助以保证年老者稳定、可靠的生活来源的社会保险制度，其目标是实现"老有所养"。我国的基本养老保险由三个部分组成：职工基本养老保险、新型农村社会养老保险和城镇居民社会养老保险,分别覆盖职工、农村居民和城镇未就业的居民,从而实现了基本养老保险制度的全覆盖。《社会保险法》还规定了病残津贴和遗属抚恤制度,并规定所需资金从职工基本养老保险基金中支付。到 2010 年末,全国参加城镇基本养老保险人数为 25 707 万人,比 2009 年末增加 2 157 万人;参加基本养老保险的农民工人数为 3 284 万人,比 2009 年末增加 637 万人;年末全国参加新型农村社会养老保险人数 10 277 万人,其中领取待遇人数 2 863 万人。2018 年基本养老保险基金收入 32 195 亿元,比 2017 年增长 16.6%,其中征缴收入 23 717 亿元,比 2017 年增长 12.4%。2018 年基本养老保险基金支出 27 929 亿元,比 2017 年增长 19.7%。2018 年末基本养老保险基金累计结存 39 937 亿元。

1) 职工基本养老保险

(1) 保险覆盖范围。一是企业职工。企业职工是参加基本养老保险的主力,职工基本养老保险由国家、企业和个人共同负担筹集资金,采取社会统筹和个人账户相结合的基本模式。二是灵活就业人员。灵活就业人员是指以非全日制、临时性、季节性和弹性工作等灵活多样的形式实现就业的人员,包括无雇工的个体工商户、非全日制从业人员、律师、会计师、自由撰稿人和演员等自由职业者等。灵活就业人员可以自愿参加职工基本养老保险,保险费也由个人全部承担。三是事业单位职工。事业单位有管理类、公益类和经营类等类型,事业单位工作人员实行退休养老制度,费用由国家或者单位负担,个人不缴费,养老金标准以本人工资为基数,按照工龄长短计发。目前,事业单位工作人员养老保险制度改革与事业单位分类改革在山西、浙江、广东、上海和重庆地区正在配套推行,现有承担行政职能的事业单位执行公务员的养老保险制度、从事生产经营的事业单位执行企业职工养老保险制度、公益性事业单位实行单独的事业单位养老保险制度,制度模式与企业职工养老保险一样。四是公务员和参照《中华人民共和国公务员法》管理的工作人员,实行退休养老,费用由国家负担,个人不缴费,养老金标准以个人工资为基数,按工龄长短计发。

(2) 运行模式。我国实行社会统筹和个人账户相结合的模式。基本养老保险基金和待遇分为两部分,一部分是用人单位缴纳的基本养老保险费进入基本养老统筹基金,用于支付职工退休时社会统筹部分养老金,统筹基金用于均衡用人单位的负担,实行现收现付,体现社会互助共济;另一部分是个人缴纳的基本养老保险费进入个人账户,用于负担退休后个人账户养老金的支付,体现个人责任。

(3) 保险费用筹集。企业和职工个人共同缴纳费用,财政负责弥补养老保险计划的赤字。《社会保险法》规定用人单位应当按照国家规定的本单位职工工资总额的比例缴纳基本养老保险费(一般不超过企业工资总额的 20%,具体比例由省、自治区、直辖市人民政府确定),记入基本养老保险统筹基金。职工应当按照国家规定的本人工资的比例(目前为 8%)缴纳基本养老保险费,记入个人账户。无雇工的个体工商户、未在用人单位参加基本养老保险的非全日制从业人员及其他灵活就业人员参加基本养老保险的,应当按照国家规定缴纳基本养老保险费,分别记入基本养老保险统筹基金和个人账户。

国有企业、事业单位职工参加基本养老保险前,视同缴费年限期间应当缴纳的基本养老保险费由政府承担。基本养老保险基金出现支付不足时,政府给予补贴。

个人账户不得提前支取,记账利率不得低于银行定期存款利率,免征利息税。个人死亡的,个人账户余额可以继承。

(4) 养老金待遇。参加基本养老保险的个人,达到法定退休年龄时累计缴费满十五年的，按月领取基本养老金；参加基本养老保险的个人，达到法定退休年龄时累计缴费不足十五年的，可以缴费至满十五年，按月领取基本养老金；也可以转入新型农村社会养老保险或者城镇居民社会养老保险，按照国务院规定享受相应的养老保险待遇。

基本养老金由统筹养老金和个人账户养老金组成。

社会统筹养老金来自由用人单位缴费和财政补贴等构成的社会统筹基金，根据个人缴费年限、缴费工资和当地职工平均工资等因素确定。

社会统筹养老金＝[（参保人员退休时当地上年度月平均工资＋本人指数化月平均缴费工资①）/2]×缴费年限×1%
＝[全省上年度在岗职工月平均工资×（1＋本人平均缴费指数）/2]×缴费年限×1%

个人账户养老金月标准为个人账户储存额除以计发月数，计发月数根据职工退休时个人账户金额、城镇人口平均预期寿命和本人退休年龄等因素确定。

2）城镇居民养老保险

保险法规定，国家建立和完善城镇居民社会养老保险制度。但城镇居民社会养老保险还没有全国统一的制度安排。一些地区根据本地经济社会发展情况，自行探索建立了居民养老保险制度。目前，国务院社会保险行政部门正在按照《社会保险法》规定的要求，抓紧总结地方试点经验，研究制定全国统一的城镇居民养老保险制度。

(1) 制度模式。采取个人缴费和政府补贴相结合的城镇居民养老保险制度，实行基础养老金和个人账户养老金相结合，保障城镇老年居民基本生活。

(2) 覆盖范围。主要考虑有四类群体：一是城镇居民中从来没有参与就业的人员，主要是一些从事家务劳动或重度残疾人；二是虽参与过就业但就业不稳定、收入较低，没有能力参加企业养老保险的人员，主要是部分个体灵活就业人员；三是虽然参加过职工养老保险，但因种种原因没有达到按月领取基本养老金条件的人员；四是城镇化过程中转变为城镇居民的农民，其中部分人员无稳定工作或稳定收入。

(3) 基金筹集。由个人缴费、政府补贴构成。其中，中央财政对基础养老金进行补助，地方财政对参保人员缴费给予补助，也可对基础养老金给予追加补助。建立个人账户，个人缴费和地方对缴费的补助全部进入个人账户。

(4) 计发办法。养老金待遇由基础养老金和个人账户养老金构成，支付终身。基础养老金由中央财政和地方财政共同承担；个人账户养老金根据本人的个人账户储存额确定。

根据中央规定的精神，一些地区在完善居民养老保险制度的过程中，将城镇居民社会养老保险和新型农村社会养老保险作统一安排，建立统筹城乡的居民养老保险制度。保险法也授权省、自治区和直辖市人民政府根据本地区的实际情况，可以将城镇居民社会养老保险和新型农村社会养老保险合并实施。

3）新型农村社会养老保险

2009年9月，国务院出台《国务院关于开展新型农村社会养老保险试点的指导意见》，引导农村居民普遍参保。建立新农保制度的基本原则是"保基本、广覆盖、有弹性、可持

---

① 个人的平均缴费指数就是自己实际的缴费基数与社会平均工资之比的历年平均值。

续"。"保基本"，就是要从现阶段经济发展水平的实际出发，保障农村老年人的基本生活；"广覆盖"，就是要千方百计扩大覆盖面，把尽可能多的农民纳入新农保制度保障之中；"有弹性"，就是要适合农村、农民的特点，具有灵活性；"可持续"就是各级财政有能力确保支付基础养老金和缴费补贴，广大农民能够承受，愿意缴费，同时要在安全的前提下实现新农保基金的保值增值，加强行政和社会监督，确保新农保事业健康发展。

(1) 参保范围：年满16周岁（不含在校学生）、未参加城镇职工基本养老保险的农村居民，可以自愿参加新农保[①]。

(2) 新型农村社会养老保险在基本模式上实行社会统筹与个人账户相结合，在筹资方式上实行个人缴费、集体补助和政府补贴相结合。除新农保制度实施时已经年满60周岁的农村老年居民外，参加新农保的农村居民均应当按规定缴纳养老保险费。缴费标准目前设为每年100元、200元、300元、400元、500元五个档次，地方可以根据实际情况增设缴费档次。集体补助，有条件的村集体应当对参保人缴费给予补助。

政府补贴，政府对符合领取条件的参保人全额支付新农保基础养老金。其中，中央财政根据中央确定的基础养老金标准对中西部给予全额补助，对东部地区给予50%的补助。地方政府对参保人缴费给予补贴，2009年确定的标准为每人每年不低于30元。对农村重度残疾人等缴费困难群体，地方政府要代其缴纳最低标准部分或全部的养老保险费；对选择较高档次标准缴费的，地方政府可给予适当鼓励。

(3) 新型农村社会养老保险待遇由基础养老金和个人账户养老金组成。基础养老金：目前中央确定的基础养老金标准为每人每月55元，地方政府可以根据实际情况提高基础养老金标准。个人缴费、集体补助及其他社会经济组织对参保人缴费的资助、地方政府对参保人的缴费补贴，全部记入个人账户。个人账户储存额每年参考中国人民银行公布的金融机构人民币一年期同期存款利率计息。个人账户养老金的月计发标准为个人账户全部储存额除以139[②]。参保人死亡的，个人账户中的资金余额，除政府补贴外，可以依法继承；政府补贴余额用于继续支付其他参保人的养老金。

3. 医疗保险

基本医疗保险制度，是指按照国家规定缴纳一定比例的医疗保险费，在参保人因患病和意外伤害而发生医疗费用后，由医疗保险基金支付其医疗保险费用的社会保险制度。我国基本医疗保险包括职工基本医疗保险、新型农村合作医疗和城镇居民基本医疗保险，（其中后二项合称城乡居民基本医疗保险）分别覆盖职工、城乡未就业的居民，从而使全体公民实现"病有所医"[③]。截至2019年底，全国参加城镇基本医疗保险的人数35 436万人（其中，参加城镇职工基本医疗保险人数32 926万人，参加城镇居民基本医疗保险人数102 510万人），截至

[①] 农村居民如果参加了城镇职工基本养老保险，原则上不参加新农保。如果农村居民参加了新农保后，进城务工按规定参加城镇职工基本养老保险，可以停止缴纳新农保险费，新农保个人账户予以保留。社会保险经办机构要根据农村居民就业和居住的情况，指导其选择参加一种保险制度，尽可能避免同时参加两种保险制度，不能同时享受两种基本养老保险长期待遇。

[②] 这是根据60岁人口平均存活年数和利息等因素计算出的计发月数，新农保个人账户养老金的计发办法与城镇职工基本养老保险相同，有利于两种制度衔接和农民工等城乡流动就业群体的养老保险权益累计。

[③] 医疗保险有广义和狭义之分。通常所说的医疗保险是指狭义的医疗保险，即针对疾病诊治所发生的医疗费用的保险。广义的医疗保险不仅补偿由于疾病给人们带来的直接经济损失，还包括补偿由于疾病带来的间接经济损失（如误工工资等），对分娩、疾病和死亡等也支付经济补偿，甚至疾病预防和健康维护等。

2014年，新型农村合作医疗参合率已达到98.9%，总覆盖人数超过12.6亿人，90%以上的城乡人口有了基本医疗保障。

1) 职工基本医疗保险

原有的医疗保险制度主要覆盖范围是国有企业和国家行政事业单位。国有企业的医疗保险为"劳保医疗"，国家机关的为"公费医疗"，最大的特征就是个人免费医疗，国家、企业包揽医疗费用，缺乏有效的制约机制，缺乏合理的医疗经费筹措机制和稳定的医疗费用来源等。1998年12月，《国务院关于建立城镇职工基本医疗保险制度的决定》，创建了我国现行的医疗社会保险制度。

(1) 覆盖范围：城镇所有用人单位及其职工都要参加基本医疗保险，包括企业、机关、事业单位、社会团体和民办非企业单位及其职工。

(2) 筹资方式：基本医疗保险费由用人单位和职工双方共同负担，用人单位缴费比例控制在职工工资总额的6%左右，职工缴费比例一般为本人工资收入的2%。职工个人缴纳的基本医疗保险费，全部记入个人账户。用人单位缴纳的基本医疗保险费分为两部分：一部分用于建立统筹基金，另一部分划入个人账户。

(3) 灵活就业人员参保。无雇工的个体工商户、未在用人单位参加职工基本医疗保险的非全日制从业人员及其他灵活就业人员根据自愿原则，可以参加职工基本医疗保险的，由其个人缴纳基本医疗保险费。

(4) 职工基本医疗保险待遇：职工基本医疗保险的统筹基金和个人账户按照各自的支付范围，分别核算，不得互相挤占。其中，个人账户用于支付门诊费用、住院费用中个人自付部分及在定点药店购物费用；统筹基金用于支付住院医疗和部分门诊大病费用。统筹基金支付有起付标准和最高支付限额，起付标准原则上控制在当地职工年平均工资的10%左右，最高支付限额原则上控制在当地职工年平均工资的4倍左右。起付标准以下的医疗费用，从个人账户中支付或由个人自付。起付标准以上、最高支付限额以下的医疗费用，主要从统筹基金中支付[1]。超过最高支付限额的医疗费用，可以通过商业医疗保险等途径解决。统筹基金的具体起付标准、最高支付限额及在起付标准以上和最高支付限额以下医疗费用的个人负担比例，由统筹地区根据以收定支、收支平衡的原则确定。《国务院关于印发医药卫生体制改革近期重点实施方案（2009—2011年）的通知》提出，逐步提高城镇职工医保政策范围内的住院费用报销比例，逐步扩大和提高门诊费用报销范围和比例，将城镇职工医保最高支付限额提高到当地职工年平均工资的6倍左右。

退休人员享受待遇的条件：参加职工基本医疗保险的个人，达到法定退休年龄时累计缴费达到国家规定年限的，退休后不再缴纳基本医疗保险费，按照国家规定享受基本医疗保险待遇；未达到国家规定年限的，可以缴费至国家规定年限[2]。

---

[1] 符合基本医疗保险药品目录、诊疗项目、医疗服务设施标准以及急诊、抢救的医疗费用，按照国家规定从基本医疗保险基金中支付。不纳入基本医疗保险基金支付范围：应当从工伤保险基金中支付的；应当由第三人负担的；应当由公共卫生负担的；在境外就医的；如果医疗费用依法应当由第三人负担，第三人不支付或者无法确定第三人的，由基本医疗保险基金先行支付，基本医疗保险基金先行支付后，有权向第三人追偿。

[2] 实践中，为防止单位和职工逃避参保义务，一些地方在通盘考虑当地参保人员年龄结构和医疗保险基金收支情况的基础上规定了最低缴费年限，大致为女25年，男30年，明确参保人员缴费参保满足最低缴费年限的才能退休后不缴费享受医保待遇。

2) 城乡居民基本医疗保险

城乡居民基本医疗保险是整合城镇居民基本医疗保险（简称城镇居民医保）和新型农村合作医疗（简称新农合）两项制度，建立统一的城乡居民基本医疗保险（简称城乡居民医保）制度。国务院2016年1月12日发布《国务院关于整合城乡居民基本医疗保险制度的意见》，明确了工作进度和责任分工。各省（区、市）要于2016年6月底前对整合城乡居民医保工作作出规划和部署，明确时间表、路线图，健全工作推进和考核评价机制，严格落实责任制，确保各项政策措施落实到位。各统筹地区要于2016年12月底前出台具体实施方案。

（1）统一覆盖范围。城乡居民医保制度覆盖范围包括现有城镇居民医保和新农合所有应参保（合）人员，即覆盖除职工基本医疗保险应参保人员以外的其他所有城乡居民。农民工和灵活就业人员依法参加职工基本医疗保险，有困难的可按照当地规定参加城乡居民医保。各地要完善参保方式，促进应保尽保，避免重复参保。

（2）统一筹资政策。坚持多渠道筹资，继续实行个人缴费与政府补助相结合为主的筹资方式，鼓励集体、单位或其他社会经济组织给予扶持或资助。各地要统筹考虑城乡居民医保与大病保险保障需求，按照基金收支平衡的原则，合理确定城乡统一的筹资标准。现有城镇居民医保和新农合个人缴费标准差距较大的地区，可采取差别缴费的办法，利用2~3年时间逐步过渡。整合后的实际人均筹资和个人缴费不得低于现有水平。

完善筹资动态调整机制。在精算平衡的基础上，逐步建立与经济社会发展水平、各方承受能力相适应的稳定筹资机制。逐步建立个人缴费标准与城乡居民人均可支配收入相衔接的机制。合理划分政府与个人的筹资责任，在提高政府补助标准的同时，适当提高个人缴费比重。

（3）统一保障待遇。遵循保障适度、收支平衡的原则，均衡城乡保障待遇，逐步统一保障范围和支付标准，为参保人员提供公平的基本医疗保障。妥善处理整合前的特殊保障政策，做好过渡与衔接。

城乡居民医保基金主要用于支付参保人员发生的住院和门诊医药费用。稳定住院保障水平，政策范围内住院费用支付比例保持在75%左右。进一步完善门诊统筹，逐步提高门诊保障水平。逐步缩小政策范围内支付比例与实际支付比例间的差距。

（4）统一医保目录。统一城乡居民医保药品目录和医疗服务项目目录，明确药品和医疗服务支付范围。在现有城镇居民医保和新农合目录的基础上，适当考虑参保人员需求变化进行调整，有增有减、有控有扩，做到种类基本齐全、结构总体合理。完善医保目录管理办法，实行分级管理、动态调整。

（5）统一定点管理。统一城乡居民医保定点机构管理办法，强化定点服务协议管理，建立健全考核评价机制和动态的准入退出机制。对非公立医疗机构与公立医疗机构实行同等的定点管理政策。

（6）统一基金管理。城乡居民医保执行国家统一的基金财务制度、会计制度和基金预决算管理制度。城乡居民医保基金纳入财政专户，实行"收支两条线"管理。基金独立核算、专户管理，任何单位和个人不得挤占挪用。

结合基金预算管理全面推进付费总额控制。基金使用遵循以收定支、收支平衡、略有结余的原则，确保应支付费用及时足额拨付，合理控制基金当年结余率和累计结余率。建立健全基金运行风险预警机制，防范基金风险，提高使用效率。

强化基金内部审计和外部监督，坚持基金收支运行情况信息公开和参保人员就医结算信息公示制度，加强社会监督、民主监督和舆论监督。

（7）进一步理顺管理体制。鼓励有条件的地区理顺医保管理体制，统一基本医保行政管理职能。充分利用现有城镇居民医保、新农合经办资源，整合城乡居民医保经办机构、人员和信息系统，规范经办流程，提供一体化的经办服务。

完善管理运行机制，改进服务手段和管理办法，优化经办流程，提高管理效率和服务水平。鼓励有条件的地区创新经办服务模式，推进管办分开，引入竞争机制，在确保基金安全和有效监管的前提下，以政府购买服务的方式委托具有资质的商业保险机构等社会力量参与基本医保的经办服务，激发经办活力。

4. 失业保险

失业保险，是指通过资金来源和待遇项目安排，为因失业而暂时中断工资收入的公民提供物质帮助，以保障其基本生活，并促进其重新就业的一项社会保险制度。因为失业是相对就业而言的，所以失业保险制度只覆盖了被用人单位招用的人员。

参保范围：将城镇所有企业、事业单位及其职工都纳入了失业保险的范围，并且规定各省级人民政府可以确定社会团体及其专职人员、民办非企业单位及其职工、城镇有雇工的个体工商户及其雇工可否纳入失业保险范围。从各地实践看，大多数地区都将有雇工的城镇个体工商户及其雇工纳入失业保险的覆盖范围。目前，公务员和参照《中华人民共和国公务员法》管理的工作人员未纳入失业保险范围。

失业保险基金构成如下。一是城镇企业事业单位及其职工缴纳的失业保险费（城镇企业事业单位按照本单位工资总额的2%缴纳失业保险费，职工按照本人工资的1%缴纳失业保险费）；二是失业保险基金的利息；三是财政补贴；四是依法纳入失业保险基金的其他资金。

失业人员[①]符合下列条件的，从失业保险基金中领取失业保险金：失业前用人单位和本人已经缴纳失业保险费满一年的；非因本人意愿中断就业的[②]；已经进行失业登记，并有求职要求的[③]。

失业保险基金是国家通过立法建立的支付失业保险待遇的资金，主要用于保障失业人员基本生活的支出，包括支付失业保险金，支付领取失业保险金期间的医疗补助金，支付领取失业保险金期间死亡的失业人员的丧葬补助金和其供养的配偶、直系亲属的抚恤金等。

失业保险金的标准，由省、自治区、直辖市人民政府确定，失业保险金的标准应低于当地最低工资标准，高于城市居民最低生活保障标准的水平。

失业人员在领取失业保险金期间，参加职工基本医疗保险，享受基本医疗保险待遇。失业人员应当缴纳的基本医疗保险费从失业保险基金中支付，个人不缴纳基本医疗保险费。失

---

① 一般来讲，失业人员是指在劳动年龄内（16～60岁）有劳动能力，目前无工作但正以某种方式在寻找工作的人员，包括就业中失业的人员和新生劳动力中未实现就业的人员。本法所指失业人员只限定为就业中失业的人员。

② 一般是指终止劳动合同的，被用人单位解除劳动合同的，被用人单位开除除名和辞退的，以及因用人单位用工不当而依法与用人单位解除劳动合同的。

③ 失业登记是失业人员进入申领失业保险待遇程序的重要标志。失业人员享受失业保险待遇，还须有求职要求。在认定失业人员是否有求职要求时，一般以其是否在职业介绍机构登记求职，并参加再就业活动为衡量的标准。

业人员失业前用人单位和本人累计缴费满一年不足五年的，领取失业保险金的期限最长为十二个月；累计缴费满五年不足十年的，领取失业保险金的期限最长为十八个月；累计缴费十年以上的，领取失业保险金的期限最长为二十四个月。重新就业后，再次失业的，缴费时间重新计算，领取失业保险金的期限与前次失业应当领取而尚未领取的失业保险金的期限合并计算，最长不超过二十四个月。

失业人员在领取失业保险金期间有下列情形之一的，停止领取失业保险金，并同时停止享受其他失业保险待遇：重新就业的；应征服兵役的；移居境外的；享受基本养老保险待遇的；无正当理由，拒不接受当地人民政府指定部门或者机构介绍的适当工作或者提供的培训的。

5. 工伤保险

工伤保险，是指由用人单位缴纳工伤保险费形成工伤保险基金，劳动者因工作原因遭受伤害或者患职业病、暂时或者永久丧失劳动能力、死亡时，从工伤保险基金获得治疗、康复所需经费，或者给予职工及其供养人员必要补偿和生活费用的一项社会保险制度。

参保范围：中华人民共和国境内的企业、事业单位、社会团体、民办非企业单位、基金会、律师事务所、会计师事务所等组织和有雇工的个体工商户应当参加工伤保险，为本单位全部职工或者雇工（包括在单位工作的非全日制从业人员）缴纳工伤保险费。外国人在中国境内就业的，也应当参加工伤保险，由所在单位为其缴纳工伤保险费。国家机关、依照公务员法管理的事业单位和社会团体的职工工伤管理办法另行制定。

国家根据不同行业的工伤风险程度确定行业的差别费率，并根据使用工伤保险基金、工伤发生率等情况在每个行业内确定费率档次。行业差别费率和行业内费率档次由国务院社会保险行政部门制定，报国务院批准后公布施行。

用人单位应当按照本单位职工工资总额，根据社会保险经办机构确定的费率缴纳工伤保险费。

因工伤发生的下列费用，按照国家规定从工伤保险基金中支付：治疗工伤的医疗费用和康复费用；住院伙食补助费；到统筹地区以外就医的交通食宿费；安装配置伤残辅助器具所需费用；生活不能自理的，经劳动能力鉴定委员会确认的生活护理费；一次性伤残补助金和一至四级伤残职工按月领取的伤残津贴；终止或者解除劳动合同时，应当享受的一次性医疗补助金；因工死亡的，其遗属领取的丧葬补助金、供养亲属抚恤金和因工死亡补助金；劳动能力鉴定费。

因工伤发生的下列费用，按照国家规定由用人单位支付：治疗工伤期间的工资福利；五级、六级伤残职工按月领取的伤残津贴；终止或者解除劳动合同时，应当享受的一次性伤残就业补助金。

工伤保险基金先行垫付：①职工所在用人单位未依法缴纳工伤保险费，发生工伤事故的，由用人单位支付工伤保险费用。用人单位不支付的，从工伤保险基金中先行支付。从工伤保险基金中先行支付的工伤保险费用应当由用人单位偿还。用人单位不偿还的，社会保险经办机构可以依法追偿；②由于第三人的原因造成工伤，第三人不支付工伤医疗费用或者无法确定第三人的，由工伤保险基金先行支付。工伤保险基金先行支付后，有权向第三人追偿。

6. 生育保险

生育保险，是指由用人单位缴纳保险费，其职工按照国家规定享受生育保险待遇的一项社会保险制度。生育保险制度对改善妇女就业环境、切实保障妇女生育期间的基本权益具有重要作用；同时，对计划生育、优生优育等工作也产生了积极影响。因为生育保险费用应当由用人单位缴纳，所以生育保险制度目前只覆盖被用人单位招用的人员。1995年1月劳动部正式颁布《企业职工生育保险试行办法》。到2019年底，全国已经有21 432万人参加了生育保险。

生育保险根据"以支定收，收支基本平衡"的原则筹集资金，由企业按照其工资总额的一定比例向社保经办机构缴纳生育保险费，建立生育保险基金。生育保险费的提取比例由当地政府根据计划内生育人数和生育津贴、生育医疗费等项费用确定，并可根据费用支出情况适时调整，但最高不得超过工资总额的1‰。

享受生育保险待遇的范围包括参保的职工及参保职工的未就业配偶。

生育保险待遇包括生育医疗费用和生育津贴。生育医疗费用，包括女职工因怀孕、生育发生的检查费、接生费、手术费、住院费、药费和计划生育手术费。生育津贴，是指根据国家法律、法规规定对职业妇女因生育而离开工作岗位期间，给予的生活费用。在实行生育保险社会统筹的地区，由生育保险基金按本单位上年度职工月平均工资的标准支付，支付期限一般与产假期限相一致，不少于90天[①]。

5.2.4 住房保障制度

住房是私人物品，具有投资品的性质和财富分配效应，与其他消费品相比，住房的边际效用递减效应比较弱[②]。但住房又是人类的必需品。从世界范围来看，大多数国家都认同居住权属于基本经济人权，都会不同程度地提供住房保障。1949年至改革开放以来，中国在城镇范围内实行实物福利性质的住房分配模式，以国家统包、无偿分配、广覆盖、低居住水平、低租金、无限期使用为主要特点。以1978年改革开放为转折点，我国的住房制度经历了以广覆盖、低水平的福利分房到住房市场化的过程。住房市场化使大多数人的住房条件在短时间内有了迅速改善，但也同时伴随着住房差距的扩大和政府保障功能的收缩。从2007年开始，政府重新强调承担住房保障责任，尝试建立新的住房保障制度，加强住房保障力度。从目前情况看，我国城镇基本住房保障实行住房公积金和保障性住房等制度。

1. 住房公积金制度

住房公积金是国家法律规定的重要的住房社会保障制度，是单位及其在职职工缴存的长期住房储金，是住房分配货币化、社会化和法制化的主要形式。这里的单位包括国家机关、国有企业、城镇集体企业、外商投资企业、城镇私营企业及其他城镇企业、事业单位、民办非企业单位和社会团体。

---

① 现法定正常产假为90天，其中产前假期15天，产后假期75天。难产的，增加产假15天。若系多胞胎生育，每多生育一个婴儿增加产假15天。流产产假以4个月划界，其中不满4个月流产的，根据医务部门的证明给予15~30天的产假；满4个月以上流产的，产假为42天。很多地区还采取了对晚婚、晚育职工给予奖励政策，假期延长到180天。

② 从我们的日常生活经验也可以知道，在生活达到温饱以后，人们对"吃"的欲望就减弱了，而对于"穿"的欲望可以持续到小康以上；但对于"住"的欲望，对于绝大部分人来说穷其一辈子都不可能满足。

公积金性质：①保障性，建立职工住房公积金制度，为职工较快、较好地为解决住房问题提供了保障；②互助性，建立住房公积金制度能够有效地建立和形成有房职工帮助无房职工的机制和渠道；③长期性，每一个城镇在职职工自参加工作之日起至退休或者终止劳动关系的这一段时间内，都必须缴纳个人住房公积金；职工所在单位也应按规定为职工补助缴存住房公积金。

公积金特点：①普遍性，城镇所有在职职工，无论其工作单位性质如何、家庭收入高低、是否已有住房，都必须按规定缴存住房公积金。职工和单位住房公积金的缴存比例均不得低于职工上一年度月平均工资的5%；有条件的城市，可以适当提高缴存比例。城镇个体工商户、自由职业人员住房公积金的月缴存基数原则上按照缴存人上一年度月平均纳税收入计算。②强制性（政策性），单位不办理住房公积金缴存登记或者不为本单位职工办理住房公积金账户设立的，住房公积金的管理中心有权力责令限期办理，逾期不办理的，可以按有关条款进行处罚，并可申请人民法院强制执行。③福利性，除职工缴存的住房公积金外，单位也要为职工交纳一定的金额，而且住房公积金贷款的利率低于商业性贷款。④返还性，职工离休、退休，或完全丧失劳动能力并与单位终止劳动关系，户口迁出或出境定居等，缴存的住房公积金将返还职工个人。

职工有下列情形之一的，可以提取职工住房公积金账户内的存储余额：购买、建造、翻建、大修自住住房的；离休、退休的；完全丧失劳动能力，并与单位终止劳动关系的；出境定居的；偿还购房贷款本息的；房租超出家庭工资收入的规定比例的。

职工死亡或者被宣告死亡的，职工的继承人、受遗赠人可以提取职工住房公积金账户内的存储余额；无继承人也无受遗赠人的，职工住房公积金账户内的存储余额纳入住房公积金的增值收益。

缴存住房公积金的职工，在购买、建造、翻建、大修自住住房时，可以向住房公积金管理中心申请住房公积金贷款。

2. 保障性住房制度

社会保障性住房是我国城镇住宅建设中较具特殊性的一种类型住宅，它通常是指政府在对中低收入家庭实行分类保障过程中所提供的限定供应对象、建设标准、销售价格或租金标准，具有社会保障性质的住房。国务院于2007年8月7日发布的《国务院关于解决城市低收入家庭住房困难的若干意见》把"保障性住房"提到前所未有的高度，是中国房改历程中的一个新的里程碑。2011年9月，《国务院办公厅关于保障性安居工程建设和管理的指导意见》中指出，把住房保障作为政府公共服务的重要内容，建立健全中国特色的城镇住房保障体系，合理确定住房保障范围、保障方式和保障标准，完善住房保障支持政策，逐步形成可持续的保障性安居工程投资、建设、运营和管理机制。"十三五"规划纲要提出，未来五年城镇棚户区住房改造20 000万套，基本完成城镇棚户区和危害改造任务。

按照所保障群体的收入情况划分，保障性住房大致可以分为廉租房、公共租赁房、经济适用房、限价商品房（或称"两限房"）、其他类型（如一些林区、垦区、煤矿职工的棚户区（危旧房）改造和游牧民定居工程等）。其中，廉租房和经济适用房出现的时间较早，公共租赁房的大力建设始于2010年，但正在逐步成为我国住房保障的主体。

保障性住房，按保障方式分为产权保障与非产权保障，其中产权保障又分为全部产权保障和部分产权保障；从公共资金补贴对象的角度，保障方式可以分为补供方（补砖头）和补需方（补人头），补供方和补需方都既可适用于产权保障，也可适用于非产权保障；既可适用于实物配租，也可适用于现金补贴。在目前各地的实践中，公共资金以补供方为主，补需方为辅。

总体上，我国初步建立了多层次的住房保障体系及普遍选择和保障对象相对应的分层的保障模式。依照低收入阶层经济支付能力及资产状况，对于有供房能力但还买不起商品房的人群，政府为其提供经济适用房或两限房保障；对最低收入阶层一般采取廉租住房实物配置或租金补贴形式，补贴力度根据收入状况有所不同；公共租赁房则一般面向符合经济适用房保障条件而暂时没有能力或不愿意购买经济适用房的人群。

1) 经济适用住房

经济适用住房是以保本或微利价格向城镇中低收入家庭出售的住房，是政府以划拨方式提供土地，免收城市基础设施配套费等各种行政事业性收费和政府性基金，实行税收优惠政策，以政府指导价出售给有一定支付能力的低收入住房困难家庭。经济适用房是国家为解决中低收入家庭住房问题而修建的普通住房，具有经济性、适用性和社会保障性质的特点。经济性是指住宅价格相对于市场价格比较适中，能够适应中低收入家庭的承受能力；适用性是指在住房设计及其建筑标准上强调住房的使用效果，而非建筑标准；这类低收入家庭有一定的支付能力或者有预期的支付能力，购房人拥有有限产权，购买一定年限后可上市出售，但出售后的资金应上缴土地收益金。《国务院关于解决城市低收入家庭住房困难的若干意见》中规定，经济适用住房建筑面积控制在 $60 m^2$ 左右。

2) 限价房

限价房指经批准，在限制套型比例、限定销售价格的基础上，以限房价、竞地价的方式，招标确定住宅项目开发建设单位，由中标单位按照约定标准建设，按照约定价位面向符合条件的居民销售的中低价位、中小套型普通商品住房，又称限房价、限地价的"两限"商品房。其目的是为降低房价，解决本地居民（尤其是中低收入家庭）自住需求，保证中低价位、中小套型普通商品住房土地供应。限价商品房主要针对的是没有资格购买经济适用房，但又无力购买商品房的社会群体，一般应具有当地户口，虽拥有和商品房同等的产权，不能出租。在退出制度上，一般规定购买限价房在 5 年内不得转让，5 年后可上市交易。北京规定满 5 年转让限价房要按照届时同地段普通商品房价和限价房差价的一定比例缴纳土地收益价款，比例为 35%。

3) 共有产权房

共有产权房是指政府将原来供应经济适用房划拨的土地改为出让，将出让土地与划拨土地之间的价差、政府给予经济适用住房的优惠政策，显化为政府出资，形成政府产权，从而形成低收入困难家庭和政府按不同的产权比例，共同拥有房屋产权。

4) 廉租房

廉租房是指政府以租金补贴或实物配租的方式，向符合城镇居民最低生活保障标准且住房困难的家庭提供社会保障性质的住房。货币补贴是指县级以上地方人民政府向申请廉租住房保障的城市低收入住房困难家庭发放租赁住房补贴，由其自行承租住房。实物配租是指县级以上地方人民政府向申请廉租住房保障的城市低收入住房困难家庭提供住房，并按照规定标准收取租金。廉租房的分配形式以租金补贴为主，实物配租和租金减免为辅。《廉租住房保障办法》中将廉租房面积控制在 $50 m^2$ 以内。

5）公共租赁住房

公共租赁住房，简称公租房，是各地目前解决新就业职工等"夹心层"群体（包括大学毕业生和从外地迁移到城市来工作的群体）住房困难的产品。公租房是对我国现行政策保障住房的创新和补充，对既不符合廉租房要求又无力购买经济适用房或限价商品房的城镇群体提供的一种政策覆盖。此外，对解决城镇新进工作群体和外来务工群体解决住房问题提供了政策新路径。住房和城乡建设部、国家发展和改革委员会等七部门在《关于加快发展公共租赁住房的指导意见》中，要求成套建设的公共租赁住房，单套建筑面积要严格控制在60 m^2 以下。

公共租赁住房是由政府或公共机构所有，以低于市场或者承租者可以负担的价格，向符合条件的人员出租的保障性住房。所谓符合条件人员主要包括三类：①中等偏下收入住房困难家庭，这些家庭的收入条件一般在经济适用房和廉租房标准之间；②新就业人员；③有稳定职业并在城市居住一定年限的外来务工人员，公租房打破户籍壁垒，将外来人口纳入保障对象中。为降低公租房的建设运营成本，财政部和国家税务总局规定对公租房建设用地及建成后占地免征城镇土地使用税，同时免征公租房经营管理单位建造公租房涉及的印花税。公租房所取得的租金收入，免征营业税、房产税。

5.2.5 社会救助制度

社会救助是指国家财政通过财政拨款，向生活确有困难的城乡居民提供资助的社会保障计划。同社会保险相比，主要有三大特点：一是救助对象不能正常劳动或不能获得维持基本生活所需收入的居民；二是救助标准较低，只能保证受益人最低的基本生活水准；三是不存在权利和义务的对应关系，只要申请者达到相关条件要求就可申请救助。我国的社会救助由民政部门管理。

改革开放以来，我国社会救助进入了从单项救助到体系建设，从随机、临时救助向制度化保障发展的新阶段，初步建立起了"以城乡低保、农村五保、农村特困户救助为基础，以医疗、教育、住房、司法等救助相配套，以政策优惠为辅助，以临时救助和社会互助为补充"的城乡社会救助体系的基本框架。

1. 城乡最低生活保障制度

1）城镇居民最低生活保障制度

城镇居民最低生活保障制度是地方政府实施的确保城镇居民基本生活保障的救济，当一个家庭收入达不到"低保线"时，当地政府对该家庭实施救济，资金由当地政府全额财政拨款。

1994年召开的全国民政会议上明确提出，对城市社会救济对象逐步实行按当地最低生活保障线标准进行救济。到1999年9月，全国所有城市和有建制镇的县人民政府所在地，全部建立了这项制度。与此同时，由国务院颁布的《城市居民最低生活保障条例》也于1999年10月1日正式开始施行，这项工作步入规范化、法制化管理轨道。

根据现阶段我国贫困人口分布的特点，最低生活保障对象主要是以下三类人员：一是无生活来源、无劳动能力、无法定赡养人或抚养人的居民；二是领取失业救济金期间或失业保险期满仍未重新就业，家庭人均收入低于当地最低生活保障标准的居民；三是在职人员和下岗人员在领取工资或最低工资、基本生活费后及退休人员领取退休金后，其家庭人均收入仍低于当地最低生活保障标准的居民。

最低生活保障标准由各地按照当地基本生活必需品费用和财政承受能力等因素自行制定。由于全国各地经济状况、消费水平有较大区别，各地的标准也有很大差异，就是一个省或自治区内各市、县标准也不完全一样。一般除"三无"对象按保障标准进行全额救济外，其他保障对象均按保障标准与其家庭人均实际收入的差额给予救济，基本上保障了城市困难居民的最低生活需求。表 5-2 和表 5-3 分别显示了 2008—2019 年城乡最低生活保障情况和 2016 年部分地区二季度平均低保标准。截至 2015 年底，全国有城市低保对象 957.4 万户，1 701.1 万人。全年各级财政共支出城市低保资金 719.3 亿元。2015 年全国城市低保平均标准 451.1 元/(人·月)，比 2014 年增长 9.5%；全国城市低保月人均补助水平 316.6 元，比 2014 年增长 10.9%。2015 年救济城市"三无"人员 6.8 万人。

表 5-2 2008—2019 年城乡最低生活保障情况　　　　　　　　　　　　万人

指标	2008年	2009年	2010年	2011年	2012年	2013年	2014年	2015年	2016年	2017年	2018年	2019年
城市最低生活保障人数	2 334.8	2 345.6	2 310.5	2 276.8	2 143.5	2 064.2	1 877	1 701	1 480.2	1 261.0	1 007.0	861.0
农村最低生活保障人数	4 305.5	4 760.0	5 214.0	5 307.7	5 344.5	5 388.0	5 207.2	4 903.6	4 586.5	4 045.2	3 519.1	3 456.0
农村特困人员救助供养人数	548.6	553.4	556.3	551	545.6	537.2	529.1	516.7	496.9	466.8	445.0	—

表 5-3 2016 年部分地区二季度平均低保标准　　　　　　　　　　　　元/月

地区	平均低保标准	地区	平均低保标准	地区	平均低保标准
北京市	800.00	湖北省	480.00	宁夏回族自治区	394.55
天津市	780.00	湖南省	427.79	新疆维吾尔自治区	357.39
河北省	484.88	广东省	542.08	青海省	400.17
山西省	426.33	广西壮族自治区	405.80	福建省	504.99
内蒙古自治区	529.65	海南省	463.48	江西省	480.28
辽宁省	496.53	重庆市	420.00	山东省	479.51
吉林省	402.27	四川省	386.13	河南省	417.34
黑龙江省	510.25	贵州省	487.89	陕西省	461.91
上海市	880.00	云南省	405.17	甘肃省	405.84
江苏省	583.59	西藏自治区	617.43	浙江省	654.95
安徽省	477.31				

2）农村最低生活保障制度

20 世纪 90 年代起，上海市和山西阳泉市就在全国率先开展了农村最低生活保障的试点工作，对家庭人均收入低于当地最低生活保障标准的农村困难家庭，由政府和乡村集体给予一定的经济帮助。民政部在 2003 年要求在中西部地区实行农村特困户救助制度，对达不到"五保"条件但生活极为困难的鳏寡孤独人员、丧失劳动能力的重残家庭及患有大病而又缺乏自救能力的困难家庭，按照一定数额的资金或实物标准，定期发放救济物资。2004 年

《中共中央　国务院关于促进农民增加收入若干政策的意见》明确提出："对丧失劳动能力的特困人口，要实行社会救济，适当提高救济标准；有条件的地方要探索建立农民最低生活保障制度。"2006年《中共中央　国务院关于推进社会主义新农村建设的若干意见》要求：要进一步完善农村"五保户"供养、特困户生活救助、灾民补助等社会救助体系；要积极探索建立农村最低生活保障制度，推动有条件的地区实现特困户救助向低保制度转型。2007年5月，国务院决定在全国范围建立农村最低生活保障制度的工作。目前，全国已有27个省（自治区、直辖市）全面建立了农村最低生活保障制度。截至2019年底，全国有农村低保对象3 456万人。

农村低保对象范围，是指家庭人均纯收入低于当地低保标准的贫困居民，根据各地农村低保工作的实际情况，我们强调保障的重点是那些因疾病、残疾、年老体弱、丧失劳动能力和生存条件恶劣等原因造成家庭生活常年困难的农村居民。

确定低保标准主要从以下几方面考虑：一是维持当地农村居民基本生活所必需的吃饭、穿衣、用水、用电等费用；二是当地经济发展水平和财力状况；三是当地物价水平。除了少数东部发达地区，一般地方都参照国家每年公布的贫困标准来制定。农村低保起码应该保证低保对象的生活水平不低于绝对贫困线，否则就无法保证农村居民的最低生活需求。目前全国已实施农村低保的中西部地区年低保标准一般在600～800元之间，东部地区一般在1 000～2 000元之间。

2. 城乡医疗救助制度

医疗救助的重点是城乡低保对象中的重大疾病患者，对其本年度内发生的医疗费用，按一定比例给予救助。救助时间为每年12月。

城市医疗救助对象主要是城市低保对象中未参加城镇职工基本医疗保险人员，已参加城镇职工基本医疗保险但个人负担仍然较重的人员，以及其他特殊困难群众。国务院决定，从2005年开始，用2年左右时间在各省、自治区、直辖市部分县（市、区）进行试点，之后再用2～3年的时间在全国建立起管理制度化、操作规范化的城市医疗救助制度。城市医疗救助资金的来源主要是地方财政预算拨款、专项彩票公益金、社会捐助等，地方财政每年安排城市医疗救助资金并列入同级财政预算，中央和省级财政对困难地区给予适当补助。对救助对象在扣除各项医疗保险可支付部分、单位应报销部分及社会互助帮困等后，个人负担超过一定金额的医疗费用或特殊病种医疗费用给予一定比例或一定数量的补助。具体补助标准由地方政府民政部门会同卫生、劳动保障、财政等部门制订并报同级人民政府批准。例如，山东省威海市规定，2004年医疗救助标准是按个人住院费实际负担部分的一定比例和金额给予补助，全年累计救助总额不得超过5 000元。2015年全年累计救助1 666.14万人。

农村医疗救助制度。按照党中央、国务院要求，2003年11月，《民政部　卫生部　财政部关于实施农村医疗救助的意见》，要求在全国建立农村医疗救助制度。此后，各地农村医疗救助工作陆续开展，取得了很大成绩。例如，山东威海，2004年资助农村低保对象参加新型农村合作医疗，标准每人每年10元。经合作医疗补助后，由个人负担的医疗费用按一定比例和金额给予救助，全年累计救助总额不得超过3 000元。目前，全国含农业人口的县（市、区）都初步建立了农村医疗救助制度，2015年全年资助参加新型农村合作医疗4 546.87万人。

3. 农村"五保户"救济制度

五保户是指享受保吃、保住、保穿、保医、保葬的孤寡老人、残疾人。五保供养是我国农村一项传统的社会救助制度，至今已有 50 年历史。根据农村税费改革后五保工作面临的新形势，2004 年 8 月，印发的《民政部　财政部　国家发展和改革委员会关于进一步做好农村五保供养工作的通知》，明确要求"各地要采取有效措施，确保五保供养资金及时足额发放"。2006 年 3 月 1 日，国务院新修订的《农村五保供养工作条例》开始实施。条例将农村五保供养纳入了公共财政的保障范围，标志着适应社会主义市场经济体制的新型农村五保供养制度的建立。截至 2018 年底，农村五保集中供养 86.2 万人，集中供养年平均标准为 2 587.49 元/人；农村五保分散供养 368.8 万人，分散供养年平均标准为 1 842.71 元/人。

4. 住房救助和教育救助制度

1）住房救助制度

为贯彻落实《社会救助暂行办法》的要求，切实保障特殊困难群众获得能够满足其家庭生活需要的基本住房，2014 年印发的《住房城乡建设部、民政部、财政部关于做好住房救助有关工作的通知》（以下简称《通知》），对解决最低生活保障家庭、分散供养的特困人员的住房困难做了更完善的制度安排。

《通知》明确了住房救助的对象，规范了住房救助的方式。我国住房救助对象为符合县级以上地方人民政府规定标准的、住房困难的最低生活保障家庭和分散供养的特困人员。对城镇住房救助对象，采取优先配租公共租赁住房、发放低收入住房困难家庭租赁补贴实施住房救助，其中对配租公共租赁住房的，应给予租金减免。对农村住房救助对象，优先纳入当地农村危房改造计划，优先实施改造。

由于住房救助是"兜底线"的，是针对特别困难群体实施的特殊的住房保障，因而在具体实施中有三大特点：第一，出于保障困难群体住房权利的考虑，住房救助要优先安排、应保尽保；第二，实施住房救助后，由救助对象承担的住房支出极少，甚至是免费的；第三，考虑到救助对象生活很困难、支付能力极低、有些对象生活不能自理等实际情况，住房救助一般与解决衣食等其他基本生存需要统筹实施。

到 2014 年底，通过廉租住房、公共租赁住房、棚户区改造安置住房等实物方式及发放廉租住房租赁补贴的方式，全国累计解决了 4 000 多万户城镇家庭的住房困难，其中包括约 450 万户城镇低保家庭。

2）教育救助制度

公共教育的普及对国家的整体发展有着举足轻重的作用。日本在第二次世界大战后奇迹般地飞速发展，公共教育的作用功不可没。在日本，教育机会平等的观念深入人心，对待贫困家庭的教育救助更是以国家法律形式固定下来，在加强义务教育普及的同时采取各种鼓励高等教育的救助措施，不断增强国民素质。

随着国家体制改革的推进，计划经济体制向市场经济体制转变，长期以来我国教育管理体制的僵化、缺乏竞争激励、应试教育制约创新等诸多弊端日益显现。教育产业化旨在改变我国当前教育尤其是高等教育事业公益化的局面，借鉴世界各国公立、私立以及其他社会力量办学的先进经验，按照市场机制配置教育资源，扩大教育供给能力，提高教育资源的使用效率，教育费用的大幅度提高在所难免。在顾及教育产业效率提高的同时，关注相对贫困地区和贫困学生的教育公平问题，是教育救助制度的使命。

(1) 义务教育阶段：国有企业特困职工家庭学生；烈士子女、孤儿；困难家庭残疾学生；社会福利机构监护的学生；残疾人特困家庭子女；没有经济来源的单亲家庭子女；因受灾、疾病等导致不能维持基本生活家庭的子女。

(2) 中等职业教育阶段：经市（州）及以上教育行政部门或劳动保障行政部门注册、取得中等职业教育正式学籍的中等职业学校全日制在校一、二年级所有农村户籍的学生和县（含县级市、农业区）镇非农户口的学生以及城市家庭经济困难学生（含城市残疾学生）。

(3) 高等教育阶段：城镇低保特困家庭以及无收入来源和能力支付首次入学费用的家庭子女；农村家庭人均年收入在贫困线以下以及无收入来源和能力支付首次入学费用的家庭子女；因天灾人祸，家庭丧失劳动能力，失去生活来源的学生；家庭困难的烈属子女及没有经济来源的孤儿；残疾人特困家庭子女。

对于符合上面条件的义务教育阶段的救助对象减免学杂费，对其中特困家庭学生免费提供教科书；对特殊教育学校的学生减免学杂费，并免费提供教科书，对特困家庭住宿学生补助生活费。对于农村特别是西部贫困地区农村义务教育的资助，国务院提出了从2006年开始全部免除西部地区农村义务教育阶段学生学杂费，2007年扩大到了中部和东部地区。据统计，全国农村中小学每年可取消学杂费达150亿元，分摊到每名中小学生身上，分别为180元和140元。

对于符合上面条件的高中教育阶段的救助对象，由学校根据实际情况对符合上述条件的学生进行资助，资助标准原则上不超过计划生学费标准，对特殊困难的学生可适当补助生活费。

对于非义务教育阶段也就是普通本科高校、高等职业学校和中等职业学校家庭经济困难学生的救助，形成了以国家奖学金、国家励志奖学金、国家助学金、国家助学贷款、师范生免费教育、勤工助学、学费减免等多种形式并存的高校家庭经济困难学生资助政策体系。

救助资金的来源由中央财政和地方财政共同承担。中央和地方分担比例：西部地区8∶2；中部地区6∶4；东部地区除直辖市外，按照地方财力状况，分省确定中央和地方分担比例。东部地区未享受中央补助的省份，其免学杂费资金全部由地方财政承担。对贫困学生提供免费教科书资金，中西部地区由中央财政全额承担，东部地区由地方自行承担；对贫困寄宿学生的生活费补助，由地方承担。

5. 灾民救济制度

灾民救济制度是向遭受严重自然灾害而遇到生活困难的城乡居民提供的必要的资助。从2002年开始，民政部、财政部建立了救灾资金的应急拨付机制，2~3天之内中央救灾资金就能拨付到受灾省份，将各项救灾措施落实到位，使受灾群众有饭吃、有衣穿、有住处、有干净的水喝和有病能医治。仅2005年，中央财政共投入各项救灾资金89亿元。2008—2017年我国因灾死亡（含失踪）人口如表5-4所示。

表5-4 2008—2017年我国因灾死亡（含失踪）人口　　　万人

指标	2008年	2009年	2010年	2011年	2012年	2013年	2014年	2015年	2016年	2017年
受灾人口	88 928	1 528	7 844	1 126	1 530	2 284	1 818	967	1 706	979

6. 社会互助制度

社会互助是指在政府鼓励和支持下，社会团体和社会成员自愿组织、参与的扶弱济困活动。社会互助具有自愿、非营利性的特点，其主要形式有：工会、妇联等团体组织的群众性互助互济；民间公益事业团体组织的慈善救助；城乡居民自发组成的各种形式的互助组织等。社会互助的资金来源主要是社会捐赠和成员自愿交费、政府从税收方面给予的支持。1999年6月28日，第九届全国人民代表大会常务委员会第十次会议通过了《中华人民共和国公益事业捐赠法》，该法对社会捐赠活动的经常化、制度化进行了立法规范和鼓励。

5.2.6 社会优抚与社会福利制度

社会优抚是指政府或社会对现役、退伍、复员、残废军人及烈军属给予抚恤和优待的一种社会保障制度。抚恤是政府对因公伤残人员、因公牺牲及病故人员家属采取的一种物质抚慰方式，包括伤残抚恤和死亡抚恤。优待是指从政治上和物质上给予优待对象良好的物质或资金待遇、优先照顾与专项服务。

社会福利是指在社会保障体系中，除了社会保险、社会救济和社会优抚这三者以外的有关社会保障措施。社会福利在权利与义务关系上具有普惠性，是社会保障的较高层次，具有超前于现实的供给水平的性质。社会福利包括公益性福利、职工福利、妇女和儿童福利、老年人福利、残疾人福利、住房福利等。其中，国家民政部门提供的社会福利主要是对盲聋哑和鳏寡孤独的社会成员给予各种物资帮助，其资金来源于国家预算拨款。2008—2017年国家抚恤情况如表5-5所示。

表5-5　2008—2017年国家抚恤情况

指标	2008年	2009年	2010年	2011年	2012年	2013年	2014年	2015年	2016年	2017年
国家抚恤、补助优抚对象/万人	633.2	630.7	625	852.5	944.4	950.5	917.3	897.0	874.8	857.7
抚恤事业费/亿元	253.6	310.3	362.7	428.3	517	618.4	636.6	686.8	769.8	827.3
抚恤事业费年增长率/%	20.3	22.4	16.9	18.1	20.7	19.6	2.9	7.9	12.1	7.5

专题 5-2

如何理解和把握社会保障中的公平与效率问题

社会保障制度强调的是对全体社会成员的公平性。不同项目的社会保障体现公平的程度有所不同，社会救济、社会优抚及部分社会福利事业支出主要由国家财政负担，凡符合条件者可以无偿使用，体现的主要是社会公平；而社会保险项目，则一般是由国家、单位和个人三方负担，职工享受的社会保险水平，既要能保障职工的基本生活，又要与个人缴费多少挂钩，以激励职工的积极性，提高效率，体现的是社会公平和社会效率并重。

隔代人之间的再分配是指在全社会、不同年龄段（通过"代"来区分）的人们之间出现的再分配，例如，老一代对经济增长贡献很大而得不到适当的养老保险，则相当于从老一代人中收税向年轻一代再分配。隔代人之间的再分配是一个重要课题，如果处理不好，就可能会使某些年龄段的人们享受超过其自身贡献所积累的社会财富，而另一年龄段的人们却不能享受他们贡献所积累的社会财富。这一矛盾还有可能因人口结构的变化而变得更尖锐起来。

同一代人之间的收入再分配一般是指收入高、缴纳社会保险费（税）多的人得到的社会保障收入要低于其支付的数额，而缴纳社会保险费（税）少的人得到多于其支付的社会保障收入。这种收入的差距反映了政府的政策意图，是政府解决社会收入贫富不均问题所作的努力。当然，如果这种分配幅度过大，就可能影响各个收入阶层的积极性。还有一个问题，我国传统的社会保障制度不具有"普享性"，它是按人群分设的，不同人群享有的社会保障程度是不一样的。农民主要靠土地保障，军队系统的保障是独立的，公务员和事业单位人员、城镇职工、城镇居民之间的社会保障程度仍有较大的差异，多层次的社会保障制度之间缺乏有机的联系，统账结合模式中的空账运转使得半积累制未落到实处。

分立的社会保障模式具有诸多缺点：阻碍了劳动力流动，加重了社保制度对劳动力市场的扭曲效应，严重削弱了一国的经济活力；人为地加重了社保待遇不公和相互攀比问题，导致政府无力控制养老金待遇增长，增加了政府的财政压力，也影响了社会和谐，是社会不稳定的重要因素。拉美国家过度的社会福利和就业保护等社会政策扭曲了市场价格信号，导致资源误配，进而不利于经济增长，不利于就业创造和初次分配，不利于再分配目标的实现，不利于收入分配差距的缩小，甚至导致陷入增长陷阱[①]。

5.3 财政补贴支出、外援支出和债务支出

5.3.1 财政补贴支出概述

1. 财政补贴定义

所谓财政补贴，是指在某一确定的经济体制结构下，财政支付给企业和个人的、能够改变现有产品和生产要素相对价格，从而可以改变资源配置结构和需求结构的无偿支出。财政补贴的主体是国家；补贴的对象是企业和居民；补贴的目的是贯彻一定的政策，满足某种特定的需要，实现特定的政治、经济和社会目标；补贴的性质是通过财政资金的无偿补助而进行的一种社会财富的再分配。

---

① 拉丁美洲的不少国家，从20世纪80年代开始，经济发展速度加快，到21世纪初，人均GDP达到2 000美元。这时期，失业率持续攀升，贫富悬殊，两极分化，各种社会矛盾凸显和激化，社会动荡不安，群众的抗争此起彼伏，给政府的社会保障带来沉重压力，最终导致外债和财政赤字居高不下，通货膨胀严重，金融潜伏危机，甚至发生动荡，这种状况被称为"拉美陷阱"。

2. 财政补贴分类

在我国财政转移性支出中,财政补贴主要有政策性补贴(物价补贴)和企业亏损性补贴两大类。除此之外,政府还提供某些专项补贴、财政贴息,税式支出也被列为财政补贴。每一类补贴下又有若干项目,比如,政策性补贴含有粮棉油价格补贴、平抑物价等补贴、肉食价格补贴和其他价格补贴等。列支补贴的方法各国有所不同,大多数国家直接将补贴全部列为财政支出,我国的价格补贴已经被列为财政支出,但是企业亏损补贴却是作冲减企业收入处理,不列入财政支出,财政支出的总额就少了一部分。表 5-6 是我国政策性补贴支出的具体情况。

表 5-6 政策性补贴支出的具体情况　　　　　　　　　　　亿元

年 份	合 计	粮棉油价格补贴	平抑物价等补贴	肉食价格补贴	其他价格补贴
1978	11.14	11.14			
1980	117.71	102.80			14.91
1985	261.79	198.66		33.52	29.61
1989	373.55	262.52		41.29	69.74
1990	380.80	267.61		41.78	71.41
1995	364.89	228.91	50.17	24.17	61.64
1998	712.12	565.04	28.10	26.09	92.89
1999	697.64	492.29	14.25	20.55	170.55
2000	1 042.28	758.74	17.71	19.39	246.44
2001	741.51	605.44	16.74	4.55	114.78
2002	645.07	535.24	5.32	1.60	102.91
2003	617.28	550.15	5.15	1.28	60.70
2004	795.80	660.41	5.22	1.28	128.89
2005	998.47	577.91	4.69	0.93	414.94
2006	1 387.52	768.67	8.48	0.94	609.43

注:① 政策性补贴支出,1985 年以前冲减财政收入,1986 年以后作为支出项目列在财政支出中。资料来源:《中国统计年鉴(2006)》。

② 2007 年财政收支科目实施较大改革,与往年数据不可比。

3. 财政补贴的内容

(1) **价格补贴**:农副产品价格补贴、农业生产资料价格补贴、居民副食品价格补贴、工矿产品价格补贴、其他价格补贴。1985 年以前按财政收入退库处理,即直接以红字冲减财政收入,而不在财政支出中列支;1986 年以后作为预算支出科目在财政支出中列支。

(2) **企业亏损补贴**:经营性亏损补贴、政策性亏损补贴。目前,在财政账务处理上,企业亏损补贴是按财政收入退库处理,即直接以红字冲减财政收入,而不在财政支出中列支。

(3) **财政贴息**:全额贴息、部分贴息。

(4) **出口补贴**:直接补贴(直接现金补贴)、间接补贴(出口退税、减免出口关税、出口信贷)。

(5) **税式支出**:减税、免税、退税、税收抵免(含税收饶让)。

(6) **专项补贴**:生态效益补助、教育补贴、重要产业支持补贴。

5.3.2 税式支出

1. 概念

税式支出是一个新范畴。1955年英国皇家利润与所得税委员会注意到,在税收制度中安排的许多减免税实际上相当于用公共的货币收入提供津贴。1976年于耶路撒冷召开的国际财政学委员会上,国际税收专家们正式接受了"税式支出"的概念。

税式支出是以特定法律条款规定的、给予特定类型的活动或以各种税收优惠待遇而形成的收入损失或放弃的收入。税式支出是一种政府间接性支出,也属于财政补贴支出。

2. 分类

(1) 照顾性税式支出。针对纳税人由于客观原因在生产经营上发生临时困难而无力纳税所采取的照顾性措施。目的是扶持某些行业的发展,但是容易产生政策性亏损与经营性亏损不分,导致国家税式支出的低效甚至是无效。

(2) 刺激性税式支出。用来改善资源配置、提高经济效率的特殊减免规定,目的在于正确引导产业结构、产品结构、进出口结构及市场供求,促进纳税人开发新产品、新技术及积极安排劳动就业等。这是税式支出的主要部分。

3. 形式

税式支出的形式往往通过税法中税收优惠体现出来,如税收豁免、纳税扣除、税收抵免(投资抵免、国外税收抵免)、优惠税率、延期纳税、盈亏相抵、加速折旧和退税等形式。

4. 税式支出预算控制的三种方法

(1) 非制度化的临时监督与控制。是指政府在实施某项政策过程中,只是在解决某一特殊问题时,才利用税式支出并对此加以管理控制,对税式支出的监督与控制没有形成统一制度,只是临时的应对措施。

(2) 建造统一的税式支出账户。对所有税式支出项目,按年编制成定期报表,连同主要税式支出成本的估价,附于年度预算报表之后,构成国家预算的一部分。美国、澳大利亚、加拿大等国都采取这种方式。在这种方法下,政府可以对税式支出进行预算约束和监控。

(3) 临时性与制度化相结合的控制方法。介于前两者之间,只对那些比较重要的税收减免项目,规定编制定期报表,纳入国家预算控制程序,不建立独立的税式支出账户体系。因为对于一项特定的税收减免,是属于税式支出还是属于正规的支出难以区分,这就使一些国家宁愿公布一个明确的税收减免项目目录,也不愿将这些税收减免项目置于特别开支方案中。

5.3.3 财政补贴效应

1. 宏观分析

(1) 财政补贴可改变需求结构。财政补贴可以改变相对价格结构,所以各国都把它作为一种调节经济的重要手段,而这种调节作用,首先体现在对需求结构的影响上。决定需求结构的因素有两个:一是人们所需要的商品和服务的种类,二是各种商品和服务的价格。价格越低,需求越大;价格越高,需求越少。可见,价格的高低可以影响需求的结构,能够影响价格水平的财政补贴就有影响需求结构的作用。

(2) 财政补贴可改变供给结构。这种作用是通过改变企业购进的产品价格,从而改变企业盈利水平来实现的。例如,我国农产品生产中,国家实行价格补贴,每次国家对农产品的补贴提高，农民的生产积极性都会大大提高，农产品供给就会大大增加，农产品的增加对改善我国供给结构有着重要的作用。

（3）财政补贴可以矫正外部效应。一般来说，应用科学研究和高新技术开发由私人部门去承担更有效率，然而任何一项有突破性的应用科学研究和高新技术开发成果都会对许多领域产生影响。例如，电子科研与开发的投入很多，成功率却很低，而且从事研究、开发的机构和个人不可能获得全部的收益，此时财政给予补贴，就可以降低研究与开发成本，缓解风险，实际是将外部效应内在化，从而推进科研的开发。

2. 微观分析

（1）能有效地贯彻国家的经济政策。财政补贴不论对象是谁，最终的目的都是顺利实施国家的方针政策，这是财政补贴的首要意义。例如，对公共交通及供水、供电和供气等国有企业或事业单位给予适当补贴，是为了平抑物价，减轻居民负担，提高服务质量。过去粮食短缺，给予粮食部门或给予居民以补贴，是为了促进粮食生产；现在又按保护价格收购，同样是为了保障粮食供给，同时维护农民利益。

（2）以少量的财政资金带动社会资金，扩充财政资金的经济效应。此时的财政支出和投资性支出一样，发挥了类似于乘数效应的作用，带动了社会资金向国家鼓励的产业和行业，扩充了财政资金的经济效应。

（3）可以加大技术改造力度，推动产业升级。产业结构优化过程中，财政补贴支出扮演着十分重要的角色。以我国实施的积极财政政策为例，1998年至今，各级政府共对880个技术改造项目进行财政贴息，带动了更多的银行配套贷款，调动了企业技术改造的信心和积极性，实施了一大批技术改造、高科技产业化和装备的国产化项目，启动了一批对产业结构调整有重大影响的项目，安排了一批可大量代替进口、扩大出口的项目，有力地推动了大中型国有企业改造和产业结构的升级。

（4）消除"排挤效应"。所谓排挤效应，是指在货币供应量不变的情况下，公共工程支出的增加会直接增加对货币的需求量，必然导致市场利率的上升，利率的提高会加大私人部门的融资成本从而导致私人投资的萎缩。如果对私人部门给予补贴，就可以降低私人部门的融资成本，消除排挤效应，增强民间投资的意愿，加快民间投资的恢复和增长。

（5）社会经济稳定的效应。财政补贴的首要目的是社会经济稳定，企业亏损补贴、对居民支付的各类价格补贴，都是用于弥补企业和居民因物价变动带来的收入损失，基本的功能也是保持社会与经济的稳定。注重发挥财政补贴的稳定社会经济的效应，更是构建我国转移支付制度的首要考虑因素。

5.3.4 债务支出

1. 债务支出的概念

债务支出是指国家财政用于偿还国内、国外债务本息的支出。它包括：政府借款还本付息支出，向国际组织借款还本付息支出，向其他国外借款还本付息支出，向国家银行借款还本付息支出，地方政府向国外借款还本付息支出，国库券还本付息支出。

2. 债务支出的规模

表5-7是1980—2005年国家财政债务还本付息支出，从中可以看出债务支出的规模庞大。

表 5-7 1980—2005 年国家财政债务还本付息支出　　　　　　　　　　　　亿元

年　份	合　计	国内债务还本付息	国外债务还本付息	归还向人民银行借款的利息	债务收入大于支出部分增列偿债基金
1980	28.58		24.40	4.18	
1985	39.56		32.59	6.97	
1989	72.37	19.30	45.84	7.23	
1990	190.07	113.42	68.21	8.44	
1991	246.80	156.69	80.22	9.89	
1992	438.57	342.42	80.26	15.89	
1993	336.22	224.30	89.22	22.70	
1994	499.36	364.96	107.17	27.23	
1995	882.96	784.06	71.69	27.21	
1996	1 355.03	1 266.29	60.76	27.98	
1997	1 918.37	1 820.40	70.76	27.21	
1998	2 352.92	2 245.79	76.60	30.53	
1999	1 910.53	1 792.33	90.99	27.21	12.90
2000	1 579.82	1 552.21	27.61		3.41
2001	2 007.73	1 923.42	84.31		
2002	2 563.13	2 467.71	95.42		19.00
2003	2 952.24	2 876.58	75.66		3.61
2004	3 671.59	3 542.42	129.17		7.99
2005	3 923.37	3 878.51	44.86		

注：① 从 2000 年开始，表中数据均为债务还本支出。资料来源于《中国统计年鉴（2006）》中的表 8-20。
② 从 2006 年起实行债务余额管理，国家财政预决算不再反映债务还本支出《中国财政年鉴（2008）》。

3. 债务支出效率

如果债务收入较多地使用于经济建设，以促进经济持续高速发展，则本国经济的应债能力将随国民收入大幅度的提高而加强，政府的偿债能力也会随着财政收入的增加而提高。这样，即使政府的债务规模较大，对国民经济的危害也较小。但从我国的实际看，债务收入使用的消费性倾向日益突出。一方面，从改革以来到现在，我国建设性财政支出占财政总支出的比例由 40％ 左右下降到 25％，与此同时，我国赤字规模却急剧膨胀。这说明我国财政赤字主要是由于消费性支出膨胀引起的，因而国债作为弥补赤字的手段，也主要用于消费性支出，而非投资性支出。另一方面，我国当前的国债运行正步入借新债还旧债的偿债高峰期，近 2/3 的新增债务收入用于归还到期债务，只有大约 1/3 的债务收入可最大限度地转化为积累资金。而且，为数不多的用于经济建设的国债资金，也常常因为管理不善而被地方挪作他用或投资效益不佳。这不仅不利于缓解我国经济发展中的"瓶颈"制约，也不利于形成"以债养债"，即通过债务使用的投资收益偿还债务的良性循环机制。长此以往，必将进一步加重政府还债压力。

5.3.5 外援支出

外援支出是指在国际交往中，对于遭受突发事件侵害的国家和地区给予的援助性的支出。外援支出具有不定期性，不像其他财政支出一样可以通过预算控制并约束。

本章小结

社会保障支出是转移性支出的主要部分，也是一个国家社会保障制度完善与否的标志。社会保障制度的类型有社会保险型、社会救济型、普遍津贴型和节俭基金型。2006年十六届六中全会以后，我国逐步形成了包括社会保险、社会福利、优抚安置、社会救助和住房保障的具有中国特色的社会保障体系。其中，社会保险包括医疗保险、失业保险、养老保险、工伤保险和生育保险，社会救助包含城乡低保、医疗救济、教育救济、农村五保和灾民救济，住房保障由住房公积金制度和保障性住房制度两部分构成。

我国财政支出中用于财政补贴的内容正在逐步减少。就目前看，财政补贴分为政策性补贴和亏损性补贴。除此之外，政府还提供某些专项补贴、财政贴息，税式支出也被列为财政补贴。债务支出是指国家财政用于偿还国内、国外债务本息的支出。外援支出是指在国际交往中，对于遭受突发事件侵害的国家和地区给予的援助性的支出。

关键词

转移性支出　社会保障　最低生活保障制度　社会保险　社会救济　社会优抚
社会救助　社会福利　财政补贴　税式支出　债务支出　外援支出

思考题

1. 简述西方社会保障制度的基本内容。
2. 简述我国社会保障制度的框架及其主要内容。
3. 简述税式支出的类别。

第6章 财政收入总论

【学习目的】

通过本章的学习,要求正确认识财政收入的结构、规模、原则与质量的内涵,系统把握影响财政收入规模变化的因素,深入理解我国财政收入规模变化的趋势及其特殊性,并联系财政收入规模对财政收入的质量与原则进行理性思考。

【开篇导言】

据《财经时报》2007年8月6日报道,橘县是美国的一个县,位于加利福尼亚州南部,因盛产柑橘而得名。全县GDP达1180亿美元,人均收入7万美元。可就是这样一个富裕的县,却在1994年12月不得不宣布财政破产。导致橘县政府破产的原因在于:主管橘县财政税收和公共存款的司库Robert Citron把政府资金投入华尔街的债券市场,结果投资损失17亿美元,超出了政府财政的承受能力,橘县政府只好宣布破产。在宣告破产以前,橘县政府曾经努力寻求过州政府和联邦政府的支持,但碰了钉子。州政府认为,如果州政府对这种管理不善的后果给予救助,那就开创了一个不好的先例,其他的市政当局会因此而没有动力去加强自己的财政管理。联邦政府赞同州政府的意见,要求橘县政府自己去解决问题。求告无门,橘县政府只好硬着头皮自己动手收拾残局。

另据《东方早报》2006年7月3日报道,新泽西州州内公路建设项目被迫叫停,州立公园、海滩和名胜古迹将于7月5日被迫关闭,约4.5万名政府雇员将处于"待业"状态。因为"预算"经费不足,美国新泽西州州长科尔津7月1日签署一项行政法令,"关闭"已经没有权力支出任何预算的州政府。根据新泽西州宪法,州议会必须在7月1日前通过一项平衡预算方案,否则州政府将无权使用任何财政开支。然而,议会议员并未就预算案达成一致。在预算案中,州长科尔津建议将州内营业税率由6%提高到7%,以弥补州政府45亿美元的财政赤字。不过,最受这一事件打击的还是新泽西州的赌场。根据新泽西州法律,赌场营业时必须有州政府派出的监督员负责监督,而州长叫停大多数政府部门运行后,赌场将不具备营业的前提条件。根据新泽西州赌场协会的估计,如果新泽西州的所有赌场停止营业,新泽西州政府每个普通日子将失去130万美元的赌场营业税,如果从这一天算到独立日假期的话,预计税收损失将达到730万美元。类似新泽西州政府"关门"的危机,在美国的州政府发生过好些次,但都没有导致所谓的"破产"。2005年,明尼苏达州政府在7月1日后的一段时间也停止了办公,原因也是州议会无法就州政府新财政预算方案达成一致。而在2003年,加利福尼亚州议会因为共和党和民主党两党意见不一,共和党反对任何加税计划,而民主党则坚持必须增加税收、减少花费,双方僵持不下,预算方案最终搁浅。这一事件也导致加州政府陷入财政危机之中,几乎陷入关门的地步。

政府收入是政府运行的"血液",主要是为了满足支出的需要,是对政府提供公共产品的补偿。俗话说得好：有钱好办事。同样，政府也难为无米之炊。同时，财政收入不仅只是为了满足财政支出的需要，而且也是财政分配的第一阶段①，是政府进行宏观调控的财力基础。新中国成立初期，新中国的财政收入不足50亿元，2019年财政收入达到19万亿元。2019年我国一天的财政收入，大约是1950年全年财政收入的10.3倍。财政收入的不断增长，为促进我国国民经济发展和社会进步提供了坚实的财力保障。但财政收入是向企业和个人征收的，是对GDP的一种分割，涉及城乡居民收入的稳定增长和企业税费负担问题。如何合理安排组织财政收入，不仅是政府关注的问题，也是社会各界关注的问题之一。

本章在对财政收入的概念及其分类、财政收入来源结构进行分析的基础上，对财政收入的规模及其影响因素、组织财政收入的原则进行重点论述。

6.1 财政收入分类

所谓财政收入，就是政府为满足支出的需要，依据一定的权力原则，通过国家财政集中的一定数量的货币或实物资财收入。财政收入的分类应体现两个特点：一是要体现财政收入的性质及各种利益关系的分配过程；二是要与各国的实际情况相适应。

6.1.1 按财政收入形式分类

财政收入作为一个集合概念，涵盖多种具体的收入形式。在我国现阶段，财政收入形式由税收、国有资产收益、公债和其他收入构成。

税收是政府以政治权利为依托取得的财政收入，其使用范围相当广泛，而且没有偿还的问题，因此，它天然地成为财政收入的基本形式。在许多国家，财政收入的90%以上要靠税收来保证，以至于可以近似地用税收收入的分析来观察整个财政收入的状况。

国有资产收益是政府凭借国有资产所有权取得的利润、租金、股息（红利）和资产占用费等财政收入。由于在长期的社会主义建设过程中，国有经济在我国的国民经济中形成了庞大的规模，加之以前国有企业的利润分配采取直接上缴国家财政的形式，因此利润曾在我国财政收入中占有相当大的比重。即使在市场化改革的今天，虽然国有经济的规模有所下降，而且对国有企业的利润分配形式进行了相应的改革，但国有企业通过各种方式上缴财政的利润、租金、股息（红利）等在我国财政收入中仍然占有一定的地位。

公债是政府以国家信用为依托取得的财政收入，其最基本的特点是有偿使用。因此，有人认为它并非是政府真实的财政收入，也不能成为政府的经常性收入，这种收入在财政收入所占的比重一般与政府的经常性收入和财政支出的规模是否相对称有关。随着市场经济的发展，人们对公债的看法也发生了很大的变化，公债不再被简单地视为弥补赤字的手段，而成为政府主动干预经济发展的一个非常重要的政策工具。

其他收入在财政收入中所占比重较小，但包括的具体项目较多。主要有规费收入、专项收费收入、事业收入、罚没收入、公产收入、国有资源管理收入和外事收入等。其中，规费收入是指国家机关为居民或各类组织机构提供某些特殊服务时所收取的手续费和工本费。例

---

① 财政分配的第二阶段是财政支出。

如，工商执照费、商标注册费、户口证书费、结婚证书费、司法诉讼费以及公证费、护照费等。专项收费是指国家为特定公共项目运营需要收取的费用、基金等，具有受益税或使用费的特征。例如，与政府相联系的路桥费、城市水资源费、排污费、公园参观门票等。我国财政收入中长期存在的各种基金收入，也大多属于专项收费。事业收入是指中央和地方政府所属事业单位按照预算管理的要求向财政上缴的业务收入。罚没收入是指工商、税务、海关、公安、司法等国家机关和经济管理部门按规定依法处理的罚款和没收品收入，以及各部门、各单位依法处理追回的赃款和赃物变价收入。公产收入是指国有山林、芦苇等公产的产品收入，政府部门主管的公房和其他公产的租赁收入，以及公产的变价收入等。

6.1.2 按财政收入的产业来源分类

财政收入与产业结构具有密切的关系。依据国际惯例，产业结构由三次产业组成，第一产业主要以农业为代表，第二产业主要以工业为代表，第三产业以商业、服务业为代表。

1. 第一产业与财政收入

农业是国民经济的基础。我国这样一个发展中大国，其农业的地位尤其显得重要。与其他产业相比，农业具有天然的弱质性特征，而且自然条件的变化对农业生产过程与结果也具有非常重要的影响。农业自身的特点所限，使得农业对财政收入的直接贡献率并不高。我国自2006年开始，在全国范围内取消了农业税。但农业税的取消，并不意味着农业将不再是财政收入的一个来源。全面看待农业与财政收入的关系，还应注意到另外几个方面：第一，与农业直接有关的农村非农产业仍然在向财政提供相应的收入；其二，更广义地讲，由于农业是国民经济的基础，农业状况会直接影响其他产业的发展，进而间接影响财政收入的其他来源；其三，由于"价格剪刀差"的存在，农业还会以间接的形式为国家的财政收入作出贡献。

2. 第二产业与财政收入

工业是国民经济的主导，也是财政收入的主要源泉。在我国长期实行以流转税为主体税种的情况下，工业部门上缴的税利在财政收入中一直居于主要地位，是名副其实的财政收入支柱。1985年以前，财政收入的60%以上来自工业部门。随着税制改革的进行，该比重虽然出现了一定程度的下降，但仍占到40%左右。值得注意的是，自改革开放以来，作为第二产业的一个重要组成部分，建筑业发展势头迅猛，国家财政来自建筑业的收入增长幅度较大。

3. 第三产业与财政收入

以商业、服务业为代表的第三产业在现代经济中呈现出相当快的增长态势。在发达国家，第三产业对GDP的贡献已达到60%以上。虽然由于我国经济发展水平从整体上说还比较低，第三产业也不够发达，但近年来其成长速度令人乐观。在"十五"期间，随着我国产业结构的进一步变化，第三产业税收年均增长17.8%，到2005年第三产业的税收占全部税收的比重已达到了40.7%。毫无疑问，加快发展第三产业，是保证我国未来财政收入稳定增长的希望所在。

6.1.3 按财政收入的价值构成分类

按照马克思主义政治经济学的观点，财政收入是对社会产品价值的分配，而社会产品价

值由 C、V、M 三个部分所组成，因此财政收入必然来源于产品价值的某些部分。分析财政收入与社会产品价值各个部分之间的联系，有助于我们进一步深化对财政收入经济源泉的认识。

1. C 与财政收入

C 是补偿生产资料消耗的价值部分，包括固定资产的折旧和流动资产耗费的价值。从生产运行的角度看，补偿价值必须能够随着生产过程的进行不断提取，而又不断地重新投入，以保证生产过程的连续性。因此，从逻辑上讲，C 不能被用于新的分配。在市场经济条件下，企业是一个独立的经营实体，要做到自负盈亏，自我积累，自我发展。在这种前提下，折旧基金的管理权限应该属于企业，而不是属于政府。因此，C 部分不能成为财政收入的来源。

2. V 与财政收入

V 是产品价值中以劳动报酬形式支付给劳动者个人的部分。在市场经济条件下，个人劳动报酬不仅限于工资，而是以工资为主，辅之以奖金、津贴、补贴、实物福利等多种形式，工资本身也拉开了很大的档次。因此，V 的部分已经成为财政收入的重要来源。这主要包括：对个人直接征收的税收收入，如个人所得税、车船使用税等；对个人间接征收的税收收入，如增值税、消费税等；居民个人交纳的规费收入等。此外，居民个人购买的国债在债务收入中也是一个重要来源。应该指出，个人收入不仅局限于产品价值中的工资性收入，利息、股息、红利、特许权使用费及偶然性所得等更多的形式正在成为个人收入的内容。随着我国经济实力的不断增强，居民个人的收入水平也会更快地提高。依据国际经验分析，以个人所得税为主体的财政收入格局终将建立起来。

3. M 与财政收入

M 是产品价值中扣除补偿价值和个人消费价值之后的剩余产品价值，M 的大小对于财政收入也具有非常重要的意义。因为只有剩余产品存在时，劳动者创造的产品才有可能拿出其中一部分供给非直接创造产品的劳动者所享用。因此，可以说 M 奠定了公共财政的根基。在现实生活中，财政收入与 M 的直接联系是企业所得税和国家依据所有权从国有企业分享的一部分受益。

6.1.4 按财政收入的所有制来源分类

在现代经济中，投资者采取的投资方式和经营方式有很大差别，并由此形成了不同类型的所有制结构。目前，我国的国有经济仍然占有很重要的地位，但混合所有制经济和非公有制经济发展更为迅速。混合所有制经济和非公有制经济在经济总量上大大超过了国有经济，但对财政收入的贡献却增长较缓慢。在全部财政收入中，40%以上仍然是由国有经济提供的。事实上，在不少地方政府的财政上已经出现了这样的变化，非公有制经济提供的财政收入有的已经是"半壁江山"，有的甚至达到了 2/3 的绝对多数。

6.1.5 按财政收入的管理方式分类

按照财政收入的管理方式，目前我国的财政收入可分为预算内收入与预算外收入两大类。所谓预算内收入，是指统一纳入国家预算，按照国家预算立法程序实行规范管理，由各级政府统筹安排使用的那部分经常性财政资金。预算内收入包括各种税收、专项收入（排污费、水资源管理费、教育附加费等)、其他收入(基本建设收入、基本建设贷款收入、捐赠收入等)、国有企业补贴收入(为负收入,冲减财政收入)等。所谓预算外收入,是指各级政府依据具有法律效力的法规采取收费方式而形成的专项资金或专项基金。其特征是:在使用上由收费部门安排使用,在统计上没有被纳入"财政收入",实行专项统计,并实行"收支两条线管理"。预算外收入主要包括行政事业型收费、地方性政府基金收入、乡镇自筹统筹收入、国有企业和主管部门的收入及其他收入。此外,还有制度外收入,如乱摊派、乱罚款等,但政府一般没有统计数字。

上述各种收入形式的关系是:

政府收入＝财政收入(预算内收入)＋中央政府性基金收入＋预算外收入＋制度外收入

其中,中央政府性基金收入已纳入预算管理,其数额在预算报告中专门列明。中央政府性基金收入主要包括电力建设基金、铁路建设基金、民航基础建设基金、邮电附加费、港口建设费、市话初装费基金、水利建设基金、外贸发展基金、育林基金、文化事业费等。

6.1.6 按政府层级分类

按政府层级分类,财政收入可分为中央政府财政收入与地方政府财政收入。自新中国成立以后,中央与地方政府的财政利益分配关系经过几次大的调整,特别是1994年施行的分税制体制改革,明确划分了中央与地方政府各自的事权与财权,规范了中央与地方的财政关系,对中央与地方政府间税种的划分,对中央财政给予地方税收返还数额,原来体制下的体制补助、上解等进行了规定。

财政体制的变迁带来了中央与地方政府财政关系的变化。首先,实行分税制改革后,加大了中央财政收入占全国财政收入的比重。从1993年的22.0%提高到1994年的55.7%,此后,这一比重维持在50%左右以上(具体数据见表6-1),中央财政收入的增加有利于中央政府实施控制权来进行宏观调控。其次,在全国范围内按照统一规定的税种、分享比例等对中央与地方政府税收收入进行了分配,改变了以前多种制度并存的财政体制,从制度上初步规范了政府间的财政。最后,实施了过渡时期转移支付办法,按照因素法确定的标准财政收入、标准财政支出、激励机制系数来计算对某地区财政转移支付额。尽管这一办法并不能从根本上解决地方政府间财政收入不均衡的问题,但却是对原来"基数法"计算转移支付额的一次变革。

表6-1 中央和地方财政收入及比重

年份	财政收入/亿元			比重/%	
	全 国	中 央	地 方	中 央	地 方
1978	1 132.26	175.77	956.49	15.5	84.5
1980	1 159.93	284.45	875.48	24.5	75.5
1985	2 004.82	769.63	1 235.19	38.4	61.6
1989	2 664.90	822.52	1 842.38	30.9	69.1
1990	2 937.10	992.42	1 944.68	33.8	66.2
1991	3 149.48	938.25	2 211.23	29.8	70.2

续表

年份	财政收入/亿元			比重/%	
	全国	中央	地方	中央	地方
1992	3 483.37	979.51	2 503.86	28.1	71.9
1993	4 348.95	957.51	3 391.44	22.0	78.0
1994	5 218.10	2 906.50	2 311.60	55.7	44.3
1995	6 242.20	3 256.62	2 985.58	52.2	47.8
1996	7 407.99	3 661.07	3 746.92	49.4	50.6
1997	8 651.14	4 226.92	4 424.22	48.9	51.1
1998	9 875.95	4 892.00	4 983.95	49.5	50.5
1999	11 444.08	5 849.21	5 594.87	51.1	48.9
2000	13 395.23	6 989.17	6 406.06	52.2	47.8
2001	16 386.04	8 582.74	7 803.30	52.4	47.6
2002	18 903.64	10 388.64	8 515.00	55.0	45.0
2003	21 715.25	118 65.27	9 849.98	54.6	45.4
2004	26 396.47	14 903.10	11 893.37	54.9	45.1
2005	31 649.29	16 548.53	15 100.76	52.3	47.7
2006	38 760.20	20 456.62	18 303.58	52.8	47.2
2007	51 321.78	27 749.16	23 572.62	54.1	45.9
2008	61 330.35	32 680.56	28 649.79	53.3	46.7
2009	68 518.30	35 915.71	32 602.59	52.4	47.6
2010	83 101.51	42 488.47	40 613.04	51.1	48.9
2011	103 874.43	51 327.32	52 547.11	49.4	50.6
2012	117 253.52	51 327.32	52 547.11	43.7	56.3
2013	129 209.64	60 198.48	69 011.16	46.6	53.4
2014	140 370.03	64 493.45	75 876.58	46.0	54.0
2015	152 269.23	69 267.19	83 002.04	46.5	54.5
2016	159 604.97	72 365.62	87 239.35	45.3	54.7
2017	172 592.77	81 123.36	91 469.41	47.0	53.0
2018	183 359.84	85 456.46	97 903.38	46.6	53.4

资料来源：《中国统计年鉴（2019）》。

注：1. 中央、地方财政收入均为本级收入；2. 本表数字不包括国内外债务收入。

> **专题 6-1**
>
> **纵向财政不平衡现象及其理论解释**[①]
>
> 对各国支出责任（事权）与自有税收权的变化趋势进行国际比较，可发现了一个非常有趣的现象，即各国的支出责任出现明显的分权化趋势，但收入却呈现明显的集权化的格局。中央政府（联邦）与省（州）级政府之间，以及省（州）级政府与地方政府之间，都存在严重的纵向财政不平衡的现象。目前，大致有三种理论来解释这种纵向财政不平衡现象。
>
> 第一种理论是经典的财政理论。它们用政府的三大职能，即资源配置效率、社会公平和经济稳定来解释中央财政占主导的现象。
>
> 第二种理论思路同税收的可持续性和税收最大化相关，将政府间纵向财政不平衡看作是现有经济结构和税收结构下实现税收最大化的结果。一些强调激励机制、受益人原则、财政自主权、问责制、信息问题、税收流动性、税收竞争、税收成本、溢出效应等的理论，都可以归于这一理论框架下。但这些理论往往相互冲突，即有些理论强调分权的好处，而有些理论则强调集权的好处。
>
> 第三种理论是宪政经济学的思路。从宪政经济学的角度来探讨财政问题实际上又有三种不同的分支。之一是强调分权。以布坎南为代表的经济学家，从内生公共产品的思路来内生政府职能，并对政府持强烈的不信任态度，认为只要是市场能够提供的公共产品，政府就不必干预。根据这种思路，他们主张地方财政分权。之二是以汉密尔顿等人为代表的联邦主义者。他们更多地强调中央政府集权的好处。之三是以温格斯特为代表的经济学家，他们强调中央与地方相互制衡对于一个联邦（或国家）自我执行的重要性。他们强调，一个联邦（或国家）如果要自我执行，就要解决所谓的联邦悖论问题，即中央政府和地方政府之间必须形成有效的制衡关系。如果中央政府过于强大，则地方政府的利益就会受到侵犯；如果地方政府过于强大，则中央政府的利益就会受到侵犯。这两种情况都有可能带来危机，从而导致联邦的解体或无效率。一个具有自我执行功能的联邦，正是在一次次的危机冲击下最终形成的。这种强调中央政府和地方政府相互制衡的观点，同经济学强调一般均衡的概念相吻合。

6.2 财政收入规模

财政收入规模有两种衡量方法。一是绝对规模，指在一定时期内（如一个预算年度）财政收入的总量，它反映了一国或一个地方政府在调控经济运行和影响社会发展方面经济实力的大小；二是相对规模，指一定时期的财政收入占 GDP 的比重，它反映了政府集中财力的能力，以及公共财力与非公共财力之间的对比关系。

[①] 张永生. 政府间事权与财权如何划分. 国研报告, 2007（1）.

6.2.1　财政收入发展变化的一般趋势

　　财政收入规模的变化是有规律可循的。在正常的环境下，财政收入的绝对规模会随着财源的扩大而保持上升的势头。以我国为例，自 1978 年改革开放以来，财政收入的绝对规模持续增长，从 1978 年的 1 132 亿元，到 2004 年的 26 396 亿元，再到 2019 年的 190 382 亿元，42 年间增长了 168 倍之多。虽然在此期间物价上涨因素明显，但扣除物价因素其增幅依然较大。综观世界上其他国家的情况，尽管各国的经济发展水平和财政职能大小有所差别，但财政收入绝对规模的增长趋势却是一致的。比如，作为发达国家之一的法国，按欧元的不变价格折算，其 1980 年的财政收入为 830 亿欧元，1990 年为 1 807 亿欧元，2000 年为 2 300 亿欧元，20 年间增长了约 2.8 倍。在英国，从 2000 年、2001 年和 2002 年三个预算年度来看，其财政收入规模分别为 3 830 亿英镑、3 908 亿英镑和 4 070 亿英镑，依然呈现出不断增长的态势。

　　与绝对规模的变化趋势不同，在正常的环境下，财政收入的相对规模则呈现出大体平稳的状态。以英国为例，1990 年其财政收入占 GDP 的比重为 41.4%，2000 年为 40.1%，2001 年为 39.1%，2002 年为 38.7%，10 余年间上下波动幅度只有 2.7 个百分点。在我国，改革开放前的相当长时间内，该比重基本保持在 30% 左右。但改革开放以来，由于各种经济条件的变化，我国财政收入的相对规模则呈现出比较大的 V 形波动，见表 6-2。从表 6-2 可以看出，1972 年至 1995 年，财政收入占 GDP 的比重逐渐下降，但自 1995 年始，这种下降趋势开始逆转，到 2019 年时达到了 19.2%，每年平均增幅也达到了一个多百分点。之所以会出现这样的变化，是与我国在这一时期所进行的经济体制和财政体制改革等多种原因密不可分的。

表 6-2　财政收入占国内生产总值的比重

年　份	财政收入/亿元	GDP/亿元	财政收入占 GDP 的比重/%
1952	173.94	679	25.6
1957	303.2	1 068	28.4
1962	313.55	1 149.3	27.3
1967	419.36	1 773.9	23.6
1972	766.56	2 518.1	30.4
1977	874.46	3 201.9	27.3
1982	1 212.33	5 323.4	22.7
1987	2 199.35	12 058.6	18.2
1988	2 357.24	15 042.8	15.6
1989	2 664.9	16 992.3	15.7
1990	2 937.1	18 667.8	15.7
1991	3 149.48	21 781.5	14.5
1992	3 483.37	26 923.5	12.9
1993	4 348.95	35 333.9	12.3
1994	5 218.1	48 197.9	10.8

续表

年份	财政收入/亿元	GDP/亿元	财政收入占GDP的比重/%
1995	6 242.2	60 793.7	10.3
1996	7 407.99	71 176.6	10.4
1997	8 651.14	78 973.0	11.0
1998	9 875.95	84 402.3	11.7
1999	11 444.08	89 677.1	12.8
2000	13 395.23	99 214.6	13.5
2001	16 386.04	109 655.2	14.9
2002	18 903.64	120 332.7	15.7
2003	21 715.25	135 822.8	16.0
2004	26 396.47	159 878.3	16.5
2005	31 649.29	183 217.4	17.3
2006	38 760.20	211 923.5	18.3
2007	51 321.78	257 305.6	19.9
2008	61 330.35	300 670.0	20.4
2009	68 518	345 046	19.9
2010	83 101	407 138	20.4
2011	103 874	484 124	21.5
2012	117 254	534 123	22.0
2013	129 210	588 091	22.1
2014	140 370	643 974	21.8
2015	152 269	689 052	22.1
2016	159 605	743 586	21.5
2017	172 592.77	820 754.3	21.0
2018	183 359.84	900 309.5	20.4
2019	190 382.00	990 865.0	19.2

数据来源：《中国统计年鉴（2020）》。

注：国家财政收入中不包括国内外债务收入。

6.2.2 影响财政收入规模变化的因素

影响财政收入规模变化的因素是多方面的。一般而言，各种影响因素的作用效果大多是综合性的，但有些因素可能对绝对规模的影响更大一些，有些因素可能对相对规模影响更大一些。

1. 经济发展水平和技术水平对财政收入规模的影响

经济发展水平从总体上反映着一个国家社会产品的丰富程度和经济效益的高低，它对财政收入规模的影响是决定性的，特别是对财政收入绝对规模的影响更是如此。从表 6-2 中的数据可以看出，1977 年我国财政收入占 GDP 的比重为 27.3%，远远高于改革开放之后的其他年份，但财政收入总额却只有 874.46 亿元。其根本原因就在于当时我国经济发展水平低，底子薄，GDP 总量只有 3 201.9 亿元。而到了 1995 年，财政收入占 GDP 的比重已经下降到历史低位，仅为 10.3%，但由于当年 GDP 总量跃升到 60 793.7 亿元，使财政收入绝对规模也达到了 6 242.2 亿元。

资料表明，发达国家的财政收入基本上都高于发展中国家；而在发展中国家，中等收入国家又大都高于低收入国家，绝对规模是如此，相对规模亦是如此。如 1986 年中央政府经常性收入占 GDP 的比重，低收入国家平均为 15.4%，中等收入国家平均为 24.0%，而同年英国为 37.9%，法国为 40.9%，意大利为 36.7%，荷兰高达 51.6%。再从几个发达国家的历史发展的纵向比较看，英、法、美三国 1880 年财政收入只相当于其国内生产总值的 10% 左右，而到 21 世纪初已上升至 20%~40%。由此可见，财政收入规模与其所依赖的经济规模和发达程度存在显著的正相关关系。

在经济发展中，技术水平的高低是一个内在的影响因素。一定的经济发展水平总是靠一定的技术水平来维系的。随着社会工业化、信息化的进步，科技对经济增长的贡献越来越大，对财政收入的影响也日益加深。这种影响主要表现为资源利用效率的提高、经济增长速度的加快、新产品开发能力的加强和生产质量的提高，由此必然会导致 GDP 规模的不断扩大或财政分配的物质基础日趋雄厚。所以技术进步的幅度越大，对财政收入的贡献也就越大。

2. 分配政策对财政收入规模的影响

如果说经济增长决定了财政赖以存在的物质基础，并对财政收入的绝对规模形成了根本性约束，那么政府参与社会产品分配的政策倾向则会对财政收入的相对规模产生很大的影响。自改革开放以来，我国财政收入的绝对规模呈现出持续性增长的态势，而相对规模却走出了 V 形（或称"马鞍形"）的变化轨迹。这说明，在一定时期内，在经济总量增长前提下，财政收入的绝对规模与相对规模并非会总保持同样的变化格局，这主要是我国在这一时期调整收入分配政策而导致了这样的结果。

从某种意义上来讲，我国的经济体制改革实质上也是一场经济利益关系调整的深刻变革。在计划经济时期，国家将包括收入分配在内的经济运行过程基本上都完全纳入了计划管理的框架之内。国有企业没有独立的经济利益，其创造的利润要全部上缴财政。居民个人的收入则完全依靠企事业单位发放的工资，基本上没有工资以外的其他收入。在长期的高就业、低工资分配体制下，居民个人收入被压低到只能满足最低生活需要的水平，GDP 的其他部分则被国家财政全部拿走。1960 年，财政收入占 GDP 的比重达到历史最高水平，其中 47% 的 GDP 成为国家财政收入。自 1978 年之后，我国的经济改革率先在分配领域进行突破，分配政策的重心开始向居民与企业倾斜。不仅大幅度提高城镇居民的工资水平，推行奖金制度，提高农产品的收购价格，而且对企业的分配制度，也推行了企业基金制度、利润留成制度、利改税、企业承包责任制等改革措施，其核心就是通过减税让利，增强企业自身的经营能力，并为实现政企分离创造条件。新的分配政策实施的结果，导致了国民收入开始向企业和个人偏移。同时，由于对改革过程的有序性控制不够，财政分权不够规范，再加上制度内和制度外收费的过分膨胀，使脱离财政直接管理的预算外资金越来越多。这就是为什么我们会看到 1978 年到 1995 年前后，财政收入的相对规模平均每年下降一个多百分点的缘故；而到 1995 年以后，财政收入的比重之所以又出现逆转，同样是政府分配政策改变的结果。1994年，国家实施包括财政体制、税收体制在内的新一轮的分配政策的调整，其目的就是要改变财政收入占GDP的比重过低、中央财政收入占财政收入比重过低的局面。事实证明，这种改革的思路和成效正在以后的年份里逐步地显现出来。

3. 价格对财政收入规模的影响

在市场经济条件下，财政分配都是以价值形态进行的。无论是以流转额为征收对象的流转税，还是以所得额为征收对象的所得税，财政收入都是以货币金额结算的。因此，作为价值货币表现的价格如果发生变化，将会直接反映到财政收入的变化上来。具体分析如下。

首先，物价水平的变化对流转税收入影响明显。因为流转税与价格直接挂钩，随着物价的上涨，流转税的税基必然相应扩大，由此形成的虚增财政收入是十分明显的。同样的道理，随着物价的下跌，流转税的税基将会萎缩，从而带来税收收入的相应减少。当然，物价水平对流转税和整个财政收入的影响也并非总是直接地表现出来。我国通货膨胀率最高的年份实际上发生在1989年，当年零售物价指数上升了17.8个百分点，但同年财政收入的上涨率却只有13.1%。与此相反，1995年以来物价持续低迷，而税收规模却持续递增。可见，物价水平的变化只是影响税收收入规模变化的一种因素，如果其他因素与物价水平因素存在相互抵消的关系，就有可能使税收规模的变化与物价水平的变化出现不一致的情况。

其次，物价水平的变化对所得税的影响情况有些复杂。就企业所得税而言，物价的升降并不一定导致企业利润水平的同样变化。比如，在通货膨胀时期，一方面企业的毛收入将随着产品的售价上涨而增加，另一方面其采购成本和劳动力工资也会上涨。结果，其利润的名义水平虽有增长，但并不一定按照物价的变动而保持同一的变动趋势。就个人所得税而言，物价的上涨一般会推动工资水平的相应提高，在税法不变的前提下，这会对税收的增长带来两方面的影响。其一，使更多的劳动者进入纳税的行列，即由于名义工资增加而税前扣除额不变，使得一部分原来在所得税的线下劳动者，进入到线上的行列；其二，对于原有在线上的纳税人会提高其所得税的实际税负水平。在财政学中，通常将由于价格上涨而产生的财政收入增长的现象，称为"通货膨胀税"。

最后，物价水平的变化也会影响定额征收的税收收入。在市场经济条件下，税收基本上是从价征收制，这对于税收与经济之间的相互适应关系具有良好的保证作用。但为了提高税收征管的效率，降低税收成本，在税收体系中，也有部分税种或税目采取了从量征收制。对于这类税收而言，无论市场价格是否发生变化，税收总是与征收对象的实物单位保持联系。因此，价格水平上升时，财政收入是下降的；反之，价格水平下降时，财政收入是上升的。

4. 税收制度与征管水平对财政收入规模的影响

在经济增长水平、政府分配政策和价格水平等既定的前提下，税收制度的设计与税收的征管水平也会对财政收入规模产生较大影响，因为税收制度与征管水平会直接影响到税收的潜在规模的大小。如果税收制度不合理、税收征管水平低，就会对税源造成一定程度的破坏，并且还会形成税收流失；反之，税收制度合理、税收征管水平高，就会保护、培植税源，而且还能最大限度地减少收入的流失，做到税收的应收、尽收。但由于纳税人主观上故意采取偷逃欺骗等违法手段，逃避纳税义务，损害国家财政收入，加上税收制度的某些缺陷及税收征管的某些障碍等客观事实，为税收的流失创造了条件，导致该收的税不能应收、尽收。

税收收入的流失在世界各国都是一个普遍现象，差别只是在于程度的不同。有资料显示，德国每年的税收流失额为500亿马克，意大利的税收流失率估计高达30%～40%，印度、巴西等国的税收流失率也高达50%。即使是法制比较健全、征管水平较高、公民纳税意识较强的美国，据官方估计，联邦政府的税收流失率也达到14%，每年的税收流失额近2 600亿美元。在我国，自改革开放以来，随着税收在分配体系中功能的增强，人们就已经注意到税收收入流失对政府财政收入影响的严重性。据有关资料表明，我国每年税收流失额至少在4 000亿元左右。无论是民营企业、个体户、中外合资企业、外商独资企业或个人，还是集体企业、国营企业都存在税收流失的现象。① 表6-3显示了1995—2002年全国税收流失规模测算总表。

从表6-3中税收流失率的变化可以看到，1995年我国税收流失率高达42.51%，而到2002年则下降到19.01%。据专家估计，近几年我国税收流失基本徘徊在15%左右。这清楚地表明我国税收流失状况得到遏制，税务部门"科技加管理"的治税理念取得了明显的效果。近年来，我国税务系统基本实现了系统内的网络互联，信息化建设覆盖了税收征管、增值税专用发票监控、出口退税、办公自动化的全过程，使我国税收征管有了强大的技术支撑。全国海关在提高通关效率的同时，积极采用集装箱检查系统、电子地磅及先进的检查化验设备等科技手段，提高了打击走私违法活动的有效性和命中率。税收征管的整体水平提高了，确保了国家税收最大限度收缴。

表6-3 1995—2002年全国税收流失规模测算总表　　　　　　　　　亿元

年份	地上经济税收流失额①	非农物质部门②	进口关税③	个人所得税④	地下经济税收流失额⑤	税收流失总额⑥	税收实际征收额⑦	税收流失率/%⑧
1995	3 614.70	2 616	970.70	28	850.28	4 464.98	6 038.04	42.51
1996	3 354.54	2 601	680.54	73	744.87	4 099.41	6 909.41	37.24
1997	3 683.06	2 717	684.06	282	675.38	4 358.44	8 234.04	34.61
1998	3 829.17	2 816	675.17	338	694.63	4 523.80	9 262.80	32.81
1999	3 542.64	2 720	330.64	492	904.95	4 447.59	10 682.58	29.40
2000	3 717.06	2 524	461.06	732	729.47	4 446.53	12 581.51	26.11
2001	3 740.01	2 665.27	270.27	804.47	577.56	4 317.57	15 301.38	22.01
2002	3 776.64	2 665.15	165.94	945.55	215.20	3 991.84	17 003.58	19.01

注：①=②+③+④；⑥=①+⑤；⑧=⑥/(⑥+⑦)

资料来源：① 1995—2000年数据引自：贾绍华. 中国税收流失问题研究. 北京：中国财政经济出版社，2002.
② 2001—2002年数据引自：易行健，杨碧云，易君健. 我国逃税规模的测算及其经济影响分析. 财政研究，2004 (1).

6.2.3 财政收入的质量

所谓财政收入的质量，是指财政收入的真实性或有效性。从一般意义上讲，财政作为国

---

① 贾绍华. 中国税收流失问题研究. 北京：中国财政经济出版社，2002.

家参与社会产品分配的一种形式，其收入理应是数量（规模）与质量的统一体。在自然经济状态下，财政的分配直接对应于生产的物质产品，私人生产者将自己生产成果的一部分直接交给政府，形成了政府的财政收入。因此，财政收入中的虚假性基本上可以被排除掉。但是，由于商品货币经济的发展，物质产品（使用价值）的运动与货币资金（价值）的运动出现了相互分离的矛盾现象。社会的分配过程不再与产品的实物形态直接相关，而是与其价值形态的货币资金联系起来。我们通常所讲的财政收入占GDP的比例，税收制度中所设计的税率，都是指财政收入与社会物质产品和劳务的价值总量或净收益量的比例关系。在这种背景下，就使得财政分配过程变得复杂起来，进而有可能给财政收入的质量带来干扰，导致财政收入在数量与质量之间发生脱节。比如，国家对生产领域的征税，无论是流转税还是所得税，都要以生产者的生产成果为依据，即生产过程已经结束，不仅有了产品，而且也实现了销售。此时，生产领域的税金已经完成入库，但产品却随着销售的流转并不一定进入了消费环节，变成可供消费者（包括政府部门）实际采购的对象。因为，物质产品既可能会遭遇自身损失，如金属产品被腐蚀、粮食产品受霉变等，也可能遭遇自然灾害损失，如风灾、震灾、洪水等造成的损失等。很显然，作为物质财富的实物形态已经消失，而作为价值形态的财政收入还在运行。若按原有的价值量去进行政府采购，或将其转移给非政府部门的主体去投资、消费，从对等的角度说，它们都没有相应的物质产品可供购买。这部分财政收入便成为多余的内容，也就是虚假的、无效的财政收入。

上述物质产品与货币资金相互分离的矛盾只是为形成财政收入的虚假性提供了可能性条件，要使虚假性变为现实性，还需要有其适合的经济和社会环境。观察我国财政运行的实践，我们大体可以发现以下一些问题与虚假财政收入相关。

（1）税收计划因素。长期以来，我国税收管理的一项重要内容就是实行计划管理，即税务部门必须按计划确定的收入指标完成征收任务。这种管理方法虽然有利于保证国家财政的顺利完成，但也会带来一些负面影响。其中之一就是在经济环境并不好的情况下，有的税务机关为完成税收计划不惜违法征税，征过头税，贷款缴税，先征后返，做数字游戏。因此，这种虚假收入是由税务部门内部的管理机制不合理造成的。

（2）经济统计因素。财政收入来源于GDP，在其他条件不变的前提下，税收收入应与GDP的增长保持协调的比例关系。但是，如果GDP本身不真实，财政收入就必然会存在虚假的成分。近年来，一些地方的行政官员为了追求自己的政绩，盲目地提高本地区经济发展的速度指标，夸大本地区经济发展的业绩，致使GDP的统计中含有大量的水分。虽然虚夸的GDP未必都会成为财政收入的实际来源，但客观上也会造成对本地经济发展能力的损害。

（3）经济体制与经济运行中的因素。在市场经济条件下，生产经营者虽然具有生产经营自主权，但由于市场信息的不充分，企业生产的盲目性仍然不可避免。假如有些产品的一部分不是积压在生产领域，而是积压在流通领域，那么，在生产领域内上缴国家财政的税收就会有无效成分的存在。

6.3 财政收入原则

组织财政收入的过程，是以国家为主体参与社会产品或国民收入分配和再分配的过程，涉及各方面的利益分配关系。为了正确处理各方面的利益关系，在组织财政收入过程中，必须遵循一定的原则。

6.3.1 发展经济、广开财源的原则

组织财政收入，筹集财政资金，首先要遵循发展经济、广开财源的原则。这是根据马克思关于社会再生产原理中生产决定分配理论提出的。马克思指出，一定的生产决定一定的消费、分配和这些不同要素相互间的一定关系；他又指出，分配关系和方式只是表现为生产要素的背面，……分配的结构完全决定于生产的结构，分配本身就是生产的产物，不仅就对象说是如此，就形式说也是如此。就对象说，能分配的只是生产的成果，就形式说，参与生产的一定形式决定分配的特定形式，决定参与分配式。这就是说，生产是决定分配的，没有生产就没有分配。财政作为重要的分配范畴，要以国家为主体参与社会产品或国民收入分配，首先要有可供分配的社会产品或国民收入，而可供分配的社会产品或国民收入，则取决于社会经济的发展。因此，生产决定分配，经济决定财政，这就要求在组织财政收入过程中，首先必须遵循发展经济、广开财源的原则。这也正如毛泽东同志所指出的，财政政策的好坏固然足以影响经济，但决定财政的却是经济。从发展国民经济来增加我们的财政收入，是我们财政政策的基本方针。实践证明，只有经济发展了，才能广开财源，增加国家财政收入。因此，财政部门在制定财政收支计划，特别是在组织财政收入工作中，一定要牢固树立"只有促进经济发展，才能增加财政收入的观点"。从当前我国来说，财政工作的一个重要方面，就是要促进社会主义市场经济的发展，通过深化改革，优化资源配置，促进生产经营单位转换经营机制，加强企业经营管理，加强经济核算，提高经济效益，以此广开财源，增加国家财政收入。

6.3.2 合理确定财政收入数量界限的原则

财政收入，是国家凭借政治权力参与社会产品或国民收入分配取得的收入。财政收入有一个数量界限问题。合理确定财政收入的数量界限，既可以达到"民不加赋而国用足"，又可以促进经济发展和人民生活水平的提高；反之，若取之无度，必然会给国民经济和人民生活带来严重危害。因此，合理确定财政收入的数量界限，使之"取之有度而民不伤"，便是组织财政收入时必须遵循的另一项重要原则。根据财政客观规律和实际工作经验的总结，财政收入的数量界限，一是财政收入增长的最高限量，即当年财政收入的增长速度和规模不能超过同期国民收入的增长速度和规模；二是财政收入的最低限量，即在正常年景下，当年财政收入的规模一般不能低于上一年已达到的水平。财政部门在组织财政收入时，要根据实际社会经济情况，合理确定财政收入的数量界限，切实做好财政收入工作。

6.3.3 兼顾国家、集体和个人三者利益的原则

组织财政收入，筹集财政资金，必然涉及各方面的物质利益关系，特别是国家、集体和个人之间的物质利益关系。在财政分配问题上，尤其在组织财政收入过程中，如何兼顾国家、集体和个人三者利益，对于充分调动广大劳动者的社会主义积极性，对于促进社会主义经济持续稳定发展，对于保障国家财政收入，都具有十分重要的意义。兼顾国家、集体和个人三者利益，首先，要保证国家利益。这是因为，国家利益是社会产品或国民收入分配中劳

动者为社会劳动的体现，主要用于巩固国家政权和社会主义经济建设，代表广大劳动人民的根本利益，同时也是实现集体利益和个人利益的根本保证。其次，要兼顾好集体利益。集体利益，包括企事业单位和社会团体利益，是劳动者的局部利益。财政在正确处理各方面的分配关系时，固然集体的利益要服从国家全局的利益，但是为了促进集体经济发展和社会各项事业的发展，在保证国家全局利益的前提下，要尽可能兼顾到集体的利益。最后，要兼顾个人利益。个人利益，是国民收入分配中劳动者为自己劳动的体现，是劳动者个人的切身利益，也是国家利益和集体利益的归宿。财政在正确处理各种分配关系时，在保证国家利益和兼顾集体利益的同时，为了更好地调动广大劳动者的社会主义积极性，也要兼顾好劳动者个人的利益，并在经济建设持续发展的同时，个人的物质文化生活水平能不断得到提高。

6.3.4　区别对待、合理负担的原则

我国地域辽阔，人口众多，由于历史的原因，经济发展很不平衡。因此，我国组织财政收入，不仅要为实现国家职能筹集所需要的资金，而且还要根据党和国家对不同地区和各个产业、各个企业的不同方针政策，实行区别对待、合理负担的原则。区别对待，是指对不同地区、不同产业和企业，因某种原因需要扶持和鼓励的情况，予以区别对待；合理负担，是指除了按照负担能力合理负担外，对国家需要扶持和鼓励的地区、产业和企业在负担上给予政策优惠，以促进这些地区经济、产业和企业的发展。

本 章 小 结

财政收入的分类是多方面的。财政收入的规模有绝对规模和相对规模之分，理解财政收入规模问题必须将两者结合起来，既不能将它们混为一谈，也不能将它们互相割裂。总的来看，随着社会经济的不断发展，财政收入的绝对规模呈现不断增长的趋势，而相对规模则具有一定的稳定性。影响财政收入规模的因素主要有经济增长水平和技术水平、分配政策、价格、税收制度与征管水平等。我国财政收入规模的变化比较特殊，它与经济体制改革相联系，表现出较大的起伏性。

财政收入的质量是与财政收入规模相联系的一个问题。影响财政收入的质量的可能性来自使用价值与价值独立运动的矛盾，而某些经济的和社会因素则使其成为现实。对虚假的财政收入必须采取积极的态度认真予以对待。在组织财政收入的过程中，我们必须遵循"发展经济、广开财源""合理确定财政收入数量界限""兼顾国家、集体和个人三者利益""区别对待、合理负担"的原则。

▶ 关键词

财政收入　政府收入　预算内收入　预算外收入　财政收入规模　通货膨胀税　财政收入质量

思考题

1. 财政收入是如何进行分类的？
2. 影响财政收入规模的因素主要有哪些？
3. 分析虚假财政收入的形成以及对经济和财政运行的消极影响。
4. 在组织财政收入的过程中，应该遵循哪些原则？

第 7 章 税收原理

【学习目的】

理解税收的性质与征税的主要理论,掌握税收制度的构成要素、税收的分类、税收负担、税负转嫁、税收的效应及税收原则,了解我国税收制度的演变及改革方向。

【开篇导言】

税收是一个古老的经济范畴。从人类发展的历史看,税收是与国家有本质联系的一个分配范畴,是随着国家的形成而产生的。在我国,税的名称最先出现于春秋鲁宣公十五年(公元前594年)的"初税亩",即初次实行按亩征税。鲁国正式废除以井田制为基础的土地公有制,也称"履亩而税"。"税"字左边为"禾",右边为"兑",有输送之意。"税"字一出,便广泛应用开来,直至今天。

法国路易十四时代的财政大臣、政治家科尔伯特曾指出:"征税的艺术就是拔最多的鹅毛又使鹅叫声最小的技术。"现在,经济学家们正致力于征税效率与公平的研究,希望通过更好的税收制度安排来完成效率与公平更合理的搭配。世界各国都是根据本国的经济发展水平与政治制度,来选择适合本国国情的税收制度。自新中国成立以来,我国的税收制度历经了几次变革,已从计划经济体制下的商品流转税为主体的单一税收制度,发展成为社会主义市场经济体制下的以流转税、所得税为主体的复合税收制度。目前,我国税收制度改革正在持续推进中,以落实税收法定原则为主线,以提升税收法律级次、颁布新的税种、优化和完善原有税种等为主要内容,使得我国税制更加优化。

税收是国家取得收入的主要方式,因此税收理论在财政收入理论中占有重要地位。本章从最基本的税收概念、税收性质、税收分类入手,进一步分析税收负担及其转嫁与归宿、税收的经济效应和税收原则。最后,对我国税收制度的演变及改革方向做简单论述。通过本章学习,以期对税收有一基本的了解。

7.1 税收性质及征税理论

7.1.1 税收的基本概念

税收是伴随着国家财政的产生而产生的,迄今已经经历了奴隶社会、封建社会、资本主义社会和社会主义社会几千年的历史。马克思把税收定义为:"赋税是政府机器的经济基础,而不是其他任何东西。"[1] "国家存在的经济体现就是捐税。"[2] 根据马克思主义学说,我国学

---

[1] 马克思恩格斯全集:19卷. 北京:人民出版社,1972:32.
[2] 马克思恩格斯全集:4卷. 北京:人民出版社,1972:342.

者一般认为，税收是与国家存在直接联系的，是政府机器赖以存在并实现其职能的物质基础，也就是政府保证社会公共需要的物质基础。同时，税收也是一个分配范畴，是国家参与并调节国民收入分配的一种手段，是国家财政收入的主要形式。国家在征税过程中形成的特殊的分配关系，使得税收的性质取决于社会经济制度的性质和国家的性质。

具体来说，税收概念主要包括以下几方面的内容。

1. 征税主体

税收是以国家为主体，凭借其政治权力进行的特定的政府分配行为。在征税过程中，征收者是国家和政府，缴纳者是经济组织、单位和个人。政府征税是为了履行提供公共产品和服务的职责，经济组织、单位和个人享用了政府提供的公共产品和服务并得到满足，因此，有义务及时足额地缴纳税款。在征纳双方的关系中，政府处于主动地位，纳税人则处于相对被动的地位。

2. 征税依据

政府既是政权组织，又是社会管理者，它可以凭借政治权力通过立法程序来规范征纳双方应履行的权利与义务，并以此取得税收收入。通常，政府同时还具有另外一种身份，即代表国有资产的所有者来取得相应的收益。但严格来说，政府凭借国有资产所有权所取得的收益与凭借政治权力所取得的税收收入，其性质是不同的。

3. 税收目的

一般来说，税收是为了满足政府履行其经济和社会管理职能的需要而征收的。在市场经济条件下，税收表现为政府作为公共产品和服务的供给者而向需求者（即社会公众及组织）开出的"价格"。在市场失灵的条件下，政府为弥补市场缺陷，必须提供一些公共产品和服务，而税收则是政府提供这些公共产品和服务的收入保证。

4. 税收体现一定的分配关系

由于税收将原本属于纳税人的一部分国民收入转归政府所有和支配，因而它体现了国民收入的一种再分配关系。同时，政府为了更好地实现社会公平，也会有意识地利用税收来调整国民收入在不同社会成员之间的分配状况。

7.1.2 税收的性质

税收作为特定的分配形式，有着自身所固有的特征，即强制性、无偿性和固定性。"三性"使得税收区别于其他形式的财政收入，不同时具备"三性"的财政收入为非税收收入。

1. 税收的强制性

税收的强制性，是指国家征税是凭借政治权力，通过颁布法律或法令实施的。任何单位和个人都不得违抗，否则就要受到法律的制裁。在对社会产品的分配过程中，存在两种权力：所有者权力和国家政治权力。前者依据对生产要素的所有权取得收入，后者凭借政治权力占有收入。税收的强制性是由它所依据的政治权力的强制性决定的。国家征税是对不同的社会产品所有者的无偿征收，是一种对所有者权力的"侵犯"，没有强制性的国家权力做后盾是不可能实现的。这也说明，在税收分配上，国家政治权力是高于所有权的。正如恩格斯指出的："征税原则本质上是纯共产主义的原则，因为一切国家的征税的权利都是从所谓国家所有制来的。的确，或者是私有制神圣不可侵犯，这样就没有什么国家所有制，而国家也就无权征税；或者是国家有这种权利，这样私有制就不是神圣不可侵犯的，国家所有制就高于私有制，而国家也就成了真正的主人。"①

还需说明的是，税收的强制性是由作为国家政治权力表现形式的税收法律的强制性加以体现的，与纳税人是否自觉自愿纳税的动机是无关的。纳税人自觉纳税（非捐献）表明纳税人自觉遵守税法，是法制观念强的表现，不能以此否定税收的强制性。

2. 税收的无偿性

税收的无偿性，是指国家征税以后，税款即为国家所有，不再归还给纳税人，也不向纳税人直接支付任何代价或报酬。税收的无偿性使人们容易将其与国家信用关系中的国债的有偿性区别开来。但也必须指出，税收无偿性也是相对的，因为从个别的纳税人来说，纳税后并未直接获得任何报偿，即税收不具有偿还性。但是若从财政活动的整体来考察，税收的无偿性与财政支出的无偿性是并存的，这又反映出有偿性的一面。在社会主义条件下，税收具有马克思所说的"从一个处于私人地位的生产者身上扣除的一切，又会直接或间接地用来为处于社会成员地位的这个生产者谋福利"② 的性质，即"取之于民、用之于民"。从这个意义上说，有的学者提出税收具有"个别无偿性、整体有偿性"的看法也不无道理。

3. 税收的固定性

税收的固定性，是指国家在征税前就以法律或法规的形式预先规定了征税的标准，包括征税对象、征收的数额或比例，并只能按预定的标准征收。纳税人只要取得了应当纳税的收入，或发生了应当纳税的行为，或拥有了应当纳税的财产，就必须按规定标准纳税。同样，征税机关也只能按规定标准征税，不得随意更改这个标准。由此还可看出，税收的固定性还暗含了税收是连续征收和缴纳的意思，这使税收成为经常性的财政收入。

税收的"三性"是相互关联、密不可分的统一体，被集中概括为税收的权威性。税收的权威性缘于国家政权的权威性。因此在税收征纳过程中出现的纳税人不依法纳税、征税人不依法征管等无视税收权威性的现象，均是无视国家法律和政权的权威；而加强税收规范化和法制化，正是维护税收权威性的重要保证。

7.2 税制要素与税收分类

7.2.1 税制要素

税制要素指的是构成税收制度的基本因素，它说明谁征税、向谁征、征多少及如何征的问题。税制要素一般包括纳税人、课税对象、课税标准、税率、课税环节、纳税期限等。其中，纳税人、课税对象、税率是三个基本要素。

1. 纳税人

纳税人亦称为纳税主体，指税法规定的直接负有纳税义务的单位和个人。纳税人是纳税义务的法律承担者，只有在税法中明确规定了纳税人，才能确定向谁征或由谁来纳税。因此，纳税人亦是税法的基本要素之一。纳税人既有自然人，也有法人。所谓自然人，一般是

---

① 马克思恩格斯全集：2卷. 北京：人民出版社，1972：615.
② 马克思恩格斯全集：19卷. 北京：人民出版社，1972：20.

指公民或居民个人；所谓法人，是指依法成立并能独立行使法定权利和承担法定义务的企业或社会组织。一般来说，法人纳税人大多是公司或企业。

扣缴义务人是税法规定的，在其经营活动中负有代扣税款并向国库交纳义务的单位。税务机关按规定付给扣缴义务人代扣手续费，扣缴义务人必须按税法规定代扣税款，并按规定期限缴库，否则依税法规定受法律制裁。扣缴义务人的确定是基于收入分散、纳税人分散的情况。确定扣缴义务人，就是采用源泉控制的方法，保证国家的财政收入，防止偷漏税，简化纳税手续。例如，我国个人所得税法规定，以支付纳税人所得的单位和个人为扣缴义务人。

纳税人应与负税人相区别。负税人是指最终负担税款的单位和个人。在税收负担不能转嫁的条件下，纳税人与负税人是一致的；在税收负担可以转嫁的条件下，纳税人与负税人可能是分离的。

2. 课税对象

课税对象亦称税收客体，指税法规定的征税标的物，是征税的根据。课税对象用于确定对纳税人哪些所有物或行为征税的问题，它是区别税种的主要标志。由于课税对象是比较笼统的，为了满足税制的需要，还必须把课税对象具体化，将课税标的物划分成具体项目。这种在税制中对课税对象规定的具体项目称为税目。税目规定了一个税种的征税范围，反映了征税的广度。税目的划分根据国家调节经济和税收管理的不同需要，可繁可简。

课税对象与税源有一定联系。税源是指税收的经济来源或最终出处，从根本上说，税源是一个国家已创造出来并分布于各纳税人手中的国民收入。由于课税对象既可以是收入，也可以是能带来收入的其他客体，或是仅供消费的财产，因此，有些税种的课税对象与税源相同，如所得税的课税对象与税源都是纳税人的所得；而有些税种的课税对象与税源不同，如财产税的课税对象是纳税人的财产，但税源往往是纳税人的财产收入或其他收入。

3. 税率

税率是税额相对于税基的比率，税基与税率的乘积就是税额。税率是税收制度的核心和中心环节，税率的高低既是决定国家税收收入多少的重要因素，也是决定纳税人税收负担轻重的重要因素，因此，它反映了征税的深度，体现了国家的税收政策。从税法角度，税率可划分为比例税率、定额税率和累进税率三种类型。

1) 比例税率

比例税率是按税基规定但不随税基数额大小而改变的征税比率。比例税率具有计算简便、便于征管、提高效率的优点；缺点是在一定条件下不利于税收负担公平，即在税收负担上具有累退性，表现为收入越高，负担越轻，不尽合理。它一般适用于对商品或劳务的征税。比例税率在具体运用上一般有三种类型：①行业比例税率，即按不同行业差别规定不同的税率；②产品比例税率，即按产品的不同规定不同的税率；③地区差别比例税率，即对不同地区实行不同的税率。

2) 定额税率

定额税率亦称固定税额，它是按单位实物税基直接规定一定量税额的税率。定额税率具有计算简便、税额不受价格和收入变动影响的特点。定额税率适用于从量计征的税种。在现代商品货币经济条件下，价格和收入经常变动，为稳定税收负担和保证财政收入，从价计征的税种在多数国家的税制中居于主要地位，从而从量计征的税种居于次要地位，由此也决定了定额税率在使用上的局限性。

3) 累进税率

累进税率是随税基增加而逐级提高的税率。其具体形式表现为根据税基的大小，规定若干个等级，每个等级对应一个税率，其税率水平随着税基等级增加而递增。累进税率有额累和率累两种形式。按照计算方法不同，额累税率包括全额累进税率和超额累进税率；率累税率包括全率累进税率和超率累进税率。

(1) 超额累进税率是把征税对象按数额的大小分成若干等级，每一等级规定一个税率，税率依次提高，但每一纳税人的征税对象则依所属等级同时适用几个税率分别计算，将计算结果相加后得出应纳税款。目前，采用这种税率形式的有个人所得税。全额累进税率是在税率划分基础上，纳税人的征税对象达到哪一个级次，就按该级次所对应的最高税率进行计算。目前，我国税收制度中已经不再采用全额累进税率形式。

(2) 超率累进税率是把征税对象数额的相对率划分若干级距，分别规定相应的差别税率，相对率每超过一个级距的，对超过的部分就按高一级的税率计算征税。目前，采用这种税率形式的有土地增值税。全率累进税率是在此税率划分的基础上，按征税对象达到的哪一级税率来全额计算税款，不再分别计算。目前，我国税收制度中也不再采用全率累进税率形式。

全额累进税率与超额累进税率都是按照量能负担的原则设计的。但二者又有以下三点不同的特点。①在名义税率相同的情况下，全额累进税率的累进程度高，税负重；超额累进税率的累进程度低，税负轻。②在级距的临界点附近，全额累进税率会出现税额增长超过税基增长的不合理现象，超额累进税率则不存在这种问题。③全额累进税率在计算上简便，超额累进税率计算复杂。

在实践中，各国税制都将公平原则放在重要位置，因此超额累进税率目前得到普遍推行。为了解决该税率使用上的复杂性问题，采取了简化计算的"速算扣除法"。即先计算出速算扣除数，然后运用下列公式计算出应纳税额：

$$应纳税额=法定税基×适用税率-速算扣除数$$

所谓速算扣除数，是指同一税基按全额累进税率计算的税额与按超额累进税率计算的税额之间的差额。

$$本级速算扣除额=上一级最高所得额×(本级税率-上一级税率)+上一级速算扣除数$$

案例 7-1

全额累进税率和超额累进税率的区别

全额累进税率在调节收入方面，较之比例税率要合理。但是采用全额累进税率，在两个级距的临界部位会出现税负增加不合理的情况。例如，如果甲年收入 1 000 元，适用税率 5%；乙年收入 1 001 元，适用税率 10%。则甲应纳税额为 50 元，乙应纳税额为 100.1 元。虽然，乙取得的收入比甲只多 1 元，而要比甲多纳税 50 元，税负极不合理。对于像这样的问题，可以用超额累进税率（见表 7-1）来解决。

表 7-1 超额累进税率计算表

级 数	所得额级距	税率/%	速算扣除数
1	所得额在 1 000 元以下（含 1 000 元）	5	0
2	所得额在 1 000～2 000 元部分	10	50
3	所得额在 2 000～3 000 元部分	15	150
4	所得额在 3 000～4 000 元部分	20	300
5	所得额在 4 000～5 000 元部分	25	500

如果要计算所得额为 2 500 元的应纳税额：

① 1 000 元适用税率 5%；税额 = 1 000 元 × 5% = 50 元。
② 1 000～2 000 元部分适用税率 10%；税额 = (2 000 - 1 000) × 10% = 100 元。
③ 2 000～3 000 元部分适用税率 15%，2 500 元处于本级，税额 = (2 500 - 2 000) × 15% = 75 元。总之，2 500 元应纳税额 = 50 元 + 100 元 + 75 元 = 225 元。

但依照超额累进税率定义来计算应纳税额过于复杂，特别是征税对象数额越大时，适用税率越多，计算越复杂，这就会给实际操作带来困难。因此，在实践中，可采用速算扣除法来计算。

$$\text{应纳税额} = 25\,000 \text{ 元} \times 15\% - 150 \text{ 元} = 225 \text{ 元}$$

4. 课税环节

课税环节是税法规定的纳税人发生纳税义务的环节，它规定了征纳行为在什么阶段发生。确定在哪个环节或哪几个环节课税是税收中十分重要的问题，它关系到税款的及时入库和税收杠杆作用的正确发挥。课税环节可以有多种选择。例如，所得税的课征可以是在所得形成之时，也可以在所得分配之时，流转税的课征可以在产制环节、批发环节及零售环节。

5. 纳税期限

纳税期限是纳税人向国家交纳税款的法定期限，各税种都明确规定了税款的交纳期限。纳税期限也是税收固定性特征的重要体现，现代税收制度在确定纳税期限时一般有以下考虑。①根据各行业生产经营的不同特点和不同征税对象决定纳税期限。如各种所得税，以年所得额为征税对象，实行按全年所得额计算征收，分期预缴，年终汇算清缴，多退少补的办法。②根据纳税人交纳税款数额的多少来决定。交纳税款多的纳税人，纳税期限核定短些；反之，纳税期限核定长些。③根据纳税行为发生的次数，实行按次征收。例如，个人所得税中的财产转让所得或偶然所得、契税、车辆购置税等都是发生纳税行为后按次交纳。④为保证财政收入，防止偷漏税，在纳税行为发生前预先缴纳税款。确定纳税期限，包括两方面的含义：一是确定结算应纳税款的期限，这个结算期限，由税务机关根据应纳税款的多少，逐户核定，一般分为 10 天、15 天、1 个月等；二是确定缴纳税款的期限，应纳税款到了结算期限，纳税需要有一个代算税款和办理纳税手续的时间。纳税人以 1 个月、1 个季度或者半年为一个计税期间的，自期满之日起 15 日内申报纳税；以 10 天或者 15 天为一个计税期间的，自期满之日起 5 日内预缴税款，于次月 1 日起，1 至 15 日内申报纳税并结清上月应纳税款。

6. 税收减免

税收减免是指根据国家一定时期的政治、经济、社会政策要求，对生产经营活动中的某些特殊情况给予减轻或免除税收负担。对应征税款依法减少征收为减税；对应征税款全部免除纳税义务为免税。对纳税人应纳税款给予部分减少或全部免除是税收优惠的重要形式之一。

7. 其他要素

1) 课税标准

课税标准指的是税法规定的对课税对象的计量标准。课税对象的存在形态各异，有的以货币形态存在，如所得；有的以实物形态存在，如商品、房地产等，而实物形态的课税对象也是可以用货币加以计量的。因此，首先，课税标准要确定课税对象是按实物单位计量还是按货币单位计量，这是课税标准解决的第一个层次的问题。其次，课税标准还要确定课税对象的具体实物或货币计量标准。如用实物单位计量，有数量、重量、容积、体积、面积等具体标准；如用货币单位计量，有实际价格、平均价格、组成价格、含税价格、不含税价格、原价、现价等具体标准。这是课税标准解决的第二个层次的问题。确定课税标准，是国家实施征税的重要步骤。

2) 税基

所谓税基，是指按课税标准计量的课税对象的数量。按照课税标准的不同，税基可分为实物税基和货币税基。同时，由于国家为了实现一定的政治和经济目标，往往并不是对课税对象的全部数量都予以课税，而是规定某些税前减免项目或扣除项目，这样一来，就存在所谓的经济税基与法定税基的差别。经济税基是按课税标准计算的课税对象的全部数量；法定税基是经济税基减去税法规定的税前减免或扣除项目后的剩余数量，是据以直接计算应纳税额的基数。可见，如果没有法定税前减免或扣除项目，经济税基与法定税基在数量上是相同的。

税基的选择，尤其是法定税基宽窄的界定，对税收效率与税收公平均有显著影响，因而是实现税制目标函数的重要变量。

税基与税源的区别也是明显的。税源总是以收入的形式存在的，是税收负担能现实存在的物质基础；税基则既可以是收入或财产，也可以是支出，而支出本身是无法承载税收负担的。

3) 起征点与免征额

起征点是指税法规定的开始征税时税基所达到的最低界限。税基未达到起征点的不征税；达到或超过起征点的，按其全部税基计征税款。免征额是指税法规定的税基中免于计税的数额。免征额部分不征税，只对超过免征额的税基计征税款。免征额一般是正常的费用扣除。在税法中规定起征点和免征额是对纳税人的一种优惠，但二者优惠的侧重点不同。前者优惠的是个别纳税人，后者则惠及所有纳税人。

7.2.2 税收的分类

现代国家的税制一般都是由多个税种组成的复合税制，各税种既相互区别又相互联系。按求同存异的原则，依一定的标准对税种进行归类，是税制研究和建设的必要前提。

1. 按课税对象的性质分类

按课税对象的性质可将税收分为商品课税、所得课税和财产课税三大类。这种分类最能反映现代税制结构，因而也是各国常用的主要税收分类方法。

商品课税是以商品为课税对象，以商品流转额为税基的各种税收，在我国常被称为流转课税。广义的商品不仅指有形商品（货物），也包括无形商品（劳务），所以商品课税具体包括对货物和劳务征收的各种税。例如，增值税、消费税、关税等。

所得课税是以所得为课税对象，以要素所有者（或使用者）取得的要素收入为税基的各种税收。所得课税主要指企业所得税和个人所得税。由于社会保险税、资本利得税实际上也是一种对要素收入的课征，故一般也划入所得课税类别。各国在对所得课税时，一般都是对各种要素收入进行必要的成本或费用扣除后的纯收入（净所得）进行课征。

财产课税是以动产和不动产形式存在的财产为课税对象，以财产的数量或价值为税基的各种税收。例如，一般财产税、遗产税、赠与税等。

需要说明的是，由于各个国家的税制千差万别，税种设计方式各异，因而同样采用此种分类方法，结果也不完全相同。如我国税制按此分类方法，一般分为商品课税、所得课税、资源课税、行为课税和财产课税五大类。

2. 按税收负担能否转嫁分类

按税负能否转嫁，可将税收分为直接税和间接税。凡税负不能转嫁，纳税人与负税人一致的税种为直接税；凡税负能够转嫁，纳税人与负税人不一致的税种为间接税。一般认为，所得课税和财产课税属于直接税，商品课税属于间接税。但需要指出的是，某种税之所以归宿于直接税或间接税，只是表明这种税在一定条件下税负转嫁的可能性。在实践中，税收是否真正能够转嫁，则必须根据它所依存的客观经济条件来判断，但这与理论上的税收分类并不矛盾。

3. 按课税标准分类

按照课税标准分类，可将税收划分为从量税和从价税。国家征税时，必须按照一定标准对课税对象的数量加以计量，即确定税基。确定税基有两种方法：一是以实物量为课税标准确定税基；二是以货币量，即以价格为课税标准确定税基。采用前一种方法的税种称为从量税，采用后一种方法的税种称为从价税。从量税的税额随课税对象实物量的变化而变化，不受价格影响，在商品经济不发达时期曾被普遍采用，在现代市场经济条件下，只宜在少数税种采用。我国目前的城镇土地使用税、耕地占用税、车船税等属于从量税。从价税的税额随课税对象的价格变化发生同向变化，收入弹性大，能适应价格引导资源配置的市场经济运行的要求，便于贯彻税收政策和增加税收收入，因而被多数税种所采用。

4. 按税收与价格的关系分类

在从价税中，按照税收与计税价格的关系可将税收划分为价内税和价外税。税金如果是计税价格的组成部分，称为价内税；税金独立于计税价格之外的，称为价外税。价内税的负担较为隐蔽，能适应价税合一的税收征管需要；价外税的负担较为明显，能较好地满足价税分离的税收征管要求。我国目前的消费税属于价内税，增值税属于价外税。

此外，以税收管理权限为标准，全部税种可划分为中央税、地方税与中央地方共享税；以课税形式的不同，可以将税种分为实物税与货币税等。

综合来看，我国现行税收制度共有18个税种。表7-2是我国现行税制中的税种及分类。

表 7-2 我国现行税制中的税种及分类

类别	具体税种
流转税	增值税、消费税、关税
所得税	企业所得税、个人所得税
资源税	资源税
财产税	房产税、车船税、船舶吨税、契税、城镇土地使用税、土地增值税、印花税
行为目的税	车辆购置税、城市维护建设税、耕地占用税、烟叶税、环境保护税

7.3 税收负担及其转嫁与归宿

7.3.1 税收负担

税收负担是指国家征税减少了纳税人的直接经济利益，从而使其承受的经济负担。它反映一定时期内社会产品在国家与纳税人之间税收分配的数量关系。任何一项税收政策首先要考虑的，就是税收负担的高低。税收负担定低了，会影响到国家财政收入；定高了，又会挫伤纳税人的积极性，妨碍社会生产力的提高。税收负担，如果从绝对额来考察，它是指纳税人应支付给国家的税款额；如果从相对额来考察，它是指税收负担率，即纳税人的应纳税额与其计税依据价值的比率。按照承负主体的不同，可将税收负担分为宏观税收负担和微观税收负担。

1. 宏观税收负担

宏观税收负担又称总体税收负担，是指一国所有的纳税人，或按不同标准划分的具有总体性质的纳税人集团（如工业部门、农业部门或国有经济等）负担的税收总和。在观察一个国家的税收负担总水平或对不同国家的税负总水平进行比较研究时，一般采用宏观税收负担。[①]

衡量宏观税收负担水平常用的指标有三个，即国内生产总值税负率、国民生产总值税负率和国民收入税负率。

国内生产总值税负率＝（税收收入总额/同期国内生产总值）×100%
国民生产总值税负率＝（税收收入总额/同期国民生产总值）×100%
国民收入税负率＝（税收收入总额/同期国民收入）×100%

2. 微观税收负担

微观税收负担又称个体税收负担，是指某个纳税人（自然人或法人）的税收负担，表明

---

① 在我国，由于政府收入、财政收入、税收收入的范围不同，我国经济学界、管理界有三种不同的口径：一是用该国或该地区税收总量占同期 GDP 的比重（称小口径税负水平）来反映；二是用财政收入占 GDP 的比重（称中口径税负水平）来描述。小口径和中口径反映的宏观税负水平差别不大，相对而言，中口径指标在我国更流行。鉴于政府允许一些部门或机关通过收费解决其经费来源，因此许多专家认为无论是小口径还是中口径指标都不足以反映我国政府财力和整个国民经济的负担水平，提出必须用政府收入占 GDP 的比重（称大口径税负水平）来考察。统计口径的不同，在研究一国税负水平时得到的结论也就存在很大差距。

某个纳税人在一定时期内所承受的税款总额。严格地讲，微观税收负担应包括纳税人的直接税收负担、间接税收负担和超额税收负担三部分，但因间接税收负担和超额税收负担的形成比较复杂，难以准确测度，因此微观税收负担通常仅指纳税人的直接税收负担。衡量微观税收负担的指标主要有以下两个。

(1) 企业综合税负率。企业综合税负率是指在一定时期内企业实际缴纳的各种税收总额占同期企业盈利（或各项收入总额）的比例。它表明国家以税收形式参与企业纯收入分配，并占有和支配纯收入的规模，反映了企业对国家的贡献程度，可以用来比较不同企业的总体税收负担水平。用公式表示为

$$企业综合税负率 = (企业实纳各税总额 / 同期企业盈利) \times 100\%$$

企业所得税税负率是指在一定时期内企业实际缴纳的所得税额占同期企业利润总额的比例。用公式表示为

$$企业所得税税负率 = (企业实纳所得税总额 / 同期企业利润总额) \times 100\%$$

(2) 个人税收负担率。个人税收负担率是指在一定时期内个人实际缴纳的税款占同期个人收入的比例。一般可分为个人总收入税负率和个人单项收入税负率。个人总收入税负率是指在一定时期内个人缴纳的各种税收总额占同期个人各项收入总额的比例，这一指标反映个人总收入的税收负担程度；个人单项收入税负率是指个人就某项收入所缴纳的税额占该项收入的比例，反映各单项收入的税负程度及其国家对个人的各项收入采取的不同税收政策。个人总收入税负率的公式为

$$个人总收入税负率 = (个人实纳各税总额 / 同期个人各项收入总额) \times 100\%$$

专题 7-1

世界各国的税收负担情况及最佳税收负担率

当今，世界各国的税收负担率水平差异很大。以国内生产总值税负率衡量，世界各国税收负担率水平大体上可以划分为高税负国家（或地区）、中等税负国家（或地区）和低税负国家（或地区）三类。

高税负国家（或地区），一般是指税收总额占国内生产总值的比重为30%以上的国家，大多数经济发达国家一般都属于此类。高税负国家（或地区）又可以具体分为三个级次。一是最高税负国家（或地区），其税收总额占国内生产总值的比重在50%左右，包括瑞典、丹麦、芬兰、比利时、法国、荷兰、卢森堡等。二是次高税负国家（或地区），其税收总额占国内生产总值的比重在35%~45%之间，包括奥地利、加拿大、德国、希腊、爱尔兰、意大利、新西兰、挪威、葡萄牙、西班牙、英国等。三是一般高税负国家（或地区），其税收总额占国内生产总值的比重为30%左右，包括美国、澳大利亚、日本、瑞士等。

中等税负国家（或地区），一般是指税收总额占国内生产总值的比重在20%~30%之间的国家，世界上大多数发展中国家均属于此类，如肯尼亚、南非、突尼斯、扎伊尔、埃及、巴西、印度、墨西哥、巴基斯坦、哥伦比亚、马耳他等。

低税负国家（或地区），一般是指税收总额占其国内（地区）生产总值的比重在20%以下的国家和地区。低税负国家（或地区）的具体情况又分为以下三种：一部分属

于实行低税模式的避税港,如巴哈马、百慕大、中国香港及中国澳门等。以中国香港为例,税收总额占地区生产总值的比重只有10%左右,其税收主要由4种税(即利得税、薪俸税、利息税和物业税)所构成。避税港多是小国,有的还是小岛或"飞地",它们过去不少曾沦为发达国家的殖民地。另一部分属于经济欠发达国家,国内生产总值不高,税源小,财政收支比较紧张。再一部分属于靠非税收入为主的资源国,特别是石油输出国,如阿联酋、科威特、伊朗、巴林等,这些国家的财政收入主要依靠非税收入。如阿联酋财政收入的100%、科威特财政收入的95%、伊朗财政收入的60%来自石油的开采与销售。

世界银行的一份调查资料也显示,一国的税收负担率与该国的人均GDP水平成正相关关系:人均GDP在260美元以下的低收入国家,最佳的税收负担率应为13%左右;人均GDP在750美元左右的偏低收入国家,最佳的税收负担率应为20%左右;人均GDP在2 000美元以上的中等收入国家,最佳的税收负担率应为23%左右;人均GDP在10 000美元以上的高收入国家,最佳的税收负担率应为30%左右。

7.3.2 税负的转嫁与归宿的含义

税负转嫁是纳税人通过经济交易中的价格变动,将所纳税收转移给他人负担的行为及过程。其含义包括:第一,纳税人是唯一的税负转嫁主体,税负转嫁是纳税人作为主体为实现自身利益最大化的一种主动的有意识行为;第二,价格变动是税负转嫁的基本途径,国家征税后纳税人或提高商品、要素的供给价格,或压低商品、要素的购买价格,或二者并用,借以转嫁税负,除此之外,别无他法;第三,税负转嫁是经济利益的再分配,纳税人与负税人一定程度的分离是税负转嫁的必然结果。

税负归宿是指处于转嫁中的税负最终落脚点,它表明转嫁的税负最后由谁来承担。税负转嫁导致税负运动。如果税负转嫁一次完成,这一税负运动就是只有起点和终点而无中间环节的过程;如果税负转嫁多次才能完成,这一税负运动就是包括了起点、终点和若干中间环节的过程。由于每次税负转嫁实现的程度不同,转嫁的税负可能只归宿于运动的终点,也可能归宿于起点到终点的整个运动过程的各个环节。可见,税负归宿的状况是由税负转嫁的状况决定的,税负归宿是税负转嫁的结果,税负的实际承担者就是负税人。

7.3.3 税负转嫁方式

税负转嫁可以表现为多种形式,其中前转嫁和后转嫁是最基本的形式。

1. 前转嫁

前转嫁又称顺转嫁,是指纳税人通过交易活动将税款附加在价格之上,顺着价格运动方向向前转移给购买者负担。前转嫁是税负转嫁的基本形式,也是最典型和最普遍的转嫁形式。这种转嫁可能一次完成,也可能多次方能完成;当购买者属于消费者时,转嫁会一次完成;当购买者属于经营者时,会发生辗转向前转嫁的现象,可称为滚动式前转。如果购买者不再转嫁本环节的税负,只发生原销售者的税负转嫁时,称为单一滚动式前转;如果购买者将本环节的税负也加在价格之上向前转移,称为复合滚动式前转。

2. 后转嫁

后转嫁也称为逆转嫁,是指纳税人通过压低购进商品(劳务)的价格,将其缴纳的税款冲抵价格的一部分，逆着价格运动方向向后转移给销售者负担。属于由买方向卖方的转嫁。后转嫁可能一次完成，也可能多次才会完成。当销售者无法再向后转嫁时，销售者就是税负承担者，转嫁一次完成。当销售者能够继续向后转嫁时，也会发生辗转向后转移税负的现象，可称为滚动式后转。如果销售者不再转移本环节的税负，仍属于单一滚动式后转；如果销售者连同本环节税负一并后转嫁；则属于复合滚动式后转。

3. 散转嫁

散转嫁也称混合转嫁，是指纳税人将其缴纳的税款一部分前转嫁，一部分后转嫁，使其税负不归于一人，而是分散给多人负担。属于纳税人分别向卖方和买方的转嫁。散转嫁除了其转嫁的次数可能为一次或多次、会发生滚动式转嫁以外，还会由于供求关系的变化或纳税人对商品及原材料市场的垄断、控制状况的改变而出现比较复杂的局面。在通常情况下，前转和后转的税款的比例及总体上能够转移的额度都是不稳定的。

4. 税收资本化

税收资本化是后转嫁的一种特殊形式，是指纳税人在购买不动产或有价证券时，将以后应纳的税款在买价中预先扣除。以后虽然名义上是买方在按期缴纳税款，但实际是由卖方负担，同样属于买方向卖方的转嫁。税收资本化，即税收可以折入资本，冲抵资本价格的一部分。当然，税收资本化是有条件的。首先，交易的财产必须具有资本价值，可长时间使用，并有年利或租金，如房屋、土地等。这类财产税款长年征收。如为其他商品，一次征税后即转入商品价格，无须折入资本。其次，冲抵资本的价值可能获取的利益应与转移的税负相同或相近。

案例 7-2

生活中的税负转嫁

假设老丁每天要消费某品牌香烟一包，单价5元。现在政府对香烟征税，每包香烟征税1元，纳税人是香烟生产厂商。为了追求利润最大化，厂商希望这1元的税收完全由消费者支付，因此香烟的单价涨至6元。作为消费者的老丁，对香烟涨价可能有三种态度：第一，毫不在乎，每天照常消费一包香烟，于是老丁就承担了全部的税款；第二，完全拒绝，不再购买该品牌，转而购买其他价格更低的香烟，这时厂商完全无法把税款转移出去，由厂商承担全部税款；第三，老丁不愿改变自己的消费习惯，但又不愿接受6元的价格，只能接受5.5元的价格，这时1元的税款由老丁和厂商分别承担一半。这个例子比较典型地说明了在流转税中纳税人如何转嫁税收负担与税收的归宿问题。

7.3.4 税负转嫁的制约因素

在存在税负转嫁条件下，税负最终能否转嫁及转嫁程度大小，还要受诸多因素的制约。

1. 商品或要素的供求弹性

一般来说，商品或要素需求弹性越大，表明需求者当价格变化时调整需求量的可能性越大，进而通过调整需求量制约价格的可能性也越大；反之，商品或要素需求弹性越小，制约价格的可能性也越小。

商品或要素供求弹性与税负转嫁的关系可更直观地用图 7-1 来说明。图中 S 代表税前供给曲线，S' 代表税后供给曲线，D 代表需求曲线，P 代表价格，Q 代表供给量或需求量。

征税前,均衡价格与均衡数量分别为 P_1 和 Q_1,均衡点为 E_1。当政府对供给方征收定额税后,供给曲线由 S 向左上方移动到 S',形成新的均衡价格 P_2 和均衡数量 Q_2,新均衡点为 E_2。税后的购买者支付价格由 P_1 上升到 P_2,税后的供给者所得价格由 P_1 下降到 P_3,P_2-P_3 为单位税额,且 $P_2-P_3=(P_2-P_1)+(P_1-P_3)$。这时税收由购买者和供给者共同负担,即购买者负担的单位税额为 P_2-P_1,供给者负担的单位税额为 P_1-P_3。

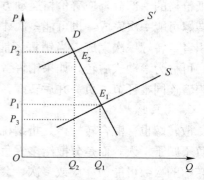

图 7-1 商品或要素供求弹性与税负转嫁的关系

分析至此,可进一步推断和概括出商品或要素供求弹性与税负转嫁之间的一般关系,如下所述。

① 商品或要素需求弹性大小与税负向前转嫁的程度成反比,与税负向后转嫁的程度成正比。即商品或要素需求弹性越大,税负前转的量越小,后转的量越大;商品或要素需求弹性越小,税负前转的量越大,后转的量越小。特别地,当需求完全有弹性时,税负将全部由供给方负担;当需求完全无弹性时,税负将全部由需求方负担。

② 商品或要素供给弹性大小与税负向前转嫁的程度成正比,与税负向后转嫁的程度成反比。即商品或要素供给弹性越大,税负前转的量越大,后转的量越小;商品或要素供给弹性越小,税负前转的量越小,后转的量越大。特别地,当供给完全无弹性时,税负将全部由供给方负担;当供给完全有弹性时,税负将全部由需求方负担。

③ 当商品或要素的需求弹性大于供给弹性时,则税负由需求方负担的比例小于由供给方负担的比例,如果供给方是纳税人,税负只能实现较少部分的转嫁;当商品或要素的需求弹性小于供给弹性时,则税负由需求方负担的比例大于由供给方负担的比例,如果供给方是纳税人,大部分税负的转嫁得以实现。

2. 课税范围

一般来说,课税范围越宽广,越有利于实现税负转嫁;反之,课税范围越狭窄,越不利于实现税负转嫁。这是因为商品或要素购买者是否接受提价(税负转嫁引起)的一个重要制约因素是能否找到不提价的同类替代品。如果商品或要素课税的范围很广,同类商品或要素都因课税而提价,其购买者接受转嫁的可能性就加大;如果商品或要素课税范围很窄,同类商品或要素许多因未课税而价格保持不变,其购买者转向购买未课税替代品的可能性增大,相应减小了税负转嫁的可能性。实际上,课税范围对税负转嫁的制约也是通过影响供求弹性的变化而间接产生的。

3. 反应期间

就需求方面说,课税后的短期内,由于消费者(买方)难以变更消费习惯,寻找到代用品和改变支出预算,从而对课税品的需求弹性较低,只好承担大部分或全部税负;而在课税后的长时间内,以上状况都可能改变,从而消费者只承担少部分税负或很难实现税负转嫁。就供给方面说,时间因素的影响更大。课税产品的转产,会要求机器设备与生产程序的改变,短期难以做到,所以生产者(卖方)的税负,有时不能在短期内转嫁,但长期内情况会发生变化并导致税负转嫁。

4. 税种属性

在实践中，由于税种的属性不同，作为其课税对象的商品或要素的供求弹性不同，而在税负转嫁中表现出不同的特点。总体而言，以商品为课税对象，与商品价格有直接联系的增值税、消费税、关税等是比较容易转嫁的。而对要素收入课征的所得税，则常常是不易转嫁的。如个人所得中的工资，主要决定于企业与员工的协商，税前的协定往往是双方尽可能得到的成交条件，税后很难变更。且个人所得税课税范围较宽，个人难以因课税而改变工作，也就难以转嫁税负。对企业课征的法人所得税尽管也存在转嫁的渠道，如提高企业产品售价，降低员工的工资或增加工作强度，以及降低股息和红利等。但这些渠道或者过于迂回，或者会受到企业员工和股东的反对，也都不易实现。

5. 市场结构

在不同的市场结构中，生产者或消费者对市场价格的控制能力是有差别的，由此决定了在不同的市场结构条件下，税负转嫁的情况是不同的，市场结构成为制约税负转嫁的重要因素。

7.4 税收的经济效应与税收原则

税收是政府筹集公共服务所需财力的基本手段，政府通过提供公共服务给予纳税人以"补偿"；同时，政府还通过有效地运用税收政策，引导和调节投资与消费，促进经济增长。但是税收毕竟是对人们收入的一种扣除，政府征税会导致社会成员市场行为的改变，这就产生了税收的经济效应。所谓税收的经济效应，是指人们由于纳税和承受税负，而通过改变其经济选择或经济行为所做出的反应。

7.4.1 税收的经济效应

不同的税收方式所造成的效率损失不仅在量上有所不同，而且影响的方面也不同。税收的经济效应表现为收入效应和替代效应，税收对相关经济变量的影响都可以从这两个方面考虑。

1. 税收的收入效应

税收的收入效应，是指税收将纳税人的一部分收入转移到政府手中，使纳税人的收入下降，从而降低商品购买量和消费水平。图7-2是税收的收入效应，从中我们可以了解税收是如何产生收入效应的。

在图7-2中，横轴和纵轴分别代表食品和衣物两种商品的数量。假定纳税人的收入是固定的，全部用于购买这两种商品，而且这两种商品的价格也是不变的，则将纳税人购买两种商品的数量组合连成一条直线，即图中AB线，此时纳税人对衣物和食品的需要都可以得到满足。纳税人的消费偏好可以由一组无差异

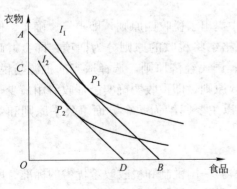

图7-2 税收的收入效应

曲线来表示。AB 线与无差异曲线相遇，与其中一条即 I_1 相切，切点为 P_1。在这点上，纳税人以其限定的收入购买两种商品所得到的效用或满足程度最大，即用于衣物的支出为 P_1 与轴线的垂直距离乘以衣物价格，用于食品的支出为 P_2 与轴线的水平距离乘以食品价格。

如果征税，税款相当于 AC 乘以衣物价格或 BD 乘以食品价格，那么，该纳税人购买两种商品的组合线由 AB 移至 CD。CD 与另一条无差异曲线 I_2 相切，切点为 P_2。这说明在政府课税后对纳税人的影响，表现为因收入水平下降从而减少商品购买量或降低消费水平，而不改变购买两种商品的数量组合。

2. 税收的替代效应

税收的替代效应，是指税收对纳税人在商品购买方面的影响，表现为当政府对不同的商品实行征税或不征税、重税或轻税的区别对待时，会影响商品的相对价格，使纳税人减少征税或重税商品的购买量，而增加无税或轻税商品的购买量，即以无税或轻税商品替代征税或重税商品。

图 7-3 为税收的替代效应。假定政府不征税或征税前纳税人购买两种商品的组合线为 AB，最佳选择点仍为 P_1。现假定只对食品征税，税款为 BE 乘以食品价格，对衣物不征税。在这种情况下，该纳税人则会减少对食品的购买，于是两种商品的购买组合线从 AB 移至 AE，与其相切的无差异曲线则为 I_2，切点为 P_2。在这点上，纳税人以税后收入购买商品所得效用或满足程度最大。由此可见，由于政府对食品征税而对衣物不征税，改变了纳税人购买商品的选择，其最佳点由 P_1 移至 P_2，这意味着纳税人减少了食品的购买量，相对增加了衣物的购买量，从而改变了购买两种商品的数量组合，也使消费者的满足程度下降。

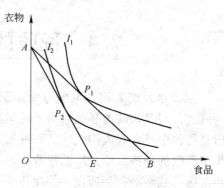

图 7-3 税收的替代效应

7.4.2 税收的原则

税收原则是税收行为的准则，税收行为包括税收立法、执法和守法等过程，整个税收表现为一个有机统一体，它需要遵循一定的原则才能有效地开展活动。政府在设计税制、实施税法时要遵循这些原则，在评价税收制度优劣、考核税务行政管理时也要以此为标准，税收原则决定了税收的基本要素。

古典经济学创始人亚当·斯密在《国富论》中提出了税收四原则，即平等、确实、便利与最少征费原则。19 世纪下半叶，经济学家瓦格纳将税收的原则分为四项，即：财政收入原则，税收应该能够取得充分收入且具有弹性；国民经济原则，选择适当的税源与税种；社会公正原则，税收应该是普遍平等的；税务行政原则，即税收要确实、征收费用最少，且便利纳税人。从现代经济学理论看，税收原则可以主要归纳为两个方面。公平原则和效率原则。

1. 公平原则

公平原则是税收的最重要的原则，往往成为检验一国税制和税收政策优劣的标准。所谓税收的公平原则，又称公平税制原则，是指政府征税要使纳税人所承受的负担与其经济状况相适应，并且在纳税人之间保持均衡。

税收的公平原则是由税收自身的性质决定的。第一，国家征税凭借政治权力，这种权力凌驾于所有权之上。由于国家征税是带有强制性，即纳税人纳税是非自愿的，因此顺利实现这种财产转移的前提必须是公平税负；否则，这种强制征收只能导致贫富分化，激化社会矛盾，最终使课税难以维持。其次，税收带有分配的性质，而收入分配的核心是公平、公正，故而强调和突出税收的公平原则，最终是为了实现税收制度的高效率。

1) 横向公平与纵向公平

公平原则，其核心是指纳税人税收负担的公平分配，它是就纳税人的经济能力或纳税能力而言的。能力相同的人纳同样的税，能力不同的人纳不同的税，这就是横向公平与纵向公平。

(1) 横向公平。指经济能力或纳税能力相同的人应当缴纳数额相同的税收。横向公平反映了市场经济下人与人之间最基本的平等权利，因而受到普遍推崇。但是，如何判断纳税人得到了相同的税收待遇，这个标准是比较难以选择的。

(2) 纵向公平。指经济能力或纳税能力不同的人应当缴纳数额不同的税收。纵向公平比横向公平更复杂，因为纵向公平是以不同的方式对待条件不同的人，不仅要判断纳税人的经济能力与纳税能力是否相一致，而且还必须有某种尺度来衡量不同纳税人的经济能力或纳税能力。

2) 衡量税收公平原则的标准

横向公平和纵向公平都涉及如何确定纳税人的经济能力或纳税能力的问题，这实质上是衡量税负公平标准的选择问题。这种标准，可以归纳为两种原则，即受益原则和负担能力原则。

(1) 受益原则。主张每个纳税人都必须根据政府提供的公共产品所享受到的利益交纳相应的税款。由于这一准则带有很大的成本、效益对等交换的含义，因而它具有一定的效率原则的内涵。此外，受益原则要求每个人享受的公共服务的受益边界必须是清晰的，而政府提供的国防、社会福利等公共支出，很难将其与个人的受益大小对应起来。因此，将受益原则作为衡量税收负担公平的标准，并不能真正体现公平原则。

(2) 负担能力原则。这是公认的比较合理也易于实行的衡量税负公平的标准。负担能力原则，又称"能力说"，是根据纳税人的经济能力或纳税能力判断其应纳税额的多少。经济能力或纳税能力大的，多纳税；经济能力或纳税能力小的，少纳税。用什么来衡量不同个人的纳税能力，人们的看法不同。

第一种观点主张以收入作为衡量纳税能力的指标，收入多的人多纳税，收入少的人少纳税。但也存在一些问题，即：是以单个人的收入为标准还是以家庭平均收入为标准？是以纯收入还是以扣除某些支出后的净收入为标准？是以货币收入还是以实际收入为标准？

第二种观点主张以消费作为衡量纳税能力的依据。认为以收入来衡量纳税能力，收入多的就要多纳税是不公平的。因为在市场经济中，收入的多少标志着对生产贡献的多少，不能因为贡献大就反而要求他多纳税。消费则标志着一个人对社会的索取，索取得越多，就应该缴纳较多的税。以消费作为衡量支付能力的标准，在实践上意味着不对所得课税，仅对商品课税，而且并非所有的商品都课税，只向消费品课税，这会产生鼓励投资、抑制消费的作用。另外，消费不一定与收入成比例，仅就消费课税会形成一种累退性的税收，即收入越高，纳税额占收入的比例就越低，这不利于社会缩小贫富差距。

还有一种观点主张以财产作为衡量纳税能力的标准。通常，一个人的财产越多就越富裕，支付能力就越强。但是以财产作为衡量纳税能力的标准会抑制储蓄和投资，会助长社会的消费倾向，不利于国民经济的长远发展，因此很少有国家将财产税作为主要税种，只是用财产税作为财政收入的一个补充，同时发挥其抑制贫富不均的作用。

2. 效率原则

征税必须考虑效率的要求。这里的效率包括两层含义：一是指征税过程本身的效率，即较少的征收费用、便利的征收方法等；二是指征税对经济运转效率的影响，宗旨是征税必须有利于促进经济效率的提高，有效地发挥税收的经济调节功能。税收的效率原则应该包括以下三个方面。

(1) 充分且有弹性。充分是指税收应该能为政府活动提供充实的资金，保证政府实现其职能的需要。税收的充分与否取决于它是否能满足提供适当规模的公共品的需要，即是否能最大限度地改进公共品与私人品之间的配置效率。有弹性是指要能使税收收入随国民经济的增长而增长，以满足长期的公共品与私人品组合效率的要求。税收的弹性原则不仅仅要满足财政支出增长的要求，而且还应该在宏观经济中起到促进经济稳定的作用，即税收收入可以根据经济周期政策的需要而变动，起到自动稳定器的功能。在经济扩张时期，税收收入因课税对象的增加而自动增加，从而抑制总需求扩张和通货膨胀；在经济收缩时期，税收收入因课税对象的减少而自动下降，从而扩大总需求使经济收缩得到抑制，实现宏观经济的稳定。

(2) 节约与便利。税收是通过强制性手段将一部分资源从私人部门转移到政府部门，这种转移不可避免地会造成资源的耗费，这包括两个方面，其一，征税要设立一定的机构，需要耗费一定的人力、物力和财力，这部分称为征管成本，"节约"便是要求税收要尽可能地减少征管成本。其二，纳税人为履行纳税义务，也需要耗费一部分资源，称为缴纳成本，"便利"是要求税收制度要尽可能地减少缴纳成本。

(3) 中性与校正性。税收的中性是指对不同的产品或服务、不同的生产要素收入、不同性质的生产者课税应采取不偏不倚的政策，使不同产品、服务、生产要素的相对价格能反映其相对成本，保持市场自发调节能达到有效率的资源配置状态；税收的校正性是指对不同的纳税人和课税对象区别对待，使税收有助于实现效率目标，弥补市场缺陷。

7.5 我国税收制度的演变及当前改革的主要内容

税收制度是国家各种税收法令和征收管理办法的总称，也是国家按一定政策原则组成的税收体系，其核心是主体税种的选择和各税种的搭配。税收制度的组成主要有两种不同的理论，即单一税制论和复合税制论。在单一税制论中，国家的税收制度是由一个或少数几个税种构成的；而复合税制中一个国家的税制是由多种税类的多个税种组成的，通过多种税种的互相配合组成完整的税收体系。事实上，并没有哪个国家真正实行过单一税制，各国普遍实行的是复合税制。

从新中国成立到现在，我国的税制建设经历了从建立、发展到逐步完善的过程，基本上顺应了从传统的计划经济向有计划的商品经济最终向社会主义市场经济体制过渡的要求。具体来说，我国税制的沿革大体可分为四个阶段：1950—1978年建立新中国税制，调整、修订及简化合并税制阶段；1979—1993年社会主义建设新时期以"利改税"为核心，全面税制改革的阶段；1994—2013年开始的适应社会主义市场经济体制要求，建立规范化税制的阶段；2014年6月以来，深化财税体制改革，建立现代税收制度阶段，涉及增值税、个人所得税、消费税、资源税、房产税、环境保护税和税收征收管理法的"六税一法"改革。

7.5.1 我国税收制度的建立

1. 1950年建立新中国税制

1949年新中国成立后，中央人民政府召开了首届全国税务会议，制定了《关于统一全国税政的决议》《全国税政实施要则》等税收文件，明确规定了新中国的税收政策、税收制度和税务组织机构等一系列税制建设的重大原则，规定了除农业税暂不统一外，全国统一了工商税制。共有14种税，即货物税、工商业税（包括坐商、行商、摊贩营业税及所得税）、盐税、关税、薪给报酬所得税、存款利息所得税、印花税、遗产税、交易税、屠宰税、房产税、地产税、特种消费行为税（筵席、娱乐、冷食、旅店）、车船使用牌照税，并相继公布了各税的税法，在全国范围内统一实行。这些税种的颁布和执行，标志着新税收制度的建立。

1950年，政府又对税收做了调整：暂不开征薪给报酬所得税和遗产税；将房产税和地产税合并为城市房地产税；将货物税原定的1 136个应税品目减并为358个；将印花税原定的30个税目调整为25个。此外，降低了货物税中部分税目的税率；调减了所得税税负。

新中国成立初期建立起来的税收制度是一种以流转税为主要税种的多种税、多次征的税制格局。这种复税制结构既适应了我国当时的生产力水平，同时也适应了当时经济上的多种经济成分和多种经营方式并存的经济格局。新税制的建立，对政府迅速抑制通货膨胀、摆脱财政经济困难及促进经济的恢复发展发挥了重要作用。

2. 1953年修订税制

1953年，在完成了国民经济的恢复任务和开始执行第一个五年计划之后，为了适应我国进入大规模经济建设的形势，对1950年的工商税制在"保证税收、简化税制"的原则下，进行了以"试行商品流通税"为主要内容的税制修正。经过这次修正，在基本保持原有税负的基础上，简化了税制。

（1）试行商品流通税。从原来征收货物税的品目中划分出22个品目，将原来在生产和流通各环节征收的货物税、工商营业税及其附加以及印花税简化合并成商品流通税，实行从生产到消费的一次课征制。未试行商品流通税的货物，仍按有关规定分别征收货物税、工商营业税及其附加、印花税。

（2）修订货物税。主要是调整了货物税的税目、税率。

（3）修订工商业税中的营业税和所得税。将工商企业应缴纳的营业税及其附加和印花税并入营业税一并交纳，同时变更营业税的纳税环节。

（4）其他各税的修订。取消了特种消费行为税，粮食、土布交易税改征货物税，停征药材交易税。原交易税中只保留了牲畜交易税。

经过这次修订，我国保留了14个税种：商品流通税、货物税、工商业税、盐税、关税、农（牧）业税、印花税、屠宰税、牲畜交易税、城市房地产税、文化娱乐税、车船使用牌照税、利息所得税和契税。

3. 1958年改革工商税制与统一全国农业税制

1958年，我国已经基本上完成了生产资料私有制的社会主义改造，开始实行第二个五年计划。经济基础的变化要求税制也要相应变革，因此1958年9月国务院公布了《中华人民共和国工商统一税条例（草案）》，对税制进行了重大改革。

(1) 合并税种。把工商企业原来缴纳的商品流通税、货物税、工商业税中的营业税、印花税，四税合一，命名为工商统一税。

(2) 简化纳税环节。对工农业产品基本上实行两次课征制度，在生产或采购环节征一次税，在商业零售环节征一次税。

(3) 简化计税价格。工农业产品以实际出厂价格和实际采购价格计税，商业服务业以实际业务收入计税。

(4) 简化对中间产品的征税。原来对26种中间产品征税，改革后的工商统一税只对棉纱、皮革、白酒三种产品征收中间产品税。

(5) 适当调整税率。在保持原税负的基础上，对利润过高或过低的个别产品，适当调整税率。

(6) 把工商所得税从工商业税中独立出来，建立独立的工商所得税。

(7) 改革农业税。在全国范围内统一了农业税制度。

经过1958年的改革，我国保留了11个税种：工商统一税、工商所得税、盐税、关税、农（牧）业税、屠宰税、牲畜交易税、城市房地产税、集市交易税、车船使用牌照税、契税。这次改革受极"左"思想、单一经济结构和"非税论"的影响，过分强调税制的简化，使税收的作用受到很大限制。

4. 1973年合并税种，简化税制，在全国试行工商税

从1966年开始，把简化作为改革税制的主要原则，这是对已经建立的较为完善的税制的破坏。经过1973年的税制改革，我国的税制结构已经从复税制转向单一税制，税收只是筹集财政资金的一种形式，其他作用已基本消失。

(1) 合并税种。把工商统一税及其附加、对企业征收的城市房地产税、车船使用牌照税和屠宰税及盐税合并为工商税。合并以后，对国营企业只征收工商税，对集体企业只征收工商税和工商所得税。

(2) 简化税目和税率。税目由原来的108个减为44个，税率由原来的141个减为82个。

(3) 在全国范围内统一税制。

7.5.2 1979—1993年税制改革

1979年改革开放以后，我国的税收制度受到了严峻的挑战，1973年建立起来的以简化为主要特征的税制已经不能适应客观经济发展的要求。因此，从1980年开始，我国的税收制度又进行了新一轮的改革，建成包含30多个税种的较为完整的税收体系。

(1) 商品课税方面。陆续开征产品税、增值税、营业税、消费税和一些地方工商税收取代原有的工商税。

(2) 所得税方面。陆续开征国营企业所得税、集体企业所得税、城乡个体工商户所得

税、私营企业所得税、个人收入调节税，健全了所得税体系。

（3）在财产和资源课税方面。陆续开征或恢复城市房产税、车船使用税、土地使用税、资源税和盐税。

（4）在涉外税收方面。陆续开征了中外合资经营企业所得税、外国企业所得税和个人所得税。

（5）开征了投资方向调节税、国营企业工资调节税、奖金税、筵席税、城市维护建设税等。

经过上述改革，我国税制已经有了较大的改进：从旧体制下的单一税制转向了"多税种、多层次、多环节"的复合税制体系，发挥了税收的调节作用，依靠税收的强制性和固定性的特点，通过税收立法和有关制度规定，确保了我国改革过程中出现财政严重困难背景下的财政收入的稳步增长，为我国财政体制特别是分税制改革创造了一定的前提条件。

7.5.3 1994年税制改革

1994年的税制改革是在刚刚提出建立市场经济体制的形势下开始的，这就要求既要适应市场经济的需要，还要弥补市场机制的缺陷。本着统一税法、公平税负、简化税制、合理分权、理顺分配关系、保障财政收入，建立符合社会主义市场经济要求的思想，对我国税制建设从扩大外延向完善内涵进行了转化。

（1）以推行规范化的增值税为核心，相应设置消费税、营业税，对外资企业停止征收原工商统一税，统一实行新的流转税制。

（2）对内资企业实行统一的企业所得税，取消原来分别设置的国营企业所得税、国营企业调节税、集体企业所得税和私营企业所得税。

（3）统一个人所得税，取消原个人收入调节税和城乡个体工商户所得税，对个人收入和个体工商户的生产经营所得统一实行修改后的个人所得税法。个人所得税的政策是主要对收入较高者征收，对中低收入者少征或不征。

（4）调整、撤并和开征其他一些税种。如调整资源税、城市维护建设税和城镇土地使用税；取消集市交易税、牲畜交易税、燃油特别税、奖金和工资调节税；开征土地增值税、证券交易税；盐税并入资源税，特别消费税并入消费税等。

经过1994年的税制改革，我国形成了以增值税为第一主体税种，企业所得税为第二主体税种的税制结构，初步实现了税制的简化与高效的统一。

7.5.4 2004—2013年的税制改革

1994年税制改革之后，新的税制仍然面临着继续改革的挑战，我国的税制改革仍然在不断进行当中。从2004年1月1日起，我国对出口退税机制进行了重大改革。一批产品的出口退税率被降低，部分资源性商品和国家限制出口的商品取消出口退税。与此同时，按照党的十六届三中全会关于"分步实施税收制度改革"的部署，新一轮的税制改革自2004年起已陆续启动。按照党中央、国务院的部署，在客观条件成熟时，八大税制改革已陆续提上日程。

（1）将生产型增值税改为消费型增值税，允许企业抵扣当年新增固定资产中机器设备投资部分所含的增值税进项税金。通过这一改革，避免了重复征税，增强了企业扩大投资、进行技术更新改造的动力,有利于促进企业技术进步,增强企业竞争能力。增值税转型改革于2009年1月1日,在全国所有地区、所有行业全面实施。

(2) 完善消费税,对税目进行有增有减的调整,将普通消费品逐步从税目中剔除,将一些高档消费品纳入消费税征税范围,适当扩大税基。这一"有增有减"式的消费税改革,有利于优化税收制度,平衡各群体之间的利益。2006年4月,对我国消费税的税目、税率及相关政策进行了调整,新增高尔夫球及球具、高档手表、游艇、木制一次性筷子、实木地板等税目;增列成品油税目,原汽油、柴油税目作为该税目的两个子目,同时新增石脑油、溶剂油、润滑油、燃料油、航空煤油5个子目;取消"护肤护发品"税目;调整部分税目税率,调整后的11个税目中,涉及税率调整的有白酒、小汽车、摩托车、汽车轮胎几个税目。

(3) 统一企业税收制度,包括统一纳税人的认定标准、税基的确定标准、税率、优惠政策等多方面的内容。随着这一改革的实施,以前的内资企业和外资企业税负不统一的格局得以打破;在税收待遇上,内外资企业一视同仁,不再搞区别对待。随着2008年1月1日新的《中华人民共和国企业所得税法》的施行,上述目标基本实现。

(4) 完善地方税制度,结合税费改革对现有税种进行改革,并开征和停征一些税种。在统一税政的前提下,赋予地方适当的税政管理权。这一改革有利于进一步完善中央和地方的分配关系,进一步加强税收征管工作。

(5) 深化农村税费改革,取消农业特产税;逐步降低农业税的税率,五年内取消农业税。积极创造条件,逐步统一城乡税制。农业税改革事关广大农民的切身利益,税负减轻自然有利于增加农民收入,这一改革对提高农民的生活水平具有积极意义。2006年,农业税条例被废止,农业税被提前取消。

7.5.5　2014年以来税制改革内容及未来趋势

(1) "营改增"全面完成。营业税改征增值税,简称"营改增",是指以前缴纳营业税的应税项目改成缴纳增值税。"营改增"试点始于2012年上海的交通运输业和部分现代服务业。2013年8月1日将广播影视服务业纳入试点范围,且推广至全国。2014年1月1日将铁路运输和邮政服务业纳入试点。2016年5月1日起,将建筑业、房地产业、金融业、生活服务业全部纳入课税范围。至此,"营改增"全面完成。2017年12月1日,国务院废止《中华人民共和国营业税暂行条例》,营业税全面退出历史舞台。

"营改增"是推进供给侧结构性改革的重大举措,是近年来我国实施的减税规模最大的改革措施。"营改增"有利于消除重复征税、减轻纳税人负担,促进新动能成长和产业升级,带动增加就业。"营改增"既为当前经济增长提供了有力支撑,也为今后持续发展增添了强劲动力。

(2) 开征环境保护税。环境保护税改革是我国税制改革的重要环节,是实施可持续发展在税收领域的重要体现,也是改善我国生态环境的重要手段。现行环境保护税自2018年1月1日起施行,纳税人为在中华人民共和国领域和管辖的其他海域,直接向环境排放应税污染物的企业、事业单位和其他生产经营者,课税对象为应税污染物。

(3) 资源税从价计征改革。我国资源税长久以来实施从量计征的课税方式,不利于按照市场机制调节资源产品的开发和利用。2014年12月1日起对煤炭资源实施从价计征,资源税改革拉开大幕。2016年7月1日,从价计征税目扩大,并开展水资源税改革试点。2017

年12月水资源税改革扩大到北京、天津等9个地区。2019年8月26日，第十三届全国人民代表大会常务委员会第十二次会议通过《中华人民共和国资源税法》，资源税立法完成。

（4）个人所得税改革。新的个人所得税法于2019年1月1日起施行，改革重点内容包括提高纳税人的免征额、实行劳动所得的综合课征、扩大累进税率的级距差、增加纳税人专项扣除及专项附加扣除、实行综合所得累计预扣预缴和汇算清缴相结合的申报制度等。新的个人所得税对于优化我国税制、减轻纳税人税收负担都起到了重要作用。

（5）房产税改革。房产税作为我国税制中财产税的主要税种，承载了财产税调节收入差距的重要职能。2012年开始在上海和重庆两地进行房产税试点改革，试点范围内对于调节房地产市场的稳定运行具有一定意义。但是在全国范围内的推广，还需假以时日。

（6）消费税改革。消费税在进一步扩围、合并、调整税率之后，降低了化妆品的税率，仅对高档化妆品及成套化妆品进行课税；增加了电池、涂料等税目。消费税改革将会与增值税改革进一步密切配合，课税范围及税率还将会有调整。

（7）税收征收管理法修订。2013年6月，国务院法制办向社会公布了《中华人民共和国税收征管法》修正案草案，公开征求意见，拉开了新一轮修订的序幕。2016年11月30日，国家税务总局制定了《税务行政处罚裁量权行使规则》，自2017年1月1日起施行。

▶ **专题 7-2** ◀

我国税收法定进程

宪法是国之根本大法，税收是国之财政之基。公民有依照法律纳税的义务，依法治税的前提在于税收法定。党的十八届三中全会提出"落实税收法定原则"。《中华人民共和国立法法》规定，税种的设立、税率的确定和税收征收管理等税收基本制度，只能制定法律。党的十九大提出，在2020年前全面落实税收法定原则。回顾我国税收法定进程如下。

1954年，第一届全国人民代表大会第一次会议通过《中华人民共和国宪法》，第102条规定，中华人民共和国公民有依照法律纳税的义务。将公民纳税义务写入宪法，有利于增强公民的纳税意识，是中国的传统，也是各国通行的做法。

1975年1月17日，第四届全国人民代表大会第一次会议通过了《中华人民共和国宪法》，删除了关于公民纳税义务的条款。

1980年9月10日，第五届全国人民代表大会第三次会议通过《中华人民共和国个人所得税法》。

1982年12月4日，第五届全国人民代表大会第五次会议通过的《中华人民共和国宪法》中，恢复了关于公民纳税义务的条款，"中华人民共和国公民有依照法律纳税的义务"。

1992年9月4日，第七届全国人民代表大会常务委员会第二十七次会议通过《中华人民共和国税收征收管理法》。

2007年3月16日，第十届全国人民代表大会第五次会议通过《中华人民共和国企业所得税法》。

2011年2月25日，第十一届全国人民代表大会常务委员会第十九次会议通过《中华人民共和国车船税法》。

2015年4月24日,第十二届全国人民代表大会常务委员会第十四次会议表决通过了《全国人大常委会关于修改港口法等七部法律的决定》,对七部法律中有关行政审批的规定作出修改,其中对《中华人民共和国税收征收管理法》进行第三次修正。

2016年12月25日,第十二届全国人民代表大会常务委员会第二十五次会议通过《中华人民共和国环境保护税法》。

2017年12月27日,第十二届全国人民代表大会常务委员会第三十一次会议通过《中华人民共和国烟叶税法》《中华人民共和国船舶吨税法》。

2018年8月31日,第十三届全国人民代表大会常务委员会第五次会议表决通过了《关于修改〈中华人民共和国个人所得税法〉的决定(第七次修正)》的决定,随后,国家主席习近平签署第九号主席令予以公布。

2018年12月29日,第十三届全国人民代表大会常务委员会第七次会议通过《中华人民共和国耕地占用税法》《中华人民共和国车辆购置税法》。

2019年8月26日,第十三届全国人民代表大会常务委员会第十二次会议通过《中华人民共和国资源税法》。

2019年11月20日,国务院常务委员会通过《中华人民共和国城市维护建设税法(草案)》,并决定将草案提请全国人大常委会审议。

2019年11月27日,财政部、国家税务总局公布了《中华人民共和国增值税法(征求意见稿)》。

2019年12月3日,财政部、国家税务总局公布了《中华人民共和国消费税法(征求意见稿)》。

2019年12月23日,第十三届全国人民代表大会常务委员会第十五次会议对《中华人民共和国契税法(草案)》进行了审议并向社会公布。

(资料来源:易敏敏.中国税务报,2019-12-23.)

本 章 小 结

税收收入是国家及各级政府凭借政治权力取得的一种财政收入,具有强制性、无偿性和固定性。税收要素指的是构成税收制度的基本因素,它说明谁征税、向谁征、征多少及如何征的问题。税收要素一般包括纳税人、课税对象、课税标准、税率、课税环节、纳税期限等。其中,纳税人、课税对象、税率是三个基本要素。

根据课税对象的不同可以将税收分为所得税、商品税和财产税;按税收负担能否转嫁可将税收分为直接税和间接税;按课税标准分类,可将税收划分为从量税和从价税,按税收与价格的关系分类,可将税收划分为价内税和价外税。

税收会给纳税人带来负担,纳税人通过经济交易中的价格变动,可以将所纳税收转移给他人负担。税负转嫁的方式主要有前转嫁和后转嫁两种最基本的形式。税负能否顺利转嫁还受到商品或要素的供求弹性、课税范围、反应期间、税种属性及市场结构等因素的制约。

税收的经济效应表现为收入效应和替代效应，不同税收效应的经济效应是不同的。税收的设计需要遵循公平原则与效率原则，因此政府需要选择合适的税种结构与税负结构，使得税收不但能为政府筹集资金，还能发挥调节宏观经济运行的作用。

关键词

税收　税收要素　纳税人　税率　税收负担　税负转嫁　税负归宿　收入效应　替代效应　公平原则　效率原则　税收制度

思考题

1. 简述税收的性质。
2. 简述税负转嫁的条件。
3. 简述税收的经济效应。
4. 简述税收的原则。

第 8 章 流转税

【学习目的】

通过本章的学习,理解流转税的课税对象、特点;掌握我国流转税的主要税种,包括增值税、消费税和关税等征收制度的基本内容。

【开篇导言】

流转税是商品生产和商品交换的产物。当商品生产和商品交换出现以后,流转税便随之产生。在我国,流转税的历史可以追溯到春秋时代,所谓的"关市之征"和"山泽之赋"就已是萌芽状态的流转税。随着商品生产和商品交换的出现,各种酒税、茶税、市税、交易税陆续出现。在新中国成立之前漫长的历史中,尽管没有形成比较规范的流转税制,但对商品流转的课税却延续了三千多年,并且是国家财政收入的主要来源。

新中国成立以后,随着经济的发展,流转税制进行了多次改革,发生了重大变化。1994年分税制改革,确立了增值税、消费税、营业税并立的流转税制格局。随着营业税改征增值税(以下简称"营改增")的推进,至2016年5月增值税逐步扩围取代了营业税,再到2019年4月增值税税率持续下调,增值税改革不断完善。财政部、国家税务总局于2019年11月27日向社会公布了《中华人民共和国增值税法(征求意见稿)》,于2019年12月3日公布了《中华人民共和国消费税法(征求意见稿)》,标志着我国落实税收法定原则的里程碑式进展,也开启了我国流转税制的新格局。

本章对流转税的课税对象及特点、流转税在我国税制结构中的地位进行简单论述,重点对增值税、消费税、关税的税收要素、应纳税额的计算进行相应介绍。

8.1 流转税概述

8.1.1 流转税的课税对象及特点

1. 课税对象

流转税又称商品税,是指以流转额为课税对象的税类。流转额包括商品流转额和非商品流转额。商品流转额是指在商品交换(买进和卖出)过程中发生的交易额。对卖方来说,具体表现为商品销售额;对买方来说,则是指购进商品支付的金额。它们都可以成为流转税的课税对象。非商品流转额是指交通运输、邮电通信及各种服务性行业的营业收入额。例如,欧共体的某些成员国曾经实行过的周转税就是将全部消费品(商品流转额)及资本品、交通运输等(非商品流转额)全部纳入商品课税范围。此外,流转税既可以就商品或劳务的流转额全值征税,又可以就其增值额征税。

在我国,改革开放后所涉及的流转税主要有产品税、营业税、增值税、消费税、关税等。其中:产品税,1984年开征,1994年实行新税制后取消;营业税,1994年分税制改革确立的三大流转税种之一,作为地方税收入的主体税种发挥了相应的作用,2016年5月1日其课税范围全部纳入增值税的范围,营业税随之停征,并于2017年12月1日废止;增值税于1979年开始试点,1994年全面开征;消费税于1994年1月1日起开征。1994—2019年我国流转税相关税种的征收情况如表8-1所示。

表8-1 1994—2019年我国流转税相关税种的征收情况　　　　　亿元

年份	增值税	营业税	消费税	关税
1994	2 308.34	670.02	487.4	272.68
1995	2 602.33	865.56	541.48	291.83
1996	2 962.81	1 052.57	620.23	301.84
1997	3 283.92	1 324.27	678.7	319.49
1998	3 628.46	1 575.08	814.93	313.04
1999	3 881.87	1 668.56	820.66	562.23
2000	4 553.17	1 868.78	858.29	750.48
2001	5 452.5	2 084	931	840.52
2002	6 275.40	2 467.63	1 046.56	704.27
2003	7 341.29	2 869.57	1 183.20	923.13
2004	8 930.1	3 583.5	1 503.1	1 043.77
2005	10 698.29	4 231.42	1 634.31	1 066.17
2006	12 894.6	5 128.89	1 885.67	1 141.78
2007	15 609.9	6 582.97	2 206.8	1 432.5
2008	17 996.9	7 626.3	2 567.8	1 770.0
2009	18 481.24	9 013.64	4 759.12	1 483.8
2010	21 091.95	11 157.64	6 017.54	2 027.45
2011	24 266.64	13 678.61	6 935.93	2 259.10
2012	26 415.51	15 747.64	7 875.58	2 783.93
2013	28 810.13	17 233.02	8 231.32	2 630.61
2014	30 855.36	17 781.73	8 907.12	2 843.41
2015	31 109.47	19 313.00	10 542.16	2 560.85
2016	40 712.08	11 502.00	10 217.23	2 603.75
2017	56 378.18		10 225.09	2 997.85
2018	61 530.77		10 631.75	2 847.78
2019	62 346.00		12 562.00	2 889.00

注:增值税仅为国内部分。资料来源:财政部网站、国家税务总局网站、国家统计局网站、历年《中国财政年鉴》。

2. 流转税的特点

1）税源普遍，但税负易于转嫁，课税隐蔽

流转税的征收与商品和服务的交易行为紧密地联系在一起。只要发生商品和服务的交易行为，发生了商品和服务的流转额，就有可能征收流转税，因此税源普遍。一般情况下，流转税的计税依据是纳税人销售商品、货物取得的销售收入额和提供服务所取得的营业收入额，在计算税款时一般不得从中扣除任何成本、费用，因而税收收入不受纳税人经营状况的影响，比较稳定。但是，流转课税是间接税，税负能够转嫁，具有隐蔽性。流转课税在形式上虽由商品的生产者或销售者缴纳，实际上所纳税额往往加入商品卖价之中，转嫁给消费者负担。消费者虽然负担了税款，却并不直接感受到税收负担的压力，课税阻力较小。

2）税额与价格关系密切

现在世界各国的流转税绝大多数都是采取从价计税的方法。销售商品或服务的价格对税收收入影响较大，两者成正比关系。在税率一定的情况下，价格越高，征税就越多。流转税与价格的关系有两种形式：一种是价内税，即商品售价内包含流转税税款，如我国现行的消费税；另一种是价外税，即流转税税款在价格之外单独列明，未包含在商品售价内，如我国现行的增值税。流转税不论采取价内税还是价外税的形式，价格升降都直接影响流转税的收入。

3）税收负担具有累退性

税负的累退性是指税收负担没有随着收入的增加而相应提高。流转课税一般采用比例税率，其税负是按消费商品的数量比例负担。收入越少，税负相对越重；收入越多，税负相对越轻。

4）征收管理简便

流转税按照商品服务价格的一定比例计算应纳税额，或按商品服务的数量确定应纳税额，由纳税人在销售商品、提供服务取得收入的环节上缴纳。流转税的纳税人及征税对象比较集中，主要是对公司、企业征税，分散零星的个人较少，因此范围相对集中，便于征收。并且，计算简便，便于征管，征收成本较低。

8.1.2 我国流转税在税制结构中的主体地位

从经济的角度来看，税收制度（简称税制）指税收体系与税制结构，税收体系主要讲的是一个国家的税收是由一个税种或税类组成的单一税系，还是由多样的税种或税类组成的复合税系，而税制结构主要讲的是税收体系中哪些税种作为主要税收，哪些税种作为辅助税收，以及它们的调节方向如何等。

许多国家的税收多达几十个税种，如美国各级政府征收的税多达80余种，日本税制则由60多种税组成。按照征税对象的不同，世界各国的税收体系主要由所得税、财产税、流转税三大税类组成。我国现行税种共有18个，按照税收性质和作用分为五类：①流转税类，增值税、消费税、关税；②所得税类，企业所得税、个人所得税；③财产税类，房产税、车船税、船舶吨税、契税、城镇土地使用税、土地增值税、印花税；④资源税类，资源税；⑤行为目的税类，车辆购置税、城市维护建设税、耕地占用税、烟叶税、环境保护税。

> **专题 8-1**
>
> **世界各国税制结构的现状及发展规律**
>
> 　　纵观世界税制结构类型发展的轨迹，大体是简单的直接税（如人头税）—间接税（如流转税）—现代直接税（即所得税）的发展模式。当今世界各国税收收入布局的一般规律是：经济发达国家多以所得税为主体，而发展中国家则多以流转税为主体。此外，还有部分国家实行所得税与流转税并重的税制结构。发达国家目前的税制结构有两种类型：一是以所得税为主体的税制结构，属于这种类型的国家主要有美国、法国、英国、澳大利亚、加拿大、日本等国，这些国家各级政府的个人所得税和公司所得税占全部税收收入的比重一般都接近或超过 50%；二是实行所得税与流转税并重的税制结构，属于这种类型的国家主要有德国、奥地利、挪威等国，所得税与流转税在税制中所占的比重大体相当。以上情况表明，注重社会公平并采用"自由经济"政策的国家，一般会选择以所得税为主的"公平型"税制结构；而注重经济效率，对经济干预相对较多的国家，则选择所得税与流转税并重的"效率型"税制结构。发展中国家经济较为落后，无论从税源发育程度还是从征管力量的角度考虑，都不可能将所得税作为第一大税种。我国是典型的以流转税为主体税种的发展中国家，在收入结构中，流转税与所得税畸重畸轻的程度是国际上少见的。1994 年以后，流转税占全部税收收入的比重一直保持在 70% 以上，而所得税大体维持在 10%～20% 的水平，不仅与发达国家的平均比重相差悬殊，也大大低于发展中国家的平均水平。
>
> 　　不过，随着我国税制改革的不断推进，税制结构也发生了根本性变化，依据 2019 年全国一般公共预算收入相关数据计算可得，国内流转税（包括国内增值税、国内消费税、关税，不包括进口环节增值税和消费税）占全部税收收入比重下降到 49%，所得税占全部税收收入比重上升为 30%，而且随着改革的持续推进，流转税所占比重还会下降，所得税所占比重还会提升，直到以流转税和所得税并重的"双主体"结构过渡到现代直接税阶段，税收调节功能也将发挥更大的作用。

8.2 增值税

8.2.1 增值税概述

1. 增值税的概念

　　增值税是以商品生产流通和服务的各个环节的增值额为征税对象征收的一种税。从理论上来说，所谓增值额，是指企业或个人在生产经营过程中新创造的那部分价值，相当于商品价值 $C+V+M$ 扣除生产经营过程中消耗掉的生产资料转移价值 C 之后的余额，即劳动者新创造的 $V+M$ 部分，主要包括工资、利润、利息、租金和其他属于增值性的费用。就一个生产经营单位而言，增值额是该单位生产经营商品或服务收入额，扣除外购商品或服务价值之后的余额；就商品生产流通的全过程而言，一种商品的总增值额是该商品在生产流通的各个环节增值额之和，相当于该商品实现销售时的最终销售总值。

假定某服装产品最终销售价格为 300 元，这 300 元是由三个生产经营环节共同创造的，那么，在三个环节中创造的增值额之和就是该服装产品的全部销售额。各环节的增值额与销售额见表 8-2（为便于计算，假定第一环节没有物质消耗，都是该环节自己新创造的价值）。

表 8-2 各环节的增值额与销售额表 　　　　　　　　　　　元

项目 \ 环节	生产商	批发商	零售商	合计
增值额	200	50	50	300
销售额	200	250	300	—

上述增值额的概念是理论意义上的增值额，实践运用上是指法定的增值额，即税收法律上所认定的增值额。与理论增值额不同，各国增值税法中规定的增值额是不完全一样的，并且与理论增值额也并不完全一致。一般来说，各国在确定增值额时，对外购流动资产价款都允许从货物总价值中扣除，但固定资产价款各国处理办法则有所不同。

假定，某企业报告期货物销售额为 100 万元，从外单位购入的原材料等流动资产价款为 20 万元，购入机器设备等固定资产价款为 60 万元，当期计入成本的折旧费为 6 万元。根据上述条件计算该企业的理论增值额等于 74 万元（100－20－6），不同国别增值税制度下的法定增值额见表 8-3。该企业报告期内的理论增值额＝100－20－6＝74（万元）。

表 8-3 不同国别增值税制度下的法定增值额 　　　　　　　　　　　万元

国别 \ 项目	允许扣除的外购流动资产的价款	允许扣除的外购固定资产的价款	法定增值额	法定同理论增值额的差额
A 国	20	0	80	+6
B 国	20	6	74	0
C 国	20	60	20	－54

从表 8-3 可以看出，实行增值税的国家由于对外购固定资产价款的扣除额不同，计算出的法定增值额也不同，在同一纳税期内，允许扣除的数额越多，法定增值额则越少。

2. 增值税的类型

从税基来看，增值税可以按照对购进资本品的处理方式的不同，分为消费型增值税、收入型增值税和生产型增值税三类。一般来说，用于生产商品或劳务的外购资本品包括：①原材料及辅助材料；②燃料、动力；③包装物品；④低值易耗品；⑤外购服务；⑥固定资产。各国增值税制度通常允许将第①～⑤项列入扣除项目，从商品或服务的销售额中予以扣除；但对第⑥项即外购固定资产价值的扣除，则因国情而异，有的允许抵扣，有的允许部分抵扣，有的则不允许抵扣，由此产生了三种类型的增值税。

(1) 消费型增值税。以生产经营单位的销售额，减去购进的各类材料及费用支出，并一次性全部扣除生产用的厂房、机器、设备等固定资产后的余额为法定增值额。就全社会来说，这种法定增值额只限于消费资料，故称为消费型增值税。

(2) 收入型增值税。以生产经营单位的销售额，减去所购进的各类材料、费用支出及固定资产折旧后的余额为法定增值额。这种法定增值额相当于生产经营单位内部成员收入总和；就全社会而言，相当于国民收入，故称为收入型增值税。

(3) 生产型增值税。以生产经营单位的销售额，减去购进的各类材料及费用支出后的余额为法定增值额，对固定资产不允许减除。按这种方法计算的增值额相当于企业工资、利息、利润、地租等各因素之和，而这种增加的价值额恰好与国民生产总值所包括的内容相一致，故称为生产型增值税。

以上三种类型的增值税，其区别在于确定法定增值额时，对固定资产的处理方法不同。其中，消费型增值税可以减除全部固定资产，收入型增值税只能减除固定资产折旧的部分，而生产型增值税对固定资产部分不作任何扣除。国际上实行增值税的国家大多采用消费型增值税，以欧盟成员等发达国家为代表。采用收入型的只有阿根廷、摩洛哥等少数国家。印度尼西亚等国则采用生产型增值税。在生产力水平还比较低、生产资料也不够丰富的条件下，采用生产型增值税，既有利于限制固定资产投资膨胀的势头，也可以扩大税基，更好地保证财政收入的增长。但是，生产型增值税是一种不规范的、过渡性的类型。它对资本品不予抵扣，是对资本品的重复计征，特别是对资本密集和技术密集企业的重复征税更为突出，这对技术进步和设备更新换代是歧视的做法，同时会妨碍出口产品的升级。

我国在1994年分税制改革之后确立了生产型增值税，目的是解决当时财政收入不足的问题。生产型增值税由于对固定资产实施了课税，加重了生产企业的税收负担，不利于企业生产技术的更新以及经济的发展。在2004年到2008年五年期间，通过在东北老工业基地的试点，再到中部六省区的推广，直至2009年在全国范围内所有生产行业实施消费型增值税，增值税成功转型，为我国生产企业降低税负提供了有力支持。

增值税转型之后，"营改增"在2016年5月1日全部完成，增值税成为我国税制中第一大税种。为了进一步降低企业成本，先后两次调低增值税税率，并于2019年11月公布了增值税立法征求意见稿。增值税已经成为我国流转税制的核心，更多地发挥税收中性原则。

8.2.2 征税范围

增值税征税范围是指增值税课税的宽度，包括在中华人民共和国境内（以下称境内）发生增值税应税交易（以下称应税交易），以及进口货物。应税交易是指销售货物、服务、无形资产、不动产和金融商品。

1. 销售货物

销售货物是指有偿转让货物的所有权。有偿是指从购买方取得货币、货物或其他经济利益；货物是指有形动产，包括电力、热力和气体在内。货物的生产、批发、零售统一以货物销售为替代。

2. 销售服务

销售服务是指提供交通运输服务、邮政服务、电信服务、建筑服务、金融服务、现代服务、生活服务，以及加工、修理修配劳务等八项服务业。

交通运输服务是指使用运输工具将货物或者旅客送达目的地，使其空间位置得到转移的业务活动。包括陆路、水路、航空、管道运输服务。

邮政服务是指中国邮政集团公司及所属邮政企业提供邮件寄递、邮政汇兑和机要通信等邮政基本服务的业务活动。包括邮政普遍服务、邮政特殊服务、其他邮政服务。

电信服务是指利用有线、无线的电磁系统或者光电系统等各种通信网络资源，提供语音通话服务，传送、发射、接受或者应用图像、短信等电子数据和信息的业务活动。包括基础电信服务和增值电信服务。

建筑服务是指建筑物、构筑物及其附属设施的建造、修缮、装饰，线路、管道、设备、设施等的安装以及其他工程作业的业务活动。包括工程服务、安装服务、修缮服务、装饰服务、其他建筑服务。

金融服务是指经营金融保险的业务活动。包括贷款服务、直接收费金融服务、保险服务。

现代服务是指围绕制造业、文化产业、现代物流产业等提供技术性、知识性服务的业务活动。包括研发和技术服务、信息技术服务、文化创意服务、物流辅助服务、租赁服务、鉴证咨询服务、广播影视服务、商务辅助服务、其他现代服务。

生活服务是指为满足城乡居民日常生活需求提供的各类服务活动。包括文化体育服务、教育医疗服务、旅游娱乐服务、餐饮住宿服务、居民日常服务、其他生活服务。

加工是指接受来料承做货物、加工后的货物所有权属于委托方所有，即委托加工业务，由委托方提供原材料及主要材料，受托方按照委托方的要求制造货物并收取加工费；修理修配是指受托对损伤和丧失劳动功能的货物进行修复，使其恢复原状和功能。

3. 销售无形资产

销售无形资产是指有偿转让无形资产所有权或者使用权的业务。无形资产，是指不具有实物形态，但是能够带来经济利益的资产，包括技术、商标、著作权、商誉、自然资源使用权和其他权益性无形资产。

4. 销售不动产

销售不动产是指有偿转让不动产所有权的业务。不动产是指不能移动或者移动后会引起性质、形状改变的财产，包括住宅、商业营业用房、办公楼等建筑物和道路、桥梁、隧道、水坝等构筑物。

5. 销售金融商品

销售金融商品是指外汇、有价证券、非货物期货和其他金融商品所有权的转让。

6. 进口货物

进口货物是指申报进入中华人民共和国海关境内的货物。

增值税课税范围除了一般规定，还有几项特殊行为需要进行区分。

第一，视同销售行为，包括：将货物交付其他单位或者个人代销；销售代销货物；设有两个以上机构并实行统一核算的纳税人，将货物从一个机构移送其他机构用于销售，但相关机构设在同一县（市）的除外；将自产、委托加工的货物用于免税项目；将自产、委托加工的货物用于集体福利或者个人消费；将自产、委托加工或者购进的货物作为投资，提供给其他单位或者个体工商户；将自产、委托加工或者购进的货物分配给股东或者投资者；将自产、委托加工或者购进的货物无偿赠送其他单位或者个人。

第二，混合销售行为，是指一项销售行为既涉及货物又涉及服务，销售货物与提供应税服务是由同一纳税人实现，价款是同时从一个购买方取得，应税服务是为了直接销售货物而提供的，它与销售货物是紧密相连的从属关系。从事货物的生产、批发或者零售的单位和个体工商户的混合销售行为，按照销售货物缴纳增值税；其他单位和个体工商户的混合销售行为，按照销售服务缴纳增值税。

第三，兼营销售行为，是指纳税人的经营范围既包括销售货物，又包括销售服务、无形资产或者不动产，不同的应税交易不同时发生在同一项销售行为中。兼营销售的纳税原则是分别核算、分别按照适用税率征收增值税；不能分别核算的，从高适用税率或征收率。

混合销售与兼营销售相比较，前者是发生在同一项销售行为中的货物服务销售，且具有从属关系；后者涉及的两项以上的销售不具有从属关系；从结果来看，仅仅在于适用税率的不同。严格区分两种销售行为，对于纳税人而言，有助于其正确纳税；对于税务机关而言，既能督促纳税人细化流程、健全纳税资料，又能严格管理税收信息。

8.2.3 纳税人

增值税纳税人是指负有增值税缴纳义务的单位和个人，具体包括境内发生应税交易且销售额达到增值税起征点的单位和个人，以及进口货物的收货人。销售额未达到增值税起征点的单位和个人，不是增值税纳税人，但可以自愿选择登记为增值税纳税人缴纳增值税。增值税起征点为季销售额30万元。

境外单位和个人在境内发生应税交易的，在境内未设有经营机构的，以其境内代理人为扣缴义务人；在境内没有代理人的，以购买方为扣缴义务人。

为了便于增值税的管理，按照经营规模的大小和会计核算是否健全，将增值税纳税人划分为一般纳税人和小规模纳税人。自2018年5月1日起，不再区分行业性质，统一增值税小规模纳税人标准为年应征增值税销售额500万元及以下。

1. 小规模纳税人

年应税销售额不超过500万元的，为小规模纳税人；年应税销售额超过500万元的其他个人、不经常发生应税行为的单位和个体工商户，非企业性单位、不经常发生应税行为的企业，按小规模纳税人纳税。兼有销售货物和服务，且不经常发生应税行为的单位和个体工商户可选择按小规模纳税人纳税。小规模纳税人实行简易办法征收增值税，一般不使用增值税专用发票。

2. 一般纳税人

超过小规模纳税人认定标准、会计资料核算健全的纳税人，为一般纳税人。一般纳税人采用进项抵扣法计算增值税应纳税额，使用增值税专用发票。

8.2.4 税率

增值税税率是指增值税课税的深度，一般纳税人和小规模纳税人的税率并不相同。

（1）一般纳税人适用税率共有4档：13%、9%、6%、0，具体见表8-4。

表8-4 一般纳税人增值税税率表

序号	税目	税率	序号	税目	税率
1	销售或者进口货物（除9~12项外）	13%	4	不动产租赁服务	9%
2	销售加工、修理修配劳务	13%	5	销售不动产	9%
3	有形动产租赁服务	13%	6	建筑服务	9%

续表

序号	税目	税率	序号	税目	税率
7	运输服务	9%	15	增值电信服务	6%
8	转让土地使用权	9%	16	金融服务	6%
9	饲料、化肥、农药、农机、农膜	9%	17	现代服务	6%
10	农产品、食用植物油、食用盐	9%	18	生活服务	6%
11	自来水、暖气、冷气、热水、煤气、石油液化气、天然气、二甲醚、沼气、居民用煤炭制品	9%	19	销售无形资产（除土地使用权外）	6%
12	图书、报纸、杂志、音像制品、电子出版物	9%	20	销售金融商品	6%
13	邮政服务	9%	21	出口货物	0
14	基础电信服务	9%	22	跨境销售国务院规定范围内的服务、无形资产	0

（2）小规模纳税人以及选择简易征收的一般纳税人适用征收率为3%。

纳税人销售货物、加工修理修配劳务、服务、无形资产、不动产适用不同税率或者征收率的，应当分别核算适用不同税率或者征收率的销售额；未分别核算销售额的，从高适用税率或征收率。

8.2.5 增值税应纳税额的计算

1. 直接计税法

直接计税法是按照规定直接计算出应税货物或服务的增值额，以此为依据乘以适用税率，计算出应纳税额的一种计税方法。这种方法由于增值项目和非增值项目难以划分、增值额难以计算等原因，很少在实践中使用。其计算公式为

$$应纳税额＝增值额×适用税率$$

2. 间接计税法

间接计税法也称进项抵扣法，是指不直接计算增值额，而是以纳税人在纳税期内发生应税交易的销售额乘以适用税率，求出应税交易的整体税金（销项税额），再扣除应税交易已纳的税金（进项税额）的方法，其余额即为纳税人应纳的增值税额。这种方法比较简便易行，目前为大多数国家所采用。其计算公式为

$$应纳税额＝应税交易整体税金－已纳税金$$
$$＝销项税额－进项税额$$

3. 我国增值税应纳税额的计算

1) 一般纳税人的进项抵扣法

我国目前对一般纳税人所采用的增值税计算方法为进项抵扣法，也叫购进扣税法，是典型的间接计税法。即在计算应纳税额时，先计算纳税人当期整体税负，再按纳税人当期购进商品已纳税额作为进项税额，抵扣整体税负，其结果为纳税人当期应纳增值税税额。其计算公式为

$$当期应纳税额＝当期销项税额－当期进项税额$$

销项税额是指纳税人发生应税交易按照不含税销售额和适用税率计算并向买方收取的增

值税额，其计算公式为

$$销项税额 = 销售额(不含增值税) \times 增值税税率$$

$$销售额(不含增值税) = 含税销售额/(1+增值税税率)$$

销售额，是指纳税人发生应税交易取得的与之相关的对价，包括全部货币或者非货币形式的经济利益。由于增值税实行价外计税，所以销售额不包括按照一般计税方法计算的销项税额和按照简易计税方法计算的应纳税额，即为不含税销售额。

视同发生应税交易及销售额为非货币形式的，按照市场公允价格确定销售额。纳税人销售额明显偏低或者偏高且不具有合理商业目的，税务机关有权按照合理的方法核定其销售额。

2) 几种不同销货方式下销售额的确定

（1）折扣销售、销售折扣和销售折让。折扣销售是指销货方在销售货物或应税劳务时，因购货方购货数量较大等原因而给予购货方的价格优惠（如购买5件，销售价格折扣10%，购买10件，折扣20%等）。由于折扣是在实现销售时同时发生的，因此税法规定，如果销售额和折扣额在同一张发票上分别注明的，可按折扣后的余额作为销售额计算增值税；如果将折扣额另开发票，不论其在财务上如何处理，均不得从销售额中减除折扣额。需要注意的是，折扣销售不同于销售折扣。销售折扣是指销货方在销售货物或应税服务后，为了鼓励购货方及早支付货款而协议许诺给予购货方的一种折扣优待（如10天内付款，货款折扣2%；20天内付款，折扣1%；30天内全价付款）。销售折扣发生在销货之后，是一种融资性质的理财费用，因此销售折扣不得从销售额中减除。企业在确定销售额时应把折扣销售与销售折扣严格区分开。另外，销售折扣又不同于销售折让。销售折让是指货物销售后，由于其品种、质量等原因购货方未予退货，但销货方需给予购货方的一种价格折让。销售折让与销售折扣相比较，虽然都是在货物销售后发生的，但因为销售折让是由于货物的品种和质量引起销售额的减少，因此对销售折让以折让后的货款为销售额。

（2）采取以旧换新方式销售。以旧换新是指纳税人在销售自己的货物时，有偿收回旧货物的行为。根据税法规定，采取以旧换新方式销售货物的，应按新货物的同期销售价格确定销售额，不得扣减旧货物的收购价格。之所以这样规定，既是因为销售货物与收购货物是两个不同的业务活动，销售额与收购额不能相互抵减，也是为了严格增值税的计算征收，防止出现销售额不实、减少纳税的现象。

（3）采取还本销售方式销售。还本销售是指纳税人在销售货物后，到一定期限由销售方一次或分次退还给购货方全部或部分价款。这种方式实际上是一种筹资，是以货物换取资金的使用价值，到期还本付息的方法。税法规定，采取还本销售方式销售货物，其销售额就是货物的销售价格，不得从销售额中减除还本支出。

3) 进项税额的确定

进项税额是指纳税人购进的与应税交易相关的货物、服务、无形资产、不动产和金融商品支付或者负担的增值税额。准予从销项税额中抵扣的进项税额，限于下列增值税扣税凭证上注明的增值税额和按规定的扣除率计算的进项税额：从销售方或者提供方取得的增值税专用发票（含税控机动车销售统一发票和中华人民共和国税收缴款凭证，下同）上注明的增值税额；从海关取得的海关进口增值税专用缴款书上注明的增值税额；购进农产品，除取得增值税专用发票或者海关进口增值税专用缴款书外，按照农产品收购发票或者销售发票上注明的农产品买价和9%的扣除率计算的进项税额。

但是，下列进项税额不得从销项税额中抵扣：用于简易计税方法计税项目、免征增值税项目、集体福利或者个人消费的购进货物、服务、无形资产、不动产和金融商品对应的进项税额，其中涉及的固定资产、无形资产和不动产，仅指专用于上述项目的固定资产、无形资产和不动产；非正常损失项目对应的进项税额；购进并直接用于消费的餐饮服务、居民日常服务和娱乐服务对应的进项税额；购进贷款服务对应的进项税额；国务院规定的其他不得抵扣的进项税额。

4）小规模纳税人的简易计征方法

小规模纳税人应纳税额计算采取简易计征的方式，按照纳税人当期发生应税交易的不含税销售额乘以征收率，计算结果即为当期应纳增值税额，不得扣除进项税额。其计算公式为

$$应纳税额=销售额(不含增值税)\times 征收率$$

$$销售额(不含增值税)=含税销售额/(1+征收率)$$

5）进口货物增值税的计算

申报进入中华人民共和国海关境内的货物，除国家对某些进口货物制定了减免税的特殊规定外，不论其是国外货物还是我国已出口而转销国内的货物，是进口者自行采购还是国外捐赠的货物，是进口者自用还是作为贸易或其他用途等，均应缴纳增值税。进口货物的收货人或办理报关手续的单位和个人，为进口货物增值税的纳税人。纳税人进口货物，凡已缴纳了进口环节增值税的，不论其是否经已支付货款，其取得的海关完税凭证均可以作为增值税进项税额的抵扣凭证，并在规定的时间内申报抵扣进项税额。

进口货物按组成计税价格和规定的税率计算税额，其中

$$组成计税价格=关税完税价格+关税+消费税$$

$$应纳税额=组成计税价格\times 适用税率$$

8.2.6 增值税税收优惠

增值税法定免税项目包括：农业生产者销售的自产农产品；避孕药品和用具；古旧图书；直接用于科学研究、科学试验和教学的进口仪器、设备；外国政府、国际组织无偿援助的进口物资和设备；由残疾人的组织直接进口供残疾人专用的物品；自然人销售的自己使用过的物品；托儿所、幼儿园、养老院、残疾人福利机构提供的育养服务，婚姻介绍，殡葬服务；残疾人员个人提供的服务；医院、诊所和其他医疗机构提供的医疗服务；学校和其他教育机构提供的教育服务，学生勤工俭学提供的服务；农业机耕、排灌、病虫害防治、植物保护、农牧保险以及相关技术培训业务，家禽、牲畜、水生动物的配种和疾病防治；纪念馆、博物馆、文化馆、文物保护单位管理机构、美术馆、展览馆、书画院、图书馆举办文化活动的门票收入，宗教场所举办文化、宗教活动的门票收入；境内保险机构为出口货物提供的保险收入。

纳税人兼营增值税减税、免税项目的，应当单独核算增值税减税、免税项目的销售额；未单独核算的项目，不得减税、免税。纳税人发生应税交易适用减税、免税规定的，可以选择放弃减税、免税，依照规定缴纳增值税。纳税人同时适用两个以上减税、免税项目的，可以分不同减税、免税项目选择放弃。放弃的减税、免税项目36个月内不得再减税、免税。

8.2.7 增值税征收管理

1. 增值税纳税义务发生时间

发生应税交易的为收讫销售款项或者取得索取销售款项凭据的当天，先开具发票的为开

具发票的当天；视同发生应税交易的为视同发生应税交易完成的当天；进口货物为进入关境的当天。

2. 增值税纳税地点

有固定生产经营场所的纳税人，应当向其机构所在地或者居住地主管税务机关申报纳税；总机构和分支机构不在同一县（市）的，应当分别向各自所在地的主管税务机关申报纳税；经国务院财政、税务主管部门或者其授权的财政、税务机关批准，可以由总机构汇总向总机构所在地的主管税务机关申报纳税。无固定生产经营场所的纳税人，应当向其应税交易发生地主管税务机关申报纳税；未申报纳税的，由其机构所在地或者居住地主管税务机关补征税款。自然人提供建筑服务，销售或者租赁不动产，转让自然资源使用权，应当向建筑服务发生地、不动产所在地、自然资源所在地主管税务机关申报纳税。进口货物的纳税人，应当向报关地海关申报纳税。扣缴义务人，应当向其机构所在地或者居住地主管税务机关申报缴纳扣缴的税款。

3. 增值税的计税期间

计税期间分别为 10 日、15 日、一个月、一个季度或者半年。纳税人的具体计税期间，由主管税务机关根据纳税人应纳税额的大小分别核定。以半年为计税期间的规定不适用于按照一般计税方法计税的纳税人。自然人不能按照固定计税期间纳税的，可以按次纳税。纳税人以一个月、一个季度或者半年为一个计税期间的，自期满之日起 15 日内申报纳税；以 10 日或者 15 日为一个计税期间的，自期满之日起 5 日内预缴税款，于次月 1 日起 15 日内申报纳税并结清上月应纳税款。纳税人进口货物，应当自海关填发海关进口增值税专用缴款书之日起 15 日内缴纳税款。

案例 8-1

进口货物应纳增值税的计算

某外贸进出口公司，2019 年某月进口一批应缴纳消费税的货物，到岸价格为 150 万元。当月，公司依法在海关缴纳了关税 30 万元及进口消费税 18 万元。当月，公司将该批货物以含税价格 282.5 万元销售给国内某企业。计算该公司进口环节和国内销售环节应该申报缴纳的增值税。

【解析】 进口环节的增值税＝（关税的完税价格(到岸价格)＋关税＋消费税）×13%
＝(150＋30＋18)×13%＝25.74(万元)

国内销售的增值税＝销项税额－进项税额(进口环节增值税)
＝[282.5/(1＋13%)]×13%－25.74＝6.76(万元)

案例 8-2

加工、修理修配业务应纳增值税的计算

某汽车维修中心（一般纳税人）是一个以大修各类小轿车为主的加工、修理修配企业，并兼营汽车配件的经销业务。该企业 2019 年某月修理汽车劳务收入 250 000 元，销售汽车配件收入 150 000 元（均不含税）。本月外购货物的增值税专用发票注明税额是 20 000 元。计算该企业本月应纳增值税。

【解析】 按照增值税政策规定，纳税人从事的加工、修理修配业务收入，应按照 13%

的税率计算增值税销项税额，从事加工、修理修配业务外购货物，可凭从销售方取得的增值税专用发票上注明的增值税税额作为进项税额。因此，该企业本月的销项税额是销售劳务和销售货物销项税额之和。

本月销项税额＝(250 000＋150 000)×13％＝52 000(元)

该企业本月应纳增值税为

应纳增值税＝52 000－20 000＝32 000(元)

案例 8-3

增值税综合计算题

某商贸公司（一般纳税人）当月发生几笔购销业务。业务1：购入货物取得的增值税专用发票上注明的货款金额是200万元。业务2：销售货物，开具的专用发票上注明的销售款为500万元。另外，用以旧换新方式向个人销售货物80万元（已扣除收购旧货支付的款额6万元）。业务3：委托某加工单位加工制作了一批广告性质的礼品，分送给客户及购货人，加工单位开具的专用发票上注明的价款8万元。请计算该商贸公司当月应纳增值税的税额。

【解析】 业务1中，购入货物取得的增值税专用发票业务，应该计算进项税额进行抵扣；业务2中，销售货物并开具的专用发票的业务，应该计算销项税额；采取以旧换新方式销售货物的，应按新货物的同期销售价格确定销售额，不得扣减旧货物的收购价格，故销售额应该为86万元。考虑到这项业务的销售对象是消费者个人，根据增值税专用发票的管理规定，一般纳税人在向消费者销售应税项目时不得开具专用发票，故销售额86万元应该是普通发票上注明的价款，由此可以判断，86万元应该是含税销售额，在计算销项税额时应该以不含税销售额作为计税价格。业务3中，收到加工单位开具的专用发票上注明的价款8万元，应计算进项税额进行抵扣；但需注意的是，该商贸公司将委托加工并收回的礼品分送给客户及购货人，应视同销售并计算销项税额。

业务1：当月购货进项税额＝200×13％＝26(万元)

业务2：当月销货销项税额＝500×13％＋[(80＋6)/(1＋13％)]×13％＝74.89(万元)

业务3：加工礼品进项税额＝8×13％＝1.04(万元)

赠送礼品视同销售其销项税额＝8×13％＝1.04(万元)

当月应纳增值税额＝74.89＋1.04－26－1.04＝48.89(万元)

8.3 消费税

8.3.1 消费税概述

消费税是对特定的消费品和消费行为征收的一种税。消费税是世界各国广泛实行的税种。消费税在开征国税收收入总额中占有相当比重，特别是发展中国家，它们大多以商品课税为主体，而消费税又是商品课税类中的一个主要税种，地位尤其重要。19世纪以来，由于以所得税为主体的直接税制的发展,消费税占各国税收收入的比重有所下降,但因其具有独特的调节作用,仍然受到各国的普遍重视。目前美国、英国、日本、法国等主要发达国家均对特定的消费品或消费行为征收消费税。

由于消费税征税范围的选择性,决定了各国在确定消费税的征税范围上差异较大,一些国家征税范围选择宽一些,税种税目多一些;一些国家征税范围选择窄一些,税种税目少一些。消费税的类型主要包括以下三类。

第一,有限型消费税。课征范围主要限于传统的货物品目,如烟草制品、酒精饮料、石油制品,以及机动车辆和各种形式的娱乐活动,有些国家还包括糖、盐、软饮料等食物制品和钟表等产品。就课税品目的数量而言,有限型消费税的课征范围一般不超过15种,大体在10~15种之间。

第二,中间型消费税。课征范围除涉及有限型消费税的品目外,更多地包括食物制品,如牛奶和谷物制品及某些奢侈品,如化妆品、香水等。某些国家将有些生产资料,如水泥、建筑材料、颜料、油漆等也列为中间型货物税的课征对象。

第三,延伸型消费税。课征范围除中间型消费税对应货物所包括的品目外,还包括更多的消费品和生产资料。比如对电器设备、收音机、电视机、音响、摄影器材征高额货物税,对钢材、铝制品、塑料、树脂、橡胶制品、木材制品及机器设备等生产资料广泛课征消费税。延伸型消费税更多地带有一般消费税的性质特征。

狭义的消费税一般是指有限型或中间型的个别消费税。狭义消费税的课征面相对较窄,品种较少,只限于政府所选择的几类大宗商品,并在一定的流通环节征税。因此,课征消费税的目的,一般不在于取得多少财政收入,而是通过课征范围的选择,差别税率的安排及课税环节等方面的规定,以达到调节消费,进而调节收入的政策目的。

在总结以往经验和参照国际做法的基础上,根据社会和经济发展的需要,1993年12月13日,国务院颁布了《中华人民共和国消费税暂行条例》。同年12月25日,财政部发布了《中华人民共和国消费税暂行条例实施细则》,自1994年1月1日起,选择一些需限制或调节的消费品开征消费税之后,在税率、税目等方面又做了多次调整。

2006年4月1日起,新增高尔夫球及球具、高档手表、游艇、木制一次性筷子、实木地板等税目;增列成品油税目,原汽油、柴油税目作为该税目的两个子目,同时新增石脑油、溶剂油、润滑油、燃料油、航空煤油5个子目;取消"护肤护发品"税目;调整酒、小汽车、摩托车、汽车轮胎等税目的税率。2009年1月1日起恢复征收进口石脑油消费税。2016年10月1日起对普通美容、修饰类化妆品免征消费税,对高档化妆品消费税税率下降为15%,进口环节消费税税率下调为15%。2019年12月3日由财政部、税务总局起草了《中华人民共和国消费税法(征求意见稿)》,消费税立法是落实我国税收法定原则的重要里程。

8.3.2　消费税的税制构成要素

1. 纳税人

凡在我国境内从事生产、委托加工和进口应税消费品的单位和个人,为消费税的纳税人。

2. 征税范围

目前,消费税共设置了15个税目20个子目,共计30个征税项目。我国消费税的调节范围包括以下几个方面：①过度消费会对人类健康、社会秩序、生态环境等方面造成危害的特殊消费品，如烟、酒、鞭炮、焰火、木制一次性筷子、实木地板等；②奢侈品、非生活必需品，如贵重首饰及珠宝玉石、高档化妆品；③高能耗及高档消费品，如小汽车、摩托车、游艇、高尔夫球及球具、高档手表；④不可再生和替代的石油类消费品，如成品油等。

3. 税率

消费税采用比例税率和定额税率两种形式。①黄酒、啤酒、成品油采用定额税率；②自2001年5月1日起，粮食白酒、薯类白酒消费税税率调整为定额税率和比例税率；③自2001年6月1日起，卷烟消费税税率调整为定额税率和比例税率；④其他应税消费品采用比例税率。截至2020年1月1日，消费税税目、税率（税额）见表8-5。

表8-5 消费税税目、税率（税额）

税　目（生产环节、进口环节、批发环节、零售环节）	税率
一、烟	
1. 卷烟	
（1）甲类卷烟：每标准条（200支）对外调拨价格在70元以上的（含70元，不含增值税）	56%加0.003元/支
（2）乙类卷烟：每标准条对外调拨价格在70元以下的	36%加0.003元/支
（3）商业批发环节	11%加0.005元/支
2. 雪茄烟	36%
3. 烟丝	30%
二、酒	
1. 白酒	20%加0.5元/500克（或500毫升）
2. 黄酒	240元/吨
3. 啤酒	
（1）甲类啤酒（每吨销售额3 000元及以上的）	250元/吨
（2）乙类啤酒（每吨销售额3 000元以下的）	220元/吨
4. 其他酒	10%
三、高档化妆品：生产（进口）环节销售（完税）价格不含增值税在10元/毫升（克）或15元/片（张）及以上	15%
四、贵重首饰及珠宝玉石	
1. 金银首饰、铂金首饰和钻石及钻石饰品	5%（零售环节）
2. 其他贵重首饰和珠宝玉石	10%
五、鞭炮、焰火	15%
六、成品油	
1. 汽油	1.52元/升
2. 柴油	1.20元/升
3. 航空煤油	1.20元/升
4. 石脑油	1.52元/升
5. 溶剂油	1.52元/升

续表

税　　目（生产环节、进口环节、批发环节、零售环节）	税率
6. 润滑油	1.52元/升
7. 燃料油	1.20元/升
七、摩托车	
1. 汽缸容量（排气量，下同）为250毫升及以下的	3%
2. 汽缸容量在250毫升以上的	10%
八、小汽车	
1. 乘用车	
（1）汽缸容量在1.0升（含1.0升）以下的	1%
（2）汽缸容量在1.0升以上至1.5升（含1.5升）的	3%
（3）汽缸容量在1.5升以上至2.0升（含2.0升）的	5%
（4）汽缸容量在2.0升以上至2.5升（含2.5升）的	9%
（5）汽缸容量在2.5升以上至3.0升（含3.0升）的	12%
（6）汽缸容量在3.0升以上至4.0升（含4.0升）的	25%
（7）汽缸容量在4.0升以上的	40%
2. 中轻型商用客车	5%
3. 超豪华小汽车（每辆零售价格为不含增值税130万元及以上的乘用车和中轻型商用客车）	在零售环节加征10%
九、高尔夫球及球具	10%
十、高档手表：每只销售单价为不含增值税价格10 000元及以上的	20%
十一、游艇	10%
十二、木制一次性筷子	5%
十三、实木地板	5%
十四、电池	4%
十五、涂料	4%

注：《中华人民共和国消费税暂行条例》规定，黄酒、啤酒是以吨为税额单位，成品油是以升为税额单位的。但是，考虑到在实际销售过程中，一些纳税人会把吨和升这两个计量单位混用，为了规范不同产品的计量单位，以准确计算应纳税额，吨和升两个计量单位的换算标准为：啤酒，1吨＝988升；黄酒，1吨＝962升；汽油，1吨＝1 388升；柴油，1吨＝1 176升。

4. 纳税环节

我国消费税征收环节具有单一性，这和增值税在生产和销售过程中多环节课税有所不同，因此如何确定其纳税环节就显得十分重要。从有利于税收的征收管理和有效的源泉控制考虑，我国消费税的纳税环节是：①生产销售的应税消费品为销售环节；②自产自用的应税消费品为移送使用环节；③委托加工的应税消费品为受托方交付消费品环节；④进口应税消费品为报关进口环节；⑤金银首饰、超豪华小汽车等应税消费品为零售环节。

5. 纳税办法

消费税的计税期间分别为10日、15日、一个月、一个季度或者半年。纳税人的具体计税期间，由主管税务机关根据纳税人应纳税额的大小分别核定；不能按照固定计税期间纳税的，可以按次纳税。

纳税人以一个月、一个季度或者半年为一个计税期间的，自期满之日起15日内申报纳税；以10日或者15日为一个计税期间的，自期满之日起5日内预缴税款，于次月1日起15日内申报纳税并结清上月应纳税款。

扣缴义务人解缴税款的计税期间和申报纳税期限，依照上述规定执行。

纳税人进口应税消费品，应当自海关填发海关进口消费税专用缴款书之日起15日内缴纳税款。

8.3.3 消费税应纳税额的计算

1. 从价计征

从价计征是以应税消费品的销售价格为计税依据，按规定的适用税率计算应纳税额。消费税属于价内税，实行从价定率办法征税的计税依据是纳税人销售应税消费品向购买方收取的全部价款和价外费用（价外费用和增值税的相同），但不包括应向购货方收取的增值税税款。其计税公式为

$$应纳税额＝销售额×税率$$

如果纳税人应税消费品的销售额中未扣除增值税税款或者因不得开具增值税专用发票而发生价款和增值税税款合并收取的，在计算消费税时，应当换算为不含增值税税款的销售额。其换算公式为

$$应税消费品的销售额＝含增值税的销售额/(1＋增值税税率或征收率)$$

在使用换算公式时，应根据纳税人的具体情况分别使用增值税税率或征收率。如果消费税的纳税人是增值税小规模纳税人的，应适用3%的征收率。

2. 从量计征

从量计征是以应税消费品的销售数量为计税依据，按规定的单位税额即定额税率计算应纳税额。消费税采用从量定额的办法征税的公式为

$$应纳税额＝销售数量×单位税额$$

"销售数量"是指应税消费品的数量。其含义包括：销售应税消费品的，为应税消费品的销售量；自产自用应税消费品的，为应税消费品的移送使用量；委托加工应税消费品的，为纳税人收回的应税销售量；进口的应税消费品，为海关核定的应税消费品进口征税量。

3. 从价定率和从量定额复合计算方法

现行消费税的征税范围中，只有卷烟、白酒、采用复合计算方法。其计算公式为

$$应纳税额＝应税销售数量×定额税额＋应税销售额×比例税率$$

4. 其他计税方法

（1）自产自用应纳消费品应纳税额的计算。纳税人自产自用的消费品，用于连续生产应税消费品的，先不纳消费税，而在生产出最终产品的环节纳税；用于其他方面，包括连续生产非应税消费品和在建工程，管理部门、非生产机构，提供劳务，以及用于馈赠、赞助、集资、广告、样品、职工福利、奖励等方面的应税消费品，于移送使用时缴纳消费税，并应按照纳税人生产的同类消费品销售价格计算纳税；没有同类消费品销售价格的，按照组成计税价格计算纳税。组成计税价格的计算公式为

$$组成计税价格＝(成本＋利润)/(1－消费税税率)$$

其中的"利润"是按全国平均成本利润率计算的。

另外,纳税人将自产的应税消费品与外购或自产的非应税消费品组成套装销售的,以套装产品的销售额(不含增值税)为计税依据。生产企业将自产石脑油用于本企业连续生产汽油等应税消费品的,不缴纳消费税;用于连续生产乙烯等非应税消费品或其他方面的,于移送使用时缴纳消费税。

(2) 委托加工的应税消费品应纳税额的计算。委托加工是指由委托方提供原料或主要材料,受托方只收取加工费和代垫部分辅助材料加工的应税消费品。如确属税法规定的委托加工行为,受托方必须严格履行代收代缴消费税的义务,正确计算和按时代缴税款(若受托方为个体经营者,一律于委托方收回后,在委托方所在地缴纳消费税)。受托方在向委托方交货时,代收代缴消费税,否则由委托方补缴税款,并对受托方处以应代收代缴税款50%以上3倍以下的罚款;委托加工的应税消费品,受托方在交货时已代收代缴消费税,委托方收回后直接出售的,不再征收消费税。委托加工的应税消费品,按照受托方的同类消费品的销售价格计算纳税;没有同类消费品销售价格的,按照组成计税价格计算纳税。组成计税价格计算公式为

组成计税价格＝(材料成本＋加工费)/(1－消费税税率)

(3) 外购和委托加工收回的应税消费品已纳税款的扣除。由于某些应税消费品是用外购已缴纳消费税的应税消费品连续生产出来的,在对这些连续生产出来的应税消费品计算征税时,税法规定应按当期生产领用数量计算准予扣除外购的应税消费品已纳的消费税税款。同样,委托加工的应税消费品因为已由受托方代收代缴消费税,因此委托方收回货物后用于连续生产应税消费品的,其已纳税款准予按照规定从连续生产的应税消费品应纳消费税税额中抵扣。按照国家税务总局的规定,下列连续生产的应税消费品准予从应纳消费税税额中按当期生产领用数量计算扣除外购或者委托加工收回的应税消费品已纳消费税税款:①已税烟丝生产卷烟的;②鞭炮、焰火生产鞭炮、焰火的;③杆头、杆身和握把生产高尔夫球杆的;④木制一次性筷子生产木制一次性筷子的;⑤实木地板生产实木地板的;⑥石脑油、燃料油生产成品油的;⑦汽油、柴油、润滑油分别生产汽油、柴油、润滑油的;⑧集团内部企业间用啤酒液生产啤酒的;⑨葡萄酒生产葡萄酒的;⑩高档化妆品生产高档化妆品的。除第⑥、⑦、⑧项外,上述准予抵扣的情形仅限于进口或从同税目纳税人购进的应税消费品。在外购或委托加工环节,纳税人应该搜集、整理合法有效凭证抵扣消费税。

第一,当期准予扣除的外购应税消费品已纳消费税税款的计算公式为

当期准予扣除的外购应税消费品已纳税款＝当期准予扣除的外购应税消费品买价×税率

当期准予扣除的外购应税消费品买价＝期初库存的外购应税消费品的买价＋当期购进的应税消费品的买价－期末库存的外购应税消费品的买价

第二,当期准予扣除的委托加工收回的应税消费品已纳消费税税款的计算公式为

当期准予扣除的委托加工应税消费品已纳税款＝期初库存的委托加工应税消费品的已纳税款＋当期收回的委托加工的应税消费品的已纳税款－期末库存的委托加工应税消费品的已纳税款

(4) 组成计税价格的特别说明。组成计税价格为税务机关核定的一种计税依据,当纳税人有视同销售行为或者其他特殊行为时,由税务机关核定其计税依据。当复合计征时,组成计税计算要考虑消费税从量税额部分。

实行从价计税办法计算纳税的组成计税价格计算公式为

组成计税价格＝(成本＋利润)/(1－消费税比例税率)

实行复合计税办法计算纳税的组成计税价格计算公式为

组成计税价格＝(成本＋利润＋销售或使用数量×消费税定额税率)/(1－消费税比例税率)

委托加工的应税消费品，按照受托方的同类消费品的销售价格计算纳税；没有同类消费品销售价格的，按照组成计税价格计算纳税。

实行从价计税办法计算纳税的组成计税价格计算公式为

组成计税价格＝(材料成本＋加工费)/(1－消费税比例税率)

实行复合计税办法计算纳税的组成计税价格计算公式为

组成计税价格＝(材料成本＋加工费＋委托加工数量×消费税定额税率)/(1－消费税比例税率)

进口的应税消费品，按照组成计税价格计算纳税。

实行从价计税办法计算纳税的组成计税价格计算公式为

组成计税价格＝(关税计税价格＋关税)/(1－消费税比例税率)

实行复合计税办法计算纳税的组成计税价格计算公式为

组成计税价格＝(关税计税价格＋关税＋进口数量×消费税定额税率)/(1－消费税比例税率)

纳税人申报的应税消费品的计税价格和数量明显偏低且不具有合理商业目的的，税务机关、海关有权核定其计税价格和数量。

案例 8－4

酒类产品应纳税额的计算

2019年10月8日，酿酒公司 A 接到一笔生产500吨粮食白酒的业务，合同议定售价1 000万元，要求在2020年1月8日前交货。由于酿酒公司 A 正在进行酿酒的发酵池大修理，由自己来生产这批白酒已经不可能。于是该公司的总经理决定将本公司采购的原料外发，请其他酿酒厂加工成半成品，然后再由本公司勾兑成合同规定的白酒销售。实施方案是酿酒公司 A 以价值为250万元的原料委托酿酒厂 B 加工成其他酒，双方协议加工费为150万元，加工成300吨其他酒运回公司以后，再由本公司加工成500吨的粮食白酒销售，该公司加工的成本及应该分摊的相关费用合计为70万元。请计算酿酒公司 A 应缴纳的消费税。

【解析】①酿酒公司 A 在向酿酒厂 B 支付加工费的同时，向受托方支付由其代收代缴的消费税。消费税组成计税价格：(250＋150)/(1－10％)＝444.44(万元)；应缴纳的消费税：444.44×10％＝44.44(万元)。②酿酒公司 A 销售白酒后，应缴纳的消费税按照从价定率和从量定额混合计算方法，应缴纳的消费税＝1 000×20％＋500×1 000×2×0.5＝250(万元)。③由于委托加工收回的酒类制品用于连续生产的酒类应税消费品不能够从应纳消费税税额中扣除委托加工收回的酒类制品已纳消费税税款，故酿酒公司 A 共应缴纳的消费税：44.44＋250＝294.44(万元)。

案例 8－5

委托加工的应税消费品应纳税额的计算

某化妆品公司长期委托某日化企业加工高档化妆品，收回后以其为原料继续生产新的高档化妆品销售，而受托方一直按照同类化妆品每千克1.2万元的销售价格代收代缴消费品。2019年12月化妆品公司收回加工好的高档化妆品300千克，用于连续生产新的高档化妆品并对外销售，当月取得不含税销售额600万元。月底结算时，月初库存的委托加工高档化妆品200千克，价款240万元；月底库存的委托加工高档化妆品100千克，价款120万元。请计算当月该公司销售化妆品应纳消费税税额。

【解析】 当月销售连续生产的高档化妆品应纳消费税=600×15%=90（万元）；税法规定应按当期生产领用数量计算准予扣除委托加工收回的应税消费品已纳的消费税税额，而当期生产领用数量=期初库存的数量+当期收回的数量-期末库存的数量，故当期准予抵扣的委托加工高档化妆品的已纳税款=200×1.2×15%+300×1.2×15%-100×1.2×15%=480×15%=72（万元）；当月实际缴纳的消费税=90-72=18（万元）。

案例8-6
外购已税烟丝连续生产卷烟的消费税扣除

某卷烟生产企业2019年12月，期初库存外购应税烟丝金额60万元，当月有外购应税烟丝金额600万元（不含增值税），期末库存烟丝金额40万元，其余被当月生产领用。如果该企业当月对外销售甲类卷烟，取得不含税销售额1 800万元，销售数量为1 000箱。每箱定额税为150元，甲类卷烟消费税率56%，计算卷烟生产企业2019年12月准许扣除的外购烟丝已缴纳的消费税款及实纳消费税款。

【解析】 当期准予扣除的外购烟丝买价=期初库存的外购应税消费品的买价+当期购进的应税消费品的买价-期末库存的外购应税消费品的买价=60+600-40=620（万元）；当期准予扣除的外购烟丝已缴纳的消费税额=620×30%=186（万元）；销售卷烟消费税复合计征=1 800×56%+1 000×150/10 000=1 008+15=1 023（万元）；④企业实纳消费税款=1 023-186=837（万元）。

8.4 关　　税

8.4.1 关税概述

1. 关税的概念及分类

关税是由海关对进出国境或关境的货物或物品所征收的税。国境是一个主权国家的领土范围，关境是指一个国家关税法令完全实施的境域。一般而言，国境和关境是一致的，但两者也有不一致的情况。如有些国家在国境内设有自由贸易港、自由区或出口加工区时，关境则小于国境；当几个国家组成关税同盟时，成员国之间互相取消关税，对外实行共同的关税税则，则关境大于国境。

按照课税对象的不同，关税可以分为进口关税、出口关税和过境关税。进口关税是指一国海关对输入本国境内的商品征收的关税。进口国通过征收高额进口关税（主要针对进口工业制成品）进而提高进口商品成本，削弱进口商品在本国市场上的竞争力，已成为政府实施贸易保护主义的重要工具之一。出口关税是一国海关对本国输出境外的商品征收的关税。目前，英国、美国、日本等国家已经取消了出口关税。过境关税是指一国海关对通过该国关境输往他国的外国商品征收的一种关税，又称通过税。

2. 我国关税的作用

1）经济调节作用

由于关税税率的高低和关税的征免影响到进出口货物的成本，进而影响到商品的市场价格和销售数量，影响到企业的生产和经济效益，所以国家往往通过关税调节经济，调节市场，从而达到调节国民经济、保护与扶持民族工业、促进经济健康发展的目的。

2）贯彻平等互利和对等原则

关税对同一种进口商品分别规定普通税率和最低税率，订有贸易互惠条约国家的货物，适用最低税率；对购自与我国没有互惠条约国家的货物，适用普通税率。普通税率比最低税率提高一级到二级。通过对两种税率的运用，既取得了国际互惠，又贯彻了平等互利和对等原则，有利于促进对外贸易的发展。

3）增强我国出口商品竞争能力

对大部分出口商品免征关税，只对少数出口商品征税，既可以增强我国出口商品在国际市场上的竞争能力，扩大出口，多创外汇，又有利于保护国内资源。

8.4.2 我国现行的关税制度

1. 征税对象和纳税人

关税的课税对象是准许进出我国国境的货物和物品。货物是指贸易性商品。物品包括入境旅客随身携带的行李和物品，个人邮递物品，各种运输工具上的服务人员携带进口的自用物品、馈赠物品及其他方式进入国境的个人物品。

进口货物的收货人、出口货物的发货人、进出境物品的所有人，是关税的纳税义务人。具体包括：外贸进出口公司；工贸或农贸结合的进出口公司；其他经批准经营进出口商品的企业。物品的纳税人包括：入境旅客随身携带的行李和物品的持有人；个人邮件的收件人；各种运输工具上的服务人员携带自用物品的持有人；馈赠物品及其他方式进入国境的个人物品的所有人。

2. 关税税则

关税税则是根据国家关税政策和经济政策，通过一定的国家立法程序制定公布实施的，对进出口的应税和免税商品加以系统分类的一览表。关税税则一般包括以下内容：①国家实施的该税则的法令，指该税则的实施细则及使用税则的有关说明；②税则的归类总规则，即说明该税中的商品归类的原则；③各类、各章和税目的注释，是说明它们各自应包括和不应包括的商品及对一些商品的形态、功能、用途等方面的说明；④税目表，包括商品分类目录和税率栏两大部分。商品分类目录是将种类繁多的商品加以综合，或分为不同的类，类以下分章，章以下分税目，税目以下分子目，并且将每项商品按顺序编税号。税率栏按以上商品分类目录的顺序，逐项列出商品各自的税率；有的列一栏税率，有的列两栏或两栏以上税率。

新中国成立以来，我国分别于 1951 年、1985 年、1992 年先后实施了三部进出口税则，进出口商品都采用同一税则目录分类。1951 年进出口税则的商品目录主要参考了旧中国税则、苏联税则和前万国联盟编制的《日内瓦统一税则目录》；1985 年进出口税则的商品目录分类基础是《海关合作理事会税则商品目录》（简称 CCCN）；1992 年税则的进出口商品分类是以国际上通用的《商品名称及编码协调制度》（简称 HS，是以海关合作理事会与其他一些国际组织经讨论和协调，于 1985 年编制）为基础的。国务院税则委员会每年要根据我国进出口的实际情况不断地调整和增列相应的税目。2020年，我国进口关税税则共有21类，97章，8 549个税目。进口税则设有最惠国税率、协定税率、特惠税率、普通税率、配额税率、暂定税率六栏。我国出口税则对102个税目征收，设有暂定税率一栏。

最惠国税率适用原产于与我国共同适用最惠国待遇条款的世界贸易组织成员国或地区的进口货物，或原产于与我国签订有相互给予最惠国待遇条款的双边贸易协定的国家或地区进口的货物及原产于我国境内的进口货物；协定税率适用原产于我国参加的含有关税优惠条款的区域性贸易协定有关缔约方的进口货物，目前对原产于韩国、斯里兰卡和孟加拉国3个曼谷协定成员的739个税目进口商品实行协定税率（即曼谷协定税率）；特惠税率适用原产于与我国签订有特殊优惠关税协定的国家或地区的进口货物，目前对原产于孟加拉国的18个税目的进口商品实行特惠税率（即曼谷协定特惠税率）；普通税率适用于原产于上述国家或地区以外的其他国家或地区的进口货物。按照普通税率征税的进口货物，经国务院关税税则委员会特别批准，可以适用最惠国税率。适用最惠国税率、协定税率、特惠税率的国家或者地区名单，由国务院关税税则委员会决定。

随着中美贸易摩擦的升级，美国政府宣布自2019年5月10日起，对从中国进口的2 000亿美元清单商品加征的关税税率由10%提高到25%，中国国务院关税税则委员会决定自2019年6月1日0时起，对已实施加征关税的600亿美元清单美国商品中的部分，加征25%、20%、10%或5%的关税。自2020年1月1日起，我国对850余项商品实施低于最惠国税率的进口暂定税率，同时进一步降低我国与新西兰、澳大利亚、韩国等国家或地区的双边贸易协定以及亚太贸易协定的协定税率。

3. 进出口货物关税的计算

1) 进口货物的完税价格

进口货物以海关审定的成交价格为基础的到岸价格作为完税价格。到岸价格包括货价，货物运抵我国输入地点起卸前的包装费、运费、保险费和其他劳务费等。

在成交价格的调整中，下列费用一并计入完税价格。①由买方负担的除购货佣金以外的佣金和经纪费。"购货佣金"指买方为购买进口货物向自己的采购代理人支付的劳务费用；"经纪费"指买方为购买进口货物向代表买卖双方利益的经纪人支付的劳务费用。②由买方负担的与该货物视为一体的容器费用。③由买方负担的包装材料和包装劳务费用。④与该货物的生产和向我国境内销售有关的，由买方以免费或者以低于成本的方式提供并可以按适当比例分摊的料件、工具、模具、消耗材料及类似货物的价款，以及在境外开发、设计等相关服务的费用。⑤与该货物有关并作为卖方向我国销售该货物的一项条件，应当由买方直接或间接支付的特许权使用费。"特许权使用费"指买方为获得与进口货物相关的、受著作权保护的作品、专利、商标、专有技术和其他权利的使用许可而支付的费用；但是在估定完税价格时进口货物在境内的复制权费不得计入该货物的实付或应付价格之中。⑥卖方直接或间接从买方对该货物进口后转售、处置或使用所得中获得的收益。

上列所述的费用或价值，应当由进口货物的收货人向海关提供客观量化的数据资料。如果没有客观量化的数据资料，完税价格由海关按《中华人民共和国海关审定进出口货物完税价格办法》规定的方法进行估定。

下列费用，如能与该货物实付或者应付价格区分，不得计入完税价格：①厂房、机械、设备等货物进口后的基建、安装、装配、维修和技术服务的费用；②货物运抵境内输入地点之后的运输费用、保险费和其他相关费用;③进口关税及其他国内税收。

2)出口货物的完税价格

出口货物以海关审定的货物的成交价格为基础售予境外的离岸价格,扣除出口关税后,作为完税价格。其公式为

$$完税价格 = 离岸价格 / (1 + 出口税率)$$

3)关税税额的计算

从价计征的进(出)口货物或服务,其关税计算公式为

$$关税税额 = 应税进(出)口货物数量 \times 单位完税价格 \times 税率$$

从量计征的进(出)口货物或服务,其关税计算公式为

$$关税税额 = 应税进(出)口货物数量 \times 单位货物税额$$

复合计征的进(出)口货物或服务,其关税计算公式为

关税税额=应税进(出)口货物数量×单位货物税额+应税进(出)口货物数量×单位完税价格×税率

4. 纳税办法

(1)申报时间即报关期限:进口货物自运输工具申报进境之日起14日内;出口货物在运抵海关监管区后装货的24小时以前。

(2)纳税期限:关税的纳税义务人或代理人应在海关填发税款缴纳证之日起15日内向指定银行缴纳。

(3)集中缴纳与分散缴纳。前者主要指前外经贸部所属各外贸公司负担承付的进口货物,由北京海关负责征收,并通过中国银行总行集中,直接进入中央总金库。

(4)关税的强制执行。关税滞纳是指纳税义务人未在关税缴纳期限内缴纳税款的行为。为保证海关征收关税决定的有效执行和国家财政收入的及时入库,对滞纳关税的纳税人海关拥有强制执行的权利:一是征收关税滞纳金,滞纳金自关税缴纳期限届满滞纳之日起,至纳税人缴纳关税之日止,按滞纳税款万分之五的比例按天征收,周末或法定节假日不扣除;二是强制征收,如果纳税人自海关填发缴款书之日起3个月内仍未缴纳税款,经海关关长批准,海关可以采取强制执行扣缴、变价抵缴等强制措施以完成税款的征缴。

案例 8-7

关税、增值税、消费税的综合计算

2019年12月某商场进口一批化妆品,国外买价150万元,货物运抵我国入关前发生的运输费、保险费和其他费用分别是10万元、5万元、5万元。货物报关后,该商场按规定缴纳了进口环节的增值税和消费税并取得了海关开具的缴款书。从海关将化妆品运往该商场所在地取得增值税专用发票,注明不含税运输费用5万元、增值税进项税额0.45万元。该批化妆品当月在国内全部销售,取得不含税销售额650万元(化妆品进口关税税率20%,增值税税率13%,高档化妆品消费税税率15%)。计算2019年12月该商场进口环节应缴纳的关税、增值税、消费税;国内销售环节应缴纳的增值税。

【解析】 关税的完税价格=150+10+5+5=170(万元);应缴纳的进口关税=170×20%=34(万元);进口环节应纳增值税的组成计税价格=(170+34)/(1−15%)=240(万元);进口环节应纳增值税=240×13%=31.2(万元);进口关节应纳消费税=240×15%=36(万元);国内销售环节应缴纳的增值税=650×13% 0.45−31.2=52.85(万元)。

本 章 小 结

本章主要讲述了流转税制的主要内容。流转税是任何一个国家税制中的主要税类，一般包括增值税、消费税和关税三个税种。增值税是目前我国税制的主体税种之一，是以增值额为课税对象的一种税，一般有消费型、收入型和生产型三种，我国目前实行消费型增值税。消费税是以消费品的消费额为课税对象的一种税的统称，是在增值税普遍征收基础上的一种特殊调节。关税是由海关对进出国境或关境的货物或物品所征收的一种税。

关键词

流转税　增值税　销项税额　进项税额　消费税　关税

思考题

1. 三种类型的增值税的税基大小有何不同？
2. 折扣销售、销售折扣和销售折让在计算增值税时，销售额如何确定？
3. 委托加工的应税消费品应纳税额的计算办法是什么？
4. 汽车制造企业为增值税一般纳税人，2019年12月有关生产经营情况如下。

(1) 销售 A 型小汽车 30 辆给汽车销售公司，每辆不含税售价 15 万元。开具税控专用发票，注明应收价款 450 万元。当月实际收回价款 430 万元，余款下月才能收回。

(2) 销售 B 型小汽车 50 辆给特约经销商，每辆不含税单价 12 万元。开具税控增值税专用发票，注明价款 600 万元，增值税 78 万元。由于特约经销商当月支付了全部货款，汽车制造企业给予特约经销商原售价 2% 的销售折扣。

(3) 销售新研制生产的 C 型小汽车 5 辆给本企业的中层干部，每辆按成本价 10 万元出售，共计取得收入 50 万元。C 型小汽车尚无市场销售价格，成本利润率、消费税税率 8%。

(4) 当月购进原材料取得税控专用发票，注明金额 500 万元，进项税额 65 万元，并经过税务机关认证。

(5) 当月发生意外事故，毁损库存原材料金额 35 万元，直接计入营业外支出账户损失为 35 万元。

计算该企业当月应纳增值税额。

第9章

所得课税

【学习目的】

通过本章的学习，理解所得课税的对象、特点；掌握我国所得课税的主要税种，包括企业所得税、个人所得税征收制度的基本内容。

【开篇导言】

收益额可分为纯收益额和总收益额。其中，总收益额是指纳税人的全部收入；纯收益额就是我们所说的所得额，是指自然人、法人和其他经济组织从事生产、经营等各项活动获得的收入，减去相应的成本之后的余额。

对所得额的课税最早兴起于英国，目的在于应付由战争引起的庞大的经费开支，因此又有"战时税"之称，直到1874年才成为英国税制中的一个永久性税种，以后又相继被世界各国所采用。目前，对纯所得额的课税已成为许多国家的主体税种，尤其是西方发达国家。

中国所得税制度的创建受欧美和日本等国影响，始议于20世纪初。清末宣统年间（约1910年），政府有关部门曾草拟出《所得税章程》，包括对企业所得和个人所得征税的内容，但因社会动荡等原因未能公布施行。1912年中华民国成立后，以前述章程为基础制定了《所得税条例》，并于1914年初公布，但因社会动乱，企业生产经营不稳定，以及税收征管条件差等原因，在此后二十多年间未能真正施行。1936年，国民政府公布《所得税暂行条例》，自同年10月1日起施行。这是中国历史上第一次实质性开征所得税。1943年，国民政府公布了《所得税法》，进一步提高了所得税的法律地位，并成为政府组织财政收入重要方式之一。新中国成立后，废除了旧的所得税制度，在1950年公布的《工商业税暂行条例》中，把所得税并入工商业税。之后是"利税合一"。改革开放初期，主要是"利改税"和"利税分流"。之后，1994年分税制改革奠定了我国所得税制的基本格局。2009年颁布实施的《中华人民共和国企业所得税法》，统一了内外资企业所得税，创建了更加公平的税收环境。2019年修订施行的《中华人民共和国个人所得税法》，对个人所得税进行了重大改革，建立了对综合所得税按年计税的制度、提高基本减除费用标准、设立专项扣除以及专项附加扣除、优化个人所得税税率结构、增设反避税条款、健全个人所得税征管制度等。

本章对所得课税的概念、课税对象及特点进行了分析，并重点对企业所得税和个人所得税进行系统论述。

9.1 所得课税概述

9.1.1 所得课税概况

所得课税是以个人和法人的所得为征税对象的一种税收体系。当今世界各国征收的所得税很多,税名各异,比较规范的称呼如国家所得税、市政所得税、自然人税、法人税、公司所得税、外国人所得税等。至于非规范性的称谓则更多,诸如教会税、工资税、贸易税、公共税、老年养老金捐助、伊斯兰税等,不一而足。如果根据纳税人的属性不同,这些所得税大致可以划分为两大类:一类为个人所得税,包括对个人的综合收入、专业收入、权利金收入及非居民取得的上述收入所课征的税;另一类是企业所得税,包括对企业的经营利润、资本利得及非居民公司的上述收入所课征的税。目前,绝大多数国家都同时开征个人所得税和企业所得税。

从2008年1月1日起,我国实施新的《企业所得税法》,内资企业和外资企业税收得以统一。从2019年1月1日起,我国实施新的《个人所得税法》,个人所得税更加完善。表9-1为我国1994—2019年所得税相关税收的征收情况。

表 9-1 我国 1994—2019 年所得税相关税收的征收情况　　　　亿元

年份	个人所得税	企业所得税	外商投资企业和外国企业所得税
1994	72.7	639.7	48.1
1995	131.5	753.1	74.2
1996	193.2	811.5	104.4
1997	259.9	931.7	143.1
1998	338.6	856.3	182.5
1999	414.3	1 009.4	217.8
2000	660.4	1 444.6	326.1
2001	996.0	2 121.9	512.6
2002	1 211.1	1 972.6	616.0
2003	1 417.3	2 342.2	705.4
2004	1 737.1	3 141.7	932.5
2005	2 093.9	4 363.1	1 147.7
2006	2 452.3	5 545.9	1 534.8
2007	3 185.0	7 723.7	1 951.2
2008	3 722.19	11 173.05	
2009	3 949.27	11 534.45	
2010	4 837.17	12 842.79	
2011	6 054.09	16 760.35	
2012	5 820.28	19 654.53	

续表

年份	个人所得税	企业所得税	外商投资企业和外国企业所得税
2013	6 531.53	22 427.20	
2014	7 376.61	24 642.19	
2015	8 617.27	27 133.87	
2016	10 088.98	28 851.36	
2017	11 966.00	32 111.00	
2018	13 871.97	35 323.71	
2019	10 388.00	37 300.00	

资料来源：财政部网站、国家税务总局网站、国家统计局网站、历年《中国财政年鉴》。

9.1.2　所得课税的主体

所得课征首先面临的是课税主体的问题，即对谁征税的问题。

就企业所得税而言，分两种情况。第一种情况是纳税人（公司）具有法人居民身份，承担无限纳税义务，应就来源于境内外的所得缴纳公司所得税。随着跨国经济的发展，关于法人身份的认定问题由于其涉及各个国家的税收管辖权问题而变得十分复杂。目前，国际公认的确定法人居民身份的标准主要有三种：①法人实际管理控制中心所在地标准；②法人的总机构所在地标准；③法人注册成立地标准。由于世界各国法人确认标准的不一致，有可能导致跨国公司的逃避税。第二种情况是，非居民纳税人承担有限纳税义务，仅就来源于境内所得纳税。这是因为，在国际经济活动中，跨国公司可以在其他国家设立分支机构、办事处等，这些机构虽没有法人地位，而有来源于所在国的收入。按照《关于对所得和资本避免双重征税的协定范本》和《联合国关于发达国家与发展中国家避免双重征税的协定范本》（以下分别简称《OECD范本》和《UN范本》）的精神，所得来源国对"常设机构"的营业地点取得的营业利润可以优先征收企业所得税。由此可见，法人资格未必是征收公司所得税的必需条件，而"常设机构原则"同样是课征公司所得税的重要依据。

个人所得税的纳税人为取得各项应税所得的个人，即对取得各项应税所得的自然人课税。按照国际惯例，国家对个人所得税的纳税人行使居民管辖权和所得来源地管辖权。居民纳税人承担无限纳税义务，应就来源于境内外的所得缴纳个人所得税；非居民纳税人承担有限纳税义务，仅就来源于境内所得纳税。

9.1.3　所得课税的对象

税法所得，是以法的形式规定的作为课税对象的所得，通常情况下是指以一定时期所完成的交易为基础，用纳税人的毛收入扣除为取得这些收入而消耗掉的成本费用后的余额。在实际操作中，会计所得和税法所得经常出现不一致，会计所得只是税法所得的基础，税法所得需要进行计算调整求得。

就企业所得税而言，主要适用于资本经营所得，具体包括：①经营所得，即从事农业、工业、商业、服务业等生产经营活动取得的所得；②劳务所得，即从事施工、运输、设计、广告、提供信息和各种服务等劳务的收入；③投资所得，即通过投资入股、放贷、融资租赁、转让特许权等活动取得的收入；④其他所得等四类。由于企业所得税的课税对象只是以纳税人的上述全部所得为基数，按照税法规定的应税所得的范围、计算标准和计算方法计算出来作为计税依据的那部分所得额，这样就可能存在纳税所得和会计收益之间的差异。根据国际会计准则委员会于1979年公布的第12号国际会计准则"所得税会计"的精神，会计制度与所得税的期间差异可分为两种情况：时间性差异和永久性差异。时间性差异指一定时期的纳税所得和会计收益之间的差额，其发生是由于有些收入和支出项目计入纳税所得的时间与计入会计收益的时间不一致，时间性差异发生于某一时期，但在以后的一期或若干期内转回。因此，这种差异在一定时期后会逐步消失。存货计算、加速折旧收益等都属于这种情况。永久性差异指一个时期的纳税所得和会计收益之间的差额，在本期发生，并且不在以后各期转回。例如，在很多税务制度下，某些捐赠在确定纳税所得时不允许扣除，但在计算会计收益时可以扣除。

就个人所得税而言，作为征税对象的个人所得，有狭义和广义两种之分。狭义的个人所得，仅限于每年经常、反复发生的所得；广义的个人所得，是指个人在一定期间内，通过各种来源或方式所获得的一切利益，而不论这种利益是偶然的，还是临时的，是货币、有价证券的，还是实物的。目前，包括我国在内的世界各国所实行的个人所得税，大多以这种广义解释的个人所得概念为基础。根据这种理解，可以将个人取得的各种所得分为毛所得和净所得、财产所得和劳动所得、经常所得和偶然所得、自由支配所得和非自由支配所得、交易所得和转移所得、应收所得和实现所得、名义所得和实际所得、积极所得和消极所得等。但无论怎样划分，纳税人的全部所得不一定全是应当课税的所得，课税对象只是以纳税人的全部所得为基数，按照税法规定的应税所得的范围、计算标准和计算方法计算出来作为计税依据的那部分所得额。

9.1.4 所得课税的特点

1. 税源普遍，税负不易于转嫁，课征公开透明

在正常条件下，凡从事生产经营活动的一般所得，都要交纳所得税。因此，所得课税的税源很普遍。由于所得税的课税对象是纳税人的最终所得，一般不易进行税负转嫁，所得税的纳税人和负税人具有同一性。因此，与流转课税不同，所得课税具有公开性和很强的透明性。

2. 税负较公平，具有"自动稳定器"的调节功能

所得课税一般是以净所得为计税依据，其立法普遍遵循"所得多的多征、所得少的少征，无所得的不征"的原则。同时，所得课税通常都规定起征点、免征额及扣除项目，可以照顾低收入者，不会影响纳税人的基本生活。因此，其税负与纳税人的实际负担能力相符合，充分体现了量能负担原则，具有公平性。不仅如此，由于所得课税普遍采用累进税率课征的办法，其在经济中能够自动地趋向于抵消总需求变化，减缓社会总需求水平的波动幅度，起到稳定经济的作用。

3. 有利于维护国家的经济权益

在国际经济交往与合作不断扩大的现代社会，跨国投资和经营的情况极为普遍，于是就必然存在跨国所得。对跨国所得征税是任何一个主权国家应有的权利，这就需要利用所得税可以跨国征收的天然属性，参与纳税人跨国所得的分配，维护本国权益。但也应该看到，跨国所得易于引起的国际重复征税问题的复杂性。

4. 计税方法复杂，稽征管理难度大

由于所得课税的对象是纳税人的所得额，而所得额的多少又直接取决于成本、费用的高低，这就使得费用扣除问题成为计征所得税的核心问题，从而带来了所得课税计征方法复杂、稽征管理难度大等问题。

9.2 企业所得税

9.2.1 企业所得税概述

1. 企业所得税形式

在企业所得税实践中，世界各国普遍实行三种主要形式：传统税制模式、税收抵免或折算税制模式和双税率制税制模式。

1) 传统税制

以会计实体理论和近代公司法为基础，它表示公司具有一种人格，在对待纳税人上实行公司与股东完全分开的原则，既然公司和股东是不同的法律主体，就应分别纳税。公司获利后，补偿为取得收入的费用和税法允许的扣除项目以后，按应纳税所得额缴税，股东按收到的股利额缴税，留存收益不再征纳任何其他税。这样做有利于鼓励公司保留利润。美国是执行传统税制的主要国家，除美国外，还有荷兰、卢森堡、丹麦、意大利、西班牙、瑞典等国和除英国以外的大部分英联邦国家执行传统税制。传统税制方法简单清楚，但没有考虑重复征税问题。由于有利于鼓励公司保留利润，因而有利于扩大再投资。另外，跨国公司也可以利用减少股息分配，帮助股东合理避税。我国的企业所得税采用的是传统的税制方法。

2) 税收抵免或折算税制

传统税制对于公司和股东在经济上的区别对待，引起税收理论界和财务会计界的长期争议。为了使留存利润与分配利润得到公平对待，许多国家放弃了传统税制，转向实行税收抵免制。公司一级利润的纳税与传统税制相同，只是对分配给股东的股息视为税后所得，股东对其股息的个人所得税可以得到一定程度的抵免。其目的是减少对可分配的和未分配的利润的税收歧视。尽管不会消除重复征税，但可使其得到缓解。实行税收抵免制的国家有英国、法国、意大利、比利时等国家。抵免制是传统税制的扩展，抵免制考虑到了重复征税，对这种现象进行了调和，既减轻了股息负担，又不影响保留利润，但是会减少税收收入，使个人所得税变得复杂。

3) 双税率制税制

即实行两个公司所得税税率，一个适用于未分配利润的公司所得税税率，另一个适用于分配利润的税率。对未分配利润按较高税率征收，对分配利润则按较低税率征收。股息获得者，照常缴纳个人所得税。这种税制对公司支付股利是一种鼓励，尤其是在两种税率有较大差别的情况下，就更具有促进分配的作用。德国、日本、挪威等国是实行双税率制的主要国家。双税率制使重复征税现象直接在公司税中处理，同样可以缓解重复征税，但公司所得税本身变得复杂了一些。

2. 我国的企业所得税制度演变情况

我国的企业所得税制度，是随着对外开放和经济体制改革不断深入而逐步建立、完善起来的。1980以前我国开征工商税。从1984年开始，国家在第一步"利改税"的基础上，又开征国营企业所得税、国营企业调节税。1985年将工商所得税改为集体企业所得税。1988年开征了私营企业所得税。鉴于按不同经济性质分设税种，税率不一，优惠各异，尤其是国有大中型企业缴纳所得税、调节税后，还要上缴"两金"（国家能源交通重点建设基金、国家预算金），总体负担偏重，企业缺乏自我改造、自我发展的能力等问题，在1993年底的税制改革中，国务院颁布的《中华人民共和国企业所得税暂行条例》把原国营企业所得税、集体企业所得税、私营企业所得税合并为统一的企业所得税，并取消国营企业利润调节税和国有小型企业上缴的承包费，以及能源交通重点建设基金和国家预算金。而外商投资企业和外国企业所得税则适用于1991年第七届全国人大第四次会议通过的《中华人民共和国外商投资企业和外国企业所得税法》与同年由国务院发布的《中华人民共和国外商投资企业和外国企业所得税法实施细则》。也就是说，这一时期，在我国的税收立法体系中，内资企业与外商投资企业和外国企业实行分别立法的办法。即按照企业投资来源的不同，形成两种不同的企业所得税法：一是对内资企业（由国家、集体或中国公民个人投资举办的国有企业、集体企业和私营企业等有法人地位的团体，以及由它们再投资兴办的企业）征收的所得税，叫作"企业所得税"；二是对具有外商投资成分的中国企业（包括外商独资企业、中外合资企业和具有法人资格的中外合作企业，一般统称它们为外商投资企业）和在中国设立机构场所或有来源于中国境内所得的外国企业征收的"外商投资企业和外国企业所得税"，而且，对外资企业给予大量的税收优惠，不利于公平竞争。新企业所得税法及实施条例从2008年1月1日开始实施，正式将两税合并，统称"企业所得税"。新的企业所得税法结束了内资、外资企业适用不同税法的历史，统一了有关纳税人的规定，统一并适当降低了企业所得税税率，统一并规范了税前扣除办法和标准，统一了税收优惠政策。

9.2.2 纳税人

企业所得税的纳税人是指在中华人民共和国境内，企业和其他取得收入的组织（以下统称企业）。企业分为居民企业和非居民企业。

所谓居民企业，是指依法在中国境内成立，或者依照外国（地区）法律成立但实际管理机构在中国境内的企业。其中，依法在中国境内成立的企业，包括依照中国法律、行政法规在中国境内成立的企业、事业单位、社会团体及其他取得收入的组织。依照外国（地区）法律成立的企业，包括依照外国（地区）法律成立的企业和其他取得收入的组织。

所谓非居民企业，是指依照外国（地区）法律成立且实际管理机构不在中国境内，但在中国境内设立机构、场所的，或者在中国境内未设立机构、场所，但有来源于中国境内所得的企业。

所谓"实际管理机构"，是指对企业的生产经营、人员、账务、财产等实施实质性全面管理和控制的机构；非居民企业所设立的"机构、场所"是指在中国境内从事生产经营活动的机构、场所，包括管理机构、营业机构、办事机构、工厂、农场、提供劳务的场所、从事工程作业的场所等。其中，非居民企业委托营业代理人在中国境内从事生产经营活动的，包括委托单位和个人经常代其签订合同，或者储存、交付货物等，视为非居民企业在中国境内设立机构、场所。

依照《中华人民共和国独资企业法》《中华人民共和国合伙企业法》等法律、行政法规成立的个人独资企业、合伙企业不适用本法。

9.2.3 征税对象

居民企业应当就其来源于中国境内、境外的所得缴纳企业所得税。非居民企业在中国境内设立机构、场所的，应当就其所设机构、场所取得的来源于中国境内的所得，以及发生在中国境外但与其所设机构、场所有实际联系的所得，缴纳企业所得税。非居民企业在中国境内未设立机构、场所的，或者虽设立机构、场所但取得的所得与其所设机构、场所没有实际联系的，应当就其来源于中国境内的所得缴纳企业所得税。其中，所谓"实际联系"，是指非居民企业在中国境内设立的机构、场所拥有据以取得所得的股权、债权，以及拥有、管理、控制据以取得所得的财产等。

企业所得税法所称"所得"，包括销售货物所得、提供劳务所得、转让财产所得、股息红利等权益性投资所得、利息所得、租金所得、特许权使用费所得、接受捐赠所得和其他所得。

企业所得税法所称来源于中国境内、境外的所得，按照以下原则确定：①销售货物所得，按照交易活动发生地确定；②提供劳务所得，按照劳务发生地确定；③转让财产所得，不动产转让所得按照不动产所在地确定，动产转让所得按照转让动产的企业或者机构、场所所在地确定，权益性投资资产转让所得按照被投资企业所在地确定；④股息、红利等权益性投资所得，按照分配所得的企业所在地确定；⑤利息所得、租金所得、特许权使用费所得，按照负担、支付所得的企业或者机构、场所所在地确定，或者按照负担、支付所得的个人的住所地确定；⑥其他所得，由国务院财政、税务主管部门确定。

9.2.4 税率

企业所得税的税率是指对纳税人应纳税所得额征税的比率，即企业应纳税额与应纳税所得额的比率。企业所得税实行25%的比例税率。非居民企业在中国境内未设立机构、场所的，或者虽设立机构、场所但取得的所得与其所设机构、场所没有实际联系的，应当就其来源于中国境内的所得缴纳企业所得税，适用税率为20%。

非居民企业在境内设立机构、场所且所取得的所得与该机构、场所有实际联系的，也适用25%的比例税率，因为"常设机构原则"同样是履行居民管辖权的重要依据。企业所得税税率见表9-2。

表9-2 企业所得税税率

种类		适用范围
基本税率	25%	居民企业； 在中国境内设立机构、场所且所得与机构、场所有实际联系的非居民企业
低税率	20%（实际征税时10%）	在中国境内未设立机构、场所的非居民企业； 虽在中国境内设有机构、场所但取得的所得与机构、场所没有实际联系的非居民企业
优惠税率	15%	国家需要重点扶持的高新技术企业
	20%	符合条件的小型微利企业

9.2.5 应纳税所得额的计算

企业每一纳税年度的收入总额，减除不征税收入、免税收入、各项扣除及允许弥补的以前年度亏损后的余额，为应纳税所得额。

企业应纳税所得额的计算，以权责发生制为原则，属于当期的收入和费用，不论款项是否收付，均作为当期的收入和费用；不属于当期的收入和费用，即使款项已经在当期收付，均不作为当期的收入和费用。本条例和国务院财政、税务主管部门另有规定的除外。

企业所得税法所称亏损，是指企业依照企业所得税法和本条例的规定将每一纳税年度的收入总额减除不征税收入、免税收入和各项扣除后小于零的数额。

1）收入总额

企业以货币形式和非货币形式从各种来源取得的收入，为收入总额。企业取得收入的货币形式，包括现金、存款、应收账款、应收票据、准备持有至到期的债券投资及债务的豁免等。企业取得收入的非货币形式，包括固定资产、生物资产、无形资产、股权投资、存货、不准备持有至到期的债券投资、劳务及有关权益等。企业以非货币形式取得的收入，应当按照公允价值即市场价格确定收入额。收入总额主要包括：①销售货物收入，即企业销售商品、产品、原材料、包装物、低值易耗品及其他存货取得的收入；②提供劳务收入，即企业从事建筑安装、修理修配、交通运输、仓储租赁、金融保险、邮电通信、咨询经纪、文化体育、科学研究、技术服务、教育培训、餐饮住宿、中介代理、卫生保健、社区服务、旅游娱乐、加工及其他劳务服务活动取得的收入；③转让财产收入，即企业转让固定资产、生物资产、无形资产、股权、债权等财产取得的收入；④股息、红利等权益性投资收益，即企业因权益性投资从被投资方取得的收入（按照被投资方作出利润分配决定的日期确认收入的实现）；⑤利息收入，即企业将资金提供他人使用但不构成权益性投资，或者因他人占用本企业资金取得的收入，包括存款利息、贷款利息、债券利息、欠款利息等收入（按照合同约定的债务人应付利息的日期确认收入的实现）；⑥租金收入，即企业提供固定资产、包装物或者其他有形资产的使用权取得的收入（按照合同约定的承租人应付租金的日期确认收入的实现）；⑦特许权使用费收入，即企业提供专利权、非专利技术、商标权、著作权及其他特许权的使用权取得的收入（按照合同约定的特许权使用人应付特许权使用费的日期确认收入的实现）；⑧接受捐赠收入，即企业接受的来自其他企业、组织或者个人无偿给予的货币性资产、非货币性资产（按照实际收到捐赠资产的日期确认收入的实现）；⑨其他收入，包括企业资产溢余收入、逾期未退包装物押金收入、确实无法偿付的应付款项、已作坏账损失处理后又收回的应收款项、债务重组收入、补贴收入、违约金收入、汇兑收益等。

企业的下列生产经营业务可以分期确认收入的实现：①以分期收款方式销售货物的，按照合同约定的收款日期确认收入的实现；②企业受托加工制造大型机械设备、船舶、飞机，以及从事建筑、安装、装配工程业务或者提供其他劳务等，持续时间超过12个月的，按照纳税年度内完工进度或者完成的工作量确认收入的实现。

采取产品分成方式取得收入的，按照企业分得产品的日期确认收入的实现，其收入额按照产品的公允价值确定。

企业发生非货币性资产交换，以及将货物、财产、劳务用于捐赠、偿债、赞助、集资、广告、样品、职工福利或者利润分配等用途的，应当视同销售货物、转让财产或者提供劳务。

2) 不征税收入

收入总额中的下列收入为不征税收入：①财政拨款，即各级人民政府对纳入预算管理的事业单位、社会团体等组织拨付的财政资金；②依法收取并纳入财政管理的行政事业性收费、政府性基金；③国务院规定的其他不征税收入，指企业取得的，由国务院财政、税务主管部门规定专项用途并经国务院批准的财政性资金。

3) 免税收入

企业的下列收入为免税收入。

（1）国债利息收入，是指企业持有国务院财政部门发行的国债取得的利息收入。

（2）符合条件的居民企业之间的股息、红利等权益性投资收益，是指居民企业直接投资于其他居民企业取得的投资收益。

（3）在中国境内设立机构、场所的非居民企业从居民企业取得与该机构、场所有实际联系的股息、红利等权益性投资收益。

上述第（2）项和第（3）项所称股息、红利等权益性投资收益，不包括连续持有居民企业公开发行并上市流通的股票不足12个月取得的投资收益。

（4）符合条件的非营利组织的收入，但不包括非营利组织从事营利性活动取得的收入。

4) 准予扣除项目

企业实际发生的与取得收入有关的、合理的支出，包括成本、费用、税金、损失和其他支出，准予在计算应纳税所得额时扣除，但不得重复扣除。

所谓有关的支出，是指与取得收入直接相关的支出；所谓合理的支出，是指符合生产经营活动常规、应当计入当期损益或者有关资产成本的必要和正常的支出。企业发生的支出应当区分收益性支出和资本性支出。收益性支出在发生当期直接扣除；资本性支出应当分期扣除或者计入有关资产成本，不得在发生当期直接扣除。企业的不征税收入用于支出所形成的费用或者财产，不得扣除或者计算对应的折旧、摊销扣除。

（1）成本，是指企业在生产经营活动中发生的销售成本、销货成本、业务支出及其他耗费。

（2）费用，是指企业在生产经营活动中发生的销售费用、管理费用和财务费用，已经计入成本的有关费用除外。

（3）税金，是指企业发生的除企业所得税和允许抵扣的增值税以外的各项税金及其附加。

（4）损失，是指企业在生产经营活动中发生的固定资产和存货的盘亏、毁损、报废损失，转让财产损失，呆账损失，坏账损失，自然灾害等不可抗力因素造成的损失及其他损失。企业发生的损失，减除责任人赔偿和保险赔款后的余额，依照国务院财政、税务主管部门的规定扣除。企业已经作为损失处理的资产，在以后纳税年度又全部收回或者部分收回时，应当计入当期收入。

（5）其他支出，是指除成本、费用、税金、损失外，企业在生产经营活动中发生的与生产经营活动有关的、合理的支出。

5) 部分扣除项目的具体范围和标准

（1）企业发生的合理的工资薪金支出，准予扣除。工资薪金，是指企业每一纳税年度支付给在本企业任职或者受雇的员工的所有现金形式或者非现金形式的劳动报酬，包括基本工资、奖金、津贴、补贴、年终加薪、加班工资，以及与员工任职或者受雇有关的其他支出。

（2）企业依照国务院有关主管部门或者省级人民政府规定的范围和标准为职工缴纳的基本养老保险费、基本医疗保险费、失业保险费、工伤保险费、生育保险费等基本社会保险费和住房公积金，准予扣除；企业为投资者或者职工支付的补充养老保险费、补充医疗保险费，在国务院财政、税务主管部门规定的范围和标准内，准予扣除；除企业依照国家有关规定为特殊工种职工支付的人身安全保险费和国务院财政、税务主管部门规定可以扣除的其他商业保险费外，企业为投资者或者职工支付的商业保险费，不得扣除。

（3）企业在生产经营活动中发生的合理的不需要资本化的借款费用，准予扣除。企业为购置、建造固定资产、无形资产和经过12个月以上的建造才能达到预定可销售状态的存货发生借款的，在有关资产购置、建造期间发生的合理的借款费用，应当作为资本性支出计入有关资产的成本，并依照规定扣除。

（4）企业在生产经营活动中发生的下列利息支出，准予扣除：①非金融企业向金融企业借款的利息支出、金融企业的各项存款利息支出和同业拆借利息支出、企业经批准发行债券的利息支出；②非金融企业向非金融企业借款的利息支出，不超过按照金融企业同期同类贷款利率计算的数额的部分。

（5）企业在货币交易中，以及纳税年度终了时将人民币以外的货币性资产、负债按照期末即期人民币汇率中间价折算为人民币时产生的汇兑损失，除已经计入有关资产成本及与向所有者进行利润分配相关的部分外，准予扣除。

（6）企业发生的职工福利费支出，不超过工资薪金总额14%的部分，准予扣除；企业拨缴的工会经费，不超过工资薪金总额2%的部分，准予扣除；企业发生的职工教育经费支出，不超过工资薪金总额8%的部分，准予扣除；超过部分，准予在以后纳税年度结转扣除。

（7）企业发生的与生产经营活动有关的业务招待费支出，按照发生额的60%扣除，但最高不得超过当年销售（营业）收入的5‰。

（8）企业发生的符合条件的广告费和业务宣传费支出，除国务院财政、税务主管部门另有规定外，不超过当年销售（营业）收入15%的部分，准予扣除；超过部分，准予在以后纳税年度结转扣除。

（9）企业依照法律、行政法规有关规定提取的用于环境保护、生态恢复等方面的专项资金，准予扣除。上述专项资金提取后改变用途的，不得扣除。

（10）企业参加财产保险，按照规定缴纳的保险费，准予扣除。

（11）企业根据生产经营活动的需要租入固定资产支付的租赁费，按照以下方法扣除：①以经营租赁方式租入固定资产发生的租赁费支出，按照租赁期限均匀扣除；②以融资租赁方式租入固定资产发生的租赁费支出，按照规定构成融资租入固定资产价值的部分应当提取折旧费用，分期扣除。

（12）企业发生的合理的劳动保护支出，准予扣除。

（13）非居民企业在中国境内设立的机构、场所，就其中国境外总机构发生的与该机构、场所生产经营有关的费用，能够提供总机构出具的费用汇集范围、定额、分配依据和方法等证明文件，并合理分摊的，准予扣除。

(14) 企业发生的公益性捐赠支出，不超过年度利润总额12%的部分，准予扣除。超过年度利润总额12%的部分，准予以后三年内在计算应纳税所得额时结转扣除。年度利润总额，是指企业依照国家统一会计制度的规定计算的年度会计利润。

(15) 固定资产按照直线法计算的折旧，准予扣除；生产性生物资产按照直线法计算的折旧，准予扣除；无形资产按照直线法计算的摊销费用，准予扣除。

6) 不得扣除项目

按照企业所得税法及有关规定，在计算应纳税所得额时，下列项目不得扣除：①向投资者支付的股息、红利等权益性投资收益款项；②企业所得税税款；③税收滞纳金；④罚金、罚款和被没收财物的损失；⑤《中华人民共和国企业所得税法》（以下简称《企业所得税法》）规定公益性捐赠以外的捐赠支出；⑥赞助支出；⑦未经核定的准备金支出；⑧企业之间支付的管理费、企业内营业机构之间支付的租金和特许权使用费，以及非银行企业内营业机构之间支付的利息；⑨与取得收入无关的其他支出。

7) 亏损弥补

《企业所得税法》规定纳税人发生年度亏损的，可以用下一纳税年度的所得弥补；下一纳税年度的所得不足弥补的，可以逐年延续弥补，但是延续弥补期最长不得超过5年。5年内不论是盈利还是亏损，都作为实际弥补期限计算。这里所说的"亏损"，不是企业财务报表中反映的亏损额，而是企业财务报表中的亏损额经主管税务机关按税法规定核实调整后的金额。

8) 关联企业应纳税所得额的确定

《企业所得税法》对关联企业之间业务往来及应纳税所得额的计算做出了专门规定：企业与其关联方之间的业务往来，不符合独立交易原则而减少企业或者其关联方应纳税收入或者所得额的，税务机关有权按照合理方法调整。所称"关联方"，是指与企业有下列关联关系之一的企业、其他组织或者个人：①在资金、经营、购销等方面存在直接或者间接的控制关系；②直接或者间接地同为第三者控制；③在利益上具有相关联的其他关系。所称"合理方法"，包括：①可比非受控价格法，是指按照没有关联关系的交易各方进行相同或者类似业务往来的价格进行定价的方法；②再销售价格法，是指按照从关联方购进商品再销售给没有关联关系的交易方的价格，减除相同或者类似业务的销售毛利进行定价的方法；③成本加成法，是指按照成本加合理的费用和利润进行定价的方法；④交易净利润法，是指按照没有关联关系的交易各方进行相同或者类似业务往来取得的净利润水平确定利润的方法；⑤利润分割法，是指将企业与其关联方的合并利润或者亏损在各方之间采用合理标准进行分配的方法；⑥其他符合独立交易原则的方法。

9.2.6 应纳税额的计算

企业的应纳税所得额乘以适用税率，减除依照《企业所得税法》关于税收优惠的规定减免和抵免的税额后的余额，为应纳税额。计算公式为

应纳税额＝应纳税所得额×适用税率－减免税额－抵免税额

公式中的减免税额和抵免税额，是指依照企业所得税法和国务院的税收优惠规定减征、免征和抵免的应纳税额。

9.2.7 税收优惠

(1) 对高新技术企业实行15%的优惠税率，不再作地域限制，在全国范围都适用。

(2) 参照国际通行做法，对符合规定条件的小型微利企业实行20%的优惠税率。

(3) 为贯彻落实国家科技发展纲要精神，鼓励企业自主创新，企业的研发费用实行175%的加计扣除政策。同时，对创业投资企业实行按企业投资额的70%抵扣应纳税所得额的优惠政策。

(4) 对环境保护、节能节水、安全生产等专用设备投资抵免企业所得税政策。符合相关条件的专用设备的投资额的10%可以从企业当年的应纳税额中抵免；当年不足抵免的，可以在以后5个纳税年度结转抵免。

(5) 对农林牧渔业、基础设施投资的税收优惠。企业从事农、林、牧、渔业项目的种植、选育、饲养、采集、捕捞等取得的所得，免征企业所得税；企业从事国家重点扶持的公共基础设施项目投资经营所得，自项目取得第一笔生产经营收入所得纳税年度起，第1年至第3年免征企业所得税，第4年至第6年减半征收企业所得税。

(6) 对安置特殊就业人员的税收优惠。一是将优惠范围扩大到所有安置特殊就业人员的企业，二是实行工资加计100%扣除政策并取消安置人员的比例限制。

9.2.8 纳税办法

企业所得税按纳税年度计算，纳税年度自公历1月1日起至12月31日止。企业所得税分月或者分季预缴，企业应当自月份或者季度终了之日起15日内，向税务机关报送预缴企业所得税纳税申报表，预缴税款。企业应当自年度终了之日起5个月内，向税务机关报送年度企业所得税纳税申报表，并汇算清缴，结清应缴应退税款。

案例 9-1
企业所得税应纳税额的计算

某公司为食品生产企业，增值税一般纳税人，2019年生产经营情况如下：(1) 当年销售食品给商场，开具增值税专用发票，取得不含税销售收入6 500万元，对应的产品销售成本为3 460万元；(2) 将自产食品销售给本单位职工，该批次产品不含税市场价为50万元，成本为20万元（已经结转至产品销售成本）；(3) 当年购进原材料取得增值税专用发票，注明价款3 200万元（已经结转至产品销售成本），增值税416万元；(4) 全年计入成本费用的实发工资总额200万元，实际发生的职工福利费20万元，职工工会经费6万元，职工教育经费14万元，共计40万元（已经结转至产品销售成本）；(5) 当年发生销售费用700万元，其中含广告费230万元；(6) 全年发生财务费用300万元，其中支付银行借款的逾期罚息20万元，向非金融机构借款利息超过银行同期同类贷款利息18万元；(7) 当年发生管理费用600万元，其中含技术开发费用100万元、业务招待费80万元；(8) 取得国债利息收入160万元；(9) 营业外支出共计100万元，其中税收滞纳金10万元，非广告性质的赞助支出20万元，通过当地人民政府向贫困地区捐款70万元；(10) 该公司2018年度亏损50万元。计算该公司2019年的应纳企业所得税税额。

【解析】 思路一：

(1) 公司年度会计利润＝6 500－3 460－600－700－300＋160－100＝1 500(万元)

纳税调整事项：

(2) 视同销售收入需要调整，调增收入50万元，＋50

(3) 技术开发费加计扣除75%，调减75万元，－75

(4) 业务招待费：销售收入(6 500＋50＝6 550(万元))的5‰和发生额的60%比较，6 550×5‰＝32.75(万元)，80×60%＝48(万元)，超过销售收入的5‰部分，不得扣除，调增80－32.75＝47.25(万元)，＋47.25

(5) 广告费扣除标准6 550×15%＝982.5(万元)，不超标

(6) 财务费用中的银行的罚息，可以列支，向非金融机构借款利息超过银行同期同类贷款利息18，调增，＋18

(7) 国债利息收入免税，调减160万元，－160

(8) 三项经费，福利费(200×14%＝28(万元)大于20万元)未超标，工会费超标2万元(6－200×2%＝2)，教育经费(200×8%＝16(万元)，大于14万元)未超标，调增2万元，＋2

(9) 营业外支出，公益性捐赠支出扣除标准＝1 500×12%＝180(万元)，实际捐赠70万元，未超过规定标准；滞纳金、非广告性质的赞助支出不允许扣除，调增，＋30

(10) 弥补亏损50万元，－50

应税所得＝1 500＋50－75＋47.25＋18－160＋2＋30－50＝1 362.25(万元)

应纳税额＝1 362.25×25%＝340.56(万元)

思路二：

(1) 收入总额：6 500＋50＋160＝6 710(万元)

(2) 免税收入：160万元

(3) 允许扣除的各项成本费用：销售成本，其中的三项经费只能列支38万元(40－2＝38)，所以，成本为(3 460－40)＋(40－2)＝3 460－2＝3 458(万元)

(4) 管理费用中，技术开发费加计扣除75%，研发费按照175万元列支；业务招待费，销售收入的5‰和发生额的60%比较，允许扣除上限是32.85万元(6 550×5‰＝32.75，80×60%＝48)，80－32.75＝47.25(万元)，47.25万元不得列支，允许扣除的管理费用为600＋75－47.25＝627.75(万元)

(5) 销售费用，700万元

(6) 财务费用，300－18＝282(万元)

(7) 营业外支出，100－10－20＝70(万元)

(8) 上年度亏损弥补，50万元

(9) 应税所得＝6 710－160－3 458－627.75－700－282－70－50＝1 362.25(万元)

应纳税额＝1 362.25×25%＝340.56(万元)

9.3 个人所得税

9.3.1 个人所得税概述

1. 个人所得税课税模式

个人所得税是对个人（自然人）取得的各项应税所得征收的一种税。目前世界各国个人所得税课税模式一般分为三种类型：分类所得税制、综合所得税制和分类综合所得税制（混合所得税制）。

(1) 分类所得税制，是指将纳税人的各种所得分为若干类别，各种来源不同、性质各异的所得，分别以不同的税率计算纳税。分类所得税制将不同性质的所得分别采用不同的税率，在税负上实行差别待遇，体现出税收课征的横向公平原则。这一课税模式可以广泛采取源泉扣税法课征，既可以控制税源，又可以减少汇算清缴的烦琐，减少了征收费用。但是，这一课税模式的征税范围有限，主要着眼于有连续稳定收入来源的单项所得，而且通常不采用累进税率，难以体现纵向公平原则，不能从制度上考虑到纳税人家庭负担状况。

(2) 综合所得税制，是指将纳税人在一定期间内各种不同来源的所得综合起来，减去法定减免和扣除项目的数额，就其余额按累进税率计算纳税。这一课税模式能够体现纳税人的实际负担水平，符合支付能力原则或量能课税原则，并能够较好地发挥所得税作为调节社会经济波动的"自动稳定器"作用。但是，其课征手续比较繁杂，征收费用较大。

(3) 分类综合所得税制（混合所得税制），是指将分类和综合两种所得税的优点兼收并蓄，实行分项课征和综合计税相结合。分类综合所得税是当今世界上广泛采用的一种所得课税类型，其优点是既坚持按纳税能力课税的原则，对纳税人不同来源的所得实行综合计算征收，又坚持了对不同性质的收入实行区别对待的原则，对所列举的特定收入项目按特定办法和税率课征。此外，分类综合所得税还具有稽征方便，有利于减少偷、漏税的优点。因而，它被认为是一种较好的所得课税类型。我国个人所得税课税模式已经转变为分类综合所得税制，将过去分类课征模式下涉及劳动收入的所得，如工资薪金所得、劳务报酬所得、稿酬所得、特许权使用费所得，合并为综合所得来课征，体现了一定的综合课征性质；考虑到税收征管实践，仍然将投资所得、财产所得、利息租金所得作为单项所得来课征，继续沿用部分分类课征模式。

2. 我国个人所得税制度演变情况

由于我国在一个较长的时期内实行低工资的制度，因而不具备对居民个人所得征税的客观条件。改革开放以后，人民的收入水平逐步提高，征税的条件逐步具备。1980年9月10日第五届全国人民代表大会常务委员会第三次会议审议通过了《中华人民共和国个人所得税法》，并同时公布施行；1980年12月14日经国务院批准，财政部公布了《中华人民共和国个人所得税法实施细则》。1986年国务院颁布了《中华人民共和国个人收入调节税暂行条例》《中华人民共和国城乡个体工商业户所得税暂行条例》。这些基本构成了我国当时经济条件下的个人所得税制度。

随着经济发展和人民收入水平的提高，这种针对不同收入群体分别课征个人所得税的税制弊端日渐凸显,如法律、法规不规范,基本扣除费用标准偏低,名义税率过高,应税项目不全,减税、免税政策不全面等。为了适应分税制改革,对个人所得税进行了大量的调整、修改、合并等,于1994年1月1日实施修订后的《中华人民共和国个人所得税法》,同时废止个人收入调节税和城乡个体工商业户所得税。这标志着我国个人所得税法朝着法制化、科学化、合理化的方向迈进了一大步。

分税制改革后的二十多年,个人所得税发挥了一定的收入调节职能。为了适应经济发展,又不断调整和修订了具体条款,优化了个人所得税的内容及征管。随着我国财税体制改革的深入发展、税收法定原则的持续落实,个人所得税法迎来了重大变化,并于2019年1月1日起施行。新个人所得税法有以下特点。

(1) 分类综合课征模式。新税法将个人所得归纳为六类,将自然人的劳动所得进行了综合,体现了一定的综合课征。

(2) 累进税率和比例税率相配合的税率形式。综合所得与经营所得采用累进税率,投资所得、偶然所得等仍然采用比例税率,二者相结合来调节居民收入差距,保障财政收入的稳定和连续。

(3) 基本扣除和专项扣除相结合的费用扣除方式。在每月5 000元免征额的基础上,根据纳税人的个人情况,扣除其社会保障项目缴费及专项附加扣除项目,以及依法确定的商业健康保险、个人税收递延型商业养老保险、企业年金和职业年金等。这些扣除综合了纳税人的生计及家庭负担,体现了个人所得税的量能负担原则。

(4) 预扣预缴和汇算清缴相结合税收征管模式。对综合所得按年计征,实行"代扣代缴、自行申报、汇算清缴、多退少补、优化服务、事后抽查"的征管模式,使个人所得税更加适应以按劳分配为主、多种收入分配为辅的收入分配方式,加强了个人所得税调节收入分配的作用。

9.3.2　纳税义务人

个人所得税的纳税义务人是指依据个人所得税法负有纳税义务的主体,包括中国公民、个体工商业户及在中国有所得的外籍人员和香港、澳门、台湾同胞。根据住所标准和居住时间标准,个人所得税的纳税人划分为居民纳税人和非居民纳税人。

1. 居民纳税人

居民纳税人是指在中国境内有住所或无住所但在一个纳税年度内累计居住183天的个人。居民纳税人就其来自境内、境外的全部所得向中国政府缴纳个人所得税,承担无限纳税义务。

在中国境内有住所的个人,是指因户籍、家庭、经济利益关系而在中国境内习惯性居住的个人;从中国境内和境外取得的所得,分别是指来源于中国境内的所得和来源于中国境外的所得。

习惯性居住是判定纳税义务人是居民或非居民的一个法律意义上的标准,并不是指实际居住或在某一个特定时期内的居住地,比如因学习、工作、探亲、旅游等而在中国境外居住的,在其原因消除之后必须回到中国境内居住的个人,则中国为该纳税人习惯性居住地。

个人独资企业和合伙企业投资者也为个人所得税的居民纳税人。

2. 非居民纳税人

非居民纳税人是指在中国境内无住所又不居住，或在一个纳税年度内在境内累计居住不满 183 天的个人。非居民纳税人仅就其在中国境内取得的经济利益部分，按月向中国政府缴纳个人所得税，承担有限纳税义务。

非居民纳税人实际上只能是在一个纳税年度中，没有在中国境内居住，或者在中国境内居住不满 183 天的外籍人员、华侨或者香港、澳门、台湾同胞。

在中国境内无住所的个人，在一个纳税年度内在中国境内居住累计不超过 90 天的，其来源于中国境内的所得，由境外雇主支付并且不由该雇主在中国境内的机构、场所负担的部分，免于缴纳个人所得，仅就其实际在华工作期间由中国境内企业或个人雇主支付或者由中国境内机构负担的工薪所得纳税。

在中国境内无住所的个人，在一个纳税年度内在中国境内居住累计满 183 天的，年度连续不满 6 年的，经向主管税务机关备案，其来源于中国境外且由境外单位或者个人支付的所得，免于缴纳个人所得税。

纳税年度为历年制，即自公历 1 月 1 日起至 12 月 31 日止。

183 天的计算起止点，个人入境、离境、往返或多次往返境内外当日，均按一天计算其在华逗留天数。

9.3.3 应税所得

纳税人的应税所得分为以下六个方面。

1. 综合所得

综合所得是指纳税人的工资和薪金所得、劳务报酬所得、稿酬所得、特许权使用费所得四项劳动性所得。

(1) 工资和薪金所得，是指个人因任职或者受雇用而取得的工资、薪金、奖金、年终加薪、劳动分红、津贴、补贴及与任职或者受雇有关的其他所得。其中，独生子女补贴、执行公务员工资制度未纳入基本工资总额的补贴津贴差额、托儿补助费、差旅费津贴、误餐补助等免税。

(2) 劳务报酬所得，是指个人独立从事各种非雇佣的各种劳务所取得的所得，包括设计、装潢、安装、制图、化验、测试、医疗、法律、会计、咨询、讲学、新闻、广播、翻译、审稿、书画、雕刻、影视、录音、录像、演出、表演、广告、展览、技术服务、介绍服务、经纪服务、代办服务、其他服务等。

(3) 稿酬所得，是指个人因其作品以图书、报刊形式发表而取得的所得，而不以图书、报刊形式出版发表的翻译、审稿、书画所得为劳务报酬所得。

(4) 特许权使用费所得，是指个人提供专利权、商标权、著作权、非专利技术以及其他特许权的使用权取得的所得，而提供著作权的使用权取得的所得，不包括稿酬所得。

2. 经营所得

经营所得是指个体工商户的生产经营所得、对企事业单位的承包承租经营所得，其中对企事业单位的承包经营所得中的工资薪金所得并入综合所得。

(1) 个体工商户的生产经营所得，是指个体工商户从事工业、手工业、建筑业、交通运输业、商业、饮食业、服务业、修理业及其他行为取得的所得；个人经政府部门批准取得执照,从事办学、医疗、咨询及其他有偿服务活动取得的所得;个体工商户和个人取得的与生产经营有关的各项应税所得;个人因从事彩票代销业务而取得的所得等。

(2) 对企事业单位的承包承租经营所得,是指个人承包经营或承租经营及转包转租取得的所得,包括生产经营、采购、销售、建筑安装等各种承包转包所取得的所得。

(3) 个人独资企业和合伙企业的生产经营所得。

3. 利息、股息、红利所得

利息是指个人拥有债权而取得的资金使用价值,包括存款利息、贷款利息和各种债券的利息;股息是指公司按照一定比率发放给股东所持有的股份的每股的息金;红利是指按股份应分配给投资者的每股的利润。

4. 财产租赁所得

财产租赁所得是指个人出租建筑物、土地使用权、机器设备、车船及其他财产所取得的所得。

5. 财产转让所得

财产转让所得是指个人转让有价证券、股权、建筑物、土地使用权、机器设备、车船及其他财产所取得的所得。

6. 偶然所得

偶然所得是指个人得奖、中奖、中彩以及其他偶然性质的所得。

9.3.4 税率

1. 累进税率

综合所得适用3%～45%的七级超额累进税率,见表9-3;经营所得适用5%～35%五级超额累进税率,见表9-4。

表9-3 个人所得税税率表一

级数	全年应纳税所得额	税率/%	速算扣除数
1	不超过36 000元的部分	3	0
2	超过36 000～144 000元的部分	10	2 520
3	超过144 000～300 000元的部分	20	16 920
4	超过300 000～420 000元的部分	25	31 920
5	超过420 000～660 000元的部分	30	52 920
6	超过660 000～960 000元的部分	35	85 920
7	超过960 000元的部分	45	181 920

注:本表所称的全年应纳税所得额是指依照税法规定,每年收入额减除60 000元免征额再减去专项扣除和专项附加扣除以后的余额。

表9-4 个人所得税税率表二

级数	全年应纳税所得额	税率/%	速算扣除数
1	不超过30 000元的	5	0
2	超过30 000～90 000元的部分	10	1 500
3	超过90 000～300 000元的部分	20	10 500

续表

级数	全年应纳税所得额	税率/%	速算扣除数
4	超过 300 000~500 000 元的部分	30	40 500
5	超过 500 000 元的部分	35	65 500

注：本表所称的全年应纳税所得额是指依照税法规定，以每一纳税年度的收入总额减除成本、费用及损失后的余额。

为了累进税率下应纳税额的计算简便，采用速算扣除法。速算扣除数实际上是在级距和税率不变条件下，全额累进税率的应纳税额比超额累进税率的应纳税额多纳的一个常数。因此，在超额累进税率条件下，用全额累进的计税方法，减掉这个常数，就等于用超额累进方法计算的应纳税额，简称速算扣除法。计算公式是

应纳税额＝应纳税所得额×适用税率－速算扣除数

本级速算扣除数＝上一级最高应税所得×（本级税率－上一级税率）＋上一级速算扣除数

为了鼓励个人创作文学艺术作品，对于稿酬所得，减征其收入额的30%，即按照稿酬收入的七成来征税，实际税率为14%。为了调节劳务报酬所得一次收入畸高的，对于一次收入扣除20%费用后超过20 000元的部分，加征五成，税率为30%；超过50 000元的部分，加征十成，税率为40%。为了鼓励个人出租房屋，对于个人出租房屋所得暂减按10%的税率征收个人所得税。为了鼓励个人长期投资证券市场，对于个人持有一年以上的上市公司股票获得的股息、红利所得，免征个人所得税。

2. 比例税率

利息、股息、红利所得，财产租赁所得，财产转让所得，偶然所得，适用20%的比例税率。

9.3.5 扣除标准

1. 综合所得的扣除

（1）免征额。居民纳税人的综合所得按年扣除60 000元，或者按月扣除5 000元；非居民纳税人每月工资、薪金所得扣除5 000元的费用。

（2）专项扣除。包括居民个人按照国家规定的范围和标准缴纳的基本养老保险、基本医疗保险、失业保险等社会保险费用和住房公积金，即"三险一金"社会保障制度缴费。

（3）专项附加扣除。包括居民个人子女教育、继续教育、大病医疗、住房贷款利息或者住房租金、赡养老人等支出。当年发生的专项附加扣除。应在纳税人本年度综合所得应纳税所得额中扣除。本年度扣除不完的，不得结转以后年度扣除。

子女教育扣除，按照每个子女每年12 000元（每月1 000元）的标准定额扣除。

继续教育扣除，纳税人接受学历继续教育的支出，在学历教育期间按照每年4 800元（每月400元）定额扣除；纳税人接受技能人员职业资格继续教育、专业技术人员职业资格继续教育支出，在取得相关证书的年度，按照每年3 600元定额扣除。

大病医疗扣除，纳税人在一个纳税年度内扣除医保报销后个人负担累计超过15 000元的医药费用支出部分，可以按照每年80 000元标准限额据实扣除。

住房贷款利息扣除，纳税人本人或配偶使用商业银行或住房公积金个人住房贷款为本人或其配偶购买住房，发生的首套住房贷款利息支出，在偿还贷款期间可以按照每年12 000元（每月1 000元）标准定额扣除。

住房租金扣除，纳税人本人及配偶在纳税人的主要工作城市没有住房，而在主要工作城市租赁住房发生的租金支出，可以扣除标准为每年18 000元或13 100元或9 600元。

赡养老人扣除，纳税人为独生子女的，按照每年24 000元（每月2 000元）的标准定额扣除；纳税人为非独生子女的，应当与其兄弟姐妹分摊每年24 000元（每月2 000元）的扣除额度。

2. 经营所得扣除

个体工商户业主、个人独资企业和合伙企业自然人投资者、企事业单位承包承租经营者的扣除项目为其生产经营中产生的成本、必要的费用以及损失。其中必要的费用是指每年60 000元的费用减除。

3. 财产租赁所得的扣除

财产租赁所得的扣除每次收入不足4 000元的，减除800元；超过4 000元的减除20%。

4. 财产转让所得的扣除

财产转让所得的扣除以财产转让过程中发生的合理费用为扣除额。

5. 利息、股息、红利所得，偶然所得

利息、股息、红利所得，偶然所得，不扣除任何费用，以收入全额计税。

9.3.6 应纳税所得额的确认

1. 综合所得

（1）居民个人的综合所得，以每一纳税年度的收入额减除费用60 000元以及专项扣除、专项附加扣除和依法确定的其他扣除后的余额，为应纳税所得额。

（2）非居民个人的工资、薪金所得，以每月收入额减除费用5 000元后的余额为应纳税所得额；劳务报酬所得、稿酬所得、特许权使用费所得，以每次收入额为应纳税所得额。

2. 经营所得

个体工商户业主、个人独资企业投资者、合伙企业个人合伙人以及从事其他生产、经营活动的个人，以其每一纳税年度来源于个体工商户、个人独资企业、合伙企业以及其他生产、经营活动的收入总额，减除成本、费用、税金、损失、其他支出等后，再减除费用60 000元、专项扣除以及依法确定的其他扣除后的余额，为应纳税所得额；对企事业单位承包承租经营所得为每一纳税年度的收入总额，减除60 000元的费用后的余额。

3. 财产租赁所得

财产租赁所得每次收入不超过4 000元的，减除费用800元；4 000元以上的，减除20%的费用，其余额为应纳税所得额。

4. 财产转让所得

财产转让所得以转让财产的收入额减除财产原值和合理费用后的余额，为应纳税所得额。

5. 利息、股息、红利所得，偶然所得

利息、股息、红利所得，偶然所得，以每次收入全额为应纳税所得额。

9.3.7 应纳税额的计算

实行比例税率的所得，计算公式为

$$应纳税额=应纳税所得额×比例税率$$

实行超额累进税率的所得，计算公式为

$$应纳税额=\sum(每一级距应纳税所得额×该级距的适用税率)$$
$$=应纳税所得额×适用税率-速算扣除数$$

1. 综合所得

$$应纳税额=应纳税所得额×适用税率-速算扣除数=(每年收入额-60\ 000-专项扣除$$
$$-专项附加扣除-依法确定的其他扣除)×适用税率-年度速算扣除数$$

2. 经营所得

（1）个体工商户、个人独资企业和合伙企业的生产经营所得，计算公式为

$$应纳税额=应纳税所得额×适用税率-速算扣除数$$
$$=(全年收入额-成本、费用、损失以及税金)×适用税率-年度速算扣除数$$

（2）对企事业单位承包承租经营所得，计算公式为

$$应纳税额=应纳税所得额×适用税率-速算扣除数$$
$$=(年度承包承租经营收入-必要费用60\ 000)×适用税率-年度速算扣除数$$

3. 财产租赁所得

每次收入不超过 4 000 元的，计算公式为

$$应纳税额=(每次收入额-准予扣除的项目-修缮费用(800\ 为限)-800)×20\%$$

每次收入 4 000 元及以上的，计算公式为

$$应纳税额=(每次收入额-准予扣除的项目-修缮费用(800\ 为限))×(1-20\%)×20\%$$

4. 财产转让所得

$$应纳税额=(每次转让收入额-财产原值-合理费用)×20\%$$

5. 利息、股息、红利所得，偶然所得

$$应纳税额=每次收入全额×20\%$$

9.3.8 纳税办法

对居民个人取得的综合所得实行按年计税，平时由支付单位预扣预缴，年度汇算清缴，多退少补。有扣缴义务人的，由扣缴义务人按月或者按次预扣预缴税款。需要办理汇算清缴的，应当在取得所得的次年 3 月 1 日至 6 月 30 日内办理汇算清缴。

需要办理汇算清缴的具体范围是：从两处以上取得综合所得，且综合所得年收入额减除专项扣除后的余额超过 60 000 元；取得劳务报酬所得、稿酬所得、特许权使用费所得中一项或者多项所得，且综合所得年收入额减除专项扣除后的余额超过 60 000 元；纳税年度内预缴税额低于应纳税额；纳税人申请退税。

非居民个人取得工资、薪金所得，劳务报酬所得，稿酬所得和特许权使用费所得，有扣缴义务人的，由扣缴义务人按月或按次代扣代缴税款，不办理汇算清缴。

纳税人取得经营所得的，应当在月度或者季度终了后 15 日内向税务机关报送纳税申报表，并预缴税款；次年 3 月 31 日前办理汇算清缴。

1. 居民个人的预扣预缴制度

扣缴义务人在向居民支付工资、薪金所得，劳务报酬所得，稿酬所得，特许权使用费所得时，按综合所得计征方式计算并预扣预缴个人所得税，同时向主管税务机关报送《个人所

得税扣缴申报表》；年度预扣预缴税额与年度应纳税额不一致的，由居民个人于次年3月1日至6月30日向主管税务机关办理综合所得年度汇算清缴，多退少补。

1）工资、薪金所得累计预扣法

扣缴义务人向居民个人支付工资、薪金所得时，应当按照累计预扣法计算预扣税款，并按月办理全员全额扣除申报。累计预扣法是指扣缴义务人在一个纳税年度内预扣预缴税款时，以纳税人在本单位截至当前月份工资、薪金所得累计收入减除累计免税收入、累计减除费用、累计专项扣除、累计专项附加扣除和累计依法确定的其他扣除后的余额为累计预扣预缴应纳税所得额，适用个人所得税预扣率（见表9-5），计算累计应预扣预缴税额，再减除累计减免税额和累计已经预扣预缴税额，其余额为本期应预扣预缴税额，余额为负数时，暂不退税。纳税年度终了后余额仍是负数的，由纳税人通过办理综合所得年度汇算清缴，多退少补。

表9-5　个人所得税预扣率表一（居民个人工资、薪金所得预扣预缴适用）

级数	累计预扣预缴应纳税所得额	预扣率/%	速算扣除数
1	不超过36 000元的部分	3	0
2	超过36 000~144 000元的部分	10	2 520
3	超过144 000~300 000元的部分	20	16 920
4	超过300 000~420 000元的部分	25	31 920
5	超过420 000~660 000元的部分	30	52 920
6	超过660 000~960 000元的部分	35	85 920
7	超过960 000元的部分	45	181 920

预扣预缴征管模式下工薪综合所得应纳税额的计算公式为

本期应预扣预缴税额＝（累计预扣预缴应纳税所得额×预扣率－速算扣除数）－
累计减免税额－累计已预扣预缴税额

累计预扣预缴应纳税所得额＝累计收入－累计免税收入－累计减除费用－累计专项扣除－
累计专项附加扣除－累计依法确定的其他扣除

累计预扣法仅适用于中国居民个人取得的工资、薪金所得的日常预扣预缴，由该个人任职的单位履行扣缴义务，按月为其办理全员扣缴申报。向居民支付的劳务报酬所得、稿酬所得和特许权使用费所得，或者向非居民个人支付的以上综合所得，不采用累计预扣法计算应纳个人所得税额。

2）劳务报酬所得、稿酬所得、特许权使用费所得预扣预缴税款方法

扣缴义务人向居民个人支付劳务报酬所得、稿酬所得、特许权使用费所得，按次或按月预扣预缴个人所得税；以收入减除费用后的余额为收入额；每次收入4 000元以下的减除费用800元，每次收入4 000元及以上的减除费用为收入的20%；以每次收入额为预扣预缴税应纳税所得额。劳务报酬所得适用20%~40%的超额累进预扣率（见表9-6）。稿酬所得减征30%。劳务报酬所得、稿酬所得、特许权使用费所得，属于一次性收入的，以取得该项收入为一次；属于同一项目连续性收入的，以一个月取得的收入为一次。

表 9-6 个人所得税预扣率表二（居民个人劳务报酬所得预扣预缴适用）

级数	预扣预缴应纳税所得额	预扣率/%	速算扣除数
1	不超过 20 000 元的部分	20	0
2	超过 20 000 元不足 50 000 元的部分	30	2 000
3	超过 50 000 元以上的部分	40	7 000

预扣预缴征管模式下其他综合所得应纳税额的计算公式为

劳务报酬所得应预扣预缴税税额＝预扣预缴应纳税所得额×预扣率－速算扣除数

稿酬所得、特许权使用费所得应预扣预缴税额＝预扣预缴应纳税所得额×20%

2. 居民个人的汇算清缴制度

居民个人取得综合所得实行按年计征，平时由支付单位预扣预缴，年度汇算清缴，多退少补。汇算清缴的公式为

综合所得年度应纳税额＝(综合所得－60 000－专项扣除－专项附加扣除－
　　　　　　　　依法确定的其他扣除)×适用税率－年度速算扣除数

综合所得＝工资薪金所得＋(劳务报酬所得＋特许权使用费)×(1－20%)＋
　　　　　稿酬所得×(1－20%)×(1－30%)

当年要补缴或者退税额＝年度应纳税额－年中综合所得已申报预缴的税款

3. 非居民个人应纳税额的计算

非居民个人的工资、薪金所得，以每次收入额减除 5 000 元费用后的余额为应纳税所得额；劳务报酬、稿酬所得、特许权使用费用所得，以每次收入额减除 20% 的费用后为应纳税所得额，其中稿酬所得再减征 30%。个人所得税税率见表 9-7，税款由扣缴义务人在支付所得时按月或按次代扣代缴，非居民个人不再办理汇算清缴。

非居民综合所得应纳税额＝应纳税所得额×适用税率－速算扣除数

应纳税所得额＝(工资薪金－5 000)＋稿酬所得×(1－20%)×70%＋
　　　　　　(劳务报酬所得＋特许权使用费所得)×(1－20%)

表 9-7 个人所得税税率表三（非居民个人综合所得、居民全年一次性奖金收入）

级数	应纳税所得额	税率/%	速算扣除数
1	3 000 元以下的部分	3	0
2	3 000～12 000 元的部分	10	210
3	12 000～25 000 元的部分	20	1 410
4	25 000～35 000 元的部分	25	2 660
5	35 000～55 000 元的部分	30	4 410
6	55 000～80 000 元的部分	35	7 160
7	80 000 元以上的部分	45	15 160

9.3.9 税收优惠

1. 免征个人所得税的项目

①省级人民政府、国务院部委和中国人民解放军军以上单位，以及外国组织、国际组织

颁发的科学、教育、技术、文化、卫生、体育、环境保护等方面的奖金。②国债和国家发行的金融债券利息。③按照国家统一规定发给的补贴、津贴。是指按照国务院规定发给的政府特殊津贴、院士津贴、资深院士津贴，以及国务院规定免纳个人所得税的其他补贴、津贴。④福利费、抚恤金、救济金。其中，福利费是指根据国家有关规定，从企业、事业单位、国家机关、社会团体提留的福利费或者工会经费中支付给个人的生活补助费；救济金是指各级人民政府民政部门支付给个人的生活困难补助费。⑤保险赔款。⑥军人的转业费、复员费。⑦按照国家统一规定发给干部、职工的安家费、退职费、退休工资、离休工资、离休生活补助费。⑧依照我国有关法律规定应予免税的各国驻华使馆、领事馆的外交代表、领事官员和其他人员的所得。⑨中国政府参加的国际公约、签订的协议中规定免税的所得。⑩经国务院财政部门批准免税的所得。

2. 全年一次性奖金过渡期优惠政策

居民个人取得全年一次性奖金，符合《国家税务总局关于调整个人取得全年一次性奖金等计算征收个人所得税方法问题的通知》（国税发〔2005〕9号）规定的，在2021年12月31日前，不并入当年综合所得，以全年一次性奖金收入除以12个月得到的数额，按照按月换算后的综合所得税率表（见表9-7），确定适用税率和速算扣除数，单独计算纳税。自2022年1月1日起，居民个人取得全年一次性奖金，应并入当年综合所得计算缴纳个人所得税。

3. 解除劳动关系、提前退休等一次性补偿收入的优惠政策

个人与用人单位解除劳动关系取得一次性补偿收入（包括用人单位发放的经济补偿金、生活补助费和其他补助费），在当地上年职工平均工资3倍数额以内的部分，免征个人所得税；超过3倍数额的部分，不并入当年综合所得，单独适用综合所得税率表，计算纳税。

个人办理提前退休手续而取得的一次性补贴收入，应按照办理提前退休手续至法定离退休年龄之间实际年度数平均分摊，确定适用税率和速算扣除数，单独适用综合所得税率表，计算纳税。计算公式为

应纳税额＝((一次性补贴收入/办理提前退休手续至法定退休年龄的实际年度数－
　　　　　费用扣除标准)×适用税率－速算扣除数)×
　　　　　办理提前退休手续至法定退休年龄的实际年度数

案例 9-2

居民个人综合所得预扣预缴和汇算清缴

假定某居民个人于2019年取得如下所得：每月应发工资均为13 000元，每月专项扣除为1 200元，子女教育专项附加扣除1 000元，赡养老人支出每月1 000元，个人首套房贷可抵扣利息支出每月1 000元，没有减免收入以及减免税额等情况；2月份取得劳务报酬所得26 000元。3月份取得稿酬所得8 000元；12月份取得特许权使用费所得10 000元。申报2019年大病医疗支出15 000元。计算居民个人应预扣预缴税额及汇算清缴应纳税额情况。

【解析】

(1) 预缴情况：

①工资薪金所得应预扣预缴个人所得税计算过程：

1月份工资应预扣预缴个人所得税额＝(13 000－5 000－1 200－1 000－1 000－1 000)×
　　　　　　　　　　　　　　　　3%＝114(元)

2月份工资应预扣预缴个人所得税额＝(13 000×2－5 000×2－1 200×2－1 000×2－
　　　　　　　　　　　　1 000×2－1 000×2)×3%－114＝114(元)

以此类推，3—9月份，每月预扣预缴税税额为114元。

10月份工资应预扣预缴个人所得税额＝(13 000×10－5 000×10－1 200×10－1 000×
　　　　　　　　　　　　　10－1 000×10－1 000×10)×10%－2 520－
　　　　　　　　　　　　　114×9＝254(元)

11月份工资应预扣预缴个人所得税额＝(13 000×11－5 000×11－1 200×11－1 000×
　　　　　　　　　　　　　11－1 000×11－1 000×11)×10%－2 520－
　　　　　　　　　　　　　114×9－254＝380(元)

12月份工资应预扣预缴个人所得税额＝(13 000×12－5 000×12－1 200×12－1 000×
　　　　　　　　　　　　　12－1 000×12－1 000×12)×10%－2 520－
　　　　　　　　　　　　　114×9－254－380＝380(元)

②劳务报酬应预扣预缴个人所得税＝26 000×(1－20%)×30%－2 000＝4 240(元)

③稿酬所得应预扣预缴个人所得税＝8 000×(1－20%)×(1－30%)×20%＝896(元)

④特许权使用费所得应预扣预缴个人所得税＝10 000×(1－20%)×20%＝1 600(元)

全年预缴个人所得税＝114×9＋254＋380＋380＋4 240＋896＋1 600＝8 776(元)

(2) 汇算清缴情况：

①综合所得＝13 000×12＋26 000×(1－20%)＋8 000×(1－20%)×(1－30%)＋
　　　　　10 000×(1－20%)＝156 000＋20 800＋4 480＋8 000＝189 280(元)

②专项扣除＝1 200×12＝14 400(元)

③专项附加扣除＝1 000×12＋1 000×12＋1 000×12＋15 000＝51 000(元)

④综合所得年度应纳税额＝(综合所得－60 000－专项扣除－专项附加扣除－依法确定
　　　　　　　　　　　的其他扣除)×适用税率－年度速算扣除数＝(189 280－
　　　　　　　　　　　60 000－14 400－51 000)×10%－2 520＝63 880×10%－
　　　　　　　　　　　2 520＝3 868(元)

应纳税额＝综合所得年度应纳税额－预缴税额＝3 868－8 776＝－4 908(元)，退税4 908元。

本 章 小 结

本章主要讲述了所得税制的主要内容。所得课税是现代税制的主要内容。所得课税是对自然人和法人的收益额课税的税种，具有自动调节经济周期的职能。所得课税一般包含个人所得税和公司所得税。个人所得税有分类所得税制、综合所得税制、分类综合所得税制（混合所得税制）三种类型，我国目前是分类综合所得税制（混合所得税制）。个人所得税自2019年1月1日起施行，综合所得的课征体现了税制模式的混合课征，税率的调整、计征方式的优化均是新个人所得税的优势。自2008年1月1日起开征企业所得税，对所有企业统一税负，并降低税率，有利于营造更加公平的营商环境。

关键词

所得课税 个人所得税 混合所得税制 企业所得税

思考题

1. 简述所得课税的特点。
2. 简述我国企业所得税制度的演变情况。
3. 如何理解个人所得税的纳税人界定及其纳税义务的范围？
4. 简述个人所得税的纳税办法。
5. 2019年个人所得税有哪些变化？

第 10 章 财产及其他课税

【学习目的】

通过本章学习，理解我国除流转税、所得税之外的其他税种，包括财产税类、资源税类、行为目的税类的基本内容，熟悉各税种的基本税制要素及应纳税额的计算，了解这些税种变化的脉络及趋势；重点掌握财产及其他课税的典型税种，如房产税、土地增值税、印花税、车船税等。

【开篇导言】

在当代税制结构中居于主要位置的现代直接税，也就是所得税和财产税，是调节收入分配的主要载体，是税收调节职能发挥的主要机制。财产税作为典型的直接税，发挥着十分重要的作用。在我国税制结构中，流转税、所得税是主体，财产税因其独特的财政收入功能和调节财富分配的作用，也成为我国税制的重要组成部分。我国目前还没有完整的财产税体系，只有针对个别财产的单独课征，如房产税、车船税、契税等，随着未来房产税的进一步优化和完善，房产税也必将成为我国税制调节收入分配的主要手段。

资源税类是我国税制结构中目的明确、作用却甚微的一类税种。随着我国资源税改革的持续推进，对应税矿产品、不可再生资源、水资源等的过度开采和使用具有一定限制作用。行为目的税类在我国税制结构中的作用也日益凸显，能够适当调节纳税人的经济行为。

这些小税种是我国税制结构的重要构成部分，是我国完善地方税收体系的重要源泉，是我国税制改革持续推进的关键节点。在落实税收法定原则进程中，船舶吨税法、烟叶税法、契税法、城市维护建设税法、耕地占用税法等持续上升为税收法律，是我国税制改革的重要篇章。

10.1 财产课税概述

10.1.1 财产课税体系的界定

财产税不是单一的税种名称，而是税收分类中的一个类别，故严格来说，应称之为财产税体系。目前，国内外的相关文献对于狭义的财产税体系一般仅指财产保有税，即着眼于财产保有的事实而课征的税收。财产保有税根据其课税对象范围大小，可分为选择性财产保有税和一般性财产保有税。其中，选择性财产保有税以纳税义务人的特定财产为课征对象，大体分为不动产保有税和动产保有税。不动产保有税主要指对保有土地与其上定着物（主要是房屋建筑物）的课税；动产保有税主要指对保有车辆、船舶和飞行器等动产的课税。这主要是因为这些动产不仅价值大,而且各国法律对其一般也采取了登记制度,从而易于课税。

广义的财产税则不仅包括财产保有税,还包括财产转让税与财产收益税。财产转让税是指对财产进行转让行为课征的税收。按是否支付对价,财产转让可分为有偿转让和无偿转让。有偿转让是指支付对价的转让,如财产的出售或出租;无偿转让是指受让人不支付对价的转让,如财产的继承和赠与。因此,从理论上看,财产转让税相应地可分为财产有偿转让税和财产无偿转让税。财产收益税是对财产交易所产生的收益的课税。由于我们通常不将动产(货物)交易中的加价视为动产收益,加之除少数动产(如古玩、字画、邮票等)外,绝大多数动产在保有过程中只会发生贬值而不会发生增值。因此,财产收益税一般仅指不动产收益税。不动产收益税是指对不动产所产生的收益进行的课税,包括不动产所得税和不动产利得税。

在界定我国的财产税体系时,通常将财产课税理解为是对社会财富的存量及对财产所有权或者使用权进行转让这一特定行为进行的课税。因此,财产课税既有别于以财富的流量作为征税对象的所得课税,也不同于以货币资金的流量作为征税对象的商品课税。财产课税体系一般只包括财产保有税和财产转让税,而不包括财产收益税(财产收益税通常被纳入所得税类体系)。

其中,财产保有税主要包括的税种有:房产税、城镇土地使用税等,这些税种可以划入不动产保有税;车船税等税种可以划入动产保有税中。财产转让税主要包括了土地增值税、契税、印花税等财产有偿转让税。1994—2019年我国财产税及其他税收的征收情况见表10-1。

表 10-1 1994—2019 年我国财产税及其他税收的征收情况   亿元

年份	房产税	城镇土地使用税	车船税	土地增值税	印花税	资源税	城市维护建设税	车辆购置税	契税	耕地占用税
1994	60.3	32.5	11.3		61.8	45.5	176.3		11.8	36.5
1995	81.7	33.6	13.4	0.3	46.8	55.1	212.1		18.3	34.5
1996	102.2	39.4	15.1	1.1	146.7	57.3	245.1		25.2	31.2
1997	123.9	44.0	17.2	2.5	266.3	56.6	272.3		32.3	32.5
1998	159.8	54.2	19.1	4.3	238.5	61.9	295.0		59.0	33.4
1999	183.5	59.1	20.9	6.8	282.3	62.9	315.3		96.0	33.0
2000	209.6	64.9	23.4	8.4	521.9	63.6	352.1		131.1	35.3
2001	228.6	66.2	24.6	10.3	337.0	67.1	384.4	254.8	157.1	38.3
2002	282.4	76.8	28.9	20.5	179.4	75.1	470.9	363.5	239.1	57.3
2003	323.9	91.6	32.2	37.3	215.0	83.2	550.0	474.3	358.1	39.9
2004	366.3	106.2	35.6	75.1	290.2	99.1	674.0	533.9	540.1	120.1
2005	435.9	137.3	38.89	140.0	226.8	142.6	796.0	557.6	735.1	141.9
2006	515.1	176.9	49.96	231.3	376.6	207.3	940.2	687.5	867.7	171.1
2007	575.05	385.45	68.16	403.15	2 261.74	261.25	1 156.34	876.79	1 205.89	185.01
2008	680.40	816.95		537.10	979.16	301.76		989.75	1 307.18	313.97
2009	803.64	920.91		719.43	510.47	338.24		1 163.17	1 734.99	632.99

续表

年份	房产税	城镇土地使用税	车船税	土地增值税	印花税	资源税	城市维护建设税	车辆购置税	契税	耕地占用税
2010	894.06	1 004.01		1 276.67	544.17	417.58		1 792.03	2 464.80	888.34
2011	1 102.36	1 222.26		2 062.51	438.45	598.87		2 044.45	2 763.61	1 071.97
2012	1 372.49	1 541.72	393.02	2 719.06	985.64	904.37	3 126.63	2 228.91	2 871.04	1 620.71
2013	1 581.50	1 718.77	473.96	3 293.91	1 244.36	1 005.65	3 419.90	2 596.34	3 844.02	1 808.23
2014	1 851.64	1 992.62	541.06	3 914.58	1 540.00	1 083.82	3 644.64	2 885.11	4 000.70	2 059.05
2015	2 050.90	2 142.04	613.29	3 832.18	3 441.44	1 034.94	3 886.32	2 792.56	3 898.55	2 097.21
2016	2 220.91	2 255.74	682.68	4 212.18	2 209.37	950.83	4 033.60	2 674.16	4 300.00	2 028.89
2017	2 604.33	2 360.55	773.59	4 911.28	2 206.39	1 353.32	4 362.15	3 280.67	4 910.42	1 651.89
2018	2 888.56	2 387.60	819.19	5 641.38	2 199.36	1 629.90	4 839.98	3 452.53	5 729.94	1 318.85
2019	2 988.00	2 195.00	925.00	6 465.00	2 463.00	1 822.00	4 821.00	3 498.00	6 213.00	13 90.00

资料来源：财政部网站、国家税务总局网站、国家统计局网站、历年《中国财政年鉴》。

10.1.2 财产税的特点

财产课税的主要优点有以下四个方面。①税负不易转嫁。财产课税中的多数税种具有直接税的性质，财产持有者在财产使用上一般不与他人发生经济交易关系，因而较难转嫁。②收入较稳定。财产课税的对象是财产价值，税源比较充分，并且相对稳定，不易受经济变动因素的影响，因而是财政收入的稳定来源。③符合纳税能力原则。财产可以作为衡量个人纳税能力的尺度，有财产者必有纳税能力。④具有收入分配的职能。财产课税实行有财产者纳税、无财产者不纳税、财产多者多纳税、财产少者少纳税的征税原则，这在一定程度上有助于避免社会财富分配不均。

财产课税也有明显的缺陷，主要表现在以下三个方面。①税负存在一定的不公平。纳税人财富的主要评价标准是收入，而不仅是财产。财产中的动产，常常成为隐匿对象。不动产的估价也较难，在征管上难以掌握。因此，财产课税容易导致税负不公。②收入弹性较小。作为财产征税对象的财产价值一般不易发生变动，因此财产课税收入不易随财政的需要而变动。③在一定程度上有碍资本的形成。财产课税会减少投资者的资本收益，降低投资者的投资积极性。因此，在一国经济欠发达阶段，财产课税可能不利于资本的形成。

10.2 财产保有税

10.2.1 房产税

房产税法是指国家制定的调整房产税征收与缴纳之间权利及义务关系的法律规范。1986年9月15日国务院颁布了《中华人民共和国房产税暂行条例》。房产税是以房产为征税对象，依据房产价格或房产租金收入向房产所有人或经营人征收的一种税。对房产征税的目的是运用税收杠杆,加强对房产的管理,提高房产使用效率,控制固定资产投资规模和配合国家房产政策的调整,合理调节房产所有人和经营人的收入。此外,房产税税源稳定,易于控制管理,是地方财政收入的重要来源之一。2008年12月31日国务院发布第546号令,自2009年1月1日起废止《中华人民共和国城市房地产税暂行条例》,外商投资企业、外国企业和组织以及外籍个人依照《中华人民共和国房产税暂行条例》缴纳房产税,全国范围内实行统一的房产税,不再分企业性质区别对待。自2012年开始,选择上海、重庆两个地区进行房产税改革试点,对独栋商品住宅、高档住宅等面积达到一定平方米且位置不同的分别课以不同的房产税,以调控楼市过热的发展。目前,在落实税收法定原则进程中,房产税立法指日可待。

1. 纳税义务人

房产税的纳税义务人是指房屋的产权所有人,具体包括产权所有人、经营管理单位、房产承典人、房产代管人或使用人。

2. 征税对象

房产税的征税对象是房产。所谓房产,即有屋面和围护结构(有墙或两边有柱),能够遮风避雨,可供人们在其中生产、学习、工作、娱乐、居住或储藏物资的场所。房地产开发企业建造的商品房,在出售前,不征收房产税;但对出售前房地产开发企业已使用或者出租、出借的商品房应按规定征收房产税。

3. 征税范围

房产税的征税范围为城市、县城、建制镇和工矿区。

4. 计税依据

房产税的计税依据,有从价计征和从租计征两种。所谓"从价计征",是指按照房产原值一次减除10%~30%后的余值计算缴纳。在确定计税余值时,房产原值的具体减除比例,由省、自治区、直辖市人民政府在税法规定的减除幅度内自行确定。所谓"从租计征",是指以房产租金收入计算缴纳。房产的租金收入,是房屋产权所有人出租房产使用权所得的报酬,包括货币收入和实物收入。对以劳务或其他形式作为报酬抵付房租收入的,应当根据当地同类房产的租金水平,确定一个标准租金额,从租计征。

5. 税率

我国现行房产税采用的是比例税率,主要有两种税率:一是实行从价计征的,税率为1.2%;二是实行从租计征的,税率为12%。从2001年1月1日起,对个人按市场价格出租的租金收入计征的,可暂减按4%的税率征收房产税。

6. 应纳税额的计算

(1) 从价计征的计算。从价计征的计算,是指按照房产的原值减除一定比例后的余额来计算征收房产税。其计算公式为

$$应纳税额 = 应税房产原值 \times (1 - 扣除比例) \times 适用税率$$

(2) 从租计征的计算。从租计征的计算,是指按房产出租的租金收入来计算征收房产税。其计算公式为

$$应纳税额 = 租金收入 \times 适用税率$$

7. 纳税办法

纳税人应将现有房屋的坐落地点、结构、面积、原值、出租收入等情况,向当地税务机

关办理纳税申报；房产税在房产所在地缴纳，按年征收，按季或半年分期缴纳。

案例 10-1

从价计征与从租计征缴纳房产税的计算

某企业 2019 年 1 月 1 日的房产原值为 3 000 万元，4 月 1 日将其中原值为 1 000 万元的临街房出租给某连锁商店，月租金 5 万元。当地政府规定允许按房产原值减除 20% 后的余值计税。该企业当年应缴纳房产税是多少？

【解析】 自身经营用房的房产税按房产余值从价计征，临街房 4 月 1 日才出租，1—3 月仍从价计征，自身经营用房应纳房产税=(3 000−1 000)×(1−20%)×1.2%+[1 000×(1−20%)×1.2%/12]×3=19.2+2.4=21.6(万元)

出租的房产按本年租金从租计征=5×9×12%=5.4(万元)

企业当年应纳房产税=21.6+5.4=27(万元)

10.2.2 城镇土地使用税

城镇土地使用税法，是指国家制定的用以调整城镇土地使用税征收与缴纳权利及义务关系的法律规范。1988 年 9 月 27 日国务院颁布了《中华人民共和国城镇土地使用税暂行条例》。城镇土地使用税是以城镇土地为征税对象，对拥有土地使用权的单位和个人开收的一种税。它于 1988 年 11 月 1 日起对国内企业、单位和个人开征，对外资企业和外籍人员不征收。开征城镇土地使用税，有利于通过经济手段，加强对土地的管理，变土地的无偿使用为有偿使用，促进合理、节约使用土地，提高土地使用效益；有利于适当调节不同地区、不同地段之间的土地级差收入，促进企业加强经济核算，理顺国家与土地使用者之间的分配关系。为了进一步合理利用城镇土地，调节土地级差收入，提高土地使用效率，2006 年 12 月 31 日修订了《中华人民共和国城镇土地使用税暂行条例》，提高了城镇土地使用税税额标准、外商投资企业和外国企业也纳入征税范围，该暂行条例自 2007 年 1 月 1 日起施行。此后，2011 年、2013 年再次对该条例进行了修订。

1. 纳税人

凡在城市、县城、建制镇、工矿区范围内使用土地的单位和个人，为城镇土地使用税的纳税义务人。由于在现实经济生活中，使用土地的情况十分复杂，为确保将土地使用税及时、足额地征收上来，税法根据用地的不同情况，对纳税人做出如下具体规定：①拥有土地使用权的单位和个人；②拥有土地使用权的单位和个人不在土地所在地的，其实际使用人和代管人为纳税人；③土地使用权未确定或权属纠纷未解决的，其实际使用人为纳税人；④土地使用权共有的，共有各方都是纳税人，由共有各方分别纳税。

2. 征税范围

城镇土地使用税的征税范围为城市、县城、建制镇和工矿区。其中，城市是指国务院批准设立的市，其征税范围包括市区和郊区；县城，指县人民政府所在地；建制镇是指经省、自治区、直辖市人民政府批准成立的，符合国务院规定的建制镇标准的镇，其征税范围为镇人民政府所在地；工矿区是指工商业比较发达、人口比较集中的大中型工矿企业所在地，工矿区的设立必须经省、自治区、直辖市人民政府批准。

3. 税率

城镇土地使用税实行分级幅度税额。每平方米土地年税额规定如下：①大城市 1.5～30元；②中等城市 1.2～24元；③小城市 0.9～18元；④县城、建制镇、工矿区 0.6～12元。

经省、自治区、直辖市人民政府批准，经济落后地区的土地使用税适用税额可以适当降低，但降低额不得超过规定的最低税额的 30%；经济发达地区土地使用税的使用税额标准可以适当提高，但须报经财政部批准。

4. 应纳税额的计算

1）计税依据

城镇土地使用税以纳税人实际占用的土地面积为计税依据。纳税人实际占用的土地面积是指省、自治区、直辖市人民政府确定的单位组织测定的土地面积。尚未组织测量，但纳税人持有政府部门核发的土地使用证书，以证书确认的土地面积为准；尚未核发土地使用证书的，应由纳税人据实申报土地面积。

2）应纳税额计算方法

城镇土地使用税的应纳税额依据纳税人实际占用的土地面积和适用单位税额计算。计算公式为

$$应纳税额 = 计税土地面积 \times 适用单位税额$$

如果土地使用权由几方共有，由共有各方按照各自实际使用的土地面积占总面积的比例，分别计算缴纳土地使用税。

5. 纳税办法

土地使用税按年计算，分期缴纳。纳税地点为土地所在地，由土地所在地的税务机关负责征收。

案例 10－2

城镇土地使用税的计算

设在某城市的一家企业使用土地面积为 12 000 m^2，经税务机关核定，该土地为应税土地，年税额为 10 元/m^2。请计算其全年应纳的城镇土地使用税。

【解析】 全年应纳城镇土地使用税额＝12 000×10＝120 000（元）

10.2.3 车船税

车船税是对在中华人民共和国境内属于《中华人民共和国车船税法》中"车船税税目税额表"所规定的车辆、船舶的所有人或者管理人征收的一种税。

我国车船税历史久远。公元前 129 年开征的"算商车"是车船税的最早形式，在整个封建社会时期，车船税始终都是税收体系不可或缺的一部分。新中国成立后，中央人民政府政务院于 1951 年 9 月颁布了《车船使用牌照税暂行条例》，在全国部分地区开征。1973 年的税制改革，把对国营企业和集体企业征收的车船使用牌照税并入工商税，车船税课税范围仅限于不缴纳工商税的单位、个人和外侨，不再统一实施。1984 年 10 月国务院决定恢复对车船征税，于 1986 年 10 月 1 日起全国施行《中华人民共和国车船使用税暂行条例》（以下简称《车船税暂行条例》）。2006 年 12 月 29 日国务院修订并公布《车船税暂行条例》，修订内容主要是统一内外资企业和个人车船税，执行同一套车船税制度，废止原车船使用牌照税，

并于2007年1月1日起施行。

车船税立法是我国落实税收法定原则较早的税种,自2012年1月1日起《中华人民共和国车船税法》施行,2006年12月29日国务院公布的《车船税暂行条例》同时废止。车船税法统一了税制,公平了税负,拓宽了税基,提高了税法的立法级次,能够增加地方财政收入。2019年4月23日,对车船税法进行第一次修改,增加了"悬挂应急救援专用号牌的国家综合性消防救援车辆和国家综合性消防救援专用船舶"。

1. 纳税义务人

在中华人民共和国境内属于"车船税税目税额表"规定的车辆、船舶(以下简称应税车船)的所有人或者管理人,为车船税的纳税人,应当缴纳车船税。

2. 征税范围

应税车船是指应当在我国车船管理部门登记的车船,包括乘用车、商业车、挂车、其他车辆、摩托车和船舶。

3. 税率

车船税税率实行定额税率,不同地区可以在规定幅度内根据实际情况确定实际定额税率,从量计征。车船税税目税额见表10-2。

表 10-2 车船税税目税额

税目		计税单位	年基准税额	备注
乘用车(按发动机汽缸容量(排气量)分档)	1.0升(含)以下的	每辆	60~360元	核定载客人数9人(含)以下
	1.0升以上至1.6升(含)的		300~540元	
	1.6升以上至2.0升(含)的		360~660元	
	2.0升以上至2.5升(含)的		660~1 200元	
	2.5升以上至3.0升(含)的		1 200~2 400元	
	3.0升以上至4.0升(含)的		2 400元至3 600元	
	4.0升以上的		3 600~5 400元	
商用车	客车	每辆	480~1 440元	核定载客人数9人以上,包括电车
	货车	整备质量每吨	16~120元	包括半挂牵引车、三轮汽车和低速载货汽车等
挂车		整备质量每吨	按照货车税额的50%计算	
其他车辆	专用作业车	整备质量每吨	16~120元	不包括拖拉机
	轮式专用机械车		16~120元	
摩托车		每辆	36~180元	
船舶	机动船舶	净吨位每吨	3~6元	拖船、非机动驳船分别按照机动船舶税额的50%计算
	游艇	艇身长度每米	600~2 000元	

4. 计税依据

车船税的计税依据，按车船的种类和性能，分别确定为每辆、整备质量每吨、净吨位每吨和艇身长度每米。有尾数的一律按照含尾数的计税单位据实计算车船税应纳税额。计算得出的应纳税额小数点后超过两位的可四舍五入保留两位小数。

（1）乘用车、商用客车和摩托车，以每辆为计税依据。

（2）商用货车、专用作业车和轮式专用机械车，按整备质量每吨为计税依据。

（3）机动船舶、非机动驳船、拖船，按净吨位每吨为计税依据。

（4）游艇按艇身长度每米为计税依据。

5. 应纳税额的计算

（1）乘用车、商用客车和摩托车应纳税额＝应税车辆数量×适用单位税额。

（2）商用货车、挂车和其他车辆＝车辆的整备质量吨位×适用单位税额。

（3）机动船舶应纳税额＝净吨位数量×适用单位税额。

（4）游艇应纳税额＝艇身长度×适用单位税额。

6. 应纳税额的相关调整

（1）对车辆净吨位尾数在半吨以下的按半吨计算，超过半吨的按1吨计算。

（2）从事运输业务的拖拉机所挂的拖车，均按载重汽车的净吨位的5折计算。

（3）机动车挂车，按机动载货汽车税额的7折计算。

（4）客货两用汽车，载人部分按乘人汽车减半征税，载货部分按机动载货汽车征税。

（5）船舶不论净吨位或载重吨位，其尾数在半吨以下的不计算，超过半吨的按1吨计算。

（6）不及1吨的小型船只，一律按1吨计算。

（7）拖轮计算标准可按每马力折合净吨位的5折计算。

7. 税收优惠

免征车船税项目：捕捞、养殖渔船；军队、武装警察部队专用的车船；警用车船；悬挂应急救援专用号牌的国家综合性消防救援车辆和国家综合性消防救援专用船舶；依照法律规定应当予以免税的外国驻华使领馆、国际组织驻华代表机构及其有关人员的车船；对受严重自然灾害影响纳税困难以及有其他特殊原因确需减税、免税的，可以减征或者免征车船税；省、自治区、直辖市人民政府根据当地实际情况，可以对公共交通车船，农村居民拥有并主要在农村地区使用的摩托车、三轮汽车和低速载货汽车定期减征或者免征车船税；符合标准的节能汽车减半征收车船税，符合标准的新能源车船免征车船税。

8. 税收征管

从事机动车第三者责任强制保险业务的保险机构为机动车车船税的扣缴义务人，应当在收取保险费时依法代收车船税，并出具代收税款凭证。车船税的纳税地点为车船的登记地或者车船税扣缴义务人所在地。依法不需要办理登记的车船，车船税的纳税地点为车船的所有人或者管理人所在地。车船税纳税义务发生时间为取得车船所有权或者管理权的当月。车船税按年申报缴纳。具体申报纳税期限由省、自治区、直辖市人民政府规定。

案例10-3

车船税应纳税额的计算

某运输公司有货车挂车10辆，净吨位5吨，另有卡车8辆，净吨位3.7吨，仅供内部行驶的平板货车一辆,接送职工面包车一辆(18人座),1月份还新添3辆卡车,当月投入使用,每辆净吨位为2吨。当地政府规定载货汽车单位税额为60元/吨,30座以内乘人汽车单位税额为600元。要求:计算该单位全年应纳车船使用税多少?

【解析】 ①货车挂车,机动载货汽车税额的7折计税:应纳车船税=10×(60×70%)×5=2 100(元);②卡车按净吨位征税,净吨位尾数半吨以下按半吨计算;超过半吨,按1吨计算。应纳车船税=4×60×8=1 920(元);③仅供内部行驶的平板货车免税;④接送职工面包车按"辆"计税。应纳车船税=1×600=600(元);⑤新添卡车自使用之月纳税。应纳车船税额=3×60×2=360(元)。该单位当年应纳车船使用税=2 100+1 920+600+360=4 980(元)。

10.2.4 船舶吨税

船舶吨税是一国船舶使用了另一国家的助航设施而向该国缴纳的一种税费,税款专用于海上航标的维护、建设和管理。2012年1月1日《中华人民共和国船舶吨税暂行条例》施行。为了提升税收立法级次,加快税收法定进程,2017年12月27日第十二届全国人民代表大会常务委员会第三十一次会议通过《中华人民共和国船舶吨税法》,自2018年7月1日起施行,2011年12月5日国务院公布的《中华人民共和国船舶吨税暂行条例》同时废止。

1. 纳税人

船舶吨税对自中国境外港口进入中国境内港口的船舶征收,以应税船舶负责人为纳税人。

2. 课税对象

在中华人民共和国港口行驶的外国船舶和外商租用的中国籍船舶以及中外合营企业使用的中国籍船舶为课税对象。

3. 税率

我国国籍的应税船舶、船籍国与我国签订含有互相给予船舶税费最优惠待遇条款的条约或者协定的应税船舶,适用优惠税率;其他应税船舶,适用普通税率,具体见表10-3。

表10-3 船舶吨税税率

税目	税率/(元/净吨)					
	普通税率			优惠税率		
	1年	90日	30日	1年	90日	30日
不超过2 000(含)净吨	12.6	4.2	2.1	9.0	3.0	1.5
2 000~10 000(含)净吨	24.0	8.0	4.0	17.4	5.8	2.9
10 000~50 000(含)净吨	27.6	9.2	4.6	19.8	6.6	3.3
超过50 000净吨以上的	31.8	10.6	5.3	22.8	7.6	3.8

4. 应纳税额的计算

应纳税额=应税船舶净吨位×定额税率

净吨位,是指由船籍国(地区)政府签发或者授权签发的船舶吨位证明书上标明的净吨位。吨税按照船舶净吨位和吨税执照期限征收,应税船舶负责人在每次申报纳税时,可以按照《吨税税目税率表》选择申领一种期限的吨税执照。吨税执照期限,是指按照公历年、日计算的期间。

海关根据船舶负责人的申报,审核其申报吨位与其提供的船舶吨位证明和船舶国籍证书或者海事部门签发的船舶国籍证书收存证明相符后,按其申报执照的期限计征吨税,并填发缴款凭证交船舶负责人缴纳税款。

5. 纳税办法

(1) 船舶吨税纳税义务发生时间为应税船舶进入境内港口的当日,应税船舶在吨税执照期满后尚未离开港口的,应当申领新的吨税执照,自上一执照期满的次日起续交船舶吨税。

(2) 应税船舶在进入港口办理入境手续时,应当向海关申报纳税领取吨税执照,或者交验吨税执照。应税船舶在离开港口办理出境手续时,应当交验吨税执照。

(3) 应税船舶负责人申领吨税执照时,应当向海关提供船舶国籍证书或海事部门签发的船舶国籍证书收存证明和船舶吨位证明。

10.3 财产转让税

财产转让税主要包括了土地增值税、契税、印花税等财产有偿转让税。

10.3.1 土地增值税

土地增值税法是指国家制定的用以调整土地增值税征收与缴纳之间权利及义务关系的法律规范。现行土地增值税的基本规范,是 1993 年 12 月 13 日国务院颁布的《中华人民共和国土地增值税暂行条例》。土地增值税是对转让国有土地使用权、地上建筑物及其附着物并取得收入的单位和个人,就其转让房地产所取得的增值额征收的一种税。我国开征土地增值税的主要目的,是进一步改革和完善税制,增强国家对房地产开发和房地产市场调控力度的客观需要;是为了抑制炒买炒卖土地投机获取暴利的行为;是为了规范国家参与土地增值收益的分配方式,增加国家财政收入的需要。

1. 纳税人

土地增值税的纳税义务人为转让国有土地使用权、地上建筑物及其附着物并取得收入的单位和个人。不论是法人与自然人,不论企业性质如何,不论是内资与外资企业、中国公民与外籍个人,不论部门,即包含工、农、商、学校、医院、机关等,只要是有偿转让房地产,都是土地增值税的纳税人。

2. 征税对象

征税对象是指有偿转让国有土地使用权及地上建筑物和其他附着物产权所取得的增值额。

3. 税率

土地增值税实行四级超率累进税率,见表 10-4。

表 10-4 土地增值税四级超率累进税率

级数	增值额与扣除项目金额的比率	税率/%	速算扣除系数/%
1	不超过 50% 的部分	30	0

续表

级 数	增值额与扣除项目金额的比率	税率/%	速算扣除系数/%
2	超过50%至100%的部分	40	5
3	超过100%至200%的部分	50	15
4	超过200%的部分	60	35

4. 应税收入的认定

（1）转让房地产所得的收入，应包括转让房地产的全部价款及有关的经济收益。

（2）纳税人转让房地产取得的收入，包括货币收入、实物收入和其他收入。

5. 确定增值额的扣除项目

税法准予的扣除项目包括以下几项。

（1）取得土地使用权所支付的金额。包括：①取得土地使用权所支付的地价款；②取得土地使用权时缴纳的有关费用（如登记、过户手续费）。

（2）房地产开发成本。包括土地的征用及拆迁补偿费、前期工程费、建筑安装工程费、基础设施费、公共配套设施费、开发间接费用（如工资、折旧费、水电费等）。

（3）房地产开发费用。即与房地产开发项目有关的销售费用、管理费用、财务费用。应按《实施细则》的标准进行扣除，不按实际费用扣除。①财务费用中的利息能按转让房地产项目计算分摊且取得金融机构证明的，其允许扣除的房地产开发费用为：按实际支付的利息＋（取得土地使用权所支付的金额＋房地产开发成本）×5％以内计算扣除（注：利息最高不能超过按商业银行同类同期贷款利率计算的金额）。②利息费用未能计算分摊或取得证明的，其允许扣除的房地产开发费用为：按（取得土地使用权所支付的金额＋房地产开发成本费用）×10％以内计算扣除。③利息费用的扣除规定。利息的上浮幅度按国家的有关规定执行，超过上浮幅度的部分不允许扣除。对于超过贷款期限的利息和加罚的利息不允许扣除。

（4）旧房及建筑物的评估价格。转让旧房的，应按取得土地使用权所支付的地价款和按国家统一规定缴纳的有关费用，在转让环节缴纳的税金及房屋、建筑物的评估价格，作为扣除项目金额，计征土地增值税。旧房及建筑物的评估价格，是指在转让已使用的房屋及建筑物时，由政府批准设立的房地产评估机构评定的重置成本价乘以成新度折扣率后的价格。

（5）与转让房地产有关的税金。与转让房地产有关的税金，是指在转让房地产时缴纳的城市维护建设税、印花税。因转让房地产缴纳的教育费附加，也可视同税金予以扣除。这里的印花税应注意：①房地产开发企业在转让时缴纳的印花税，列入管理费用中，故在此不允许扣除；②其他纳税人缴纳的印花税（按产权转移书据所载金额的0.5‰贴花），允许在此扣除。

（6）财政部规定的其他扣除项目。对专门从事房地产开发的纳税人，可按"取得土地使用权所支付的金额"与"房地产开发成本"计算的金额之和，加计20％扣除。

6. 增值额的确定

增值额是指土地增值税纳税人转让房地产所取得的收入减除规定的扣除项目金额后的余额。增值额与扣除项目金额的比率越大，适用的税率越高，缴纳的税款越多。

7. 应纳税额的计算

（1）增值额未超过扣除项目金额50％的部分：

$$应纳税额=增值额×30\%$$

(2) 增值额超过扣除项目金额50%、未超过100%：

$$应纳税额=增值额×40\%-扣除项目金额×5\%$$

(3) 增值额超过扣除项目金额100%、未超过200%：

$$应纳税额=增值额×50\%-扣除项目金额×15\%$$

(4) 增值额超过扣除项目金额200%的部分：

$$应纳税额=增值额×60\%-扣除项目金额×35\%$$

其中，公式中的5%、15%、35%分别为二、三、四级的速算扣除系数。

8. 纳税办法

纳税人应在签订转让房地产合同后7日内，到房地产所在地主管税务机关办理纳税申报。凡从事房地产开发的纳税人要向房地产所在地主管地税机关进行申报纳税。从事房地产开发的纳税人，实行预征税款的，缴款期限为月份终了后15日内；其他纳税人的缴款期限为办理纳税申报后的5日内。

案例 10-4

土地增值税应纳税额的计算

2019年1月31日，某房地产开发公司转让写字楼一幢，共取得转让收入5 000万元，公司即按税法规定缴纳了有关税金（城建税等其他税金25万元）。已知该公司为取得土地使用权而支付的地价款和按国家统一规定交纳的有关费用为500万元；投入的房地产开发成本为1 500万元；房地产开发费用中的利息支出为120万元（能够按转让房地产项目计算分摊并提供金融机构证明），比按工商银行同类同期贷款利率计算的利息多出10万元。公司所在地政府规定的其他房地产开发费用的计算扣除比例为5%，请计算该公司转让此楼应缴纳的土地增值税税额。

【解析】 按照土地增值税计算办法，分析如下。

(1) 确定转让房地产的收入：转让收入为5 000万元。

(2) 确定转让房地产的扣除项目金额：取得土地使用权所支付的金额为500万元，房地产开发成本为1 500万元。

房地产开发费用为

$$(120-10)+(500+1\ 500)×5\%=110+100=210(万元)$$

与转让房地产有关的税金为：25万元

从事房地产开发的加计扣除为

$$(500+1\ 500)×20\%=400(万元)$$

转让房地产的扣除项目金额为

$$500+1\ 500+210+25+400=2\ 635(万元)$$

(3) 转让房地产的增值额：

$$5\ 000-2\ 635=2\ 365(万元)$$

(4) 增值额与扣除项目金额的比率：

$$2\ 365/2\ 635=89.8\%$$

(5) 应缴纳土地增值税税额：

按照速算扣除法：

应缴纳土地增值税税额＝2 365×40％－2 635×5％＝814.25（万元）

10.3.2 契税

契税是以所有权发生转移变动的不动产为征税对象，向产权承受人征收的一种财产税。国务院于1997年7月7日颁布了《中华人民共和国契税暂行条例》，并于1997年10月1日起施行。2019年12月23日，第十三届全国人民代表大会常务委员会第十五次会议对《中华人民共和国契税法（草案）》（以下简称契税法草案）进行了审议并向社会公布。契税法草案维持现行税率不变，拓宽了税收减免范围，调整了纳税义务发生时间和纳税申报期限。

1. 纳税人

契税的纳税义务人，是指在中华人民共和国境内转移土地、房屋权属，承受的单位和个人。土地、房屋权属是指土地使用权和房屋所有权。单位是指企业单位、事业单位、国家机关、军事单位和社会团体及其他组织。个人是指个体经营者及其他个人，包括中国公民和外籍人员。

2. 征税对象

契税的征税对象是境内转移土地、房屋权属。具体包括以下五项内容。

(1) 国有土地使用权出让。即土地使用者向国家交付土地使用权出让费用，国家将国有土地使用权在一定期限内让与土地使用者的行为。

(2) 土地使用权的转让。即土地使用者以出售、赠与、交换或者其他方式将土地使用权转让给其他单位和个人的行为。土地使用权的转让不包括农村集体土地承包经营权的转让。

(3) 房屋买卖。即房屋所有者将其房屋出售，由承受者交付货币、实物、无形资产或其他经济利益的行为。

(4) 房屋赠与。即房屋所有者将其房屋无偿转让给受赠者的行为。

(5) 房屋交换。即房屋所有者之间互相交换房屋的行为。

3. 税率

契税实行幅度比例税率，税率幅度为3％～5％。具体执行税率由各省、自治区、直辖市人民政府在规定的幅度内，根据本地区的实际情况确定。

4. 计税依据

契税的计税依据为不动产的价格。按土地、房屋交易的不同情况，分为以下几种情况。

(1) 国有土地使用权出让、土地使用权出售、房屋买卖，以成交价格为计税依据。成交价格是指土地、房屋权属转移合同确定的价格，包括承受者应交付的货币、实物、无形资产或者其他经济利益。

(2) 土地使用权赠与、房屋赠与，由征收机关参照土地使用权出售、房屋买卖的市场价格核定。

(3) 土地使用权交换、房屋交换，为所交换的土地使用权、房屋的价格差额。

① 交换价格相等时，免征契税；② 交换价格不等时，由多交付的货币、实物、无形资

产或者其他经济利益的一方缴纳契税。

(4) 以划拨方式取得土地使用权，经批准转让房地产时，由房地产转让者补交契税。计税依据为补交的土地使用权出让费用或者土地收益。

5. 应纳税额的计算

应纳税额的计算采用比例税率，其计算公式为

$$应纳税额=计税依据\times 税率$$

6. 纳税办法

契税法草案规定了契税申报、缴纳环节合并为一个环节，纳税人在依法办理土地、房屋权属登记手续前申报缴纳契税。目的是避免纳税人多次往返税务机关、最大限度防止由于合同不确定性导致的退税、补税，这有利于促进部门间的业务协同和流程优化。税务机关应当与相关部门建立契税涉税信息共享和工作配合机制。

7. 税收优惠

非营利的学校、医疗机构、社会福利机构，承受土地、房屋权属用于办公、教学、医疗、科研、养老、救济，承受荒山、荒地、荒滩土地使用权用于农、林、牧、渔业生产等情形，免征契税。

案例 10-5

契税应纳税额的计算

居民甲有两套住房，将一套出售给居民乙，成交价格为 2 000 000 元；将另一套两室住房与居民丙交换成两处一室住房，并支付给丙换房差价款 600 000 元。试计算甲、乙、丙相关行为应缴纳的契税（假定税率为 3%）。

【解析】 根据契税计征的有关规定：

甲应缴纳契税：$600\,000\times 3\% = 18\,000(元)$

乙应缴纳契税：$2\,000\,000\times 3\% = 60\,000(元)$

丙不缴纳契税。

10.3.3 印花税

印花税的征税对象是经济活动和交往中书立、领受应税凭证的行为。印花税是一个古老的税种，在国际上被广泛使用，因其采用在应税凭证上粘贴印花税票缴纳税款而得名。印花税的征收可以增加财政收入，监管经济行为中的合同事项，培养纳税人的法律意识、纳税意识等。

印花税法是指国家制定的用以调整印花税征收与缴纳权利及义务关系的法律规范。现行的印花税法是 1988 年 10 月 1 日国务院公布并施行的《中华人民共和国印花税暂行条例》（以下简称《印花税暂行条例》）。2011 年 1 月 8 日，中华人民共和国国务院令第 588 号对《印花税暂行条例》进行了修改。2018 年 11 月 1 日，财政部、国家税务总局起草了《中华人民共和国印花税法（征求意见稿）》（以下简称《印花税法征求意见稿》），《印花税法征求意见稿》主要内容是扩大征税范围、细化税目、降低税率，调整印花税的纳税方式，由原来的自行纳税为主，调整为统一实行申报纳税方式，不再采用贴花的纳税方式。

1. 纳税义务人

凡在中华人民共和国境内书立、使用、领受印花税所列举的凭证、并依法履行纳税义务的单位和个人,都是印花税的纳税义务人。

(1) 立合同人。是指合同的当事人,不包括合同的担保人、证人、鉴定人。如果一份合同由两方或两方以上的当事人共同签订,那么签订合同的各方都是纳税人。

(2) 账簿人。是指开立并使用营业账簿的单位和个人。

(3) 立据人。是指书立产权转移书据的单位和个人。如果书据由两方或两方以上的当事人共同书立的,则各方都是纳税人。

(4) 领受人。是指领取并持有权利许可证照的单位和个人,如领取营业执照的人。

(5) 使用人。在国外书立、领受,但在国内使用的应税凭证纳税人是使用人。

2. 税目、税率

(1) 税目。一般来说,印花税共有13个税目。它们是:购销合同、加工承揽合同、建设工程勘察设计合同、建筑安装工程承包合同、财产租赁合同、货物运输合同、仓储保管合同、借款合同、财产保险合同、技术合同、产权转移书据、营业账簿和权利、许可证照。

(2) 税率。印花税的税率有两种形式,即比例税率和定额税率。①比例税率。各类合同及具有合同性质的凭证、产权转移书据、营业账簿中记载资金(记载资金账簿,按实收资本和资本公积的合计金额为计税依据)的账簿,适用比例税率。比例税率分为四个档次,分为0.05‰、0.3‰、0.5‰、1‰。②定额税率。权利、许可证照、营业账簿中的其他账簿,适用定额税率,均为按件贴花,税额为5元。

印花税税目、税率见表10-5。

表10-5 印花税税目、税率

税目	范围	税率	纳税人	说明
1. 购销合同	包括供应、预购、采购、购销结合及协作、调剂、补偿、易货等合同	按购销金额0.3‰贴花	立合同人	
2. 加工承揽合同	包括加工、定做、修缮、修理、印刷、广告、测绘、测试等合同	按加工或承揽收入0.5‰贴花,(《印花税法征求意见稿》降为0.3‰)	立合同人	
3. 建设工程勘察设计合同	包括勘察、设计合同	按收取费用0.5‰贴花	立合同人	
4. 建筑安装工程承包合同	包括建筑、安装工程承包合同	按承包金额0.3‰贴花	立合同人	
5. 财产租赁合同	包括租赁房屋、船舶、飞机、机动车辆、机械、器具、设备等	按租赁金额1‰贴花	立合同人	
6. 货物运输合同	包括民用航空、铁路运输、海上运输、内河运输、公路运输和联运合同	按运输收取的费用0.5‰贴花,(《印花税法征求意见稿》降为0.3‰)	立合同人	单据作为合同使用的,按合同贴花

续表

税目	范围	税率	纳税人	说明
7. 仓储保管合同	包括仓储、保管合同	按仓储收取的保管费用1‰贴花	立合同人	仓单或栈单作为合同使用的，按合同贴花
8. 借款合同	银行及其他金融组织和借款人（不包括银行同业拆借）所签订的借款合同	按借款金额0.05‰贴花	立合同人	单据作为合同使用的，按合同贴花
9. 财产保险合同	包括财产、责任、保证、信用等保险合同	按保险费收入1‰贴花	立合同人	单据作为合同使用的，按合同贴花
10. 技术合同	包括技术开发、转让、咨询、服务等合同	按所载金额0.3‰贴花	立合同人	
11. 产权转移书据	包括财产所有权和版权、商标专用权、专利权、专有技术使用权等转移书据	按所载金额0.5‰贴花	立据人	
12. 营业账簿	生产经营用账册	记载资金的账簿，按实收资本和资本公积合计金额0.5‰贴花，（《印花税法征求意见稿》统一为0.25‰）其他账簿按件贴花5元	立账簿人	
13. 权利、许可证照	包括政府部门发给的房屋产权证、工商营业执照、商标注册证、专利证、土地使用证	按件贴花5元	领受人	

3. 应纳税额的计算
(1) 按比例税率计算：

$$应纳税额=计税金额\times 适用税率$$

(2) 按定额税率计算：

$$应纳税额=凭证数量\times 单位税额$$

4. 纳税办法

(1) 纳税方式：印花税统一实行申报纳税方式，不再采用贴花的纳税方式；证券交易印花税仍按现行规定，采取由证券登记结算机构代扣代缴方式。

(2) 纳税地点：单位纳税人应当向其机构所在地主管税务机关申报缴纳印花税；个人纳税人应当向应税凭证订立、领受地或者居住地税务机关申报缴纳印花税；证券交易税的扣缴义务人应当向其机构所在地主管税务机关申报缴纳扣缴的税款。

(3) 纳税时间：印花税按季度、按年或按次计征。实行按年、按季计征的，纳税人应当于年度、季度终了之日起15日内申报并缴纳税款；实行按次计征的，纳税人应当于纳税义务发生之日起15日内申报并缴纳税款；证券交易印花税按周解缴，证券交易印花税的扣缴义务人应当于每周终了之日起5日内申报解缴税款及孳息。

案例 10-6
印花税应纳税额的计算

某公司为生产型外商投资企业,2019年12月发生以下业务。(1)领取土地使用证、商标注册证、税务登记证、银行开户许可证各一份。(2)销售自产产品,签订销售合同,合同注明销售额为400 000元。(3)签订受托加工合同,为乙企业加工工作服。根据合同规定,由乙企业提供原料和主要辅料800 000元,本企业代垫辅料20 000元并收取加工费30 000元,该合同本月签订但当月未执行。(4)转让一项专利申请权,签订转让合同,协议转让金额10 000元,在当月取得转让收入。(5)购买一项土地使用权,签订土地使用权转让合同,合同注明价款为600 000元。(6)出租设备一台,签订财产租赁合同,合同约定年租金180 000元,租赁期两年。(购销合同印花税税率为0.3‰,加工承揽合同印花税税率为0.5‰,技术合同印花税税率为0.3‰,产权转移书据印花税税率为0.5‰,财产租赁合同印花税税率为1‰。)

【解析】(1)该公司领取权利、许可证照应缴纳印花税合计=5×2=10(元)。(房屋产权证、工商营业执照、商标注册证、专利证、土地使用证应当按件贴花,每件5元。税务登记证、银行开户许可证均不缴纳印花税)。(2)该公司签订产品销售合同应缴纳印花税400 000×0.3‰=120(元)。(3)签订受托加工合同应缴纳印花税=(20 000+30 000)×0.5‰=25(元)。(4)甲企业签订转让专利申请权合同应缴纳印花税=10 000×0.3‰=3(元)。(5)甲企业签订土地使用权转让合同应缴纳印花税=600 000×0.5‰=300(元)。(6)签订财产租赁合同应缴纳印花税=180 000×2×1‰=360(元)。

10.4 其他税收

10.4.1 资源税

资源税法是指国家制定的用以调整资源税征收与缴纳之间权利及义务关系的法律规范。现行资源税的基本规范,是1993年12月25日国务院颁布的《中华人民共和国资源税暂行条例》,并于2011年9月21日国务院第173次常务会议通过其修改决定,于2011年11月1日起施行。自2014年12月1日起,为促进资源节约利用和环境保护,规范资源税费制度,实施煤炭资源从价计征改革,同时清理相关收费基金,并调整原油、天然气资源税相关政策。2016年7月1日,资源税实行从价计征改革及水资源税改革试点。2017年12月水资源税改革扩大到北京、天津等9个地区。2019年8月26日,第十三届全国人民代表大会常务委员会第十二次会议通过《中华人民共和国资源税法》,至此,征收资源税上升为法律,我国税收法定原则持续推进。

1. 纳税义务人

在中华人民共和国领域和中华人民共和国管辖的其他海域开发应税资源的单位和个人,为资源税的纳税人,单位包括国有企业、集体企业、私有企业、股份企业、外商投资企业、外国企业；个人是指个体经营者和其他个人。

2. 税目、税率

资源税税目、税率见表10-6。

表10-6 资源税税目、税率

税目			征税对象	税率
能源矿产		原油	原矿	6%
		天然气、页岩气、天然气水合物	原矿	6%
		煤	原矿或者选矿	2%~10%
能源矿产		煤成（层）气	原矿	1%~2%
		铀、钍	原矿	4%
		油页岩、油砂、天然沥青、石煤	原矿或者选矿	1%~4%
		地热	原矿	1%~20%或每立方米1~30元
金属矿产	黑色金属	铁、锰、铬、钒、钛	原矿或者选矿	1%~9%
	有色金属	铜、铅、锌、锡、镍、锑、镁、钴、铋、汞	原矿或者选矿	2%~10%
		铝土矿	原矿或者选矿	2%~9%
		钨产品原矿或精矿	选矿	6.5%
		钼	选矿	8%
		金、银	原矿或者选矿	2%~6%
		铂、钯、钌、锇、铱、铑	原矿或者选矿	5%~10%
		轻稀土	选矿	7%~12%
		中重稀土	选矿	20%
		铍、锂、锆、锶、铷、铯、铌、锗、镓、铟、铊、铼、镉、硒、碲	原矿或者选矿	2%~10%
非金属矿产		矿物类	原矿或者选矿	1%~12%
		岩石类	原矿或者选矿	1%~10%
		宝玉石类	原矿或者选矿	4%~20%
水汽矿产		二氧化碳气、硫化氢气、氦气、氡气	原矿	1%~20%
		矿泉水	原矿	1%~20%或每立方米1~30元
盐		钠盐、钾盐、镁盐、锂盐	选矿	3%~15%
		天然卤水	原矿	3%~15%或每吨（或每立方米）1~30元
		海盐		2%~5%

3. 课税依据

(1) 纳税人开采或者生产不同税目应税产品的,应当分别核算不同税目应税产品的销售额或者销售数量;未分别核算或者不能准确提供不同税目应税产品的销售额或者销售数量的,从高适用税率。

(2) 纳税人开采或者生产应税产品,自用于连续生产应税产品的,不缴纳资源税;自用于其他方面的,视同销售,依照资源税法缴纳资源税。

4. 应纳税额的计算

资源税的应纳税额,按照从价定率或者从量定额的办法,分别以应税产品的销售额乘以纳税人具体适用的比例税率或者以应税产品的销售数量乘以纳税人具体适用的定额税率计算。

$$应纳税额=销售额\times 适用税率$$
$$应纳税额=销售数量\times 定额税率$$

5. 税收优惠

(1) 免征资源税:开采原油过程中用于加热、修井的原油和天然气;煤炭开采企业因安全生产需要抽采的煤成(层)气。

(2) 减征资源税:从低丰度油气田开采的原油、天然气,减征20%资源税;高含硫天然气、三次采油和从深水油气田开采的原油、天然气,减征30%资源税;稠油、高凝油减征40%资源税;从衰竭期矿山开采的矿产品,减征30%资源税。

纳税人的免税、减税项目,应当单独核算销售额或者销售数量;未单独核算或者不能准确提供销售额或者销售数量的,不予免税或者减税。

6. 纳税办法

(1) 纳税义务发生时间:纳税人销售应税产品,纳税义务发生时间为收款售款或取得销售款凭证的当天;纳税人自产自用应税产品,纳税义务发生时间为移送使用应税产品的当天。

(2) 纳税期限及地点:资源税按月或者按季申报缴纳;不能按固定期限计算缴纳的,可以按次申报缴纳。纳税人按月或者按季申报缴纳的,应当自月度或者季度终了之日起15日内,向税务机关办理纳税申报并缴纳税款;按次申报缴纳的,应当自纳税义务发生之日起15日内,向税务机关办理纳税申报并缴纳税款。纳税人应当向应税产品开采地或者生产地的税务机关申报缴纳资源税。

案例 10-7

资源税应纳税额计算

某油田2020年5月共计开采原油8 000吨,当月销售原油6 000吨,取得销售收入(不含增值税)18 000 000元,同时还向购买方收取违约金22 600元,优质费5 650元;支付运输费用20 000元(运输发票已比对)。已知销售原油的资源税税率为6%,则该油田12月应缴纳的资源税是多少?

【解析】 取得违约金和优质费属于价外费用,价外费用一般都是含税的,这里要换算成不含税的销售额。支付的运输费用属于企业购进的运输服务,与资源税计算无关。

应缴纳的资源税=[18 000 000+(22 600+5 650)/(1+13%)]×6%=1 081 500(元)

10.4.2 城市维护建设税及教育费附加法

城市维护建设税,是指国家制定的用以调整城市维护建设税征收与缴纳权利及义务关系的法律规范。现行城市维护建设税的基本规范,是 1985 年 2 月 8 日国务院发布并于同年 1 月 1 日实施的《中华人民共和国城市维护建设税暂行条例》。城市维护建设税(简称城建税),是国家对缴纳增值税、消费税的单位和个人就其实际缴纳的"两税"税额为计税依据而征收的一种税。它属于特定目的税,是国家为加强城市的维护建设,扩大和稳定城市维护建设资金的来源而采取的一项税收措施。第十三届全国人民代表大会常务委员会第十五次会议对《中华人民共和国城市维护建设税法(草案)》(以下简称城市维护建设税法草案)进行了审议。城市维护建设税法草案维持原有税收条例的征税范围、税率不变,明确了计税依据和税收减免内容,规定了应纳税额和纳税义务发生时间。

1. 纳税义务人

城建税的纳税人是负有缴纳增值税、消费税义务的单位和个人,包括国有企业、集体企业、私营企业、股份制企业、其他企业和行政单位、事业单位、军事单位、社会团体、其他单位及个体工商户和个人。自 2010 年 12 月 1 日起,对外商投资企业、外国企业及外籍个人征收城建税。

2. 计税依据

城建税的计税依据是纳税人实际缴纳的增值税、消费税税额。城建税以"两税"税额为计税依据,指的是"两税"应纳税额,不包括加收的滞纳金和罚款。因为滞纳金和罚款是税务机关对纳税人采取的一种经济制裁,不是"两税"的征税,因此,不应包括在计税依据之中。城建税的计税依据可以扣除期末留抵退税退还的增值税税额。对进口货物或者境外单位和个人向境内销售劳务、服务、无形资产缴纳的增值税与消费税税额,不征收城建税。

3. 税率

城建税采用地区差别比例税率。按照纳税人所在地的不同,税率分别规定 7%、5%、1% 三个档次:在市区的税率为 7%;在县城、镇的税率为 5%;非市区县城、镇的税率为 1%。

4. 应纳税额的计算

$$应纳税额 = 纳税人实际缴纳的增值税或消费税税额 \times 适用税率$$

5. 纳税办法

一般规定,纳税人缴纳增值税、消费税的地点,就是城建税的纳税地点。纳税期限亦与两税相同。

案例 10-8

城建计算

某企业位于城市,2019 年 9 月实际缴纳增值税 50 万元,缴纳消费税 40 万元;10 月销售产品缴纳增值税和消费税共计 50 万元,被税务机关查补增值税 15 万元并处罚款 5 万元;11 月应缴纳增值税 170 万元,实际缴纳增值税 210 万元(包括缴纳以前年度欠缴的增值税 40 万元);12 月实际缴纳增值税和消费税 362 万元,其中包括由位于县城的受托加工企业代收代缴的消费税 30 万元、进口环节增值税和消费税 50 万元、被税务机关查补的增值税 12 万元。补交增值税同时缴纳的滞纳金和罚款共计 8 万元。

【解析】①9月应纳城建税＝（实际缴纳的增值税＋实际缴纳的消费税）×适用税率＝（50＋40）×7％＝90×7％＝6.3（万元）；②罚款不作为城市维护建设税的计税依据，10月应纳城建税＝（50＋15）×7％＝4.55（万元）；③补缴税款作为城市维护建设税的计税依据，11月应纳城建税＝210×7％＝14.7（万元）；④受托加工企业已经代收代缴的消费税同时代收代缴城市维护建设税，进口环节海关代征消费税和增值税不再计税范围内，12月应纳城建税＝（362－30－50）×7％＝19.74（万元）。另外，受托加工企业代收代缴城建税＝30×5％＝1.5（万元）。

教育费附加是以单位和个人缴纳的增值税、消费税税额为计算依据征收的一种附加费，虽然名义上是一种收费，本质上却有税收的属性。教育费附加的计征比例为计算依据的3％，同时各地统一开征地方教育费附加，比例为2％。所以一般的增值税纳税人，如果生产销售应税消费品，那么在产品销售环节应按税法规定计算并缴纳增值税、消费税，并计算附加税费城建税以及教育费附加和地方教育费附加。如果纳税人位于城市，其附加税费比例高达12％，虽然其计算依据是"两税"税额，但是这个负担也是企业税负的重要部分。

10.4.3 车辆购置税

根据《中华人民共和国车辆购置税暂行条例》（国务院令第294号）的规定，从2001年1月1日起开征车辆购置税，取代车辆购置附加费。车辆购置税是对有取得并自用应税车辆的行为的单位和个人征收的一种税，兼有财产税和行为税的性质。2018年12月29日第十三届全国人民代表大会常务委员会第七次会议通过《中华人民共和国车辆购置税法》（以下简称车辆购置税法），车辆购置税法自2019年7月1日起施行。2000年10月22日国务院公布的《中华人民共和国车辆购置税暂行条例》同时废止。

1. 纳税义务人

在我国境内购买、进口、自产、受赠、获奖和以其他方式取得并自用应税车辆的单位和个人，为车辆购置税的纳税人。

2. 征税范围

车辆购置税的征收范围包括汽车、有轨电车、汽车挂车、排气量超过150毫升的摩托车（以下统称应税车辆）。

3. 税率与应纳税额的计算

车辆购置税实行从价定率的办法计算应纳税额，税率为10％。应纳税额的计算公式为

$$应纳税额＝计税价格×税率$$

4. 计税价格的确定

车辆购置税的计税价格根据不同情况，按照下列规定确定。①纳税人购置自用车辆的计税价格，为纳税人购买应税车辆而支付给销售者的全部价款和价外费用，不包括增值税税款。②纳税人进口自用的应税车辆的计税价格为关税完税价格加关税加消费税。③纳税人自产自用应税车辆的计税价格，按照纳税人生产的同类应税车辆的销售价格确定，不包括增值税税款。④纳税人以受赠、获奖或者其他方式取得自用应税车辆的计税价格，按照购置应税车辆时相关凭证载明的价格确定，不包括增值税税款。⑤纳税人申报的应税车辆计税价格明显偏低，又无正当理由的，由税务机关依照《中华人民共和国税收征收管理法》的规定核定

其应纳税额。

5. 纳税办法

通过购买、进口、自产、受赠、获奖或从其他方式取得车辆的，应当自取得之日起60日内向车辆登记注册地的主管国税机关申报纳税。购置不需办理车辆登记注册手续的应税车辆，应当向纳税人所在地的主管国税机关申报纳税。

案例 10-9

车辆购置税计算

2019年12月，某汽车制造公司将自产小汽车2辆奖励给本公司员工，3辆移送业务部门使用。小汽车生产成本为51 500元/辆。国家税务总局对同类型车辆核定的最低计税价格为72 000元/辆。

【解析】 纳税人奖励职工的小汽车，车辆购置税纳税人为职工。纳税人移送使用车辆属于自产自用，按国家税务总局核定的最低计税价格计算应纳税额，应纳车辆购置税=72 000×10%×3=21 600（元）。

10.4.4 耕地占用税

耕地占用税，是指国家对占用耕地建房或者从事其他非农业建设的单位和个人，依其占用耕地的面积征收的一种税。1987年4月1日，国务院发布《中华人民共和国耕地占用税暂行条例》，并从发布之日起施行。耕地占用税的特点是：①具有行为税的特点；②具有税收用途补偿性的特点；③实行一次性征收；④耕地占用税以县为单位，以人均耕地面积为标准，分别规定单位税额；⑤耕地占用税征收标准的确定具有较大的灵活性。2007年12月1日，国务院公布了新的《中华人民共和国耕地占用税暂行条例》，调整了部分税率及课税办法。随着税收立法级次的提升以及税制改革的完善，2018年12月29日第十三届全国人民代表大会常务委员会第七次会议通过《中华人民共和国耕地占用税法》，自2019年9月1日起施行。2007年12月1日国务院公布的《中华人民共和国耕地占用税暂行条例》同时废止。

1. 纳税人

占用耕地建房或者从事其他非农业建设的单位和个人，都是耕地占用税的纳税义务人。

2. 征收范围

耕地占用税以纳税人实际占用的耕地面积计税，按照规定税额一次性征收。包括国家所有和集体所有的耕地。

3. 税率

耕地占用税实行定额税率。①以县为单位（以下同），人均耕地在1亩以下（含1亩）的地区，每平方米为10～50元；②人均耕地在1～2亩（含2亩）的地区，每平方米为8～40元；③人均耕地在2～3亩（含3亩）的地区，每平方米为6～30元；④人均耕地在3亩以上的地区，每平方米为5～25元。

农村居民占用耕地新建住宅，按上述规定税额减半征收。经济特区、经济技术开发区和经济发达、人均耕地特别少的地区，适用税额可以适当提高，但是最高不得超过上述规定税额的50%。

4. 税额计算

耕地占用税以纳税人实际占用的耕地面积为计税依据,以每平方米为计量单位,按适用的定额税率计税,计算公式为

$$应纳税额 = 实际占用耕地面积 \times 适用定额税率$$

5. 纳税办法

纳税人须在经土地管理部门批准占用耕地之日起 30 日内向财政机关申报纳税。

10.4.5 环境保护税

环境保护税是指对在我国领域内以及其他管辖海域范围内直接向环境排放应税污染物的企业、事业单位及其他生产经营者征收的一种行为目的税。《中华人民共和国环境保护税法》自 2018 年 1 月 1 日起施行。

1. 纳税人

在中华人民共和国领域和管辖的其他海域,直接向环境排放应税污染物的企业、事业单位和其他生产经营者,为环境保护税的纳税人。

2. 课税对象

环境保护税的课税对象为应税污染物,具体是指《环境保护税税目税额表》《应税污染物和当量值表》规定的大气污染物、水污染物、固体废物和噪声。

3. 计税依据

环境保护税的计税依据为应税污染物的排放量和噪声的超过国家规定标准的分贝数。应税大气污染物按照污染物排放量折合的污染当量数确定;应税水污染物按照污染物排放量折合的污染当量数确定;应税固体废物按照固体废物的排放量确定;应税噪声按照超过国家规定标准的分贝数确定。应税固体废物的排放量为当期应税固体废物的产生量减去当期应税固体废物储存量、处置量、综合利用量的余额。

4. 税率

环境保护税实行的是定额税率形式,具体见表 10 - 7。

表 10 - 7 环境保护税税目税额

税目		计税单位	税额
大气污染物		每污染当量	1.2~12 元
水污染物		每污染当量	1.4~14 元
固体废物	煤矸石	每吨	5 元
	尾矿	每吨	15 元
	危险废物	每吨	1 000 元
	冶炼渣、粉煤灰、炉渣、其他固体废物(含半固态、液态废物)	每吨	25 元
噪声	工业噪声	超标 1~3 分贝	每月 350 元
		超标 4~6 分贝	每月 700 元
		超标 7~9 分贝	每月 1 400 元
		超标 10~12 分贝	每月 2 800 元
		超标 13~15 分贝	每月 5 600 元
		超标 16 分贝以上	每月 11 200 元

5. 应纳税额的计算

$$应纳税额=污染当量数\times 具体适用税额$$
$$污染当量数=污染物的排放量/该污染物的污染当量值$$

6. 税收征管

纳税义务发生时间为纳税人排放应税污染物的当天。纳税义务发生地点为应税污染物排放地，纳税人应向污染物排放地的税务机关申报缴纳环境保护税。环境保护税按月计算，按季申报缴纳。不能按固定期限计算缴纳的，可以按次申报缴纳。纳税人按季申报缴纳的，应当自季度终了之日起15日内，向税务机关办理纳税申报并缴纳税款。纳税人按次申报缴纳的，应当自纳税义务发生之日起15日内，向税务机关办理纳税申报并缴纳税款。

案例 10-10

环境保护税的计算

A企业2019年12月产生冶炼渣500吨，粉煤灰200吨，其他废物中的半固态废物300吨，其中综合利用的冶炼渣和粉煤灰共200吨（符合国家和地方环保标准），在符合国家和地方环境保护标准的设施储存其他废物中的半固态废物50吨，同时处置粉煤灰30吨，适用税额为25元/吨。A企业当月应缴纳环境保护税应是多少？

【解析】 A企业当月应缴环境保护税=（(500+200+300)－200－50－30）×25＝18 000（元）

10.4.6 烟叶税

烟叶税是对纳税人在我国境内收购烟叶的行为，以收购金额为征税依据而征收的一种税。我国的烟叶税长期作为农业特产税的具体税目来课征，税率曾经高达31%。随着农业税的取消，农业特产税也逐步取消，烟叶税单独开征的必要性就更加凸显，2006年4月28日《中华人民共和国烟叶税暂行条例》公布施行。2017年12月27日，《中华人民共和国烟叶税法》颁布，自2018年7月1日起施行。

1. 纳税人

在中华人民共和国境内收购烟叶的单位为烟叶税的纳税人。收购烟叶的单位，是指依法有权收购烟叶的烟草公司或者受其委托收购烟叶的单位。烟叶是指晾晒烟叶、烤烟叶。

2. 税率

烟叶税实行比例税率，税率为20%。

3. 计税依据

烟叶税的计税依据是收购烟叶实际支付的价款总额。实际支付的价款总额，包括纳税人支付给烟叶生产销售单位和个人的烟叶收购价款、价外补贴，为了简化管理，价外补贴统一按照收购价款的10%计算。

4. 应纳税额的计算

$$应纳税额=收购价款\times(1+10\%)\times 20\%$$

5. 征收管理

烟叶税的纳税义务发生时间为纳税人收购烟叶的当日；烟叶税按月计征，纳税人应当于纳税义务发生月终了之日起15日内申报并缴纳税款。

案例 10-11

烟叶税的计算

某烟厂2019年12月收购烟叶,支付给烟叶销售者收购价款200万元,开其烟叶收购发票,该烟厂应纳烟叶税及增值税进项税额如何计算?

【解析】 该烟厂当月应纳烟叶税=200×(1+10%)×20%=44(万元)

该烟厂购进烟叶以后,增值税进项税额=200×(1+10%)×9%=19.8(万元)

该烟厂购进烟叶以后,烟叶的材料成本=200×(1+10%)×(1-9%)=200.2(万元)

本 章 小 结

本章主要讲述了财产及其他课税的内容。广义的财产税,不仅包括财产保有税,还包括财产转让税和财产收益税。目前我国税收体系中,房产税、城镇土地使用税、车船税、土地增值税、契税、印花税等被归为财产税类。除流转税、所得税和财产税之外,资源税、城市维护建设税、耕地占用税被称为其他税收,也有人把这些税种统称为行为税。这些税种大多不是税制中的主体税种,但也在税收调节经济中发挥着重要作用,所以了解和学习这些税种对于更好地把握财政与税收有一定益处。

关键词

财产课税 财产保有税 财产转让税 房产税 土地增值税 契税 印花税

思考题

1. 财产课税的优点是什么?
2. 城市维护建设税的计税依据是什么?
3. 某企业2019年1月1日的房产原值为8 000万元,4月1日将其中原值为2 000万元的临街房出租给某连锁商店,月租金10万元。当地政府规定允许按房产原值减除20%后的余值计税。该企业当年应缴纳房产税是多少?
4. 居民A有两套住房,将一套出售给居民B,成交价格为400 000元;将另一套三室住房与居民C交换成两处二室住房,并支付给C换房差价款70 000元。试计算A、B、C相关行为应缴纳的契税(假定税率为3%)。

第11章 税收管理与税款征收

【学习目的】

通过本章的学习，了解《中华人民共和国税收征管法》中关于税务管理、税款征收、税务检查与违章处理等方面的内容。

【开篇导言】

税收征收管理是国家及其税务机关依据税法指导纳税人正确履行纳税义务，并对征纳过程进行组织、管理、监督、检查等一系列工作的总称。① 所谓征收，就是执行税法，依法办事、依率计征，把应收的税额及时地、足额地纳入国库。所谓管理，就是为了搞好征收，对纳税单位和个人进行经常、必要的管理工作。如建立各项征收管理制度的工作、经济税源的调查工作、组织群众护税协税工作、税政宣传工作等。

由此可以看出，税收征收管理更多的是站在征税人的角度，通过不断地加强税收征管对纳税人的行为，依法、及时征足额。本章从纳税人、征管机构的角度，对税务管理、税款征收、税务检查与违章处理进行专门论述。

11.1 税务管理

2018年3月13日，中华人民共和国第十三届全国人民代表大会第一次会议决定"改革国税地税征管体制，将省级和省级以下国税地税机构合并，具体承担所辖区域内的各项税收、非税收入征管等职责。国税和地税机构合并后，实行以国家税务总局为主与省（区、市）人民政府双重领导管理体制"。2018年6月15日，全国各省（区、市）级以及计划单列市国税局、地税局合并且统一挂牌。2018年7月20日，全国省市县乡四级新税务机构全部完成挂牌。各级新税务机构挂牌后职能分工如下。

新税务机构挂牌后，原国税、地税机关税费征管的职责和工作由继续行使其职权的新机构承继，尚未办结的事项由继续行使其职权的新机构办理，已作出的行政决定、出具的执法文书、签订的各类协议继续有效。纳税人、扣缴义务人以及其他行政相对人已取得的相关证件、资格、证明效力不变。新税务机构挂牌后，启用新的税收票证式样和发票监制章。

纳税人、扣缴义务人按规定需要向原国税、地税机关分别报送资料的，相同资料只需要提供一套；按规定需要在原国税、地税机关分别办理的事项，同一事项只需要申请一次。纳税人在综合性办税服务厅、网上办税系统可统一办理原国税、地税业务，实行"一厅通办"

---

① 金鑫. 中国税务百科全书. 北京：光明日报出版社，2001：495.

"一网通办""主税附加税一次办"。12366纳税服务热线不再区分国税、地税业务，实现涉税业务"一键咨询"。

原国税、地税机关承担的税费征收、行政许可、减免退税、税务检查、行政处罚、投诉举报、争议处理、信息公开等事项，在新的规定发布施行前，暂按原规定办理。行政相对人等对新税务机构的具体行政行为不服申请行政复议的，依法向其上一级税务机关提出行政复议申请。

税务管理是国家税务机关依照税收政策、法令、制度对税收分配全过程所进行的计划、组织、协调和监督控制的一种管理活动。税务管理是保证财政收入及时、足额入库，实现税收分配目标的重要手段。税务管理包括税收政策、法令、制度的制定和执行，即税收立法和税收执法。税务管理的内容包括税务登记管理、账簿与凭证管理、纳税申报管理等。

11.1.1 税务登记管理

税务登记是指纳税人为依法履行纳税义务就有关纳税事宜依法向税务机关办理登记的一种法定手续，是整个税收征收管理的首要环节。纳税人必须按照税法规定的期限办理设立税务登记、变更税务登记或注销税务登记。

1. 设立税务登记

按照"多证合一"等商事制度改革的要求，领取加载统一社会信用代码证件的，企业、农民专业合作社、个体工商户及其他组织无须单独到税务机关办理设立税务登记，其领取的证件作为税务登记的证件使用。

"多证合一"改革之外的其他组织，如事业单位、社会组织、律师事务所、境外非政府组织等，应当依法向税务机关办理税务登记，领取税务登记证件。

需要办理税务登记的组织，按照相关要求提供齐全相应资料，符合法定形式，填写内容完整的，税务机关受理后可以即时办结。

2. 变更税务登记

当纳税人改变名称、法定代表人的，改变住所、经营地点的，改变经济性质或企业类型的，改变经营范围、经营方式的，改变产权关系的，改变注册资金的情形发生时，需要办理变更税务登记。

当发生以上情形时，纳税人应在工商行政管理机关办理注册登记的，应自工商行政管理部门办理变更登记之日起 30 日内，向原税务登记机关申报办理变更税务登记；纳税人不需要在工商行政管理机关办理变更登记，或者其变更登记的内容与工商登记内容无关的，应当自税务登记实际发生变化之日起 30 日内，或者自有关机关批准或者宣布变更之日起 30 日内，持有关证件到原税务登记机关申报办理变更税务登记。

3. 注销税务登记

纳税人发生解散、破产、撤销的，被工商行政管理机关吊销营业执照的，因住所、经营地点或产权关系变更而涉及改变主管税务机关的，以及发生其他应办理注销登记事项的，均应办理注销税务登记。纳税人应在向工商行政管理机关办理注销登记前，持有关证件向主管税务机关申报办理注销税务登记。纳税人不需要在工商行政管理机关办理注销登记的，应当自有关机关批准或者宣告终止之日起 15 日内，持有关证件向主管税务机关申报办理注销税务登记。纳税人被工商行政管理机关吊销营业执照的，应自营业执照被吊销之日起 15 日内，向主管税务机关申报办理注销税务登记。纳税人在办理注销登记之前,应当向税务机关结清应纳税额、滞纳金、罚款,缴销发票、税务登记证件和其他税务证件。

4. 税务登记证的管理

除了按照规定不需要发给税务登记证件的以外,纳税人必须持有税务登记证办理的事项有:开立银行账户;申请减税、免税、退税;申请办理延期申报、延期缴纳税款;领购发票;申请开具外出经营活动税收管理证明;办理停业、歇业等。

税务机关对税务登记证件实行定期验证和换证制度,纳税人应当将税务登记证件正本在生产、经营场所或者办公场所公开悬挂,接受税务机关检查。纳税人遗失税务登记证件的,应当在15日内书面报告税务机关,并登报声明作废。纳税人跨区域经营前不再开具相关证明,改为填报《跨区域涉税事项报告表》,跨区域经营合同执行期限为涉税事项报验管理有效期。

11.1.2 账簿与凭证管理

1. 账簿设置管理

账簿是纳税人、扣缴义务人连续地记录其各种经济业务的账册或簿籍。凭证是纳税人用来记录经济业务,明确经济责任,并据以登记账簿的书面证明。纳税人、扣缴义务人应按照有关法律、行政法规和国务院财政、税务主管部门的规定设置账簿,根据合法、有效凭证记账,进行核算。账簿、凭证管理是税务管理的又一重要环节。

从事生产、经营的纳税人应自其领取工商营业执照之日起15日内按照国务院财政、主管税务部门的规定设置账簿。账簿包括总账、明细账、日记账及其他辅助性账簿。总账、日记账应当采用订本式。扣缴义务人应当自法律、行政法规规定的扣缴义务发生之日起10日内,按照所代扣、代缴的税种,分别设置代扣代缴、代收代缴税款账簿。

纳税人、扣缴义务人会计制度不健全,不能通过计算机正确、完整计算其收入和所得或者代扣代缴、代收代缴税款情况的,应当建立总账及与纳税或者代扣代缴、代收代缴税款有关的其他账簿。生产、经营规模小又确实无建账能力的纳税人,可以聘请经批准从事会计代理记账业务的专业机构或者财会人员代为建账和办理账务。

从事生产、经营的纳税人,应当自领取税务登记证件之日起15日内,将其财务、会计制度或者财务、会计处理办法和会计核算软件报送税务机关备案。纳税人使用计算机记账的,应当在使用前将会计电算化系统的会计核算软件、使用说明书及有关资料报送主管税务机关备案。

2. 账簿凭证保管

从事生产、经营的纳税人、扣缴义务人必须按照国务院财政、税务主管部门规定的保管期限保管账簿、记账凭证、完税凭证及其他有关资料。除法律、行政法规另有规定外,账簿、记账凭证、报表、完税凭证、发票、出口凭证及其他有关涉税资料应当保存10年。账簿、记账凭证、报表、完税凭证、发票、出口凭证及其他有关涉税资料应当合法、真实、完整,不得伪造、编造或者擅自损毁。

11.1.3 纳税申报管理

纳税申报是纳税人按照税法规定的期限和内容向税务机关提交有关纳税事项书面报告的

法律行为,是纳税人履行纳税义务、界定纳税人法律责任的主要依据,是税务机关税收管理信息的主要来源和税务管理的重要制度。

1. 纳税申报提交的材料

财务会计报表及其说明材料;与纳税有关的合同、协议书及凭证;税控装置的电子报税资料;外出经营活动税收管理证明和异地完税凭证;境内或者境外公证机构出具的有关证明文件;税务机关规定应当报送的其他有关证件资料。

扣缴义务人需要报送税种,税目,应纳税项目或者应代扣代缴、代收代缴税款项目,计税依据,扣除项目及标准,适用税率或者单位税额,应退税项目及数额,应减免税项目及税额,应纳税额或者应代扣代缴、代收代缴税款,税款所属期限,延期缴纳税款,欠税,滞纳金等。

2. 纳税申报方式

经税务机关批准,纳税人、扣缴义务人可以直接到税务机关办理纳税申报或者报送代扣代缴、代收代缴税款报告表,也可以按规定采取邮寄、数据电文方式办理申报。采取数据电子方式申报,是指税务机关确定的电话语音、电子数据交换和网络传输等电子方式。纳税人采取电子方式办理纳税申报的,应当按照税务机关规定的期限和要求保存有关资料,并定期书面报送主管税务机关。纳税人、扣缴义务人也可以委托税务师代为办理纳税申报。

3. 纳税申报的具体要求

纳税人在纳税期内没有应纳税款的,也应当按照规定办理纳税申报。纳税人享受减税、免税待遇的,在减税、免税期间应当按照规定办理纳税申报。纳税人必须依照法律、行政法规规定或者税务机关依照法律、行政法规确定的申报期限、申报内容,如实办理纳税申报,报送纳税申报表、财务会计报表以及税务机关根据实际需要要求纳税人报送的其他纳税资料。

纳税人、扣缴义务人因不可抗力,不能按期办理纳税申报或者报送代扣代缴、代收代缴税款报告表的,可以延期办理,但是应当在不可抗力情形消除后,立即向税务机关报告,税务机关应当查明事实予以核准。经核准延期办理纳税申报的,应当在纳税期内按照上期实际缴纳的税额和税务机关核定的税额预缴税款,并在核准的延期内办理税款结算。

11.2 税款征收

税款征收是税务机关按照税法规定,采取各种方式和办法,把分散在纳税单位和个人手中的税款,及时足额地组织入库的一系列活动的总称,这是税收征收管理的中心环节,是税务登记、账簿管理、纳税申报等税务管理工作的目的和归宿,是税收工作最主要的任务之一。

11.2.1 税务机关依法进行税款征收

税务机关是征税的唯一行政主体,除税务机关、税务人员及经税务机关依照法律、行政法规委托的单位和个人外,任何单位和个人不得进行税款征收活动。国务院税务主管部门主管全国税收征收管理工作;各地税务局应当按照国务院规定的税收征收管理范围进行征收管理。税务机关依法执行职务，任何单位和个人不得阻挠。当然，税务机关只能依照法律、行政法规的规定征收税款。税务机关不得违反法律、行政法规的规定开征、停征、多征、少征、提前征收或者延缓征收税款或者摊派税款。

11.2.2 税款征收的方式

税款征收方式是指税务机关根据各税种的不同特点、征纳双方的具体条件而确定的计算征收税款的方法和形式。税款征收的方式主要有以下几种。

(1) 查账征收。是指税务机关按照纳税人提供的账表所反映的经营情况，依照适用税率计算缴纳税款的方式。这种方式一般适用于财务会计制度较为健全、能够认真履行纳税义务的纳税单位。

(2) 查定征收。是指税务机关根据纳税人的从业人员、生产设备、采用原材料等因素，在正常生产经营条件下，对其产制的应税产品查实核定产量、销售额并据以征收税款的方式。这种方式一般适用于生产规模较小、账册不够健全、产品零星、税源分散但能够控制原材料或进销货的纳税单位。

(3) 查验征收。是指税务机关对纳税人应税商品，通过查验数量，按市场一般销售单价计算其销售收入并据以征税的方式。这种方式一般适用于经营品种比较单一，经营地点、时间和商品来源不固定的纳税单位。

(4) 定期定额征收。是指对一些营业额、所得额不能准确计算的小型工商户，经过自报评议，由税务机关核定一定经营时期的营业额和所得税附征率，实行多税种合并征收的一种征收方式。这一征收方式适用于没有记账能力、无法查实其应纳税收入或所得额的个体或小型工商业户。

(5) 委托代征税款。是指税务机关委托代征人以税务机关的名义征收税款，并将税款缴入国库的方式。委托代征税款方式一般适用于小额、零散税源的征收。税务机关不得将法律、行政法规确定的代扣代缴、代收代缴税收，委托他人代征。

(6) 代扣代缴。代扣代缴是指按照税法规定负有扣缴税款义务的单位和个人，负责对纳税人应纳的税款进行代扣代缴的一种方式。即由支付人在向纳税人支付款项时，从所支付的款项中依法直接扣收税款，并代为缴纳。

(7) 代收代缴。代收代缴是指按照税法规定负有税款收缴义务的单位和个人，负责对纳税人应纳的税款进行代收代缴的一种方式，即由与纳税人有经济业务往来的单位和个人，在向纳税人收取款项时依法收取税款。

11.2.3 税收保全措施与强制执行措施

税收保全措施是指税务机关对可能由于纳税人的行为或者某种客观原因，致使以后税款的征收不能保证或难以保证的案件，采取限制纳税人处理或转移商品、货物或其他财产的措施。税务机关采取税收保全措施时应当符合下列两个条件。①纳税人有逃避纳税义务的行为，其采取的方法主要是转移、隐匿可以用来缴纳税款的资金或实物。②必须是在规定的纳税期之前和责令限期缴纳应纳税款的限期内。如果纳税期和责令缴纳应纳税款的限期届满，纳税人又没有缴纳应纳税款的，税务机关可以按规定采取强制执行措施，就无所谓税收保全了。

如果纳税人不能提供纳税担保，经县以上税务局（分局）局长批准，税务机关可以采取下列税收保全措施。①书面通知纳税人开户银行或者其他金融机构冻结纳税人的金额相当于应纳税款的存款。②扣押、查封纳税人的价值相当于应纳税款的商品、货物或者其他财产。其他财产包括纳税人的房地产、现金、有价证券等不动产和动产。个人及其所扶养家属维持生活必需的住房和用品，不在税收保全措施的范围之内。

纳税人在规定的限期内缴纳税款的，税务机关必须立即解除税收保全措施；限期期满仍未缴纳税款的，经县以上税务局（分局）局长批准，税务机关可以采取税收强制执行措施，包括书面通知纳税人开户银行或者其他金融机构，从其冻结的存款中扣缴税款，或者依法拍卖或者变卖所扣押、查封的商品、货物或者其他财产，以拍卖或者变卖所得抵缴税款。

采取税收保全措施不当，或者纳税人在期限内已缴纳税款，税务机关未立即解除税收保全措施，使纳税人的合法利益遭受损失的，税务机关应当承担赔偿责任。需要强调的是，采取强制执行措施适用于扣缴义务人、纳税担保人，采取税收保全措施时则不适用。

11.2.4 欠税清缴措施

欠税是指纳税人因有特殊困难未按照规定期限缴纳税款，扣缴义务人未按照规定期限解缴税款的行为。这里所称的"特殊困难"包括两种情形：一是因不可抗力，导致纳税人发生较大损失，正常生产经营活动受到较大影响的；二是当期货币资金在扣除应付职工工资、社会保险费后，不足以缴纳税款。

《中华人民共和国税收征管法》在欠税清缴方面主要采取了以下措施。①严格控制欠缴税款的审批权限，将缓缴税款的审批权限集中在省、自治区、直辖市及计划单列市税务局。②限期缴税时限。从事生产、经营的纳税人、扣缴义务人未按照规定的期限缴纳或者解缴税款的，纳税担保人未按照规定的期限缴纳所担保的税款的，由税务机关发出限期缴纳税款通知书，责令缴纳或者解缴税款的最长期限不得超过 15 日。③建立欠税清缴制度，防止税款流失。例如，纳税人及其法定代表需要出境的，应当在出境前向税务机关结清应纳税款或者提供担保。未结清税款，又不提供担保的，税务机关可以通知出境管理机关阻止其出境。再如，纳税人有合并、分立情形的，应当向税务机关报告，并依法缴清税款。纳税人合并时未缴清税款的，应当由合并后的纳税人继续履行未履行的纳税义务；纳税人分立时未缴清税款的，分立后的纳税人对未履行的纳税义务应当承担连带责任。

11.2.5 税款的退还和追征

纳税人超过应纳税额缴纳的税款，税务机关发现后应当立即退还；纳税人自结算缴纳税款之日起 3 年内发现的，可以向税务机关要求退还多缴的税款并加算银行同期存款利息，税务机关及时查实后应当立即退还；涉及从国库中退库的，依照法律、行政法规中有关国库管理的规定退还。退还的方式有：①税务机关发现后立即退还；②纳税人发现后申请退还。

因税务机关责任，致使纳税人、扣缴义务人未缴或者少缴税款的，税务机关在 3 年内可要求纳税人、扣缴义务人补缴税款，但是不得加收滞纳金。因纳税人、扣缴义务人计算等失误，未缴或者少缴税款的，税务机关在 3 年内可以追征税款、滞纳金；有特殊情况的追征期可以延长到 5 年。所谓"特殊情况"，是指纳税人或者扣缴义务人因计算错误等失误，未缴或者少缴、未扣或者少扣、未收或者少收税款，累计数额在 10 万元以上的。对偷税、抗税、骗税的，税务机关追征其未缴或者少缴的税款、滞纳金或者所骗取的税款，不受前款规定期限的限制。

11.3 税务检查与违章处理

11.3.1 税务检查

税务检查是指税务机关依据国家税收法令、政策、财务制度和会计制度的规定，审查和监督纳税人和扣缴义务人履行纳税义务的一种管理活动，是税收征收管理工作的重要环节。

1. 税务检查权利和义务

税务检查权是税务机关在检查活动中依法享有的权利，是税务机关实施税务检查行为、监督纳税人履行纳税义务、查处税务违法行为的重要保证和手段。根据《中华人民共和国税收征收管理法》的规定，税务机关有权进行下列税务检查。①查账权。税务机关有权检查纳税人的账簿、记账凭证、报表和有关资料，检查扣缴义务人代扣代缴、代收代缴税款账簿、记账凭证和有关资料。②场地检查权。税务机关有权到纳税人的生产、经营场所和货物存放地检查纳税人应纳税的商品、货物或者其他财产，检查扣缴义务人与代扣代缴、代收代缴税款有关的经营情况。③责成提供资料权。税务机关有权责成纳税人、扣缴义务人提供与纳税或者代扣代缴、代收代缴税款有关的文件、证明材料和有关资料。④询问权。税务机关有权询问纳税人、扣缴义务人与纳税或者代扣代缴、代收代缴税款有关的问题和情况。⑤查证权。税务机关有权到车站、码头、机场、邮政企业及其分支机构检查纳税人托运、邮寄、应税商品、货物或者其他财产的有关单据凭证和资料。⑥查询存款账户权。经县以上税务局（分局）局长批准，凭全国统一格式的检查存款账户许可证明，查询从事生产、经营的纳税人、扣缴义务人在银行或者其他金融机构的存款账户。税务机关在调查税收违法案件时，经设区的市、自治州以上税务局（分局）局长批准，可以查询案件涉嫌人员的储蓄存款。

税务机关查询所获得的资料，不得用于税收以外的用途。

2. 税务检查形式

税务检查有多种形式，按照检查主体的不同可以分为税务机关专业检查和纳税人自查互查。

（1）税务机关专业检查。是指由税务机关专门负责税务检查的机构安排税务人员组成检查组对纳税单位进行定期检查或重点检查等。具体而言，有以下几种形式。①重点检查。指对公民举报、上级机关交办或有关部门转来的有偷税行为或偷税嫌疑的，纳税申报与实际生产经营情况有明显不符的纳税人及有普遍逃税行为的行业的检查。②分类计划检查。指根据纳税人历来纳税情况、纳税人的纳税规模及税务检查间隔时间的长短等综合因素，按事先确定的纳税人分类、计划检查时间及检查频率而进行的检查。③集中性检查。指税务机关在一定时间、一定范围内，统一安排、统一组织的税务检查。这种检查一般规模比较大，如以前年度的全国范围内的税收、财务大检查就属于这类检查。④临时性检查。指由各级税务机关根据不同的经济形势、偷逃税趋势、税收任务完成情况等综合因素，在正常的检查计划之外安排的检查。如行业性解剖、典型调查性的检查等。⑤专项检查。指税务机关根据税收工作实际,对某一税种或税收征收管理某一环节进行检查。例如,增值税一般纳税专项检查、漏征漏管户专项检查等。

(2)纳税人自查互查。是指税务机关指导、组织纳税人自己检查或在纳税人自查的基础上组织同行业、同类型的纳税人进行互相检查。按照检查的不同方式,可以分为税务查账、实地调研和税务查缉等。①税务查账。是指对纳税人的会计凭证、账簿、报表等核算资料所反映的情况检查,是税务检查中经常采取的形式。②实地调查。是对纳税人账外经营情况进行现场调查,如清仓查库、现场核对、合同验证、查询当事人或检举人,是检查不可缺少的形式。③税务查缉。是对纳税人应税货物的检查,一般通过在交通要道、水陆码头、货物集散地和货物出入口设置税务检查站,对纳税人货物办理报验手续的情况进行检查,以查缉偷逃税收行为。

11.3.2 违章处理

依法纳税是公民应尽的义务。任何纳税人都必须依照税法规定严格履行纳税义务,否则就要受到法律的制裁。违章处理是税收强制性特征的具体体现,是对纳税人漏税、欠税、偷税、抗税及其他违反税法的行为采取的惩罚性措施。同时,为了保护纳税人的正当权益,一方面,法律允许纳税人向上级税务机关申请复议和向人民法院提起诉讼;另一方面,《税收征管法》也对税务机关、税务人员违章行为制定了处罚规定。

1. 对纳税人违反税务管理基本规定行为的处罚

纳税人有下列行为之一的,由税务机关责令限期改正,可以处2 000元以下的罚款;情节严重的,处2 000元以上1万元以下的罚款:①未按照规定的期限申报办理税务登记、变更或者注销登记的;②未按照规定设置、保管账簿或者保管记账凭证和有关资料的;③未按照规定将财务、会计制度或者财务、会计处理办法和会计核算软件报送税务机关备查的;④未按照规定将其全部银行账号向税务机关报告的;⑤未按照规定安装、使用税控装置,或者损毁或擅自改动税控装置的;⑥纳税人未按照规定办理税务登记证件验证或者换证手续的。

2. 对纳税人偷税、骗税、抗税行为的处理

纳税人伪造、变造、隐匿、擅自销毁账簿、记账凭证,或者在账簿上多列支出或者不列、少列收入,或者经税务机关通知申报而拒不申报或者进行虚假的纳税申报,不缴或者少缴应纳税款的,是偷税。对纳税人偷税的,由税务机关追缴其不缴或者少缴的税款、滞纳金,并处不缴或者少缴的税款50%以上5倍以下的罚款;构成犯罪的,依法追究刑事责任。以假报出口或者其他欺骗手段,骗取国家出口退税的,由税务机关追缴其骗退税款,并处骗取税款1倍以上5倍以下的罚款;构成犯罪的,依法追究刑事责任。对骗取国家出口退税款的,税务机关可以在规定期间内停止为其办理出口退税。以暴力、威胁的方法拒不缴纳税款的,是抗税,除由税务机关追缴其拒缴的、滞纳金外,依法追究刑事责任。情节轻微,未构成犯罪的,由税务机关追拒缴的税款、滞纳金,并处拒缴税款1倍以上5倍以下的罚款。

3. 对税务机关、税务人员违反规定的处理

税务人员与纳税人、扣缴义务人勾结,唆使或者协助纳税人、扣缴义务人偷逃税款、逃避追缴欠税、骗取出口退税、抗税、非法印制发票等,构成犯罪的,按照《中华人民共和国刑法》关于共同犯罪的规定处罚;尚不构成犯罪的,依法给予行政处分。

税务人员私分扣押、查封的商品、货物或者其他财产，情节严重，构成犯罪的，依法追究刑事责任；尚不构成犯罪的，依法给予行政处分。

税务人员利用职务上的便利，收受或者索取纳税人、扣缴义务人财物或者谋取其他不正当利益，构成犯罪的，依法追究刑事责任；尚不构成犯罪的，依法给予行政处分。

税务人员徇私舞弊或者玩忽职守，不征收或者少征应征税款，致使国家税收遭受重大损失，构成犯罪的，依法追究刑事责任；尚不构成犯罪的，依法给予行政处分。

税务人员滥用职权，故意刁难纳税人、扣缴义务人的，调离税收工作岗位，并依法给予行政处分。

税务人员对控告、检举税收违法违纪行为的纳税人、扣缴义务人及其他检举人进行打击报复，依法给予行政处分；构成犯罪的，依法追究刑事责任。

税务机关违反法律、行政法规的规定提前征收、延缓征收或者摊派税款的，由其上级机关或者行政监察机关责令改正，对直接负责的主管人员和其他直接责任人员依法给予行政处分。

税务机关违反法律、行政法规的规定，擅自作出税收的开征、停征或者减税、免税、退税、补税及其他同税收法律、行政法规相抵触的决定的，除依法撤销其擅自作出的决定外，补征应征未征税款，退还不用征收而征收的税款，并由上级机关追究直接负责的主管人员和其他直接责任人员的行政责任；构成犯罪的，依法追究刑事责任。

本 章 小 结

本章主要讲述了税收征管方面的内容。

税收征收管理包括税务管理、税款征收管理、税务检查与违章处理三个方面。其中，税务管理包括税务登记管理、账簿与凭证管理、纳税申报管理三个方面；税款征收主要涉及税务机关依法进行税款征收、税款的征收方式、税收保全措施与强制执行措施、欠税清缴措施、税款的退还和追征等四个方面；税务检查与违章处理主要论述了税务检查权利和义务、税务检查形式、违章处理等内容，税务违法行为应该承担相应的法律责任和刑事责任。

关键词

税务管理　　税款征收　　税收保全　　税务检查

思考题

1. 简述税收管理的内容。
2. 税款征收的主要方式有哪些？
3. 简述税务检查的方式。

第 12 章 政府收费收入

【学习目的】

通过本章的学习，掌握政府性收费概念及收费的原理，掌握收费与税收收入的区别与联系，以及收费的相关分类，了解我国主要收费项目和收费制度，了解收费管理制度存在的问题及收费制度的革新。

【开篇导言】

在我国，政府收费的源头最早可追溯到公元前 11 世纪的周代。当时因"政府组织扩大，职务亦增多，设官分职治军"，赋、贡两项正税已经不足以支付财政支出，因此就在正税之外派征"罚布""廛布"等十余种行政性收费。秦始皇统一中国以来，由于赋税的立法权集中在中央，加上长期实行统收统支政策，地方政府采用各种手段进行税外收费，如征收粮食的实物税附加鼠雀耗，实物折征的改折附加，货币税附加的火耗、厘金等。这种税外收费在中国数千年历史上，从来没有停止过。

新中国成立以后，我国政府收费较少，而且比较规范。改革开放后，由于各项事业的飞速发展及地方政府理财积极性的提高，出现了大量收费，所以大家比较熟悉，如中小学各种学杂费，大学里的学费、住宿费，以及手机通信费、电费、水费等。二十多年前有一谚语：一税轻，二费重，三费四费无底洞，形象地反映了当时收费的混乱程度，以至于 2006 年国家版权局开始对 KTV 经营者征收歌曲版权费，受到了多个城市的抵制。

政府收费是政府收入的一种重要形式，它与人们的生活息息相关。与政府收入的另一种渠道——税收相比，收费是有偿的，即谁受益谁交费，而税收则是无偿的。从用途上看，税收用于一般性财政支出，如国防等；而收费的目的性很强，用途明确，如过路过桥费主要用于路桥投资的回收。但同国外相比，我国的政府收费等非税收入在财政收入中所占的比重比较大。这不仅加重了企业与人民群众的负担，肢解了财政职能，也助长了不正之风和腐败现象。本章内容主要包括政府收费及收费原则、收费的分类、收费制度及收费制度创新三大部分。

12.1 政府收费及政府收费原则

12.1.1 收费的概念

收费，从词义上理解就是收取费用。收费是以交换或提供服务为前提的一种分配方式，不仅国家或政府可以收费，企事业单位和个人也可以收费。政府收费收入是国家以交换或提供服务为前提,以收费形式所收取的一种财政收入。政府收费是指某些社会政治、经济组织(一般为政府部门、公共企业和事业单位)利用国家或(各级)政府的行政权力,在实施某些社会经济管理职能过程中,由于给受益人提供一定劳务或者资源、资金的使用权而向受益者收取一定数量的"费"的行为,反映收缴双方之间的收付关系。国家通过一定的收费行为,调节和规范某些社会经济活动,同时集聚相应的财力,支持和促进相关事业的发展。

在实践中,经国家或国家授权机关批准的收费项目是实施收费行为的基本依据。收费项目构成要素,主要包括收费项目名称、收费目的、执收单位、收费范围、收费对象、收费期限、收费用途、收费资金的管理方式。只有这八种要素齐全,才构成一个完整的收费项目。如果缺少任何一项,都会引起收费行为无法正确进行和收费管理的混乱。

12.1.2　政府收费的理论依据

人们消费所需要的三种物品和劳务是私人产品、公共产品和准公共产品,对不同的物品和劳务来说,人们支付代价的途径和方式有所不同。

(1) 私人产品实行价格制度。一般来说,私人产品是通过买者与卖者的市场博弈,通过个人货币表决权来解决生产什么、生产多少、怎样生产和为谁生产的问题。私人产品消费上的竞争性和技术上的排他性使得其生产和消费是可分割的,即该物品的产权可以界定,供需双方可以通过合理的交易成本来进行交换,市场价格则是其有效的工具,可通过市场机制来实现供求平衡和资源优化配置。

(2) 公共产品实行税收制度。公共产品是通过政府与公民的公共选择,通过公民的预缴税金及财政分配来解决生产什么、生产多少、怎样生产和为谁生产的问题。公共物品消费上的非竞争性和技术上的非排他性导致公共物品消费的不可分割,产权难以明确,无法运用市场原理来提供公共物品。同样,如果用收费来补偿公共产品的生产费用,就必须将不付费者排除在外,这不仅在技术上不可能,而且即便在技术上可能,也要付出高昂的代价。为解决这一问题,就必须采取税收形式,在所有社会成员之间强制地分摊公共产品的生产费用。这意味着公共物品的供给成本无法通过价格或收费来补偿,只能通过收税来解决。

(3) 准公共产品实行收费制度。准公共产品是通过规制者与被规制者的行政博弈,通过受益者的货币选择和公民的预缴税金双重途径,来解决生产什么、生产多少、怎样生产和为谁生产的问题。根据其特性,准公共产品或混合物品又可分成以下几类。①无排他性或弱排他性,但有一定竞争性的物品。如公共牧场、地下水、江河湖海等,一般称为"公共池塘物品"。这类物品的私人消费容易产生负外部性,因此一般采用适当收费的方式加以限制,如"资源使用费"。②有排他性,但非竞争性的物品。如城市公用设施,即水、电、气等具有边际成本下降的趋势。如果仅由市场提供,产品供给往往达不到效率水平;如果完全作为公共物品免费供应,则会大大增加拥挤成本。这类产品一般具有自然垄断性,为了使资源配置达到最优,一般应当由政府规制的公共事业部门提供,收取使用费以补偿这类物品的成本。③可能发生拥挤的公共物品,布坎南称之为"俱乐部物品"。当消费人数低于拥挤点时,该物品是非竞争的;而消费人数超过拥挤点时,这种物品的消费就变成竞争的。例如道路,车少人稀时属于非竞争的,而塞车时就有竞争,但同时这种物品可以低成本地使之具有排他性。例如,大众俱乐部、公共图书馆、社区游泳馆、博物馆等均具有此特性。如果将"俱乐部"概念扩大到服务领域,也包括教育、医疗、文化、体育等社会事业范畴。基于此,这类物品也可以由社会福利或非营利性机构来投资提供，因此"俱乐部物品"亦称"私有-公共物品"。所以，这类物品一般由政府和市场共同来提供，相应的生产费用也应当由税收和收费两种形式来补偿。

12.1.3 政府收费的特点

1. 收费的主体是公共部门

所谓公共部门，是指属于政府所有并实施政府职能的实体，包括行政部门和事业部门两部分。前者称为政府公共部门，后者称为事业公共部门，它们是公共产品、混合产品的提供者。有时为了追求效率，可以采取国有民营或私人企业来提供，它们也可成为收费的主体。如民营学校、私人诊所、外资投资的水处理企业等。

2. 收费的客体是接受服务的特定的受益人

只有涉及某些特定行政管理和享受某些特定服务的直接受益者才缴费，有较强的受益与支出的直接对应关系，即谁受益谁负担。这主要是从排他性的角度来考虑的。没有排他性，就不存在收费，这是收费的基础。具有排他性，就存在交换，消费者"一手交钱，一手获得"公共消费。

3. 收费的目的是补偿准公共产品所发生的费用

如高速公路、污水处理收费等。当然，在更多情况下，这种补偿不是全成本的，即一部分由收费补偿，另一部分由财政补偿。例如，医疗就是采取财价分工补偿，即财政和价格（收费）共同分担医疗成本费用。收费的另外一个目的就是有效使用资源，过低的收费标准容易造成资源浪费。

4. 收费具有一定的强制性

收费标准的制定不是通过买卖双方的博弈形成的，而是通过行政程序或政治程序确定的一种规制价格，是由政府部门、事业单位依据权力收取，因此具有一定的强制性。

可见，政府收费是以经济交换为基础，以政治程序为方式，以提供服务为前提，以受益人为对象，以提高效率为目的而收取的费用。

专题 12-1

收费与税收的区别与联系

税收和收费均属于政府收入，是政府为取得必要的财力以保证其社会职能的实施所采取的必要手段。税收和收费又是不同范畴的两个概念，二者既有联系又有区别。

第一，费、税调整的范围和属性存在根本区别。税收的课征主要是为一般公共利益服务的，而政府收费是与国民的特殊利益联系在一起的。税收面向全体国民普遍征收，而政府收费只对部分特定国民征收。政府收费直接依据受益原则，而税收主要体现的是支付能力原则。收费制度运行的领域是市场领域和非市场领域的交集，收费某些方面兼有税收和价格的双重性质，既掺杂着价格的某些补偿因素又渗透着税收的某些分配痕迹，遵循分配机制与交换机制的双重运行，体现了政府干预和市场调节的结合，遵循了"效率"和"公平"原则，与税收一起共同维持公共财政的正常运转和政府职能的履行。

第二，从提供公共产品和服务的资金来源或资金的使用对象看，纳税与公共产品和服务的具体受益人不发生直接对应性，税收更多的是提供纯公共产品和服务或具有较大区域范围的准公共产品和服务。而缴费则与公共产品或公共服务的具体受益人存在直接的对应性，收费更多的是提供一定区域范围内的准公共产品和服务。从这点来看，政府层级越高，对税收的依存度越大；政府层级越低，对收费的依存度越大。

第三，从收费的管理看，收费的价格属性是从收费的行为而言的，是向接受服务的一方收取成本补偿，这与商品价格是一致的；而收费的财政属性是对收费的结果而言的，收费资金应纳入政府预算管理，这与税收是一致的。由此决定了收费行为管理与收费资金管理是既相联系又相区别的两个过程，是收费管理的两个方面。

第四，从收费的规范性及法理依据看，其征收虽同样具有强制性，但规范性及法理依据要比税收弱。因此，其收入可能性边界比较大、征收额大小同征收主体的努力关联度极大，往往没有十分确切的制度约束。名义上大多是因事立项，属专用资金，其使用带有专项性，但专项的规定又极易被打破，外部监督约束和内部自我约束都不强。正因为如此，在通常情况下，由于税收制度的调整决策时间较长，往往倾向于收费。

12.1.4　政府收费的适用范围

至于某一具体的混合产品的生产费用，在多大范围或程度上用税收形式补偿，在多大范围或程度上用收费形式补偿，或者说混合产品的成本费用应如何分摊，则需根据具体的情况具体分析。

（1）准公共物品的受益范围。一般来说，受益范围不确定、受益差异不明显的混合产品的生产费用，主要用税收补偿；而受益范围较为确定、受益差异也比较明显的混合产品的生产费用，主要用收费补偿。

（2）准公共物品的生产成本。对于边际成本基本不变的混合产品，一般用稳定性较强的税收来补偿；而对于边际生产成本递减或递增的混合产品，则宜采取灵活性较强的收费来补偿。其缘由主要是税收制度是法定的，具有较强的稳定性，不能经常变动；而政府收费则根据生产成本与供求关系的变化进行相调整，具有相对较强的灵活性。

（3）政府收费与税收的行政成本的大小。采用税收方式，其成本包括税收的立法及税收征管过程中发生的费用；采用政府收费方式，其成本包括收费制度的建立与执收费用。如果某一混合产品，采取税收方式分摊其生产的成本费用所需的成本大于采取收费方式所引发的成本，那么就应采取收费方式；反之，则应采取税收制度，以降低成本。

（4）减支标准。若政府为防止财政调整时期过度削减某些必要预算支出，利用收费比征税更可取，因为收费通常为特定项目或部门筹措资金。

12.1.5　政府收费原则

在我国，绝大多数的收费项目是兼顾成本的，或主要考虑成本补偿或部分补偿的，即以成本费用为基础。成本费用是收费形成与变动的基本因素。除成本费用外，影响收费形成与变动的因素还有市场供求情况、市场竞争程度、政府财政与财务管理、经济政策与法规、国际惯例等。

1. 效率原则

在市场经济条件下，市场在资源配置方面起着基础性作用，而市场价格就是诱导资源优化配置的"看不见的手"。收费作为一种特殊的价格，可以减少"拥挤"，有效合理配置资源，提高使用效率。国外的许多经验研究表明，经过精心设计的收费往往比税收更少对经济产生扭曲，从而也更加减少效率损失。但政府收费实际上是一种政府定价，不同于市场定价，后者是分散决策的结果，前者是集中决策的结果，而且受规范性原则的制约不宜频繁变动。如果价格定得不合理，必然会出现供求失衡，而只要供求失衡就会有相应的效率损失。如对高速公路的收费，如果收费过低，肯定会出现不同程度的供不应求，浪费资源、排长队，造成相应的效率损失；而如果收费过高，就可能会使一些车辆绕道而行，从而导致车流量过少，公路资源得不到有效利用，收费金额降低，也会造成相应的效率损失。这就要求政府在设定收费前，必须进行市场调查，研究需求弹性，进行边际成本和边际收益分析，使收费定价等于"影子价格"。

我们还可以从下面两点来理解和把握收费的效率原则。一是从受益者角度看，应坚持收益与成本必须对称原则。其含义是：公共服务的成本必须尽可能直接分摊到受益者身上，且每个受益者的付费要与其受益相匹配，即只为自己那部分受益付费，而无须为他人的那部分付费，并且使受益与成本形成直接的对应关系。二是从税收与收费的角度看，如果收费的征收成本较高，收费资金的使用效率较低，则采用税收可能更有效率。如道路收费，对燃油征税可能更有效率。

2. 公平原则

应包括两个方面：一是经济公平；二是社会公平。从经济公平角度来看，就是坚持"谁受益，谁负担"的原则，坚持负担程度与受益程度对等的原则。在实际工作中，那些与缴费人的受益没有直接关系的收费，如针对外地车辆征收的过路费，针对外地旅客征收的副食品价格调节基金等，就不应该立项。从社会公平角度来看，主要是指收费要考虑到其承受能力，尤其是弱势群体的承受能力。如对下岗职工再就业的相关收费实行一定程度的减免。另外，收费标准的制定若对某些经济活动的征税已很高，再对这些活动的投入收费可能会恶化而不是改善整个资源配置。

与此相关的是公共收费的非重叠性原则。其含义是：对于同一个公共服务的同一个受益者，不应该同时并存两个或两个以上的收费（包括税收项目），重叠收费不仅容易造成扭曲资源配置，而且增加了付费者负担的管理成本，当收费机构之间在收费项目设计和管理上相互不协调时，这些问题就会更严重。然而交叉收费在我国预算外收费项目中是极其普遍的问题。比如，交通部门收取的养路费、车辆通行费、道路附加费、运输管理费、重点公路建设收费项目之间，就存在严重的重叠问题。更多时候，则是执收单位对一种收费项目肢解为多项收费。

3. 保证稳定的原则

合理的价格和收费标准、规范的价格行为、良好的价格秩序，将会促进合理的分配格局和有效率的价格激励，由此形成良好的国民经济秩序；反之，就会造成分配不公，国家利益受损，消费者和经营者权益得不到保护，从而导致不安定的社会局面。因此，政府在收费管理过程中,要处理好国内外价格衔接问题,克服乱收费、乱摊派、乱集资、损公肥私的现象,保护国家利益;维护经营者正当的、合理合法的价格权利,保护经营者的合法权益,制止价格欺诈、歧视、非法价格垄断和牟取暴利的价格行为,保护消费者的合法权益。

12.1.6 政府收费的作用

政府收费的作用主要体现在以下三个方面。

1. 政府收费有助于改进公共资源的配置效率

若完全用免费方式提供,将导致人们对该项公共资源的过度消费,不符合社会福利最大化的原则。经济效率原则决定了政府有必要按消费的边际成本向消费者收取费用,以促进人们对这些公共产品和混合产品的最佳使用。同时,政府收费直接有偿征收的特征,为公共部门提供了一种类似于私人产品市场的货币投票机制,即公共服务项目收入的丰裕程度在一定程度上可作为居民公共需求的信号。这有助于揭示居民的真实公共需求,改进公共资源配置效率。

2. 财政性收费有利于政府补偿提供准公共物品的成本,补充国家财力的不足

人们对于公共产品的需求是无限的,而政府所能获得的收入总是有限的,公共产品的供需矛盾永远存在。政府收费根据直接受益原则向国民收取,是一种社会和受益人都能接受的筹集财政收入方式。通过设置必要的收费项目在一定程度上可以改善财政状况,缓和财政资金供求矛盾。

3. 财政性收费有利于政府提高准公共物品的效率水平

这主要通过两个方面来实现:一是通过收费可以形成排他机制,解决"拥挤性"问题;二是通过政府较低的价格确定可以鼓励人们消费,达到准公共物品有效率的消费量,从而解决私人部门提供的效率低下问题。

可见,政府收费是一个独立的经济范畴,在任何情况下都有其存在的必要性,不要一见收费,就认为是不合理的,就要取消。在市场经济条件下,如果运用得当,政府收费能够发挥其他财政收入形式所无法替代的作用。

专题 12-2

我国城市全面实行居民阶梯水价制度

《国家发展改革委 住房城乡建设部关于加快建立完善城镇居民用水阶梯价格制度的指导意见》指出,建立完善居民阶梯水价制度,以保障居民基本生活用水需求为前提,以改革居民用水计价方式为抓手,充分发挥阶梯价格机制调节作用,促进节约用水,提高水资源利用效率。

两部门明确,2015年底之前,设市城市原则上要全面实行居民阶梯水价制度;具备实施条件的建制镇也要积极推进。各地要按照不少于三级设置阶梯水量,第一级水量原则上按覆盖80%居民家庭用户的月均用水量确定,保障居民基本生活用水需求;第二级水量原则上按覆盖95%居民家庭用户的月均用水量确定,体现改善和提高居民生活质量的合理用水需求;第三级水量原则上覆盖100%居民家庭用户的月均用水量。第一、二、

> 三级阶梯水价按不低于1∶1.5∶3的比例安排，缺水地区应进一步加大价差。
> 　　两部门要求，实施居民阶梯水价要全面推行成本公开，严格进行成本监审，依法履行听证程序，主动接受社会监督，不断提高水价制定和调整的科学性和透明度。同时要求，各地实施居民阶梯水价制度充分考虑低收入家庭经济承受能力，通过设定减免优惠水量或增加补贴等方式，确保低收入家庭生活水平不因实施阶梯水价而降低。
> 　　国家发展和改革委员会介绍，实施阶梯水价有三条基本原则。一是保障基本需求。区分基本需求和非基本需求，保持居民基本生活用水价格相对稳定；对非基本用水需求，价格要反映水资源稀缺程度。二是促进公平负担。居民生活用水价格总体上要逐步反映供水成本，并兼顾不同收入居民的承受能力，多用水多负担。三是坚持因地制宜。根据各地水资源禀赋状况、经济社会发展水平、居民生活用水习惯等因素，制定符合实际、确保实效的居民阶梯水价制度。

12.2　政府收费的分类

　　从目前收费分类的情况看，大体有三种形式。①按收费性质划分为规费和使用费。规费是指政府在执行社会管理职能过程中，为国民提供某种特别行为或服务时所获得的报偿，具体包括行政规费和司法规费两种。使用费是指政府对特定服务或特许权收取的费用，用于支付提供这些服务的全部或部分成本，一般分为三种：一是公共服务或公共产品的使用费，这是政府部门因提供了某种公共产品或服务而直接向受益人收取的费用；二是特许权使用费，指国家特许经营、使用国家资源和政府资产进行营利性活动时收取的费用；三是公用事业特种费，按财产的某种性质特征收费，为特定公共服务融资。②按收费单位的财务管理制度划分为行政性收费和事业性收费。③按收费形式划分为国家机关收费、公用事业收费、公益服务收费、中介服务收费、其他收费（经营性收费、基金及附加费）五大类。下面以第三种形式为主进行分析。

12.2.1　国家机关收费

　　国家机关收费是国家立法、行政、司法机关及其授权单位在进行社会与经济的管理过程中，对特定对象实施特定管理，提供特定服务而实施的收费。法律法规授权其他机构行使国家管理职能而实施的收费，也按照国家机关收费进行管理。从国家机关收费定义及现行收费状况看，国家机关收费主要分为以下七类。

　　(1) 证照类收费。是指国家机关根据社会、经济、技术、资源管理的需要，依据法规和省级以上人民政府规定对各种证件、牌照、簿卡而收取的工本费。如户口簿工本费、居民身份证工本费、机动车牌照工本费、婚姻证书费、出生医学证明工本费等。

　　(2) 审批类收费。包括注册费、登记费、手续费、审查费、签证费等，是国家机关依据法律、法规规定为被管理对象办理实施登记或办理某项手续时收取的费用。如社团登记费、收养登记费、房屋所有权登记费、船舶登记费、无线电台注册登记费、农药兽药和饲料添加剂登记费、进口废物环境保护审查登记费、企业注册登记费、个体工商户注册登记费、广告经营单位注册登记费、护士注册费等。

（3）资源类收费。资源属国家所有，由于资源的稀缺性或不可再生性，有关法律规定，开采利用资源必须交纳资源费，收取的资源费主要用于资源的保护。如水资源费、无线电频率占用费等。

（4）补偿和治理类收费。主要包括排污费、占道费、挖掘费、人防异地建设费、耕地开垦费、土地复垦费、水土流失防治费、公路路产补偿费、社会抚养费等。

（5）鉴定类收费。包括检验费、检测费、鉴定费、检定费、认证费、检疫费等，如计量检定费、国内植物检疫费、土壤肥料测试费、出入境检验检疫收费等。

（6）管理类收费。是指国家机关行使国家管理职能，按照法律、法规、规章或省级以上人民政府的规定，为弥补办公经费的不足，向被管理对象收取的费用。如集贸市场管理费、个体工商户管理费、公路运输管理费、水路运输管理费等。

（7）涉外收费。如出入境签证费、涉外认证费等。

12.2.2　公用事业收费

公用事业，按照西方国家的解释，是指"受公共利益影响的经济行业及其活动"，主要包括为社会提供能源（电力、天然气和人工煤气等）、邮电、用水、供热和公共交通等服务的国有或私营公司及其经营活动，污水和垃圾处理业有时也包括在内。这些部门为社会生产和人民生活提供的服务是有偿的，即依据提供服务过程中的物质消耗和劳动消耗，向享受服务的单位和个人收取一定费用，即公用事业收费。公用事业收费也称为公用事业价格。《价格法》规定，对重要的公用事业服务，实行政府指导价或政府定价。

1. 水费与水价

水是人类生产生活所必不可少的自然资源。从水源到最终用户，往往还要经过从源水到水利工程供水、到城市供水和污水处理重复利用等过程。源水是国家稀缺自然资源，对它的利用要交纳水资源税或资源费。水利工程要将源水收集、存储、输送到用水单位，把资源水变成商品水，要收取水利工程供水水费。城市供水公司要将水进行加工处理供给居民或企业事业单位使用，耗费物化劳动和活劳动，形成最终消费价格。我国水资源十分短缺，对使用过的污水进行再处理，既保护生态环境，又重复利用，也需收取污水处理费和中水价格。

2. 交通运输收费与价格

交通运输是国民经济的基础产业，是发展现代物流、人流的重要支柱，也是实现优化资源配置的重要环节，在国民经济发展中具有全局性、先导性、战略性的地位。它包括铁路运输、公路运输、民航和水路运输。铁路运输是我国交通运输的主要形式，它的价格是以政府定价为主，同时根据实际情况，放松对部分领域价格的政府直接管制，允许部分铁路运输价格在规定条件下，随市场供求关系的变化适当浮动。公路运输分为货运和客运，目前各地已普遍放开了公路货运的价格，由市场来调节；公路客运由于与人民的生活直接相关，特别是为稳定春运及黄金周时期运价，目前大多数省份实行政府指导价管理。国内航空运输价格以政府指导价为主，国家发展和改革委员会与中国民航局依据航空运输的社会平均成本、市场供求状况、社会承受能力，确定航空客货运输基准价和浮动幅度。水路运输价格包括船舶运输价格和港口收费。目前船舶运输价格已经放开，港口由于其区域垄断性，目前仍有一些项目实行政府指导价或政府定价。

3. 电力收费与价格

我国的电力价格按电力生产经营环节分为上网电价、输配电价和销售电价。电力价格是由成本、费用、税金和利润构成。上网电价是指独立核算的发电企业向电网经营企业出售电能时与电网经营企业之间的结算价格，一般由政府来核定上网电价。输配电价是指电网经营企业输送电能的价格。现阶段，由于我国电厂与电网刚刚分离，电网企业集输电、配电、售电于一体，其输配电环节费用包含在对用户的销售电价中。输配电价和销售电价也是由政府核定。

4. 邮政与电信资费

我国邮政企业经营的业务很多，因而也就形成了多资费标准的邮政资费体系。按业务经营范围划分，可分为国内邮政业务资费和国际及港澳台邮政业务资费两大类。每大类又可分为若干小类，如国内邮政业务资费可分为国内邮件资费、国内特快专递资费、国内电子信函资费、邮政储蓄异地存取资费、报刊发行资费和机要邮件资费等。按业务性质划分，可分为邮政基本资费和邮政非基本资费。如平常信函属于邮政基本资费，根据（向用户出具的查询依据）信函是平常信函附带的，所以属于邮政非基本资费。邮政基本资费具有较强的垄断性，邮政服务属于重要的公共服务，决定了目前我国应对邮政基本资费实行中央集中管理体制。由于邮政生产必须全程全网联合作业，因此邮政资费标准具有较强的统一性，邮政基本资费都执行全国统一的收费标准。

电信资费根据业务性质和市场竞争情况，分别实行政府定价、政府指导价和市场调节价。电报、固定电话、移动电话、垄断经营的电信增值业务和出租电路等基本电信业务资费实行政府定价或政府指导价，无线寻呼等放开经营的电信增值业务实行市场调节价。为培育市场竞争环境，保障公平竞争，我国对电信资费还采取了"非对称"管理政策，即对占市场主导地位的电信企业严格管制，而对新进入的电信企业放松管制。

5. 城市燃气供应收费

城市燃气作为自然垄断性产业，具有生活必需性，同时又具有季节性。城市燃气一般包括居民生活用气、公共建筑用气、工业企业生产用气。目前其价格是一种特许经营制度下的政府价格管制制度。定价由物价部门、主管部门和相关企业采取成本原则和与市场原则相结合的方法合理确定。

12.2.3 公益服务收费

什么是"公益事业"？《中华人民共和国公益事业捐赠法》第三条是这样规定的："本法所称公益事业是指非营利的下列事项：（一）救助灾害、救济贫困、扶助残疾人等困难的社会群体和个人的活动；（二）教育、科学、文化、卫生、体育事业；（三）环境保护、社会公共设施建设；（四）促进社会发展和进步的其他社会公共和福利事业。"据此，公益事业服务对象是公共物品或准公共物品。对重要的公益服务，根据《中华人民共和国价格法》规定，实行政府指导价或政府定价。公益服务收费，也称为公益服务价格。下面主要讲述教育收费和医疗收费。

1. 教育收费

在我国，小学、初中教育属于义务教育，受教育者免交学费，只缴纳杂费；高中和高等教育属于非义务教育，实行缴费上学的制度。表12-1为我国各阶段教育收费。

表 12-1 我国各阶段教育收费

项目	收费项目	杂费标准的核定原则	审批程序和权限	收费资金管理
义务教育	免收学费，只交杂费	学生在校期间必须开支的公用经费中公务费、业务费的一定比例	教育部门提出意见，价格主管部门同财政部门审核，报省级人民政府批准后，由教育部门执行	学校财务部门在财务上单独核算，统一管理；全部用于补充学校公用经费的不足
普通高级中学教育	学费、提供住宿的可收住宿费	学费标准根据年生均教育培养成本的一定比例确定。不同地区可以有所区别	与义务教育一致	与义务教育一致
普通高等学校收费	收取学费，但农、林、师范院校、体育、航海、民族专业等享受国家专业奖学金的高校学生免缴学费；收住宿费	学费标准根据年生均教育培养成本的一定比例确定。不同地区、不同专业、层次学校的学费标准可以有所不同。现阶段学费占生均教育培养成本的比例最高不得超过25%	教育部门提出意见，价格主管部门同财政部门审核，报省级人民政府批准后，由教育部门执行。住宿收费标准由学校主管部门提出意见，报当地价格主管部门会同财政部门审批	与义务教育一致
研究生教育	2004年，教育部、国家发展和改革委员会下达的全国研究生计划中，国家计划所占比例下降为55.61%，委托培养和自筹经费研究生所占比例上升为44.39%，占了研究生招生的近一半。自筹经费研究生收费标准为5 000~10 000元不等，少数学校部分专业的收费标准已经超过3万元。2006年之后，北京大学等试点研究生培养机制改革，不再区分公费与自费，而是采取奖助学金的方式资助优秀研究生学费和生活费			

2. 医疗收费

医疗服务是指医疗机构组织医务人员利用医疗仪器和技术向患者提供医疗诊断、检查、治疗等的劳动消耗，医疗服务价格是对劳动过程所耗费人力、物力的价值补偿。目前，我国医疗服务价格实行统一领导、分级管理的模式，依据医疗机构的不同性质，国家对价格实行统一领导、分级管理的模式，国家对非营利性医疗服务价格实行政府指导价，对营利性医疗机构服务价格实行市场调节价。国务院价格主管部门会同卫生行政部门负责制定医疗服务价格管理和方针政策、作价原则；制定医疗服务成本测算办法；规范全国统一的医疗服务价格项目和服务内容；指导各地的医疗服务价格工作。省级价格主管部门会同同级卫生行政部门按照国家医疗服务价格的方针政策和作价原则，测算本地区的医疗服务成本，制定本地区的医疗服务价格。

12.2.4 中介服务收费

"中介机构"也叫市场中介组织，是指那些本身不从事商品流通活动，而为专门从事商品流通活动的市场主体提供各种服务的组织。主要有四大作用：一是服务，为市场主体提供信息服务、咨询服务、结算服务、配送服务、培训服务、经济服务、法律服务等；二是沟通，沟通各类市场主体之间包括企业与企业之间、企业与政府之间、国际活动之间的联系；三是公证，为保证市场公平竞价、公正交易，开展财务的会计、审计、资产和资信的评估、计量及质量检验，为市场纠纷进行仲裁；四是监督，依据市场规则制定公约或行规，进行自我约束，监督市场交易行为。

中介服务收费是指中介机构或组织提供服务过程中，为补偿成本并按规定获取合法利润实施的收费。

（1）按服务的主体分类。按服务的主体分类，中介服务收费包括信息咨询费、结算费、配送费、培训费、法律服务收费、公证服务收费、会计事务收费、律师事务收费、审计事务收费、价格事务收费、资产和资信评估机构服务收费、经纪人服务收费；典当行、拍卖行、职业介绍所、婚姻介绍所、人才交流中心等中介组织的服务收费；计量检查、质量检查、生产检验等检查认定机构的服务收费。

（2）按服务内容分类。按照中介机构提供的服务内容划分，中介服务收费可分为检验、检测、鉴定、仲裁、代理、公证、认证、评估、咨询等九大类，归纳起来是三大类，即公证性中介服务收费、代理性中介服务收费和信息技术性中介服务收费。

（3）按竞争程度分类。就一般情况而言，目前具有充分市场竞争条件的中介收费有咨询、拍卖、职业介绍、婚姻介绍、广告设计等收费，实行市场调节价；市场竞争条件不充分或服务双方达不到平等、公开服务条件的中介服务收费，主要有评估、代理、认证、招标服务收费等，实行政府指导价；具有行业和技术垄断的中介服务收费有检验、鉴定、公证、仲裁收费等，实行政府定价。

12.2.5　其他收费

1. 经营性收费

除了传统的修理、餐饮、商业服务、洗澡、理发等项目和由传统事业转变过来的放映、体育比赛等外，还包括伴随经济发展和人民生活水平提高而新生的文化娱乐、旅游、物业管理等。

2. 基金及附加费

基金及附加费是指具有专项用途的事业发展资金。可分为两种类型：一是附在价格之上的基金和附加费，即价内费，如电价之中的电力建设基金、城市维护建设税和教育附加；二是在价格之外收取的，即价外加价、价外收费，如电力行业的贴费、电信行业的入网费、初装费等。

12.3　政府收费制度及收费制度创新

12.3.1　政府收费制度

我国现行的收费管理制度主要有收费许可证制度、收费年审制度、收费票据制度、企业负担交费登记卡制度、收费公示制度和收费员证制度。

1. 收费许可证制度

收费许可证制度是从 1987 年开始的。1998 年 10 月，为了加强收费的管理，规范收费行为，国家计委、国家经贸委、财政部、监察署、国务院纠风办下发了《收费许可证管理办法》，主要内容如下。

（1）明确该办法适用于实施收费的国家机关、事业单位及非企业组织。

（2）规定了中央和省级价格主管部门发证的分工，明确在京中央国家机关及所属事业单位、非企业组织,凭合法有效的收费批准文件到国务院价格主管部门申领《收费许可证》;京外中央国家机关及所属事业单位、非企业组织,凭合法有效的收费批准文件到省级价格主管部门申领《收费许可证》。省和省级以下国家机关及所属事业单位、非企业组织《收费许可证》的具体核发办法由各省、自治区、直辖市人民政府价格主管部门会同同级财政部门制定。

(3) 规定的《收费许可证》实行一点一证。具有法人资格、财务独立核算、直接实施收费的单位为基本领证单位。有直接收费行为,但不具有法人资格、不实行财务独立核算的单位的收费点,由符合规定的领证单位统一申请办理《收费许可证》副本。

(4) 规定了申领《收费许可证》的程序。主要包括:①申领单位到当地的价格主管部门领取《收费许可证申请表》;②将填写好的申请表加盖本单位公章,负责人签名后送其上级主管部门确认,签署意见并加盖公章;③价格主管部门对《收费许可证申请表》及批准收费的文件等进行审核,核准后颁发《收费许可证》。

(5) 收费单位申领《收费许可证》时须提供的资料。主要包括:合法有效的批准收费的文件、法人资格证明、政府或业务主管部门批准执业的文件、其他相关资料。

(6)《收费许可证》实行审验制度。经审验合格的,由发证机关另盖年度审验章后方可继续使用。

(7)《收费许可证》有效期为三年。对临时性、一次性收费可核发临时收费许可证,并依实施收费情况注明有效期限,但最长不能超过一年。

实践证明,实行收费许可证制度,作为强化收费管理、维护收费秩序的重要手段收到很好的效果。《收费许可证》是收费单位合法收费的凭证,也是政府管理收费的有效形式和社会监督的有力武器。

2. 收费年审制度

根据中共中央办公厅、国务院办公厅《关于治理乱收费的规定》相关规定,各级价格、财政部门为加强收费管理和监督,普遍开展了收费年审工作,对于宣传国家收费管理政策法规,规范收费行为,查处和纠正乱收费,减轻社会各方面负担起到了积极的作用。

收费年度审验的内容主要包括:①是否正确贯彻收费管理的政策法规,执行收费管理目录和权限,有无擅自设立收费项目、扩大收费范围、提高收费标准、增加收费次数等行为;②是否认真执行《收费许可证管理办法》的规定,按规定领取或变更《收费许可证》并亮证收费;③中央和省已经明令废止的收费项目是否已切实停止执行;④实施收费的单位是否对被收费单位进行了有效管理或提供了相关服务;⑤是否执行收费票据规定;⑥收费收入是否按规定进行管理;⑦收费资金的使用是否符合规定用途。

3. 收费票据制度

为规范行政事业性收费和政府性基金票据的印制、发放、购领、使用、保管及核销的管理,制止各种乱收费,1998年财政部根据上述规定制定了《行政事业性收费和政府性基金票据管理规定》,具体内容如下。

(1) 该规定所称收费票据是指国家机关、事业单位、社会团体、具有行政和管理职能的企业主管部门和政府委托的其他机构,为履行或代行政府职能,依据法律、法规和具有法律效力的行政规章的规定,在收取行政事业性收费和征收政府性基金时,向被收取单位或个人开具的收款凭证。

（2）财政部门是收费票据和管理的主管机关。财政部和省、自治区、直辖市财政部门按管理权限负责票据的印制、发送、核销、稽查及其他监督管理工作。省以下财政部门负责收费票据的使用监督管理工作。

（3）收费票据分为通用票据和专用票据两类，由省级以上财政部门统一监制，分级管理。

（4）收费票据由各级财政部门或其委托的票据管理机构负责发放和核销。收费票据实行分次限量购领制度。申请收费票据的单位，经同级财政部门或其委托的票据管理机构审查符合规定后，发给票据购领证，收费单位凭证购领收费票据。

（5）收费单位已开具的收费票据存根，应妥善保管，保管期一般应为五年。

（6）各级财政部门应建立收费票据稽查制度，对收费票据的印制、购领、使用、管理等情况进行定期或不定期检查。被查单位应如实反映情况，提供资料，接受监督和检查。

4. 企业负担交费登记卡制度

为有效制止向企业的乱收费行为，保护企业合法利益，减轻企业负担，1997 年下发了《国家计委、监察部关于试行企业交费登记卡制度的通知》（计价费〔1997〕2311 号）。

文件规定，企业交费登记卡是维护企业依法交费的有效凭证，由企业持有，收费单位实施收费时填写，收费监督管理部门查验。《企业交费登记卡》要列明收费单位名称、收费时间、收费项目、收费标准、收费金额和收费人员姓名等内容。各收费单位向企业实施收费行为时，必须出示价格主管部门颁发的《收费许可证》《收费员证》，要认真逐项填写《企业交费登记卡》中的有关内容。企业交费后要开具统一收费票据。企业交费时有责任要求收费单位填写《企业交费登记卡》。对不填写此卡的，企业有权拒交，并向当地价格、监察部门举报。各级价格、监察部门要对《企业交费登记卡》进行跟踪调查和监督管理，要定期和不定期检查《企业交费登记卡》的填写情况，及时发现和查处乱收费行为。对乱收费行为除进行经济处罚外，还要追究直接责任人及领导人的责任，情节严重的要给予党纲、政纪处分；触犯刑律的，移交司法机关处理。

5. 收费公示制度

收费公示制度是从涉农价格和收费公示开始实行的。2004 年，下发了《国家发展改革委关于全面实行收费公示制度的通知》，决定将收费公示制度从农村延伸到城市，在城乡全面实行收费公示制度。其主要内容如下。

（1）按照规定审批权限和程序制定的行政事业性收费均应实行公示制度。

（2）公示制度可采取设立公示栏、公示牌价目表或电子显示屏、电子触摸屏等方式。各单位的收费公示栏要长期固定设置在收费场所或社区等方便群众阅读的地方。

（3）收费公示的主要内容包括收费项目、收费标准、收费依据、收费范围、计费单位、投诉电话等。

（4）收费公示栏由公示单位按照价格主管部门规定的规格、样式制作。价格主管部门要根据当地的实际情况及动态管理、长期置放和清楚方便的要求进行规范。要尽可能独立置放，位置明显，字体端正，力求规范。中央所属收费单位按照属地原则进行。

6. 收费员证制度

收费员证制度是指在收费岗位从事收费工作的专、兼职人员，必须经价格主管部门培训，考试合格，认定资格，颁发《收费员证》后，方可从事收费工作。《收费员证》是收费人员依法收费的资格证书，收费员必须按《收费许可证》所列收费项目、收费标准收费。

12.3.2 政府收费管理制度创新与改革

1. 总体思路

收费膨胀在相当程度上是财政体制改革的结果，收费问题的根本解决还要靠财税体制的不断改革完善，从根本上转变政府职能，合理划分和界定政府间的事权和财权，进一步完善财政体制。就财政收入的机制而言，首先考虑税收，其次考虑收费，再考虑转移支付，最后考虑负债。具体到收费改革，要在减轻社会总负担的前提下，按照现代市场经济的导向进行统筹规划，研究决定税收、收费和价格的最佳组合方案及通盘管理框架，使现行各种名目的收费，按其性质类别分流归位，发挥其各自特有的功能和作用。其重点有两个。一是要明确税与费的关系，如土地开发过程中的税费问题，林业中的税费问题，煤炭中的税费问题等，将部分收费转为税收。二是各级政府都要根据自己的职能确定各自收费的范围和规模。公共收费必须体现受益的直接性和受益与付费的对称性，即以受益范围为级次来确定收费的管理权限和管理体制，同时以提供相应的服务为依据，以受益者福利最大化为原则，以消费者的消费意愿为指针，来确定收费的范围和规模。一般来说，如果各级政府间的事权与财权划分得比较合理，分税制能够进一步完善起来，税收、收费、转移支付和负债关系明确，则地方政府的收费膨胀问题就有可能得到根本性缓解。

2. 收费范围

（1）一部分具有税收或准税收性质、收费具有连续性和持久性的收费项目可改为税收。近几年，"城市维护费""车辆购置附加费"都分别改为"城市建设维护税""车辆购置税"。此外，像公路养路费、环境保护费、社会保险费等都可分别改为燃油税、环境保护税、社会保险税。

（2）保留、合并一部分不宜费改税也不宜取消、能准确测定特殊受益者和受益程度的收费项目。如部分行政规费、使用费（如出国护照费、如商标登记费、结婚登记费等），不存在费改税问题，应予以保留。同时减少收费具体项目，根据成本情况以不盈利为原则降低收费标准。

（3）有的公共收费，特别是一些行政事业性收费项目，包括大多数政府性基金，应通过改革逐步予以取消，如乡镇企业管理费、公路和水路运输管理费等。

（4）对一些不再体现政府职能，属于市场经营行为的收费，如大多数中介收费、经营性收费，应随着政府职能转换和政企分开，通过价格改革并入价格，依法纳税。

3. 收费管理制度创新

1）对政府性基金和收费实行严格的审批管理，坚持统一领导与分级管理

统一领导，就是指政府对价格和收费的管理，必须实行集中统筹安排；分级管理，就是按照不同价格的影响程度和特点，实行适当分权，分别由地方分级负责，发挥地方各级人大、政府及其价格管理部门与业务主管部门的积极性，因时、因地制宜进行管理。现阶段，政府性收费由中央和省两级价格主管部门负责审批。其中，资源性收费、全国性证照收费、跨地区的政府性收费，以及涉及企业和农民的收费，由中央一级审批；重要的政府性基金报国务院审批。对于那些虽涉及全国但各地差异较大的重要收费，由中央一级立项并规定收费原则或标准幅度，由省级收费管理机构制订具体标准。对那些在地方发生的重要收费，由省

级收费管理机构立项和制定标准；对那些在地方发生且种类繁杂的收费，省级收费管理机构立项，委托地、市收费管理机构制定标准。另外，对地域性很强的公用性收费、一些经营性收费，可以考虑在条件成熟时逐步下放到地市一级。

2) 建立健全民主、科学收费决策制度

根据规定，凡属于政府定价的制定与调整，必须遵照价格和收费分工管理权限、管理目录，按规定的程序、形式上报审批，以正式公文下达，不能口头批价。同时对一些重要收费实行听证制度。还有一些制度，如放开价格和收费的提价申报制度和调价备案制度、年审制度等。以当前的情况看，建立健全民主、科学收费决策制度，应主要从以下几个方面入手。

(1) 要加强成本约束与审核，严格服务标准，明确投资审批与价格（收费）监管的关系，逐步建立严格的、能反映收费服务内容所包含的劳动消耗，分类制定出各种收费标准的审批原则、依据、办法，使各类收费标准的审定有规可循，条件成熟时成立收费审议委员会。

(2) 要推动社会的广泛参与。民主是法制的基础，只靠政府部门间的征求意见或文件会签而没有公众广泛参与，不可能产生公正合理的收费规则。根据我国的实际，当前的主要任务是使消费者组织起来，使其具备与被监管单位抗衡的能力。如医疗收费方面就要充分培育和发挥医保主体及其与医院的协商能力，用水价格方面就要成立各种用水组织，并充分发挥这些组织的作用，通过利益相关者间的制衡建立起有效的监管。

(3) 要加强对收费项目的跟踪和评估。现在，物价、财政部门按年度对行政事业性收费单位的收费情况进行审查，但这种年审的效果越来越不明显，有待进一步的改进。从政策学的角度看，任何一项政策都有其相应的生命周期，从原来的不完善到完善，再到最后的萎缩。收费政策也不例外，应该根据每项收费的特点，确定其政策实施效果的跟踪和评估方案。

(4) 收费的范围、标准和种类都要透明，都要让民众知晓。近年来，为优化经济环境，大力整治"三乱"，在收费公开方面已经有了较大的改善，如明码标价制度。要建立和完善收费公开制度。在目前的状况下，建立和完善收费公开制度，至少应该包括以下五方面的内容：①收费项目的法律性规范文件应向社会公布，未经公布的一律不得作为实施依据；②建立收费项目目录公开制度，定期向社会公布，明确规定任何部门和单位不得在收费管理目录之外收费；③对不同类的收费项目的适用计量单位和单价，以及计费公式应向社会公布；④收费操作过程透明、确定；⑤建立完善的持证收费制度。

3) 建立健全各项收费征收、管理和使用制度，坚持物价与财政的协调配合

收费管理包括前后相继、相互联系的两个过程：一个是对收费行为的管理，即该不该收、按什么标准收及对收费行为的管理和监督；另一个是对收费资金的管理，即收上来的资金归谁所有、如何使用、使用范围及财务监督等。前一个过程应该纳入价格范畴，属于"定价管理"，把住"收入"关；后一个过程应该纳入财政范畴，属于"资金管理"，把住"支出"关。收费、基金收入应尽可能纳入财政预算管理。

4) 加强收费监督检查体系建设，坚持依法收费与惩处乱收费相结合的原则

(1) 依法收费。为维护公民、法人和其他组织的合法权益，控制收费总量，规范收费行为，促进国家财政税收的稳定增长，按照依法治国、依法行政的要求，有必要尽快制定收费法或收费管理法，既可以使收费者的收费行为有章可循，也可以保护缴费者的合法权益。

(2) 惩处乱收费。对乱收费处罚轻，在处罚和处理中缺乏制度的刚性约束。即使有制度（如对违纪收费处以 10％～15％ 的罚金），在实际执行中也不过是"一退款、二上交、三默认"，助长了不正之风，这无疑也是乱收费现象屡禁不止的原因之一。应对调查发现的乱收费问题，要尽快予以查处，选择一些典型，予以曝光。

本章小结

　　政府收费收入是国家以交换或提供服务为前提、以收费形式所收取的一种财政收入。政府收费是指某些社会政治、经济组织（一般为政府部门、公共企业和事业单位）利用国家或（各级）政府的行政权力，在实施某些社会经济管理职能过程中，由于给受益人提供一定劳务或者资源、资金的使用权而向受益者收取一定数量的"费"的行为，反映收缴双方之间的收付关系。国家通过一定的收费行为，调节和规范某些社会经济活动，同时集聚相应的财力，支持和促进相关事业的发展。

　　收费分类，大体有三种形式：一是按收费性质划分为规费和使用费；二是按收费单位的财务管理制度划分为行政性收费和事业性收费；三是按收费形式划分为国家机关收费、公用事业收费、公益服务收费、中介服务收费、其他收费（经营性收费、基金及附加费）五大类。本章以第三种形式为主进行分析。

　　我国现行的收费管理制度主要有收费许可证制度、收费年审制度、收费票据制度、企业负担交费登记卡制度、收费公示制度和收费员证制度。

　　就财政收入的机制而言，首先考虑税收，其次考虑收费，再考虑转移支付，最后考虑负债。具体到收费改革，要在减轻社会总负担的前提下，按照现代市场经济的导向进行统筹规划，研究决定税收、收费和价格的最佳组合方案及通盘管理框架，使现行各种名目的收费，按其性质类别分流归位，发挥其各自特有的功能和作用。如果各级政府间的事权与财权划分得比较合理，分税制能够进一步完善起来，税收、收费、转移支付和负债关系明确，则地方政府的收费膨胀问题就有可能得到根本性缓解。

关键词

政府收费　行政性收费　事业性收费　收费原则　规费　使用费

思考题

1. 什么是收费？简述收费与税收的区别。
2. 简述收费的特点和适用范围。
3. 对拥挤性产品实行收费是否能够改进产品使用效率状况？
4. 简述收费的作用。
5. 简述我国现行的收费制度。

第 13 章 国有资产收入

【学习目的】

通过本章的学习，了解国有资产的形成与分类，掌握国有资产的概念、性质及其管理和运营，理解和领会国有资产收入与国有资产收益及其分配。

【开篇导言】

历史上，我国各封建王朝在收取土地赋税、征发徭役、征收工商税及其他苛捐杂税的同时，往往还通过拥有大量官产（如官田、山泽虞衡①）、官营（如官作坊、盐铁专卖、酒专卖、茶专卖、均输、平准、宫市、和买等）来获取财富，并在财政收入中占有一定比重。

国有企业在我国经济发展中的地位毋庸赘言，尤其是国有大中型企业掌握着国民经济命脉，控制着能源、交通、原材料、军工、城市公用设施等重要行业。正因为如此，自20世纪80年代起，国企改革特别是国有资产管理体制方面的探索从来就未淡出过人们的视线。国有资产是国家生存与发展的重要物质基础。任何社会形态下的国家都有国有资产，只是不同的国家和同一国家在不同历史时期的国有资产的范围、数量、表现形式和运用方式等方面不同罢了。随着我国国有经济战略性重组和国有企业现代企业制度改造完成后，国有资产总量可能会有所下降，行业与地域分布会有所改变，但由于我国继续坚持走有中国特色的社会主义道路，经济社会发展仍处于发展中国家水平，所以在今后一个较长时期内，国有资产存量还将保持一定水平，其在国民经济中的战略地位不会下降，国有资产收益仍然是财政收入的重要组成部分。

我国国有企业及国有资产管理体制改革，不仅是一个长期的实践探索命题，也是一个不断总结和研究的理论问题，涉及面非常广泛。本章内容主要包括国有资产的形成与分类、国有资产管理与运营、国有资产收入与国有资产收益三大部分。

13.1 国有资产的形成与分类

13.1.1 国有资产的基本概念

要理解国有资产的概念，首先必须明确资产的概念。一般来说，资产是为特定的行为主体所控制，能够带来某种经济收益的经济资源。在具体理解资产概念的内涵方面，又有广义

---

① 所谓山泽虞衡，是指除了可耕种田地之外的山林、湖海、江河、草地、园池等其他国有自然资源。来自这类资源的租税、贡献收入，往往也是国家财政的一个补充。虞衡为古代掌山林川泽之官。

资产和狭义资产的区分。狭义资产概念中强调的经济收益，是指在货币形态上的可计量的部分；广义资产则强调，凡是能够增进人们的效用价值，就应该被认定为经济收益。如洁净的"环境"、政府维持的"秩序"、国防提供的"安全"等，由于很难精确估计其带来的收益，因而通常不被纳入狭义资产的分析范围，但在广义资产分析中，人们都毫无疑问地将其作为重要的资产进行考察分析。

国有资产即全民所有的财产，是指国家以各种形式投资（投入）及其收益、接受赠与所形成的，或者凭借国家权力取得的，或者依据法律认定的各种类型的财产和财产权利。国有资产和一般资产有许多不同点，如国有资产权益代表了社会公共利益，国有资产存在的主要领域是关系国计民生的重要行业和领域，执行政府经济社会政策，国有资产是社会主义制度的重要经济基石等。

与资产概念的划分相适应，国有资产概念也有广义和狭义之分。广义的国有资产，与"国有财产"或"国家财产"同义，泛指依法归国家所有的一切财产，既包括国家依据法律取得的，或通过各种投资方式在境内外形成的经营性和非经营性的资产；也包括属于国家所有的土地、森林、矿藏、河流、海洋等自然资源；还包括国家所有的版权、商标权、专利权等无形资产。狭义的国有资产是指法律上界定所有权为国家所有，并能为国家直接提供经济收益的各种经济资源的总和，专门指经营性国有资产，通常包括国家投资形成的国有企业资产、国有控股企业的国家控股资产、国有持股企业的国家持有的股份资产和从行政事业单位中转化过来的经营性资产。由于狭义的国有资产具有其资本属性，因而人们又把狭义的国有资产价值称之为国有资本。

13.1.2 国有资产的形成途径

1. 革命根据地时期的公营企业

新中国成立前，在共产党领导下的各个时期的根据地建立了公营企业，由党政机关和部队经营一些农业、工业和商业，主要从事军工、被服等军需民用物资的生产，用于部队前线作战的需要和根据地建设。这些公营企业的资产，是我国最早具有社会主义性质的资产，在各个历史时期为革命战争和根据地建设发挥了重要作用。公营企业经营和管理，为新中国成立后大规模建立国有企业、管理国有资产积累了宝贵的经验。

2. 新中国成立初期国有资产的其他来源

新中国成立初期，我国除了根据地已有的国有资产外，国有资产的主要来源还有以下几种途径。

（1）外国资本的国有化。1949年中央人民政府成立时，外资企业共有1 192个，资产12.1亿元。由于政策的变化及外资企业在华特权利益的丧失，许多外资企业陆续歇业，到1959年底，全国尚存135家。由于西方主要国家采取对华敌视态度，中国政府对个别外资企业采取了管制和征用、征收的方式，但无偿收归国有的资本为数甚少。此外，抗战胜利后东北地区原日伪资产也有少量被接收成为新中国的国有资产。

（2）官僚资本的国有化。1949年被人民政府没收的官僚资本中，工矿企业有2 585个，交通行业有机车4 000多辆、客车4 000多辆，银行有2 400多家，四大家族的众多的商业企业也被全部没收，这些产业都转化成了国有资产。

（3）对民族资本的改造、赎买。新中国成立后，与没收官僚资本不同，对民族资本企业实施了利用、限制和改造的政策，通过赎买，将其转化为国营企业。1956年我国基本上完成了对资本主义工商业的社会主义改造，将其转变为国营企业，成为国有资产的重要组成部分。

3. 以全民所有制为主体的投资和国家财政拨款所形成的资产

经过新中国成立初期的几年调整之后，我国国有资产的来源由原来的非投资性来源为主，转向以国家直接投资性来源为主的国有资产发展阶段。以全民所有制为主体的投资和国家财政拨款所形成的资产包括国家预算内和预算外，中央、地方、国有企业及其主管部门对国民经济各行业、各部门的生产经营性投资积累所形成的资产，以全民所有制名义负债获得的净资产，以及国家财政对非生产性的国家行政机关和全民所有制事业单位的拨款所形成的资产。由于国家投资规模不断扩大，使我国国有资产的价值总量迅速增加，国有资产的产业布局结构也明显向第二产业和第三产业倾斜。

4. 根据国家主权原则自然占有的经济资源所形成的国有资产

《中华人民共和国宪法》第九条规定，矿藏、水流、森林、山岭、草原、荒地、滩涂等自然资源，都属于国家所有，即全民所有；由法律规定属于集体所有的森林和山岭、草原、荒地、滩涂除外。在第十条中规定，城市的土地属于国家所有。这些资产既可以由国家直接利用，也可以在确保国家所有权的前提下，根据提高资源利用效率的需要，准予各种组织和个人在国家法律规定的范围内有偿或无偿使用。

5. 国家依据法律无偿占有的资产

国家依据法律无偿占有的资产主要包括凭借国家权力及法律取得的资产和外国政府、企业、其他组织和个人捐赠的资产。其中，凭借国家权力及法律取得的资产，主要包括法律规定的各类属于国家所有的自然资源，税务、工商、海关、公安、检察、法院等执法机关上缴的罚没收入、赃款及赃物的拍卖收入等；外国政府、企业、其他组织和个人捐赠的资产，是指在国际交往中，外国政府、企业、其他组织和个人捐赠给我国政府、国有企业和事业单位的资产，这种捐赠一般带有友好援助等性质，数量不多。

13.1.3 国有资产的分类

国有资产分类，一般从以下几个方面来进行。

1. 按国有资产的形成方式分类

按国有资产的形成方式分类，国有资产可分为国家投资形成的资产和国家间接拥有的资产。国家投资形成的资产主要是指通过国家拨款和投资方式，形成的国家拥有的行政事业单位和国有企业资产。国家间接拥有的资产主要是指国家通过非投资渠道而拥有的资产，如国家依法拥有的土地、森林、河流、海洋、矿藏等自然资源，国家接受国际援助形成的国有资产，国家对非法私人资产采取的没收处罚措施转化成的国有资产等。

按照国有资产的形成方式分类，可以清晰地了解国有资产的来源渠道和具体的形成过程，并通过对国有资产的来源渠道和具体形成过程的内容分析，研究国家的产权制度内容和公共产权与私人产权的关系。

2. 按是否参与商品生产和流通分类

按是否参与商品生产和流通，国有资产可分为经营性国有资产和非经营性国有资产。经营性国有资产是指为了达到一定的经济目的而参与商品生产和流通的国有资产。经营性资产具有运动性和增值性两个特征。对经营性国有资产的管理，主要是提高资产经营的经济效益，保证资产的增值。非经营性国有资产是指不参与商品生产和商品流通的那部分国有资产，即不属于各类公司、企业占有的行政、事业单位、部队和社会团体使用的国有资产及没有启用的国有资产。非经营性国有资产虽然不直接参与物质财富的生产经营活动，但同样创造重要的社会效益。对非经营性国有资产的管理，主要是保证资产的完整及合理、有效、节约使用。

在我国现实社会经济条件下，经营性国有资产和非经营性国有资产的性质和特征不同，管理的目标和手段也有所不同。根据经营性国有资产和非经营性国有资产的性质特征，采取分别对待的方式进行专门管理，在理论和实务操作层面上都有重要的意义。

3. 按国有资产的存在形态分类

按国有资产的存在形态，国有资产可分为有形国有资产和无形国有资产。有形国有资产是以土地、房屋、建筑物、机器设备和各种原材料等实物形态表现出来的，既具有价值又具有实物形态的国有资产。国家拥有的经营性和非经营性的固定资产（如房屋、建筑物、机器设备、运输工具、铁路、桥梁等）和流动资产（如原材料、辅助材料、燃料、半成品、产成品等），以及属于国家所有的土地、矿藏、河流、海洋、森林、草原等资源性资产都属于有形国有资产。无形国有资产是指有经济价值但无实物形态，但能带来经济效益的国有资产。无形资产包括知识产权（如专利权、发明权、商标权、著作权、历史文化遗产等）、工业产权（如专有技术等）、金融产权（如货币、债券、证券的版面设计、印刷、铸造、发行权等）。

把国有资产分为有形国有资产和无形国有资产，能够比较完整地反映国有资产的全部内容，有利于保护国有资产产权变动后的经济利益，有利于对国有资产进行分类统计和分类管理，并通过对国有资产的科学评估，防止国有资产产权变动中的资产流失。

4. 按价值周转方式分类

按价值周转方式，国有资产可分为国有固定资产和国有流动资产。国有固定资产是指全民所有的在生产和使用过程中长期发挥作用而不改变其原有实物形态的劳动资料和其他物质资料，如厂房、机器设备、运输工具、职工宿舍、福利设施等。其价值周转方式是价值分次转移，分次补偿。国有流动资产是指国家所有的在生产经营过程中参加循环周转、不断改变其形态的那部分物质，以及债权和货币资金等。国有流动资产一般存在于物质生产与流通领域，而且在生产经营过程中参加循环周转，因而又属于经营性国有资产。其价值周转方式是价值一次性转移，一次性补偿。

把国有资产分为国有流动资产和国有固定资产，有利于对国有资产的运转状况有比较好的了解和监督，有利于国有资产在会计上的核算，对于各项指标的值有一个直观的认识。

5. 按国有资产存在的地域分类

按国有资产存在的地域分类，国有资产可分为境内国有资产和境外国有资产。境内国有资产是指存在于本国境内的所有国有资产。境外国有资产是指存在于本国境外的本国国有资产，如国家在境外建立的大使馆、领事馆所拥有的资产，国有企业在境外投资形成的资产等。

6. 按产业分类

按产业划分，可分为第一产业的国有资产、第二产业的国有资产和第三产业的国有资产。第一产业的国有资产，主要是在农业等部门的国有资产。改革开放以前，我国在农村实行集体所有制，农业投入以集体和农民为主，除部分国有农场外，国有资产存量较少。1978年以后，我国在农村实行家庭联产承包责任制，政府主要对一些大型农业基础设施进行投资，国有资产增加不多。第二产业的国有资产，主要是存在于工业等部门的国有资产。这是我国国有资产分布量最大的领域。第三产业的国有资产，是指分布在商业、金融、公用事业等服务业领域，以及政府等部门的国有资产。

专题 13-1

2019 年全国国有及国有控股企业经济运行情况

2019 年，全国国有及国有控股企业（以下称国有企业）主要经济指标保持增长态势，应交税费继续下降。

一、营业总收入。国有企业营业总收入 625 520.5 亿元，同比增长 6.9%。其中，(1) 中央企业 358 993.8 亿元，同比增长 6.0%；(2) 地方国有企业 266 526.7 亿元，同比增长 8.2%。

二、营业总成本。国有企业营业总成本 609 066.1 亿元，同比增长 7.1%。其中，(1) 中央企业 344 900.0 亿元，同比增长 5.9%；(2) 地方国有企业 264 166.1 亿元，同比增长 8.6%。

三、利润总额。国有企业利润总额 35 961.0 亿元，同比增长 4.7%。其中，中央企业 22 652.7 亿元，同比增长 8.7%；地方国有企业 13 308.3 亿元，同比下降 1.5%。1—12 月，国有企业税后净利润 26 318.4 亿元，同比增长 5.2%，归属于母公司所有者的净利润 15 496.1 亿元。其中，中央企业 16 539.9 亿元，同比增长 10.4%，归属于母公司所有者的净利润 9 644.2 亿元；地方国有企业 9 778.5 亿元，同比下降 2.7%，归属于母公司所有者的净利润 5 851.9 亿元。

四、应交税费。国有企业应交税费 46 096.3 亿元，同比下降 0.7%。其中，(1) 中央企业 32 317.1 亿元，同比下降 0.7%；(2) 地方国有企业 13 779.2 亿元，同比下降 0.6%。

五、成本费用利润率。国有企业成本费用利润率 6.0%，下降 0.1 个百分点。(1) 中央企业 6.7%，增长 0.2 个百分点；(2) 地方国有企业 5.1%，下降 0.5 个百分点。

六、资产负债率。12 月末，国有企业资产负债率 63.9%，下降 0.2 个百分点。(1) 中央企业 67.0%，下降 0.4 个百分点；(2) 地方国有企业 61.6%，增长 0.1 个百分点。

13.2 国有资产管理与运营

13.2.1 国有资产管理

国有资产管理是指国家按照国民经济管理的总体要求，以资产所有者的身份，对国有资产的占有、使用、收益和处置所进行的计划、组织、经营、协调、监督、控制等一系列活动的总称。

1. 国有资产管理体制

按照《中共中央关于全面深化改革若干重大问题的决定》和国务院有关部署，改革和完善国有资产管理体制应遵循以下原则。

(1) 坚持权责明晰。实现政企分开、政资分开、所有权与经营权分离，依法理顺政府与国有企业的出资关系。切实转变政府职能，依法确立国有企业的市场主体地位，建立健全现代企业制度。坚持政府公共管理职能与国有资产出资人职能分开，确保国有企业依法自主经营，激发企业活力、创新力和内生动力。

(2) 坚持突出重点。按照市场经济规则和现代企业制度要求，以管资本为主，以资本为纽带，以产权为基础，重点管好国有资本布局、规范资本运作、提高资本回报、维护资本安全。注重通过公司法人治理结构依法行使国有股东权利。

(3) 坚持放管结合。按照权责明确、监管高效、规范透明的要求，推进国有资产监管机构职能和监管方式转变。该放的依法放开，切实增强企业活力，提高国有资本运营效率；该管的科学管好，严格防止国有资产流失，确保国有资产保值增值。

(4) 坚持稳妥有序。处理好改革、发展、稳定的关系，突出改革和完善国有资产管理体制的系统性、协调性，以重点领域为突破口，先行试点，分步实施，统筹谋划，协同推进相关配套改革。

2. 国有资产管理要素

国有资产管理要素主要包括国有资产管理的主体、客体、目标及目的实现的手段等。

1) 国有资产管理的主体

国有资产管理主体即由谁来代表国家管理国有资产。按照国有资产管理层次，国有资产管理的主体划分为产权管理主体（或宏观管理主体）和经济管理主体。在现行国有资产管理体制下，企业中经营的国有资产，统一由国务院，省、自治区、直辖市人民政府，设区的市、自治州级人民政府国有资产管理委员会行使所有者的职责，成为这类国有资产产权管理的主体，国有及其控股企业是国有资产的经营主体。而行政事业性国有资产、资源性国有资产仍由各主管部门管理。

2) 国有资产管理的客体

国有资产管理的客体顾名思义是管理的对象，从一般意义上讲，包括所有产权归国家所有的所有资产。如按国有资产与社会经济活动的关系划分，可分为经营性国有资产、非经营性国有资产及资源性国有资产。从目前我国国有资产管理的现状分析，无论是理论研究，还是制度建设和具体管理，社会各界关注的焦点仍是国有企业中经营性国有资产。在国有经济战略性调整逐步完成后，管理重点应适度向非经营性国有资产及资源性国有资产转移，以充分发挥这两类资产在提供社会公共服务、体现社会公平、实现经济社会可持续发展方面的功能。

3) 国有资产管理的目标

国有资产管理的目标，可分为总体目标与具体目标。

在总体上，国有资产管理要维护国有产权合法权益，保卫资产安全，实现资产的保值、增值，提高资产利用效率，为政府宏观经济政策目标服务，充分发挥国有资产对国民经济运行和社会发展的调控功能。

具体而言，经营性国有资产的管理目标是，保护国有产权，实现资产的保值增值，以最少的资产消耗取得最大的经济效益，为政府提供更多的财政收入；对非生产领域的国有资产，主要是政府部门和非营利组织占有的国有资产，其管理目标是，维护国有资产的安全性、完整性，提高资产利用效率，以最少的资产占用为社会提供最大限度的公共服务；对资源性国有资产而言，其管理目标是，保护国有产权的合法权益，实现资源的有序、合理利用，治理环境污染，对可再生资源达到利用与开发的良性循环，对不可再生资源提高其利用率，尽可能延长利用时间，走经济与资源和环境可持续发展的道路。

4）国有资产管理目标实现的手段

国有资产管理目标实现的手段，主要包括法律手段、经济手段和行政手段。

法律手段主要是政府通过建立健全国有资产管理的法律、法规体系，依法打击各类瓜分国有资产、侵犯国有资产利益的违法违纪行为，维护国有资产权益。在市场经济条件下，国有资产管理的法律、法规，是国家法律体系的重要组成部分，成为保护国有资产权益的重要手段。在我国，国有资产管理的法律、法规包括两类：一是专门的国有资产管理法律、法规；二是相关法律、法规。前者如《企业国有资产监督管理暂行条例》《中华人民共和国土地法》《中华人民共和国矿产资源法》等；后者如《中华人民共和国公司法》《中华人民共和国会计法》等。

国有资产管理的经济手段是指国家运用税收、财政补贴、利润分配、工资制度等工具，为国有资产管理服务。如政府对因执行国家经济政策而形成亏损的国有企业给予补贴或税收减免；对国有企业经营管理人员根据其业绩给予高低不同的报酬，充分调动其经营管理的积极性。在市场经济条件下，对利益的追求是企业和个人行为的基本动机，经济手段便成为政府管理国有资产的重要手段。

行政手段是政府利用行政权力和命令，强行改变国有企业生产经营行为的方式，如对企业进行关、停、并、转等。在国有资产管理中，行政手段和法律手段、经济手段相比，具有行动迅速、政策见效快等特点，可在很短的时间内迅速纠正违反国有资产合法权益的行为，保护国有资产的完整性、安全性。但行政手段容易产生政府过多干预企业生产经营行为，或者干预不当的问题。因此，国有资产管理主要以法律、经济手段为主，配合必要的行政手段，从而提高资产利用效率，维护国有资产合法权益。

3. 国有资产管理的主要内容

国有资产管理覆盖国有资产运营的各个环节、各个方面，包括国有资产的投资、经营、收益分配及资产评估、登记、界定等。主要体现在以下几个方面。

(1) 国有资产的投资管理。国有资产的投资管理指国家根据国民经济发展战略目标，合理确定国有资产投资规模、结构，提高投资效益，兴建独资、合资、股份制等各类国有企业，调控国民经济运行，实现国家宏观经济政策目标的管理活动。国有资产投资管理涉及经济领域许多重大关系的调整，如投资管理体制建立；财政、改革与发展委员会、政策性银行、各主管部门之间关系的协调；投资决策、投资收益、投资风险的结合等许多问题。关于国有资产的投资管理，在社会主义市场经济体制下有待于进一步探索。

(2) 国有资产的经营管理。国有资产的经营管理，是指为实现国有资产的保值、增值，提高国有资产运行的经济效益、社会效益及生态效益而选择恰当的经营方式，考核评价经营者的业绩，取得最佳资产收益的管理活动。随着市场经济的发展，我国公有制实现形式多样化，国有资产经营也可以选择各种不同的方式，如股份经营、委托经营、联合经营、承包经营、租赁经营等，以适应各类不同资产的性质、特点、行业分布，实现收益的最大化。

(3) 国有资产的收益分配管理。国有资产的收益分配管理，是指国家作为资产所有者，依法取得资产收益并对收益进行分配、处置的管理活动。在生产经营中凭借资产的所有权，拥有企业实现的利润，并进行合理分配，是国有产权在经济上的体现，也是国家的主要经济权益。在现代市场经济条件下，股份制是国有经济的主要经营形式，因而国有资产收益支配管理的重点是：维护国有股的合法权益，如依法取得国有股的股息、红利收入；享受同等的送股配股权利；在企业购并、破产清算中保护国家股的利益等。当然，国家在依法取得国有资产收益并对其支配、处置时，也要重视企业的长远发展及其自我积累、自我更新、自我发展能力的提高。

(4) 国有资产的产权处置管理。国有资产的产权处置管理，是指国家根据国民经济运行的客观需要及国有经济的战略布局，对国有资产存量及时调整，对部分国有资产依法进行收购、兼并、拍卖、出售，优化资产结构，盘活资产存量，提高资产运行效益，防范国有资产流失的管理活动。在市场经济发展中，产权处置是一种正常的、经常性的经营行为，也是国家调控国民经济运行，实现国家宏观经济政策意图，维护国家权益的重要手段。

除以上主要环节外，还有国有资产的清产核资、产权界定、产权登记、股权管理、资本金预算、国有资产统计与评价、资产评估、国有资产保值增值指标考核、建立国有资产分析报告制度等。

13.2.2　国有资产经营方式

国有资产经营是指国有资产的所有者和授权经营者，为了保证国有资产优化配置、合理利用，提高运行的经济效益、社会效益及生态效益，实现国有资产的保值增值，充分发挥在国民经济中的主导地位而进行的一系列筹划、决策活动。其方式主要如下。

(1) 国有资产的股份制经营。是指国家通过与其他投资主体联合兴建股份制企业，收购其他企业股份或对原国有制企业进行股份制改造等形式，运用国有资产，建立规范的现代企业制度，实现产权明晰，所有权与经营权分离，构建所有者、经营者、生产者之间的制衡关系，建立企业内部科学管理制度，真正实现企业自主经营、自负盈亏、照章纳税，具有自我积累、自我约束、自我发展能力目标的经营方式。

(2) 国有资产的集团经营。指国家授权有关企业集团对其所属企业的国有资产实行统一管理、经营。这也是市场经济条件下国有资产经营的重要方式。

(3) 国有资产的委托经营。是指在不改变国有资产所有权及资产最终处置权的前提下，国家将国有资产委托给有关主管部门、地方政府及其他组织经营管理的方式。

(4) 国有资产的承包经营。是指在坚持国有资产所有权不变的前提下按所有权与经营权相分离的原则，以承包经营合同形式确定国家与企业间的责、权、利关系。在承包合同范围内，使企业自主经营、自负盈亏的经营管理制度。

(5) 国有资产的租赁经营。是指在不改变国有资产所有制性质的前提下，国家将部分国有资产出租给有关承租人经营。

13.2.3　国有资本运营方式

国有资本运营是指通过对国有企业可以支配的资源和生产要素进行运筹、谋划和优化配置，通常采取的手段是生产要素优先配置、产业结构的动态调整等。同一般企业经营不同，国有资本运营的对象是由生产要素转化来的能够实现保值增值的资本，更多面向资本市场，运营方式是产权的流动和资产重组。

1. 国有资本运营的意义

国有资本运营对于盘活我国国有资产，提高国有资产使用效益，积极推进我国国有企业改革和改善我国国有企业的资本结构都具有十分重要的现实意义。

（1）实行国有资本运营，有利于建立现代企业制度，改善国有企业内部治理结构。在我国市场经济条件下，通过实行国有资本运营，将企业的一切要素资本化，有利于在保证出资者权益的前提下，改进法人化的资本治理结构，通过融资、租赁和企业改组、改制，盘活我国国有资产，提高国有资产使用效益。

（2）实行国有资本运营，有利于实现我国国有资产布局的战略结构调整。通过实行国有资本运营，将国有存量资产资本化，可以达到国有资产存量变现和增值目的，并通过资金回收后投资于关系国民经济命脉的行业和领域，实现我国国有资产布局的战略结构调整。

（3）实行国有资本运营，有利于发挥国有资本对民间资本的引导作用。实行国有资本运营，可以通过股权转让、企业兼并等资本运营活动吸收和利用民间资本，在国有企业逐步退出一般竞争领域的同时，引导民间资本适时进入该领域，发挥国有资本对民间资本的引导作用。

2. 国有资本运营的方式

国有资本运营的方式具有可选择性，从常见的国有资本运营方式来看，主要包括以下类型。

（1）整体出售方式。对于一般竞争领域中的许多国有中小企业，尤其是经营不佳的国有中小企业，该行业的进入和退出门槛较低，引进和鼓励社会资本参与进来，降低国有资产的管理成本，提高该行业的经济效益，选择整体出售是一个比较好的方式。以合理的价格出售后，国有资本又可以重新投入需要资本的行业，加强了基础设施等急需资本的部门的建设，优化了国民经济结构。

（2）股份制改造方式。对于一些国有资本应当逐步退出一般竞争领域的国有大型企业，应当根据国有资本控股和参股的需要，根据国有企业改革的原则，对其进行股份制改造，将国有独资的产权结构改变为国有资本控股或参股的产权结构。通过股份制改造，引入新的投资者，实现投资主体多元化，优化企业资本结构，提高经济效益，实现国有资本的乘数效应。

（3）企业并购方式。企业并购包括兼并、联合、收购等具体方式。其实质是一种产权转让或产权交易行为，是一种资本运营形式，其结果是企业所有权和由此决定的企业控制支配权的转移。

（4）托管方式。托管的最大特点是在被托管企业产权不动的情况下，具有相对优势的托管企业（管理、技术、营销渠道、品牌等）获得对被托管企业资源的实际控制权，可以降低优势企业的扩展成本。对被托管企业来说，可以减少抵触情绪和产权剧烈变动引起的摩擦。

（5）股权与债权互换。在对某些国有企业进行股份制改造的同时，还可考虑国有股权和债权互换，以获得对企业的控制权。最典型的是国家为了实现国有企业脱困目标，处置银行不良债务,曾对重点国有企业实施债转股措施,即金融资产管理公司作为投资主体,将商业银行原有的不良信贷资产转为金融管理公司对企业的股权,由原来的债权债务关系转变为金融资产管理公司与实施债权转股权企业之间的持股与被持股或控股与被控股的关系,由原来的还本付息转变为按股分红。

(6)国有股权转让。国有股权转让是指国家为了降低或放弃在国有控股公司或国有持股公司的国有股比例,将所持有的部分或全部国有股份按一定的价格出让给他人。国有股权转让既可以通过场外协议的形式进行,也可以通过股票市场出售。

专题 13-2

我国经营性国有资产管理体制的改革进程[①]

改革初期,我国提出并实施了"政企职责分开"和"党政职责分开"的改革原则,对企业放权让利,增强了企业的活力,但国有资产管理体制改革滞后于国有企业改革,国有资产流失现象严重。为此,中央于1988年成立国家国有资产管理局,以行使对我国境内全部国有资产的管理职能。

1993年11月,首次提出政资分开的概念,明确对国有资产实行"国家统一所有、政府分级监管、企业自主经营"的体制。

1998年,国家国有资产管理局被撤销并入财政部,机械、化工、内贸、煤炭等15个主管行业的专业经济部门被改组为隶属于国家经贸委的"局",并明确不再直接管理企业。2001年2月,国家经贸委下属九个国家局被撤销。

2002年11月,党的十六大宣布坚持国家所有的前提下,在中央和地方政府分设国有资产管理机构,建立"管资产和管人、管事相结合"的国有资产管理体制。

2003年4月6日,国务院国有资产监督管理委员会成立。根据十六大的精神,国有资产中关系国民经济命脉和国家安全的大型国有企业、基础设施和重要自然资源等,由中央政府代表国家履行出资人职责,其他国有资产由地方政府代表国家履行出资人职责,意味着新中国成立以来一直实行的国有资产"国家统一所有,地方分级管理"的模式被"国家所有,分级行使产权"的模式取代。国资委成立不久就配合国务院法制办起草了《企业国有资产监督管理暂行条例》。

2004年的"郎顾之争"引发了国有资产流失的辩论。当年国资委发布《关于企业国有产权转让有关问题的通知》对国有产权转让做出明确规定,并于2005年4月公布了《企业国有产权向管理层转让暂行规定》,专门对MBO等行为进行规范。

继2004年中航油事件、2005年南航事件之后,公司治理结构和风险控制更成为2005年国企改革的重点内容。

2006年12月国资委发布《关于推进国有资本调整和国有企业重组指导意见》,标志着国有资产、国企改革进入了一个新的历史阶段。

[①] 汪海波. 中国国有资产监管的实践进程. 中国经济史研究, 2004 (4).

应该看到，自 2003 年以来我国国有资产管理体制改革取得了积极进展[①]。主要表现在以下三个方面。一是初步建立了国有资产管理体制基本框架，国有资产监管的组织体系基本建立，以《企业国有资产监督管理暂行条例》为依据的国有资产监管法规体系基本形成，在中央企业实施了企业负责人经营业绩年度考核和任期考核，国有资产保值增值的责任体系基本形成。二是加强了国有资产监管，全面开展了清产核资，强化了企业财务预决算、财务动态监测，加强了对企业重大财务事项的监督管理，加大了财务决算审计监督工作力度，并积极推动中央企业加强风险管理工作，坚持和完善监事会制度，加强了国有资本权益和国有资产安全情况的重点检查，及时反映和纠正出资企业在投资融资、重组改制、清产核资、产权转让等活动中涉及国有资产安全及影响企业发展的重大问题。三是规范了国有企业改制和国有产权转让。针对国有企业改制和国有产权转让中存在的问题，加强了国有企业改制和国有产权转让的监督检查，同时推进了产权交易市场的建设和规范运作，多部门共同参与、全方位、多层次、多形式的企业国有产权转让监督检查工作制度和企业国有产权进场交易制度逐步形成，国有资产流失得到有效遏制，职工合法权益得到有效保障，维护了企业和社会的稳定。

13.3 国有资产收入与国有资产收益

13.3.1 国有资产收入

国有资产收入，是指国家凭借其拥有的国有资产所有权而取得的收入。随着国有资产经营方式的多样化，国有资产收入形式也呈现出多样化趋势。目前，我国国有资产收入主要有国有资产的经营性收入和国有产权转让收入两类形式。

1. 国有资产的经营性收入

我国国有资产的经营性收入形式，主要取决于国有资产经营方式。从目前来看，主要包括以下三种类型。

(1) 利润。利润是我国国有资产收益的最常见的形式。主要适用于国有独资企业和实行承包经营的国有企业。

(2) 租金。租金是出租方将资产出租给承租人进行经营活动所得到的一种收益。这种形式主要适用于实行租赁经营方式的国有企业。在国有资产的租赁方式下，国家在一定时期内让渡了国有资产的使用权和经营权，必然要求承租者对国家的这种让渡进行价值补偿。这种价值补偿数量的多少主要取决于出租国有资产的资产价值、出租国有资产的级差收益能力等因素。

(3) 股息和红利。股息和红利是一种股权收益，是按照控股或持股者所占股份的多少分配给股东的利息和利润。对于实行股份制经营的国有资产，股息和红利是国家作为股东，凭借其拥有的股权参与股份公司资产经营收益分配取得的收入。

[①] 苗俊杰. 国资改革在多重诉求下前行. 瞭望新闻周刊, 2006-01-09.

2. 国有产权转让收入

国有产权转让收入，是指通过对国有资产所有权和国有资产使用权的转让获得的收入。主要包括两种类型。

（1）国有资产所有权转让收入。这是国家通过对国有资产所有权的转让、拍卖、兼并等方式所形成的收入。随着我国对一般竞争领域的小型国有工商企业转让和拍卖，以及对一般竞争领域的大中型股份制企业的国有股权转让，我国必然会形成一定数量的国有资产所有权转让收入。

（2）国有资产使用权转让收入。这是国家通过对国有资产使用权转让而取得的国有资产使用权转让收入，也是国有资产收入的组成部分。如国有土地使用权出让收益，矿藏资源开采权转让收益，山林、草地、河流开发权使用收益，森林采伐权使用收益，以及其他国有资产使用权转让收益，这些都构成国有资产使用权转让收入。

13.3.2 国有资产收益

国有资产收益是国有资产在生产经营活动中的增值额，也是国有资产的投资收益。国有资产收益是指国家凭借对国有资产的所有权，从国有资产经营收入中所获得的经济利益。其来源是国有企业或国家参股企业的劳动者在剩余劳动时间内为社会创造的剩余产品价值。国有资产收益是国有资产收入的主要组成部分。

国有资产收益与税收相比，一是分配依据不同。税收是国家以社会管理者的身份，依据国家政治权力进行的分配；而国有资产收益是国家以生产资料所有者的身份，依据财产权利对国有企业进行的分配。二是作用范围不同。税收只要是在国家政治权力所能涉及的分配范围内，对各种不同经济成分的纳税人，都可以适用；但国有资产收益的调节范围只限于国有企业，只能调节企业留利的多少，而对集体企业、外商投资企业、私营企业等则无权利用上缴利润形式参与其利润分配。三是法律效力特征不同。税收具有无偿性特征，而国有资产收益是国家凭借生产资料所有者的身份收取的，因而不是无偿的；税收具有强制性特征，是以国家的法律为保障进行的强制征收，而国有资产收益是国家与企业通过双方商定的契约进行分配的，它属于同一所有制内部的分配，不存在强制性；税收具有固定性的特征，它是依法按预定标准征收，特别是对流转额的征税，不论企业盈亏与否，只要发生纳税行为就要依法纳税；而上缴利润是以企业实现的利润为依据，利润多的多交，利润少的少交，无利润的不交。

13.3.3 国有资产收益分配

国有资产收益分配，微观上就是国有企业中的投资者凭借资产所有权的利润分配。由于国家是以社会管理者和生产资料所有者的双重身份参与国有企业收益的分配的，国家以社会管理者身份参与国有企业收益分配，体现的是国家凭借政治权力的税收分配关系，反映的是税收分配的统一性、规范性关系；而国家以生产资料所有者身份参与国有企业收益分配，体现的是国家凭借资产所有权的利润分配关系，反映的是利润分配的相对灵活性关系。因此，所有国有企业的利润分配，既要按照企业利润分配的一般顺序要求进行分配，同时国有企业上缴给国家的国有资产收益的多少，又会受到国家政策的影响。

1. 国有企业利润分配的顺序

国有企业和其他所有企业一样,实现销售收入和营业收入后,必须依法向国家交纳税金,企业实现的利润,在上缴企业所得税以后,税后利润按如下顺序分配:①抵补被没收的财产损失,支付税收滞纳金和罚款;②弥补以前年度的损失;③按税后利润扣除前两项后的10%提取法定的盈余公积金,已达到注册资本金的50%时可以不再提取;④提取公益金;⑤投资者凭借资产所有权分配利润。

2. 国有资产收益分配的主要内容

国有资产收益分配主要包括国有企业上缴国家的收益和企业留存收益两部分。企业上缴国家的收益是国家凭借资产所有权从企业税后利润中应分得的收益;企业留存收益是指企业税后利润中的留存部分。按照所有权关系,国有企业这部分留存收益也是国家作为所有者的权益,必须归国家所有,只是留存在企业,归企业使用。

企业应上缴国家的国有资产收益主要包括:①国有企业上缴利润,也就是国家作为所有者从国有企业税后利润中应分得的收益;②股份有限公司中国有股的股息和红利,即按照同股同利原则所形成的国有股收益;③非国有企业占用和租赁国有资产形成的国有资产收益;④国有资产所有权转让收入;⑤国有资产使用权转让收入。

13.3.4　国有资本经营预算

国有资本经营预算是国家以所有者身份依法取得国有资本收益,并对所得收益进行分配而发生的各项收支预算,是政府预算的重要组成部分。根据《中华人民共和国预算法》第五条,国家预算包括一般公共预算、政府性基金预算、国有资本经营预算、社会保险基金预算。建立国有资本经营预算制度,对增强政府的宏观调控能力,完善国有企业收入分配制度,推进国有经济布局和结构的战略性调整,集中解决国有企业发展中的体制性、机制性问题,具有重要意义。一般公共预算、政府性基金预算、国有资本经营预算、社会保险基金预算应当保持完整、独立。政府性基金预算、国有资本经营预算、社会保险基金预算应当与一般公共预算相衔接。国有资本经营预算应当按照收支平衡的原则编制,不列赤字,并安排资金调入一般公共预算。

国务院 2007 年 9 月 13 日公布了《国务院关于试行国有资本经营预算的意见》(以下简称《意见》),决定试行国有资本经营预算。2016 年财政部印发《中央国有资本经营预算管理暂行办法》,进一步完善了国有资本经营预算制度,加强和规范了中央国有资本经营预算管理,优化了国有资本配置,适用对象包括纳入中央国有资本经营预算实施范围的中央部门及其监管(所属)的中央企业,以及直接向财政部报送国有资本经营预算的中央企业,如中国烟草公司、中国铁路总公司、中国邮政集团公司,以及国务院及其授权机构代表国家履行出资人职责的国有独资、国有控股、国有参股的金融企业(含中国投资有限责任公司)等。

中央国有资本经营预算收入是中央部门及中央企业上缴并纳入国有资本经营预算管理的国有资本收益,主要包括:国有独资企业按照规定应当上缴国家的利润;国有控股、参股企业国有股权(股份)获得的股利、股息收入;国有产权(含国有股份)转让收入;国有独资企业清算收入(扣除清算费用),国有控股、参股企业国有股权(股份)分享的公司清算收入(扣除清算费用);其他国有资本经营收入。

中央国有资本经营预算支出应当服务于国家战略目标,除调入一般公共预算和补充全国社会保障基金外，主要用于以下用途：解决国有企业历史遗留问题及相关改革成本支出；关系国家安全、国民经济命脉的重要行业和关键领域国家资本注入，包括重点提供公共服务、发展重要前瞻性战略性产业、保护生态环境、支持科技进步、保障国家安全，保持国家对金融业控制力，推进国有经济布局和结构战略性调整，解决国有企业发展中的体制性、机制性问题；国有企业政策性补贴。中央国有资本经营预算支出方向和重点，应当根据国家宏观经济政策需要以及不同时期国有企业改革发展任务适时进行调整。

2016年进一步健全了国有资本经营预算制度。一是将中央国有资本经营预算调入一般公共预算的比例由2015年的16%提高到19%；二是将中国铁路总公司等68户企业纳入中央国有资本经营预算实施范围；三是优先安排资金用于解决国有企业历史遗留问题、化解过剩产能及人员安置。

2016年中央国有资本经营预算收入1 400亿元，下降13.2%，主要是预计石油石化、钢铁、煤炭等行业企业利润下降。加上2015年结转收入397.23亿元，中央国有资本经营预算收入总量为1 797.23亿元。中央国有资本经营预算支出1 551.23亿元，增长37.3%。其中，中央本级支出1 191.23亿元，增长18.5%；对地方转移支付360亿元，增长189.6%；向一般公共预算调出246亿元。

专题 13-3

西方国家如何收取国企红利[①]

据统计，2006年我国国有企业实现利润1.1万亿元，其中中央企业实现利润由2003年的3 006亿元增加到2006年的7 700亿元。但1994年以来，国企（包括处于垄断行业拥有高额利润的国企）从未向国家上缴税后利润。试行国有资本经营预算就是国有企业向国家分红，必然会涉及国家与企业收入分配关系的重大调整。那么，西方国家如何收取国企红利呢？

美国的不少区域则采用直接分红，返利于民。例如，1976年阿拉斯加州公民投票决定设置一个独立于政府之外运营的"资源永久基金"，将该州至少25%的石油资源及相关收入投入永久基金。自1982年起，阿拉斯加州政府连续20多年给在该州居住6个月以上的公民发放分红，每人每年几百至上千美元不等。不仅如此，该州居民还能享受到分红作用在公共服务和公共产品上的益处，成为公有资源市场化运作的成功样板。

在西欧，尽管国有企业数量和资产比重不大，但其国有资产的隶属关系清晰，并与各自国家的预算体制直接挂钩。

法国的中央预算由一般预算、附属预算和国库特别账户构成。一般预算是中央预算的主体部分，其收入主要来自税收，其他为国有企业利润分红和国外收入等。国有企业在按税法规定纳税外，如有盈利，则必须按50%的税率上交所得税。其余利润，一部分按股份向股东发红利，国家股份的红利均上交法国经济财政部的国库司；另一部分作为企业纯利润，归企业自行支配。

---

① 卢铮. 西方国家如何收取国企红利. 中国证券报，2007-06-04.

> 德国分为联邦、州、地方（市、县和乡镇）三级财政体制，中央一级国有企业的财产隶属关系在财政部。英国是两级（中央和地方）财政预算体制，国有企业是两级所有。两国国企红利均通过财政预算体系上交国库。

本章小结

国有资产即全民所有的财产，是指国家以各种形式投资（投入）及其收益、接受赠与所形成的，或者凭借国家权力取得的，或者依据法律认定的各种类型的财产和财产权利，有广义和狭义之分。国有资产按不同的标准可分为不同的形式：按形成方式可将国有资产分为国家投资形成的资产和国家间接拥有的资产；按是否参与商品生产和流通可将国有资产分为经营性国有资产和非经营性国有资产；按存在形态可将国有资产分为有形国有资产和无形国有资产，此外，还有按价值周转方式、国有资产存在的地域、产业分类的。

国有资产管理是指国家按照国民经济管理的总体要求，以资产所有者的身份，对国有资产的占有、使用、收益和处置所进行的计划、组织、经营、协调、监督、控制等一系列活动的总称。具体来说，国有资产管理是指按照产权明晰、权责明确、政企分开、管理科学的原则，合理界定国有资产管理的主体、客体、目标及目的实现的手段，对投资、经营、收入分配及产权处置等方面进行管理。国有资产经营方式主要有股份制经营、集团经营、委托经营、承包经营和租赁经营，国有资本运营方式主要有整体出售、股份制改造、企业并购、托管、股权与债权互换等方式。

国有资产收入，是指国家凭借其拥有的国有资产所有权而取得的收入。我国主要有国有资产的经营性收入（包括利润、租金、股息和红利等）和国有产权转让收入（包括所有权转让收入和使用权转让收入）两类形式。国有资产收益是国有资产在生产经营活动中的增值额，也是国有资产的投资收益，是国有资产收入的主要组成部分。国有资产收益分配是国有资产所有权派生的权力，按照"谁出资、谁受益"的原则，由国家对国有资产收益进行分配。为了更好地对国有资产进行管理，需要采取国有资本经营预算。国有资本经营预算是国家以所有者身份依法取得国有资本收益，并对所得收益进行分配而发生的各项收支预算，是政府预算的重要组成部分。

关键词

资产　国有资产　国有企业　国有资产管理　国有资产收入　国有资产收益　国有资产运营

思考题

1. 简述国有资本运营的意义。

2. 简述国有产权转让的主要收入形式。
3. 国有资产管理的主要内容有哪些?
4. 新中国成立初期,国有资产的主要来源主要有哪几种途径?
5. 如何完善我国国有资本经营预算制度?

第 14 章

国家公债

【学习目的】

通过本章的学习,了解公债的产生和发展,掌握公债的概念、性质及相关分类,掌握公债的发行与偿还所涉及的因素,熟悉公债市场和对公债的管理。

【开篇导言】

1929—1933 年,由于各种社会矛盾激化,爆发了资本主义历史上最严重的经济危机。这次危机从美国开始,很快冲击到整个资本主义世界的各个角落,导致整个资本主义世界的生产量下降了 1/3~2/5,西方经济退回到了第一次世界大战前的水平。在此背景下,西方资产阶级过去传统的经济政策破产了。凯恩斯主义者以《就业、利息和货币通论》为理论基础,把经济危机的根源归结为"有效需求不足",要求政府放弃自由资本主义原则,实行国家直接干预经济,提出了政府运用财政、货币政策,增加投资,刺激消费,实现充分就业的一整套理论政策体系。其中,至为重要的一点,就是举借公债,弥补财政赤字,并通过公债来调节经济运行。截至 2016 年末,纳入预算管理的中央政府债务余额 12 万亿元,地方债务 15.33 万亿元,合计 27.33 万亿元,占 GDP 比重 39.4%。

新中国从借债、无债到举借大额外债,反映了财政制度对社会经济发展的双重影响。新中国成立后,曾大量利用苏联和东欧国家的贷款,为建立比较齐全的工业和国民经济体系打下了最初的基础。随着中苏关系的恶化,在苏联的逼迫下,还清了所举借的外债,中国进入了既不借内债也不借外债的时期。1978 年中国步入改革开放以后,开始引进外资并举借外债。2006 年中央财政国债余额为 35 568 亿元。内债和外债的同时利用,为中国经济发展提供了重要的资金支持。从 2006 年起,我国国债发行采取国债余额管理的方式。专家认为,这是国债发行体制的一次突破,有利于国债期限结构优化和滚动发行形成规模。2007 年,最吸引世人眼球的是,首批 6 000 亿元特别国债发行上市,并被央行全部买入。为什么要发行公债?公债与税收有什么区别?是不是公债越多越好呢?

公债作为财政收入的一种特殊形式,不仅是以偿还并付息为条件的有偿收入,也是执行财政政策的主要手段。因为公债的发行、流通和偿还体现了政府的意愿和调节经济运行的手段,是财政政策的主要工具之一。在我国,作为中央银行唯一能够进行公开市场业务的标的物,公债发行的数量、期限结构及流通的情况直接影响货币政策的运行和效果。本章在简单介绍公债的概念、分类、功能和特点的基础上,重点介绍公债的发行与偿还、公债市场交易和公债的管理等相关内容。

14.1 公债概述

14.1.1 公债的基本概念

公债是国家各级政府的债务或负债，是国家或政府采用信用方式以债务人的身份取得的一种债务收入。具体形式有：向国内外发行债券，向本国国家银行借款，向国外政府、金融机构、国际金融机构借款。相对于其他收入，公债是政府收入的一种特殊形式。其中，中央政府的负债或债务称为中央债，又称国债；地方政府的负债或债务称为地方债。目前，由于我国地方政府无权以自身名义发行债务，故人们常将公债与国债等同起来。

税收与公债都是国家取得财政收入的形式，但二者的区别在于以下两个方面。

第一，财政作用不同。国家通过信用方式筹集资金虽然可以暂时解决一定时期的财政困难，表现为该时期的财政收入，但必须用以后年度的收入来偿还，实际上是税收的预支，马克思称之为"税收的预征"；而税收则不同，税收是国民收入的一部分，是当年财政的实际收入，不存在"寅吃卯粮"的问题，税收反映的是国家的真实财力。

第二，形式特征不同。从无偿性来看，公债的认购与国家是一种债权债务关系，国家有偿取得财政收入，国家作为债务人，到期要还本，还要付息。这种有借有还的原则，与税收的无偿性显然不同；从强制性上来看，公债作为一种信用关系，发行公债者与认购公债者双方，在法律上处于平等地位，只能坚持自愿认购的原则，不能强制推销。而税收是国家凭借其政治权力的强制征收，国家与纳税人双方在法律上分别处于执法者与守法者的不同地位，不管纳税人是否自愿，都必须依法纳税，否则要受到法律的制裁；从固定性来看，认购公债既然是出于自愿，债权人与债务人双方本着协商办事的原则，当然不可能具有像税收那样固定性的特征。

14.1.2 公债的产生与发展

公债的起源晚于税收。恩格斯说："随着文明时代的向前发展，甚至捐税也不够用了。国家就发行期票，借债，即发行公债。"可见，公债的产生与国家职能的扩展密切相关。

公债在奴隶社会就已经开始萌芽了。到了封建社会，公债有了更进一步的发展。但公债真正大规模的发展，是在资本主义时期。资本主义社会公债大规模发展的原因主要有四个方面。①从支出需求看，国家对外扩张等职能引起了财政支出的过度膨胀，迫使资本主义国家不得不扩大公债的规模。②从发行条件看，经济增长促使闲置资本规模的扩大，给公债发行提供了大量的、稳定的资金来源。③从利益分配角度看，从公债中获利最大的是资产阶级。新兴资产阶级通过大量认购公债而获得巨额利息，并不断地同封建王室和地主贵族集团争夺国家的政治权利。④从经济理论和财政实践看，赤字财政理论和赤字财政政策在西方各国的流行和推广，为公债的膨胀提供了理论上的诠释和制度上的保证。在20世纪30年代之后，凯恩斯主义在西方盛行，为刺激总需求，缓和经济危机，不少发达国家纷纷推行赤字财政政策，大规模发行公债。

我国的公债制度始于清朝末年，为应付甲午战争军事需要于1894年发行了第一次内债息借商款。北洋军阀政府和国民党政府也曾多次发行内债和举借外债。据统计，从1927—1949年国民党政府发行公债86次，创中国历史之最。1951—2005年财政债务发行基本情况如表14-1所示。1950年发行了"人民胜利折实公债"；1954年至1958年，分五次发行了总额为3 546亿元的"国家经济建设公债"；直到1981年改革开放后，又重新开始发行公债。1981—1993年，公债发行的品种有国库券、重点建设债券、财政债券、国家建设债券、特种公债、保值公债等，以弥补财政赤字和筹集重点建设资金。从1997年下半年开始，面对东南亚一些国家开始的金融危机影响，以及国内出现的需求不足、通货紧缩、经济增长乏力的迹象，实施积极的财政政策，扩大财政支出，加大对基础设施的投资力度，公债发行规模又上了一个新的台阶。

表14-1 1951—2005年财政债务发行情况① 　　　　　　　　亿元

年 份	合 计	国内债务	国外借款	其 他
1951	8.18	0.01	5.49	2.68
1956	7.24	6.07	1.17	
1981	121.74	48.66	73.08	
1986	138.25	62.51	75.74	
1991	461.40	199.30	180.13	81.97
1996	1 967.28	1 847.77	119.51	
2001	4 604.00	4 483.53	120.47	
2002	5 679.00	5 660.00		19.00
2003	6 153.53	6 029.24	120.68	3.61
2004	6 879.34	6 726.28	145.07	7.99
2005	6 922.87	6 922.87		

资料来源：历年《中国统计年鉴》，从2006年起实行债务余额管理。

2008年后，为应对金融危机对我国经济的冲击，我国增加了国内外债务规模。其中，国内债务由2008年的52 799.32亿元增加到2018年的148 208.62亿元，国外债务由2008年的472.22亿元增加到2018年的1 398.79亿元，如表14-2所示。

表14-2 中央财政债务余额情况 　　　　　　　　亿元

年份	合计	国内债务	国外债务
2008	53 271.54	52 799.32	472.22
2009	60 237.68	59 736.95	500.73
2010	67 548.11	66 987.97	560.14
2011	72 044.51	71 410.80	633.71
2012	77 565.60	76 747.91	817.79
2013	86 746.91	86 836.05	910.86
2014	95 655.45	94 676.31	979.14

---

① 从1999年开始国内其他债务项目为债务收入大于支出部分增列的偿债基金。

续表

年份	合计	国内债务	国外债务
2015	106 599.59	105 467.48	1 132.11
2016	120 066.75	118 811.24	1 255.51
2017	134 770.15	133 447.43	1 322.72
2018	149 607.41	148 208.62	1 398.79

我国外债余额的变化情况如表 14-3 所示，外债余额即累计未还清的外债余额由 2008 年的 3 901.6 亿美元上升到 2018 年的 19 652.1 亿美元。国家外债偿债率由 1.8% 急速增长为 5.5%，国家外债负债率也相应地由 8.5% 提升到 14.4%。

表 14-3 外债余额表

年份	2008	2009	2010	2011	2012	2013	2014	2015	2016	2017	2018
外债余额/亿美元	3 901.6	4 286.5	5 489.4	6 950.5	7 369.9	8 631.7	17 799.0	13 829.8	14 158.0	17 579.6	19 652.1
国家外债偿债率/%	1.8	2.9	1.6	1.7	1.6	1.6	2.6	5.0	6.1	5.5	5.5
国家外债负债率/%	8.5	8.4	9.0	9.2	8.6	9.0	17.0	12.6	12.7	14.5	14.4

14.1.3 公债的性质

1. 公债是一种虚拟的借贷资本

表面上，公债与其他商业借贷活动没有区别。公债体现了债权人（认购者）与债务人（政府）之间的债权债务关系。公债在发行期间是由认购者提供闲置资金，在偿付阶段由政府主要以税收收入进行还本付息，因而公债具有有偿、自愿的特征，表现为一种借贷资本。但事实上，公债资本与其他资本存在本质上的区别，即公债资本并不是现实资本，而只是一种虚拟资本[1]。公债影响整个社会资本的融通，但不会引起社会资本量的变化。对持有者来说，资金的使用权已经转移到政府手中，换得的仅仅是一张债权证明。公债如果作为政府弥补财政赤字的主要手段或者用于非生产性开支，那么这些资本本身已经由国家所消耗，不代表任何现实资本。

2. 公债体现了一定的分配关系，是一种延期的税收

公债的发行，是政府用信用方式将一部分已作分配并已有归宿的国民收入集中起来；公债资金的运用，是政府将集中起来的资金通过财政支出的形式进行再分配。由于政府本身不创造价值，所以公债的还本付息主要由国家的经常收入——税收来承担。从一定意义上讲，公债是对国民收入的再分配。

---

[1] 虚拟资本指随着借贷资本的出现而产生的独立于现实的资本运动之外，以有价证券的形式存在的，能给持有者按期带来一定收入的资本。

14.1.4 公债的分类

1. 按债权人分类

按债权人的不同，公债可以分为国内公债和国外公债。国内公债是指债权人为本国公民或法人的公债。国内公债的发行及还本付息以本国货币为计量单位。国外公债是债权人为外国政府、国际金融组织、外国银行、外国企业或个人的公债。国外公债的发行与还本付息大体上以外币计量。

2. 按发行主体分类

按发行主体的不同，公债可以分为中央政府公债、地方政府公债和政府机构债券。中央政府公债即国债，又可分为财政公债、建设公债和战争公债。财政公债为弥补财政赤字而发行，建设公债为进行公共建设筹措资金而发行，战争公债则为战争期间筹措战争经费而发行。国债一般无任何风险，具有最高的信用度。地方政府公债又称为市政债券，是地方政府为当地经济开发、公共设施的建设而发行的债券，其信用度低于国债，政府机构债券是指由政府所属的公共事业机构、公共团体机构或公营公司发行的债券，所筹资金一般用于发展各机构和公司的事业。由于政府机构债券由政府担保，因此信用度也较高。我国目前仅允许存在中央政府债券，所以公债就是国债。

3. 按发行的凭证为标准分类

以发行的凭证为标准，公债可以分为凭证式公债和记账式公债。凭证式公债是国家采取填制"公债券收款凭证"的方式发行的公债。凭证式公债具有类似储蓄又优于储蓄的特点，通常被称为"储蓄式公债"，是以储蓄为目的的个人投资者理想的投资方式，具有安全性好，保管、兑现方便的特点。我国于2006年7月1日发行的电子式储蓄国债就是凭证式公债的一种创新。记账式公债是利用账户通过计算机系统完成公债发行、兑付的全过程，称为"无纸化公债"，可以记名、挂失，安全性好，发行成本低，发行时间短，发行效率高，交易手续简便，已成为世界各国发行公债的主要形式。

4. 按利率变动情况分类

按照公债存续期内利率是否变动，公债可分为固定利率公债和浮动利率公债。固定利率公债是指利率在发行时就确定下来，不管今后物价和银行利率如何变动，利息的支付都要按照既定利率来还本付息的公债。浮动利率公债是指利率随物价或银行利率变动而变动的公债。这种公债通常在物价波动幅度较大、通货膨胀势头较猛的情况下采用，可以在通货膨胀情况下促进公债的销售。

5. 按偿还期限分类

按偿还期公债可以分为定期公债和不定期公债。定期公债是指明确规定还本付息期限的公债，按期限的长短又可分为短期公债（偿还期限在一年以内）、中期公债（偿还期限在一年以上十年以内）和长期公债（偿还期限在十年以上）三种。不定期公债是不规定还本付息期限的公债，又称为永久公债。这种公债在发行之时并未规定还本的期限，公债的持有人可以按期获取利息，但没有要求清偿债务的权力。在政府财政较为充裕时，政府可以随时从市场上买入而注销这种公债。

14.1.5 公债的作用

公债是财政赤字的反映，而且公债发行意味着民间部门拥有的公债余额的增加。因此，公债的经济效应是通过以下两类机制实现的：第一类是财政效应，即通过政府支出和税收的变化，引起社会商品和服务的供求关系变化，对整个经济体系产生影响；第二类是流动性效应，即通过公债余额规模和构成变化，引起货币和其他资产的供求关系变化，对整个经济体系产生影响。

具体可以从财政角度和经济角度两方面来进行考察。

首先，就财政角度而言，公债是弥补财政赤字、筹集建设资金、平衡预算、解决财政困难的最可靠、最迅速的手段。相对于增加税收、向银行透支等其他两种弥补赤字的办法，发行公债的副作用最小。这是因为：①发行公债只是部分社会资金使用权的暂时转移，一般不会导致通货膨胀；②公债的认购通常遵循自愿的准则，基本上是社会资金运动中游离出来的资金，一般不会对经济发展产生不利的影响。

其次，从经济角度来看，公债具有调节经济的作用：①调节积累与消费，促进两者比例关系合理化；②调节投资结构，促进产业结构优化；③调节社会总需求，促进社会总供给和总需求的平衡；④调节金融市场，维持经济稳定。

总之，公债在宏观经济管理中发挥着越来越重要的作用。在我国1998—2005年中央财政累计发行的约43 550亿元国债中，有9 900亿元长期建设国债被集中用于建设一批关系国民经济发展全局的重大基础设施项目，带动了社会投资特别是民间资本的跟进，每年拉动GDP增长1.5~2个百分点，直接创造了数以百万计的就业机会，推动了经济结构调整，有力地促进了经济持续稳定快速发展。

14.2 公债制度

公债的运行过程始于发行，终于还本付息。公债的发行是指公债由企业、居民购买而政府获得公债款项的过程，是公债运行的起点和基础环节。公债发行主要涉及发行条件和发行方式，而公债的还本付息则主要涉及公债的还本方式、付息方式和还本资金来源。

14.2.1 公债的发行

1. 公债的发行条件

公债的发行条件是指对公债发行本身诸多方面所作的规定，如公债发行额、期限、发行价格、利率等。其中，最主要的发行条件是发行价格和发行利率。发行条件不同，直接影响到政府的偿债负担和认购者收益的大小，并关系到公债能否顺利发行。

1) 公债发行额

指发行多少数量的公债。主要受政府资金需求、市场承受能力、政府信誉及债券种类等因素的影响。如果公债发行额定得过高，会造成销售困难，损害政府信誉，并对二级市场的转让价格产生不良影响。因此，政府在确定公债发行额时，要进行科学的预测。

2) 公债期限

从公债发行日起，到还本付息日止的这段时间，称为公债期限。公债期限的确定，受制于政府使用资金的周转期、市场利率的发展趋势、流通市场的发达程度及投资人的投资意向等因素。

3) 公债的发行价格

公债的发行价格即政府债券在市场上的出售价格或购买价格。它不一定就是公债的票面值。公债发行价格的高低主要受公债利率与市场利率的对比、政府信用的好坏等因素的影响。相对于债券的票面金额而言,公债的发行价格有平价、折价及溢价三种。

① 平价发行就是政府债券按票面值出售。认购者按票面值支付购买金额,政府按票面值取得收入,到期亦按票面值还本。唯有在政府信用良好的条件下,人们才会乐于按票面值认购,公债发行任务的完成才有足够的保障。

② 折价发行就是政府债券以低于票面值的价格出售,即认购者按低于票面值的价格支付购买金额,政府按这一折价取得收入,到期仍按票面值还本。采用折价发行给予投资者额外的收益是较好的选择。

③ 溢价发行就是政府债券以超过票面值的价格出售,即认购者按高于票面值的价格支付购买金额,政府按这一价格取得收入,到期则按票面值还本。政府债券溢价发行,只有在公债利率高于同期市场利率时才能办到。

4) 公债发行利率

公债发行到期时不仅要还本,而且还要支付一定的利息,付息多少则取决于公债的利率。公债利率的确定既要考虑发行的需要,也要兼顾偿还的可能,通常主要是参照金融市场利率、政府信用状态和社会资金供给量及公债的期限结构与发行时机等因素来确定。

此外,公债的发行条件还包括公债的票面金额和编号、公债的名称与发行目的、公债的发行对象、发行与交款时间等。

2. 公债的发行方式

一般而言,常见的公债发行方式主要有四种。

(1) 公募法。指政府向公众募集资金的方法,可分为直接公募法和间接公募法。直接公募法是指由国库或其他代理机关自行承担发行公债的责任,或由总发行机关委托邮政系统统筹办理发行业务,直接面向全国公众募集公债,发行的费用和损失全部由政府负担。间接公募法是指将发行事务委托银行,按照一定的条件,由银行代替政府向社会公众募集资金。直接公募法由于发行权直接控制在政府手中,方便政府的管理,但政府要设立从上至下的发行系统,而且认购者较分散,因而难以募集较大数量的资金,政府直接支出的人力、物力耗费也较大。间接公募法发行事务由银行管理,由于银行的机构多、联系广,熟悉市场金融运作状况,自身也可调动大量的资金,因而公债推销较容易,可募集足量的资金,但政府在发行上的主动权减弱,特别是在政府继续用款时,往往不得不接受银行的一些苛刻条件。

(2) 包销法。即由金融机构承购全部公债,然后由其转向社会销售,未能售出的余额由金融机构自身承担。承销机构赚取的不是发行者支付的手续费,而是包销价与转卖债券的差价。这是一种公债发行权的转让。包销法的优点是可以迅速为政府筹集资金,大大缩短发行时间。近年来,我国政府也在尝试采用包销法发行公债。

(3) 出卖法(或公卖法)。即政府委托经纪人利用金融市场直接出售公债。出卖法的优点在于可以吸收大量的社会闲置资本,政府也可根据需要灵活掌握公债发行的数额,还可以调节社会资金运转,减轻公债利息负担。但是采用这种方法发行时,公债发行量不宜过大,以免冲击金融市场。

(4) 摊派法。即政府规定认购条件,凡符合条件者必须按规定认购公债。摊派法能够保证公债发行任务的及时完成，但长期实行会有损于政府的信誉。

14.2.2 公债的偿还与兑取

1. 偿债资金的筹措方式

一般而言，政府可以在以下偿债资金筹措方式中选择一种或多种。

（1）建立偿债基金。即从每年财政收入中拨出一笔专款，由特定的机关管理，只能用于偿付公债，不用作其他用途。而且在未还清之前，每年的预算拨款不能减少，以期逐年减少债务，故又称作"减债基金"。这种方式虽然在一些西方国家曾做过尝试，但偿债基金经常被挪用，最后大都以失败而告终。

（2）财政预算列支。就是将每年的公债偿还数作为财政支出的一个项目（如"债务还本支出"）而列入当年支出预算，由正常的财政收入（主要是税收）保证公债的偿还。这种方式只有在财政收入比较充裕、有盈余的情况下才可以做到。

（3）举借新债。就是通过发行新债为到期债务筹措偿还资金。这种方式已成为各国政府偿还公债的基本手段。

2. 公债的还本方式

公债的还本方式主要有以下五种。

（1）分期逐步偿还法。即对同一种债券规定几个还本期，每期偿还一定比例，当债券到期时，本金全部偿清。这种方法可以满足投资者不同的需要，一般多为地方公债所采用。如美国对地方政府所发行的公债规定要用这种方法偿还，以促使其通盘考虑公债计划，以免出现赤字。

（2）抽签轮次偿还法。即在公债偿还期内，通过定期按债券号码抽签对号以确定偿还一定比例的债券，直至全部债券都中签偿清为止。这种方法不论公债认购的迟早，仅以中签与否为标准，中签的债权人可以先收回本金，一般以债权号码为抽签的依据。

（3）到期一次偿还法。即在债券到期日按票面额一次全部偿清债务。我国1985年以后发行的公债一般都采取这种还本方式。

（4）市场购销偿还法。即在债券期限内，政府定期或不定期地从证券市场上赎回一定比例债券，当债券期满时，它已全部或大部分被政府所持有。这种偿还方式只适用于可转让债券。

（5）以新替旧偿还法。即通过发行新债券来兑换到期的旧债券，简称"发新债还旧债"。实际为债务的延期。我国1990年、1991年对到期公债券曾采取过这种转换债的方式偿还。具体做法是：继续沿用原来的债权凭证（或收款单），按新公布的转换债利率，采取推迟偿还、分段计息的做法。这种偿还方式，严格来说，政府并没有按期偿还公债，不利于维护政府的债信，因此不宜经常采用。

3. 公债利息的支付方式

政府在付息资金来源上，如果也采用举借新债的方法筹集资金，公债规模必然会越来越大，产生"滚雪球"效应。因此，政府在付息资金来源上几乎没有多大选择余地，世界各国的通行做法是把公债利息的支付列入财政支出。利息的支付方式主要有以下三种。

（1）预扣利息。适用于短期通过折价发行预先将应付利息从公债认购价格中扣除。

（2）按期分次支付利息。往往适用于中长期公债并附有息票。在支付公债利息时要将息票剪掉,即"剪息票"。

(3) 到期一次支付利息。即将债券应付利息同偿还本金结合起来,在债券到期时一次支付。这种方式多适用于期限较短或超过一定期限后可随时兑现的债券。

14.3 公债市场

公债不仅是一种财政收入形式,而且公债券是一种有价证券;证券市场是有价证券交易的场所,政府通过证券市场发行和偿还公债,意味着公债进入了交易过程,而证券市场中进行的公债交易即为公债市场。公债市场通常被理解为实现公债发行和转让交易的场所,是证券市场的一个重要组成部分。

14.3.1 公债市场的组成

公债市场主要由以下三方面组成。

1. 公债市场的参与者

公债市场的参与者是指参与公债交易活动的各经济单位,包括资金供给者、资金需求者、中介和管理者四个方面。公债市场的资金供应者包括个人、企业、政府机构、商业银行及各种基金等。公债的资金需求者主要是政府。

2. 公债市场的金融工具

金融工具是金融市场交易的对象。由于资金供给者和资金需求者对信贷资金数量、期限和利率有多种要求,相应地,在金融市场上也会出现多种金融工具。公债市场交易的对象主要是各种国库券和中长期公债券。

3. 公债市场的交易方式

公债市场的交易主要采取现货、期货、回购、期权四种交易方式。

(1) 现货交易。即以政府发行的原始公债券为交易对象,买卖双方成交后两个营业日内进行券款交割的方式。这是我国在1992年底以前公债流通交易的唯一方式。

(2) 期货交易。即由期货交易所根据期货交易法规,依公债券品种设计出对应的标准期货合约,买卖双方以公债期货合约为交易对象,成交后一般并不实行券款交割,而主要是在合约到期前通过反向操作以对冲平仓。人们从事期货交易的目的有两个:一是套期保值,以规避利率风险;二是根据对市场利率走势的预期,投机以获取利润。

(3) 回购交易。即以现券交易为基础,在买卖双方初次成交一定时间后,原来的卖方再按双方事先约定的价格将自己所卖出的公债券,从原来的买方手中购买回来。这种交易实际上是以公债券买卖为媒介的一种资金拆借。我国于1993年12月在上海证券交易所开办了公债回购交易。目前我国在交易所进行的交易中,回购交易所占的额度远远大于现货交易的额度。

(4) 期权交易。即公债券交易双方为限制损失或保障利益而订立合同,同意在约定的时间内,既可以按约定的价格买进或卖出合同中指定的公债券,也可以放弃买进或卖出这种公债券。可见,期权交易实际上是一种选择权交易。也就是说,在签订期权交易合同后,期权的买方可以在买进或不买进之间进行选择。即使买方对期权交易中的公债价格变化趋势判断失误,届时若放弃买进合同指定的公债券,最大的损失也只是预先缴纳的期权费,因此期权交易的风险要比期货交易为小。目前,我国尚不允许进行公债期权交易。

14.3.2 公债市场的类型

1. 按交易的层次及阶段划分

按交易的层次及阶段划分,公债市场分为发行市场和流通市场。

公债发行市场又称公债一级市场,是指以发行债权的方式筹集资金的场所。在发行市场上,政府具体决定公债的发行时间、发行金额和发行条件,并引导投资者认购及办理认购手续,缴纳款项等。公债的发行市场由政府财政部门、投资者和中介构成。其中,中介主要有投资银行等证券承销机构。

公债流通市场又称公债二级市场,是公债交易的第二阶段,一般是公债承销机构与投资者之间的交易,也包括公债投资者与政府之间的交易及公债投资者相互之间的交易。目前我国的公债流通市场发展迅速,建立了银行间市场、证券交易所市场、试点商业银行记账式国债柜台交易市场三个相互补充的市场。

公债的发行市场与交易市场是整个公债市场的两个重要组成部分,两者相辅相成。首先,公债发行市场是交易市场的前提和基础环节。任何种类的公债,都必须在发行市场上发行,否则政府就无法实现预定的筹资计划,投资者也就无处认购国公债;发行市场上公债的发行要素,如发行条件、发行方式、发行时间、发行价格及发行利率等,对交易市场上公债的价格及流通性都会发生重大影响。其次,公债交易市场是公债顺利发行的重要保证。公债流动性的高低,直接影响和制约着公债发行。债券的流动性是人们选择投资工具的重要衡量标准之一。如果一种债券的流动性好,变现能力强,投资者认购的热情就高涨。公债在流通过程中的转让价格、收益率及其变化,对新公债的发行起反作用。在发行条件一定的情况下,流通中的公债价格高、收益率低,新债发行相对就比较容易。总之,发行市场和交易市场是一个有机的整体,两者之间的统一是公债市场体系发展的趋势和必然结果。

专题 14-1

全价交易与净价交易

从交易价格的组成看,公债交易有两种:全价交易和净价交易。在全价交易方式下,公债价格是含息价格,且随着时间的推移在不断变化。因此,含息价格不利于投资者对当时的市场利率状况作出及时和直接的判断。在净价交易方式下,成交价格不再含有应计利息,只反映市场对公债面值成交价格的波动情况,应计利息只取决于持有天数,其应计利息额每天都能计算出来。因此,不含息价格有利于真实反映公债价格的走势,也更有利于投资者的投资判断。具体地说,净价交易与全价交易的区别就在于净价交易的成交价不含有上次付息日至成交日期间的票面利息,这部分票面利息被称为应计利息,是上次付息日至结算日的天数与票面利率的乘积,净价价格也就等于全价价格减去应计利息额的差额。

目前,净价交易方式在国际债券市场上已被广泛应用。在净价交易方式下,公债价格的波动体现了市场利率相对公债票面利率的变化情况，通过公债价格的变化，投资者可以及时准确地把握市场利率的波动情况，并以此为依据判断投资方向、衡量投资价值。公债净价交易的成交价格随着市场利率的变化而变动。一般来说，当市场利率低于票面利率时，成交价格高于公债面值；当市场利率等于票面利率时，成交价格等于公债面值；当市场利率高于票面利率时，成交价格低于公债面值。

中国从2001年7月起，全国银行间债券市场已经首先试行国债净价交易，交易所债券市场也已于2002年3月25日开始试行。

2. 按市场组织形式划分

按市场组织形式划分，公债流通市场可分为场内交易市场和场外交易市场。

场内交易市场即在指定的交易营业厅从事公债交易，如上海证券交易所。场内交易的特点包括：①有集中、固定的交易场所和交易时间；②有较严密的组织和管理规则；③采用公开竞价的交易方式，时间优先，价格优先；④有完善的交易设施和较高的操作效率。

不在交易所营业厅从事的交易即为场外交易，如银行间市场、柜台交易市场等。交易的证券多为未在交易所挂牌上市的证券，但也包括一部分上市证券。场外交易具有以下特点：①为个人投资者投资于公债二级市场提供更方便的条件，可以吸引更多的个人投资者；②场外交易的覆盖面和价格形成机制不受限制，方便于中央银行进行公开市场操作；③有利于商业银行低成本、大规模地买卖公债；④有利于促进各市场之间的价格、收益率趋于一致。

14.4 公债的管理

政府以公债的形式取得财政收入，使得一部分社会资源由公众手中转移到政府手中，从而非政府部门用于消费和投资的资源较少，这必然在一定程度上影响经济的运行；同时，由于政府是非营利机构，因而在对公债偿还时，必须依赖税收或发行新债的收入偿债，这又会对当时的经济发生影响。因此，政府需要对公债运行过程进行决策、组织、规划、指导、监督和调节，这就是公债的管理。无论是内债管理还是外债管理，都需要确定合适的规模和结构。

14.4.1 公债负担

1. 公债负担的内涵

所谓公债负担，是指因公债而使社会付出的代价。公债至少会带来五个方面的负担。

（1）认购者负担。债权人认购了公债，就必须让渡一部分货币资金的使用权，因此公债发行必须考虑认购人的实际负担能力，是有一定限度的。

（2）政府即债务人负担。政府借债是以到期还本付息为条件的，因而政府在举债时必须考虑是否能在需要偿债的年份筹到必要的资金用于偿债，量力而行，确定债务规模。1997年东南亚金融危机，使泰国货币（泰铢）的汇率下降了2/3，而其币值暴跌的重要原因之一就是泰国政府长期的高额债务，使其货币实际上已经贬值。

（3）纳税人负担。政府的投资活动通常不是以获取最大利润为目标，这就使得公债的投资收益不可能成为偿债资金的来源，至少不会是主要来源，偿债资金最终还是来源于税收。

（4）社会负担。由于政府支出的公共性，决定了社会生产流通中的一部分资金会通过公债机制转作非生产用途。长期的政府债务必将对该国的资本积累带来实质性损害。第二次世界大战后，西方国家盛行凯恩斯主义，奉行财政赤字和巨额举债的财政政策，其结果是大大削弱了西方各国的经济实力。这表明公债负担也是一个政府是否为了确保目前的社会福利，而牺牲长期经济发展利益的政策性问题。

（5）代际负担问题。公债不仅形成一种当前的社会负担，而且在一定条件下还会向后推移。也就是说，由于有些公债的偿还期较长，使用效益又低，连年以新债还旧债并不断扩大债务规模，就会形成这一代人借的债转化成下一代甚至几代人负担的问题。公债资金用于建设新项目也会产生代际负担问题。不论在西方还是我国，都不同程度地存在公债的代际转移问题。

2. 内债负担与外债负担

内债的偿还是以政府的财政收入偿还国内的债权人，这些收入无论是来自税收还是其他形式的收入，其负担者均为本国居民，其收益亦为本国居民所有，其实质是社会财富在本国国民之间的转移和再分配。公债在各年度的还本付息，实质上就是该年度债权人和纳税人之间收入的再分配，它引起的主要是公债负担在不同的社会成员之间的转移，就全社会而言，资金总量并无任何变化。

外债的债权人为非本国的居民，政府外债的偿还意味着国内资金的流出，而伴随着这种资金流出的，是本国福利水平的下降。债务国为了偿还外债，加重国内税收，减少了国内可用于生产和投资的资源，引起国内物价上涨，居民消费水平下降，经济运行也受到影响。因此，政府在举借外债时必须极为慎重，不可盲目夸大借用外国资金的积极作用，而需要充分考虑本国的偿债能力，将外债保持在适度的规模上。

14.4.2 公债规模

公债规模包括三层意思：一是历年累积债务的总规模；二是当年发行的公债总额；三是当年到期需还本付息的债务总额。

公债规模首先受认购人负担能力的制约。公债的应债来源从国民经济总体来说，就是 GDP。

公债负担率＝累积公债余额/年度国内生产总值　（警戒线是 20%）

借债率＝当年公债发行额/国内生产总值　（警戒线是 3%～10%）

公债规模还受政府偿债能力的制约。中央政府用于还本付息的经常性来源是中央政府的财政收入，所以当年公债付息额占当年中央财政收入的比重是直接表示政府偿还能力的指标；而当年公债发行数占中央财政支出的比重，表示中央支出对债务的依赖程度，称为公债依存度，也可间接表示偿还能力。

公债依存度＝当年公债发行额/财政支出　（警戒线是 15%～20%）

偿债率＝当年还本付息额/当年财政收入　（警戒线是 8%～10%）

表 14-4 中为 2014—2016 年我国中央财政国债余额情况。根据以上数据计算得出，2014 年的公债负担率为 14.85%，2015 为 15.75%；2015 年的借债率为 3.15%，2015 年的公债依存度为 12.11%，2015 年的偿债率为 8.76%。（注：2014 年 GDP 为 643 974 亿元，

2015年GDP为676 708亿元，2015年财政收入为152 217亿元，2015年财政支出为175 768亿元。）通过对比国际警戒线，我国的公债规模处于安全范围内。如果将地方债都考虑进去，我国公债规模需要重新审慎对待。

表14-4　2014—2016年我国中央财政国债余额情况　　　　　　　　　　　亿元

项　目	预算数	执行数
一、2014年末国债余额实际数		95 655.45
内债余额		94 676.31
外债余额		979.14
二、2015年末国债余额限额	111 908.35	
三、2015年国债发行额		21 285.06
内债发行额		20 987.47
外债发行额		297.59
四、2015年国债还本额		10 347.58
内债还本额		10 196.30
外债还本额		151.28
五、2015年末国债余额实际数		106 599.59
内债余额		105 467.48
外债余额		1 132.11
六、2015年执行中削减中央财政赤字		
七、2016年中央财政赤字	14 000.00	
八、2016年末国债余额限额	125 908.35	

14.4.3　公债结构

公债结构是指一个国家各种性质债务的互相搭配及各类债务收入来源的有机组合。实践中，公债结构主要包括公债的种类结构、期限结构、持有者结构和利率结构。

1. 公债的种类结构

种类结构是指各种类型的公债在公债总额中所占的比重。

西方国家的公债种类比较丰富，目前OECD各成员的公债全部为记账式债券。可流通公债是主要债券形式，在发达国家中占到70%~85%。我国公债种类结构单一，1978年前只有一种，即国库券；后来逐渐增加种类，主要有重点建设债券、财政债券、金融债券、保值公债等。种类太少，不能满足不同的投资者的需求。

2. 公债的期限结构

公债的期限结构是指各种期限的公债在公债总额中所占的比重。合理的公债期限结构是短期、中期、长期公债的比例恰当。

由于经常性财政支出和短期财政资金调剂是西方国家财政债务发行的主要用途，所以短期公债发行量较大。我国公债期限结构中中期公债偏多，短期太少。合理的期限结构，应增加短、长期公债比重，促使公债年度还本付息的均衡化，避免形成偿债高峰，也有利于公债管理和认购，满足不同类型投资的需要。

3. 公债的持有者结构

持有者结构是指不同的投资主体在公债总额中所占的比重。在国债市场较为发达的国家，国债的持有者通常以专业机构、政府部门为主，个人持有的国债比例较低。例如，美国个人持有的国债比例仅为 10% 左右，日本也不超过 30%，而目前我国这一比例达 60% 以上。这种持有者结构，一方面与我国国债市场的迅速发展不相称，另一方面也使其他国债持有者的应有作用不能得到充分发挥。随着国债市场上国债品种的不断创新，发行频率加快，发行方式日趋复杂，国债投资的专业性明显增强，加之市场运作效率的要求，个人直接投资国债将越来越受到客观条件的制约。相比之下，商业银行、证券公司、证券投资基金，甚至专门的国债投资基金等机构投资者则大有用武之地。商业银行在实行资产负债比例管理之后，国债作为一种安全性、流动性、收益性高度结合的金融产品，无疑是其资产组合中的理想选择，因而商业银行持有国债的比例将趋于逐步上升。证券公司和作为散户投资者集合的国债投资基金，具有较强的专业性，它们通过在国债市场上进行专业化的投资操作，实现最佳投资组合，并可促进市场的高效运行，将成为国债市场上稳定债市、调节供求的重要投资主体之一。

4. 公债的利率结构

公债利率是公债利息占公债票面金额的比率。利率对于公债发行者和公债投资者来说有不同的作用。不同期限的公债，会有不同的利率。利率水平及其结构是否合理，是直接关系到偿债成本高低的问题。公债利率的选择和确定也是公债管理的重要内容。

在发达国家的金融市场上，公债利率是影响市场利率的重要因素。公债利率具有多极化和弹性化特征，制约公债利率的主要因素是证券市场上各种证券的平均利率水平。公债利率必须与市场利率保持大体相当的水平才能使公债具有吸引力，才能保证公债的发行不遇到困难。然而，目前我国国债发行利率却是比照银行存款利率设计的，并且总要比后者高出 1~2 个百分点，国债利率作为基准利率的地位无法得到确认。不仅如此，国债利率机制缺乏弹性和灵活性，既不利于反映社会资金的供求状况，也不利于运用国债利率政策灵活地调节货币流通和经济运行。因此，从长期目标看，我国必须从基准利率的市场确定角度出发，逐步调整利率结构，改变历时已久的国债利率高、银行储蓄存款及其他金融产品利率低的状况，增强国债利率弹性，充分发挥国债利率机制在市场经济中的重要作用。

本 章 小 结

公债收入是国家或政府采用信用方式以债务人的身份取得的一种债务收入。按债权人的不同，公债可以分为国内公债和国外公债。按发行主体公债可以分为中央政府公债、地方政府公债和政府机构债券。我国目前仅允许存在中央政府债券，所以公债就是国债。以发行的凭证为标准，公债可以分为凭证式公债和记账式公债。另外，还有按利率变动情况、按偿还期限等其他分类方法。

公债的运行过程始于发行，终于还本付息。公债的发行是指公债由企业、居民购买而政府获得公债款项的过程，是公债运行的起点和基础环节。公债发行主要涉及发行条件和发行方式，而公债的还本付息则主要涉及公债的还本方式、付息方式和还本资金来源。

公债不仅是一种财政收入形式，而且公债券是一种有价证券。政府通过证券市场发行和偿还公债，意味着公债进入了交易过程，而证券市场中进行的公债交易即为公债市场。公债市场通常被理解为实现公债发行和转让交易的场所。公债市场的交易主要采取现货、期货、回购、期权四种交易方式。按交易的层次及阶段划分，公债市场分为发行市场和流通市场；按市场组织形式划分，公债流通市场可分为场内交易市场和场外交易市场。

所谓公债负担，是指因公债而使社会付出的代价。公债至少会带来认购者负担、政府即债务人负担、纳税人负担、社会负担和代际负担问题。公债规模包括三层意思：一是历年累积债务的总规模；二是当年发行的公债总额；三是当年到期需还本付息的债务总额。公债结构是指一个国家各种性质债务的互相搭配及各类债务收入来源的有机组合。实践中，公债结构主要包括公债的种类结构、期限结构、持有者结构和利率结构。

关键词

公债　国债　凭证式公债　记账式公债　公债发行　公债偿还　一级市场　二级市场
回购　交易　公债负担　公债管理　公债规模　公债结构

思考题

1. 如何认识公债的功能与作用？
2. 什么是公债负担？公债有几种负担？
3. 思考地方政府发债的可行性。
4. 请搜集近五年来我国公债负担的各种衡量指标，分析目前我国公债的安全问题。

第15章
国家预算与预算管理体制

【学习目的】

通过本章的学习，要求正确掌握国家预算、预算外资金与预算管理体制的概念，充分认识公共财政下国家预算的基本特征和预算形式，深入理解我国预算外资金管理改革的意义，把握预算管理体制的发展方向。

【开篇导言】

国家预算是比税收、公债都要年轻的一个财政范畴，是社会经济发展到一定历史阶段的产物。13—17世纪，封建贵族阶级日趋没落，新兴资产阶级逐渐成为社会财富的代表。为了争夺财政权力并最终打击封建势力，资产阶级提出政府财政收支必须编制计划，而且经议会批准方能生效。经过长达5个多世纪的斗争，资产阶级的这一要求得以实现。英国于17世纪编制了第一个国家预算，其后其他资本主义国家也陆续接受了这一做法。到20世纪，几乎所有的国家都建立了国家预算制度。发达国家的财政预算制度在民主政治制度和市场经济体制中孕育、产生、发展，凝结了发达国家数百年市场经济和公共财政制度发展的智慧和经验。

新中国成立后，根据《中国人民政治协商会议共同纲领》的要求，开始编制1950年全国财政收支概算，1951年政务院又发布了《预算决算暂行条例》，但新中国财政预算制度的真正建立是在1955年，因为从那年起国家预决算才开始向全国人民代表大会报告。此前财政预算只是向中央政府报告，并且没有决算制度。始于1998年的这场公共财政预算管理改革，严格地说，是从编制部门预算开始，而后向预算执行、监督领域拓展延伸，进而演化成一场财政预算管理制度的全面创新。2010年6月，财政部制发《财政部关于将按预算外资金管理的收入纳入预算管理的通知》，规定自2011年1月1日起，中央各部门各单位的全部预算外收入纳入预算管理，收入全额上缴国库，支出通过公共财政预算或政府性基金预算安排。地方各级财政部门要按照国务院规定，自2011年1月1日起全部预算外收支纳入预算管理，修订《政府收支分类科目》，取消全部预算外收支科目。这次改革在我国预算管理体制上，具有里程碑式的意义。

按照国家治理体系和治理能力现代化的要求，素有"经济宪法"之称的《中华人民共和国预算法》（以下简称《预算法》）完成实施20年来的首次大修，并于2015年1月1日起施行。这也标志着由公共财政预算、政府性基金预算、国有资本经营预算和社会保险基金预算组成的有机衔接的政府预算体系已经形成，始于20世纪末的公共财政预算管理改革，稳步推进。

无论从哪个角度讲，国家预算制度是公共财政体系建设的核心内容。1949年，毛泽东在中央人民政府委员会第四次会议上指出，国家预算是一个重大的问题，里面反映着整个国家的政策，因为它规定政府活动的范围和方向。从财政自身及财政对经济社会作用的基本层面理解，财政预算是政府财政收支的基本计划，是财政资源配置的重要工具，是调控经济社会运行的重要手段。现代财政预算制度的建立，把市场经济的效益原则引入了财政资金分配领域，使财政资金的分配开始兼顾公平与效率。从政治层面理解，财政预算制度是人类政治文明的重要成果，是现代政治文明的重要标志。现代财政预算制度的建立，实现了立法权对政府理财权的法律制约，构建了透明运行、法律制约、民主决策、监督有力的财政权力机制，使公平、公正的资金分配理念和以公众利益为取向的财政资金分配机制得以实现。本章遵循国家预算—国家预算管理（制度）—国家预算管理体制来论述。由于国家预算涉及范围比较广，读者学习时应注意同其他相关章节的联系。

15.1 国家预算概论

税收、公债及政府投资都属于财政收支范畴。财政的收支不是无计划的、盲目的，它是按照国家预算的相关规定进行的。作为一种财政收支计划，国家预算的存在是必需的。

15.1.1 国家预算的含义

国家预算是经法定程序审批的国家年度财政收支计划，是以收支一览表的形式表现的、具有法律效力的文件，是国家筹集和分配财政资金的重要工具，是调控国民经济运行的重要杠杆。

1. 国家预算是国家年度财政收支计划

国家预算是国家的基本财政收支计划，预算收入反映国家支配的财力规模和来源，预算支出反映国家财力分配使用的方向和构成，预算收支的对比反映国家财力的平衡状况。通过编制国家预算可以有计划地组织收入和合理地安排支出，贯彻执行国家的方针政策，保证各项任务的实现。

2. 国家预算是法定程序审批的法律文件

国家预算从形成的程序来看，是由政府负责编制，经国家权力机关依据法定程序审批后而形成的法律文件。国家预算一旦经权力机关审批就具有法律效力，政府就必须贯彻执行，不能任意修改，如需调整必须经权力机关批准。因此，预算的形成过程，体现了国家权力机关和全体公民对政府活动的制约与监督。现代预算制度改革的核心也就在于以法制约束，消除旧预算制度的封建性、专政性因素，推进民主化、法制化进程。

3. 国家预算是实现财政职能的重要工具

国家预算是财政为实现其职能，有计划地筹集和分配由国家集中支配的财政资金的重要工具。通过预算管理手段，把政府公共资源全部纳入政府宏观调控的范畴，从而满足社会共同需要，既可为政府履行行政职能提供财力保障，也可实现政府资源的优化配置，还可以通过预算收支总量的变动和预算收支结构的调整，来维护社会经济的稳定和促进社会经济的协调发展。

15.1.2 国家预算的原则

国家预算的原则是指国家选择预算形式和体系应遵循的指导思想，也就是制定政府财政收支计划的方针。

1. 完整性原则

预算的完整性是要求国家预算应包括政府的全部预算收支项目，完整地反映以国家为主体的全部财政资金收支活动情况，不允许在预算之外存在任何以政府为主体的资金收支活动。预算的完整性是建立规范化、法制化预算的前提条件。只有完整的预算才能保证政府控制、调节各类财政性资金的流向和流量，完善财政的分配、调节与监督职能。预算的完整性也便于立法机关审议批准和社会公众对政府活动的了解，便于监督政府预算的执行。

2. 统一性原则

预算是政府宏观调控的重要杠杆，保证预算的统一性是加强预算管理和增强政府宏观调控能力的必要条件。预算的统一性包括以下三个方面。一是预算政策的统一。全国性的财政方针政策如税收政策、财政规章制度、财务会计制度等都应由中央制定，各地区、各部门保证执行，不得任意改变，如遇特殊情况，须根据国家规定的程序进行调整。二是预算口径的统一。预算科目的设置和收支核算口径应该参照国际上通行的经济分类和统计标准，制定一个统一的收支核算口径，增加国内外各种数据的可比性。三是预算年度与预算时效性的统一。具有法律效力的预算收支期限必须与预算年度一致，不应当以临时预算或特种基金的名义另立预算。

3. 真实性原则

预算的编制和执行要以国民经济和社会发展计划为依据，违背客观经济规律而进行预算的编制和管理，将有碍于国民经济和社会发展的良性循环。预算的真实性要求预（决）算的各项数字必须准确、真实、可靠，既反对隐瞒收入或支出留有缺口，又反对虚收行为或虚列支出。

4. 公开性原则

预算涉及社会方方面面，涉及全社会每一个纳税人的利益，关系到每一个部门和单位的事业发展，因此以适当的形式公开预算，使全社会了解预算，参与预算，加强预算监督力度，是预算管理活动的基本要求，也是预算民主化进程的关键环节。预算的公开性原则，包括预算编制审批的公开、预算执行过程的公开和预算完成结果——决算的公开。

5. 年度性原则

预算年度是预算收支起讫的有效时间，通常以一年为标准。各国预算年度的选择主要考虑两个因素：一是与各国权力机关开会时间一致，以便在预算年度一开始就执行生效的预算；二是与收入旺季一致，以便在预算年度初期就有充足的预算收入，保证各项预算支出的顺利执行。

15.1.3 国家预算的分类

1. 按编制组织形式分为单式预算和复式预算

（1）单式预算。是指将政府的全部财政收支汇集编入一个统一的预算表之中，而不区分各项财政收支的经济性质的预算形式。其优点是符合预算的完整性原则，整体性强，便于立法机关审批和社会公众了解。其缺点是没有把全部的财政收支按经济性质分列和分别汇集平衡，不利于政府对复杂的经济活动进行深入分析。单式预算例表见表15-1。

表 15-1 单式预算例表

收入		支出	
预算科目	预算数	预算科目	预算数
一、各项税收		一、基建支出	
二、……		二、……	
三、……		三、……	
……			
上年结余收入		年终滚存结余	
收入总计		支出总计	

(2) 复式预算。是指把预算年度内的全部财政收支按收入来源和支出性质的不同,分别汇集编入两个或两个以上的收支对照表,从而编成两个或两个以上的预算。复式预算的主要优点是对财政收支结构和经济建设状况反映明确,有利于政府职能规范化和实行宏观决策与管理。其缺点是编制和审批比较复杂。各国编制复式预算的做法不一,但典型的复式预算是将预算分为经常预算和资本预算(即双重复式预算)。

经常预算是政府编制的满足国家经常性开支需要的预算,其支出主要是用于文教和行政、国防等方面的经费开支;其收入主要是税收。资本预算是综合反映建设资金的来源与运用的预算,其主要特征是包括借款收益,包括资本收入预算和资本支出预算及财务预算。其支出主要用于公共工程投资,其收入主要是债务收入。

2. 按预算编制方法分为增量预算和零基预算

(1) 增量预算。是指财政收支计划指标是在以前财政年度的基础上,按照新的财政年度的经济发展情况加以调整之后确定的。其优点是保留了过去遗留的各种约束,考虑了基期预算收支的实际情况,并结合了国家经济发展战略予以确定预算收支。其缺点是导致预算资金的刚性增长,且难以消除基数中的不合理预算安排,不利于控制财政支出和预算平衡。

(2) 零基预算。是在编制预算时对预算年度内所有财政收支不考虑以往基数和水平,一律以零为起点,以社会经济的预测发展为依据编制预算。严格来说,它是指在编制年度预算时,对每个部门的工作任务进行全面审核,然后再确定各部门支出预算。零基预算的一个重要特点是编制预算时,不仅对年度内新增的任务要进行审核,而且要对以前年度确定的项目进行审核。从预算支出角度来看,就是不仅要对预算年度中新增支出进行审核,而且要对以前年度形成的基数支出进行审核。

由于零基预算在编制时工作量过大,编制技术要求高,因此通常只用在一些具体收支项目上,尚未形成一种比较完善的预算方法。目前美国中央政府的财政预算就采取零基预算的编制方法。

3. 按国家预算管理层次分为中央预算和地方预算

(1) 中央预算。是指经法定程序批准的中央政府的财政收支计划。中央预算是中央履行职能的基本财力保证,在国家预算体系中居于主导地位。中央预算由中央主管部门的行政单位预算、事业单位预算、企业财务计划、基本建设财务计划、国库和税收计划等汇总而成。

(2) 地方预算。是指经法定程序批准的地方各级政府的财政收支计划的统称,包括省级及省级以下的四级预算。地方预算是保证地方政府职能实施的财力保证,在国家预算体系中居于基础性地位。

按照国家的政权结构和行政区域来划分,我国实行一级政府一级预算,从中央到地方设立中央、省(自治区、直辖市)、市(设区的市、自治州)、县(自治县、不设区的市、市辖区)、乡(民族乡、镇)五级预算。地方总预算由各省(自治区、直辖市)总预算汇总组成,国家预算包括中央预算和地方总预算。我国的预算体系如图15-1所示。

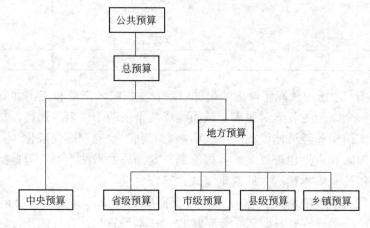

图15-1 我国的预算体系

4. 按国家预算收支管理范围分为总预算、部门预算和单位预算

(1)财政总预算。财政总预算是指各级地方本行政区域的预算,由汇总的本级政府预算和汇总的下一级总预算汇编而成。没有下一级预算的,总预算即为本级政府预算。

(2)部门预算。这是反映各本级部门(含直属单位)本系统内各级单位全部收支的预算,由本部门所属各单位预算组成。各部门是指与本级政府财政部门直接发生预算缴拨款关系的国家机关、军队、政党组织和社会团体。部门预算构成如图15-2所示。

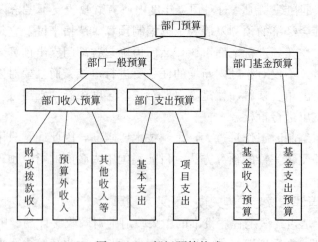

图15-2 部门预算构成

(3)单位预算。单位预算是列入部门预算的国家机关、社会团体和其他单位的收支预算,它以资金的形式反映着预算单位的各种活动。

5. 按预算的成立时限分为正式预算、临时预算和追加预算

(1) 正式预算。是指政府依法就各预算年度的预计收支编成预算草案,并经立法机关审核通过宣告正式成立、取得法律地位的预算。

(2) 临时预算。是指预算年度开始时,由于某种特殊原因使得政府编制的预算草案未能完成法律程序,因而不能依法成立。在这种情况下,为了保证正式预算成立前政府活动的正常进行而编制的暂时性的预算。临时预算不具备法律效力,只是作为政府在正式预算成立前进行必要的财政收支活动的依据。

(3) 追加预算。是指正式预算在执行过程中,由于情况的变化需要增加正式预算的收支时而依法编制的一种预算,是正式预算的补充。

15.2　国家预算制度

15.2.1　国家预算管理

国家预算制度是国家依据法律、法规对预算资金的筹集、分配、使用进行的组织、协调和监督等活动的总称,表现为对预算的管理。预算管理贯穿预(决)算的各个阶段、各个环节,加强预算管理对严肃财经纪律,保证预算任务和宏观调控任务的正确实现有重要意义。国家预算管理的含义需要把握以下几点。

(1) 国家预算管理的主体是国家。国家是抽象的,健全国家对预算的管理,要求预算管理职权必须做出科学、合理的划分,各级人民代表大会、各级政府、各级财政部门及各有关主管部门和单位在各自的预算管理职权内进行相应的管理。

(2) 国家预算管理的客体是预算资金。预算管理融于预算分配之中,贯穿于预算资金的筹集、分配和使用的全过程。加强对预算资金的管理,首先要积极组织预算收入,确保国家预算收入的实现;其次要妥善安排各项预算支出,及时拨付预算资金,提高预算资金的运行效率;最后要量入为出,努力做到预算收支的平衡。

(3) 国家预算管理的依据是国家有关法律、法规及方针政策,特别是《预算法》。将预算资金的组织、协调和监督纳入法制轨道,强化预算的法律效力,做到依法理财,依法治财。

(4) 国家预算管理的总体目的是完成国家预算收支任务。具体包括:一是加强国家宏观调控,保证经济和社会的健康发展;二是协调各级预算之间的分配关系,特别是正确处理预算资金的集中与分散关系、预算职权的集权与分权关系;三是合理配置资源,不仅要通过预算管理促使预算资金自身高效运行,更要引导市场资源配置符合国家的宏观调控意图。

15.2.2　国家预算程序

国家预算程序指预算的周期过程,它起于一个财政年度开始以前,终于一个财政年度结束之后。世界各国的预算程序基本一致,大体可以分为预算的编制、预算的批准、预算的执行和国家决算四个阶段。

1. 预算的编制

预算编制是整个预算工作程序的开始。预算的编制是由政府机关负责的,因而预算的编制与政府行政机构体制有着十分密切的关系。预算的编制工作基本上可以分为两大步骤:一是草案的集体编制,二是预算的核定。

根据世界各国主持具体编制工作的机构不同,把编制预算草案分为两种类型。一是由财政部主持预算编制工作,即由财政部负责指导政府各部门编制支出预算草案并审核和协调这些草案;同时根据各种经济统计资料和预测,编制收入预算草案;最后,综合收入和支出两个部分,把预算草案交给有法定预算提案权或国会审议权的个人或机构核定。采用这种形式的国家包括中国、英国、德国等。二是由政府特设的专门预算机关主持预算编制工作,而财政只负责编制收入预算。分开编制预算的原因是保证收入和支出有更多的合理性和科学性,避免财政部统编支出和收入预算可能带来的各种矛盾。采用这种形式的国家包括美国和法国。

预算的核定与国家的政体相联系。西方国家预算的核定有三种类型:由总统核定预算草案,如美国;由内阁核定预算草案,如英、法等国;由委员会核定预算草案,如瑞士。

2. 预算的批准

预算的批准是国家预算程序的第二个阶段。在西方国家,预算的批准权力属于议会。在实行一院制的国家中,国家预算直接由其批准,如瑞典、荷兰、西班牙等。在实行两院制的国家中,大部分国家议会的两院都有批准国家预算的权力。一般来说,两院中的下院在预算批准上具有比上院更大的权力,往往拥有预算先议权和最后批准权。美国、法国、德国等国家就属于此类。我国的预算批准权力机构是各级人民代表大会。国家预算经权力机构批准后,才具有法律效力。

3. 预算的执行

预算执行是整个预算工作程序的重要环节。收入入库、支付拨付及预算调整都必须按照法律和有关规定的程序进行。各级预算由本级政府组织执行,具体工作由本级财政部门负责。预算收入征收部门,必须依法及时、足额征收应征收的预算收入。有预算收入上缴任务的部门和单位,必须依照法规的规定,将应上缴的预算资金及时、足额地上缴国库。各级政府财政部门必须依照法律和规定及时、定额地拨付预算支出资金,并加强管理和监督。

各级政府预算预备费的动用,由本级政府部门提出方案,报本级政府决定。各级政府预算周转金由本级政府财政部门管理,用于预算执行中的资金周转,不准挪作他用。

预算调整是预算执行的一项重要程序。预算调整是指经过批准的各级预算,在执行中因特殊情况需要增加支出或者减少收入,使总支出超过总收入或使原举借债务的数额增加的部分改变。预算调整,必须经各级权力机构的审查和批准,未经批准,不得调整预算。各部门、各单位的预算支出,不同科目间需要调整使用的,必须按国务院财政部门的规定报经批准。

4. 国家决算

决算是整个预算工作程序的总结和终结。决算草案由各级政府、各部门、各单位,在每一预算年度终了后按国务院规定的时间编制,具体事项由国务院财政部门部署。决算草案的审批和预算草案的审批程序相同,各级政府决算批准后,财政部门要向本级各部门批复决算,地方各级政府还应将经批准的决算,报上一级政府备案。

在以上预算工作程序中，预算编制是预算管理中最重要的一环。预算一经法定程序通过，即为法律文件，必须严格执行，执行中发生问题必须通过法律程序进行调整。我国普遍存在"重决算，轻预算"的现象，预算准备、编制和执行过程中投入的时间与精力不足，形成"预算简单化，决算复杂化"的局面，国家预算管理程序的重点应该转变为"强化预算，淡化决算"。

专题 15 - 1

南海的实践：绩效预算改革

绩效预算是政府部门按所完成的各项职能进行预算，将政府预算建立在可衡量的绩效基础上，即干多少事拨多少钱。有人曾把财政资金分配比喻为政府与各部门之间的"博弈"。在广东省财政厅和当地政府支持下，从2004年起，南海区在全国率先开展了财政专项支出项目绩效预算改革。2005—2006年，他们将绩效评审的范围扩大到所有100万元以上的支出项目，采用单位申报、专家评审打分的模式进行投入产出预评价。至2007年度，南海区各单位共申报预算项目286个，资金合计34亿元，经专家评审同意安排项目126个，金额12亿元，砍掉项目160个，削减预算22亿元。绩效预算推行三年来，南海区财政资金分配的科学性大大增强，财政支出压力得以缓解，政府资金使用效能和政府行政效能得到了全方位提升，并实现了从源头上和制度上的反腐倡廉。他们的具体做法是，向政府伸手要钱必须先过10道关：各单位填报项目立项资料；前期评价，完成"初步评议综合分析表"；专家审阅各项目立项资料；专业组听取立项单位就项目资金相关情况进行补充陈述；专家根据对各项目进行评价，评分并填写书面意见；专业组在各专家意见的基础上进行集体评议，形成小组评价意见；完成"财政资金安排项目排序表"，并提交"专家小组评价报告"；完成"南海区项目绩效预算立项评价总报告"；相应材料由评审专家或专业小组组长签名确认；对上年度专项资金进行事后绩效评价。

绩效预算的推行彻底实现了政府"钱柜"透明化，财政资金分配公开化，而且随着绩效预算的逐步推进，绩效预算结果将从政府部门的内部公开扩展到对社会公众的公开，公众将对政府如何花钱、花钱的效果如何拥有更多知情权。绩效预算的背后不是绩效财政，更多的是绩效政府。南海绩效预算充分说明，绩效预算是推进政府职能和行政模式转型、提高政府效能的作用；它实现了从源头上治理腐败的目的，兼顾了公平与效率两方面的改革目标。中国需要预算管理的改革深化，需要推进以绩效为导向的预算管理模式。

15.2.3 预算外资金的全面改革

预算外资金是指没有纳入国家预算管理的各种政府性收入。预算外资金曾经是我国财税管理体制上的一大特点，其存在有历史必然性，也影响了国家预算的完整性、统一性，降低了财政资金的使用效率。2011年，我国预算管理制度改革取得重大成果，全面取消预算外资金，将所有政府性收入全部纳入预算管理。2011年中央约60亿元、地方约2 500亿元原按预算外资金管理的收入,全部纳入预算管理。

全面取消预算外资金,将所有政府收支全部纳入预算管理,是我国预算管理制度改革乃至财政制度改革进程中的一个重要里程碑,意义重大。一是规范了政府资金的分配秩序,保证了预算的完整,推动了由公共财政预算、政府性基金预算、国有资本经营预算和社会保险基金预算组成的有机衔接的政府预算体系建设;二是规范了市场经济秩序,有利于减少乱收费、乱罚款和乱摊派等不良现象,从源头上治理腐败;三是强化了财政资金管理,有利于加强人大和社会各界对财政资金的监督,提高财政管理透明度和依法理财水平。

> **专题 15-2**
>
> **"预算外资金"终成为历史**
>
> 中央部门对按预算外资金管理的各项收入进行清理,自 2011 年 1 月 1 日起,根据各项资金的性质,分别纳入公共财政预算和政府性基金预算管理,地方省级财政部门也对预算外资金进行清理核实,并结合当地实际情况,对本级部门和下级财政部门全面取消预算外资金提出具体要求。
>
> 在此之前,国家实施了以"收支两条线"管理为中心的预算外资金管理改革,将属于一般预算收入性质的行政事业性收费、罚没收入等纳入公共财政预算管理,与税收收入一起统筹安排使用;将具有以收定支、专款专用性质的政府性基金、土地出让收入、彩票公益金等纳入政府性基金预算管理,专项用于支持特定基础设施建设和社会事业发展。通过上述措施,预算外资金的规模已得到有效控制。2011 年起,将按预算外资金管理的收入全部纳入预算管理,此举意味着预算外资金概念已成为历史。
>
> 此次改革意味着公共财政预算进一步完善,政府性基金预算更加细化,国有资本经营预算实施范围逐步扩大,试编全国社会保险基金预算进展顺利。由公共财政预算、政府性基金预算、国有资本经营预算和社会保险基金预算组成的有机衔接的政府预算体系已经形成。

15.3 国家预算管理体制

15.3.1 预算管理体制的含义

1. 财政管理体制的含义

通常意义上所讲的财政管理体制是指中央与地方及地方各级政府之间在财政收支划分和财政管理权限划分上的一项根本制度。在市场经济国家,财政管理体制也称为政府间财政关系或财政联邦主义。在我国公共财政与市场经济条件下,财政管理体制具体包含的内容有国家预算管理、预算外资金管理、税收管理、国有资产管理、财政投资管理及行政事业单位财务管理等。其中,国家预算管理是财政管理体制的主要内容,也是决定其他财政管理的关键和核心。所以通常情况下,以国家预算管理体制来代替财政管理体制,可见国家预算管理体制的重要性。

2. 预算管理体制的概念

预算管理体制是在中央与地方政府及地方各级政府之间规定预算收支范围和预算管理职权的一项制度。在当今世界上，除少数单一制国家如新加坡等实行一级财政外，大多数国家实行分级财政体制，即有一级政府就有一级财政，以便使每一级政府都具备组织收入和安排支出的权力，为顺利履行各自的政府职能创造条件。如何确定各级政府在整个财政活动中的地位和职责，如何在它们之间划分财政收入和支出，如何安排和处理它们之间的财力转移关系，以及如何使这些各自行事的部分组成一个有机统一体，是各国政府必须面对的重要问题。

划分预算收支范围是国家财力在中央与地方及地方各级政府之间进行分配的具体形式，预算管理职权是各级政府在中央统一领导下，支配国家财力的权力和责任。预算管理体制作为一种管理制度，其根本任务就是通过正确划分各级预算的收支范围和规定预算管理职权，使各级财政的责权利三者密切结合起来，以调动预算管理的积极性，促进国民经济和社会的发展。

3. 预算管理体制建立的原则

(1) 统一领导，分级管理相结合。统一领导是指预算管理的大政方针由中央统一制定，全局性的预算法规由中央统一制定和颁布，国家预算管理体制变革的重大举措由中央统一部署。分级管理是指在统一政策的前提下，各级地方政府财政都是相对独立的一级财政，都有相对独立的预算管理权，有地方性预算法规的制定和颁布权，以及对本级预算收支的安排、调剂、使用权。统一领导，分级管理既有利于强化中央预算的宏观调控能力及其在预算管理中的主导地位，又有利于调动地方各级政府管理本级预算的积极性。

(2) 财权与事权相结合。事权是指各级政府的社会经济职能和责任，是解决各级政府财权和财力分配的前提与依据。财权与事权相结合是指财权、财力的划分以事权为基础，财权为事权服务。这一含义反映在收支划分的具体程序上，是在界定市场与政府关系的基础上，按一定时期社会经济条件的要求划分各级政府的事权范围，然后按事权范围确定各级政府支出的范围和规模，再以支出需要量为依据确定各级政府的收入范围和规模。

15.3.2 预算管理体制的内容

1. 政府间事权的划分

实现经济职能在各级政府间的合理分工是财政分权的核心问题。在市场经济中，政府有资源配置、收入分配和维护经济稳定三大财政职能，中央与地方政府在履行职能时应当有所分工。

(1) 资源配置职能应当以地方政府为主，中央政府为辅。资源配置具有较强的地域性，而且各种公共产品有不同的受益范围。具体来说，有些公共产品的受益范围是全国性的，如国防、外交等；有些公共产品则主要是地方性的，而且地方性公共产品还有范围大小之分，如铁路、高速公路可能主要是州或省一级的，而消防、路灯等市政设施则可能是城市级的。同时，因历史文化和社会经济水平的差异，各地居民对公共产品需求的差别也很大。相对于中央政府，地方政府更接近当地居民，能更好地了解居民的不同偏好，因地、因事制宜地满足居民需要，提高资源配置效率。

（2）收入分配职能的分工应以中央为主，地方为辅。无论是居民间的还是辖区间的，都应当以中央政府为主。在各辖区间商品、资金和人员等各种生产要素可以自由流动的情况下，地方政府的收入再分配计划会引起富人由高税收、高补贴的地区流向低税收、低补贴的地区，而穷人则恰恰相反，由此会导致该地区两极分化的加剧；而就辖区之间的收入再分配来说，由于各地方之间的关系是平等和独立的，如果没有中央政府干预，贫富辖区间的收入无法通过自愿或强制性的转移，这就难以改变地区之间的贫富差别。但当商品资本和人员等要素在地区间流动受到限制时，地方财政的再分配功能是很强的。

（3）稳定与发展职能应以中央为主，地方为辅。稳定发展职能是指政府通过财政手段从宏观角度对整个国民经济进行调控，而地方政府的权限仅限于本辖区。假如某一地方政府试图单独实行扩张性财政政策（即降低地方税收，给居民提供现金补助，或扩大政府购买等），居民就很可能增加消费支出，但在辖区之间自由贸易往来的情况下，该辖区的绝大部分购买力将用于购买其他辖区的商品，从而带动商品和劳动的销售或生产在其他辖区的增长。这种现象称为进口漏损。同样，如果某一地方政府想要单独实行紧缩性财政政策，又会造成出口漏损。进口漏损和出口漏损问题的存在，严重限制了地方政府实行财政政策的能力。

同时，地方财政也缺少可用于稳定经济的政策工具，如同货币政策的协调运用。另外，"税收竞争"对本地区发展看似有利，但从全国来看，本地得到的就是外地失去的，是一种"零和游戏"。当然，地方政府在稳定经济方面的能力受到限制，并不意味着地方政府与稳定经济之间没有任何联系。地方政府的财政决策作为总体经济的组成部分，对国民经济状况也有一定的影响。

2. 政府间财权的划分

与各级政府之间的支出划分制度密切相关的一个问题是：中央和地方政府如何通过最佳的方式筹资？显然，如果缺乏完善的收入安排制度，那么，即使是谨慎制定的政府支出划分制度也难以实现令人满意的结果。在明确哪些税收由哪一级政府课征、归属哪一级政府或者由哪些政府分享时，应考虑以下各种因素。

（1）应属于中央收入的税种有：与稳定经济和再分配相关的税种；税基在各地区分配极为不均的税种；税基流动性较大的税种等。

（2）应属于地方收入的税种有：不具备转嫁功能的税种；基于受益原则的税种和使用费项目等。

3. 政府间转移支付制度

政府间的转移支付制度是中央政府根据各地方政府的财力状况，协调地区的经济和社会发展，对全国整体经济实施宏观调控，将中央掌握的一部分财力转移给地方政府使用的一种预算调节制度，是财政管理体制的重要组成部分。在分税制条件下，转移支付制度对完善国家财政关系而言，是一项非常重要的配套制度。

15.3.3　中国财政管理体制的改革

财政体制频繁变动，一方面反映了政府在历次政治运动和经济波动中寻求对配置资源的权力本身最优配置的企图；另一方面也反映了政府未能在财政集权与分权、中央与地方、国家与企业分配关系上找到比较有效的、相对稳定的制度框架和运行模式。我国财政管理体制改革的历史演变如表15-2所示。

表 15-2　我国财政管理体制改革的历史演变

时　间	实 施 办 法
1950—1952 年	实行高度集中的"收支两条线"统收统支体制，地方财政的各项支出均由中央财政核定
1953 年	实行中央、省（市）、县三级预算制度，划分中央和地方收支范围及分配中央和地方的大体比例，地方收多于支者上缴，收少于支者补助
1954 年	划分收支，分级管理，分类分成。将收入分为中央和地方固定收入、固定比例分成收入和调剂收入三类，调剂收入由中央根据各地方每年的收支情况分别核定分成比例，一年一变
1953—1957 年	基本沿用"分类分成"的格局，集中多一些，中央预算支配的财力约占 75%
1958 年 4 月	实行简政放权改革，把一部分中央企业下放给地方，在税收、财政上实行分权化。将地方预算收入分为固定收入、企业分成收入（地方占 20%）和调剂分成收入（不同地方不同比例），收支范围和分成比例五年不变
1958 年 8 月	对以上方案进行改进，提出"收支下放，计划包干，地区调剂，总额分成，一年一变"的财政管理体制，不再按不同类别划分固定收入、企业分成收入和调剂分成收入
1960 年以后	实行比较集中的财政管理办法，把财权集中在中央、大区和省三级，紧缩预算外资金，收回一部分重点企业事业单位的收入作为中央收入及税收征管权力。虽然其间有些调整，但基本沿用"总额分成，一年一变"的办法
1969 年	对地方实行收入全部上交，支出全部由中央分配的收支两条线办法
1971 年	实行"定收定支，收支包干，保证上缴（或差额贴补），结余留用，一年一定"的办法
1972 年	对东北、华北和江苏省实行"收入按固定比例留成，超收另定分成比例，支出按指标包干"的办法
1973 年	将财政包干办法推广到 20 个省市（直辖市），试行"大包干"
1974—1975 年	实行"收入按固定比例留成，超收另定分成比例，支出按指标包干"的办法
1976 年	实行"定收定支，收支挂钩，总额分成，一年一定"的办法
1978 年	在陕西等 10 个省市试行"增收分成，收支挂钩"的办法
1979 年	7 月提出"收支挂钩，全额分成，比例包干，三年不变"的办法，但未实行；后试行"划分收支，分级包干"的办法，并对广东、福建两省实行"划分收支，定额上交（定额补助），五年不变"的包干办法，享受特殊政策
1980 年	实行"分灶吃饭"的分权体制
1988 年	实行了收入递增包干、上解递增包干、定额上解、总领分成、总额分成加增长分成、定额补助等多种形式的"大包干"管理制度
1994 年	实行分税制度

根据国务院的决定，1994 年 1 月 1 日起，在全国范围内全面实行了分税制财政管理体制。此后，又进行了一系列的调整，使分税制度财政管理体制的内容不断丰富。

1. 分税制财政管理体制的基本内容

1）在划分事权的基础上，划分中央与地方的财政支出范围

根据当时中央政府与地方政府事权的划分，中央财政主要承担国家安全、外交和中央国家机关运转所需经费，调整国民经济结构、协调地区发展、实施宏观调控所必需的支出及由中央直接管理的事业发展支出。具体包括：国防费，武警经费，外交和援外支出，中央级行政管理费，中央统管的基本建设投资，中央直属企业的技术改造和新产品试制费，地质勘探

费，由中央本级负担的公检法支出和文化、教育、卫生、科学等各项事业费支出。

地方财政主要承担本地区政权机关运转所需支出及本地区经济、事业发展所需支出。具体包括：地方行政管理费，公检法支出，部分武警经费，民兵事业费，地方统筹的基本建设投资，地方企业的技术改造和新产品试制经费，支农支出，城市维护和建设经费，地方文化、教育、卫生等各项事业费，价格补贴支出及其他支出。

2）按税种划分收入，明确中央与地方的收入范围

根据事权与财权相结合的原则，按税种划分中央收入和地方收入。将维护国家权益、实施宏观所必需的税种划分为中央税；将同经济发展直接相关的主要税种划分为中央与地方共享税；将适合地方征管的税种划分为地方税，充实地方税税种，增加地方税收入。分设中央与地方两套税务机构，中央税务机构征收中央税和共享税，地方税务机构征收地方税。收入具体划分如下。

（1）中央固定收入。包括：关税，海关代征的消费税和增值税，消费税，中央企业所得税，非银行金融企业所得税，铁道、各银行总行、保险总公司等部门集中缴纳的收入（包括所得税、利润和城市维护建设税），中央企业上缴利润等收入。外贸企业出口退税，除1993年地方实际负担的20%部分列入地方财政上缴中央基数外，以后发生的出口退税全部由中央财政负担。

（2）地方固定收入。包括：地方企业所得税（不含已上缴中央固定收入的地方银行、外资银行和非银行金融企业所得税），地方企业上缴利润，个人所得税，城镇土地使用税，固定资产投资方向调节税，城市维护建设税（不含各银行总行、铁道、各保险总公司集中缴纳的部分），房产税，车船使用税，印花税，屠宰税，农牧业税，农业特产税，耕地占用税，契税，国有土地有偿使用收入等。

（3）中央与地方共享收入。包括：增值税、资源税、证券交易（印花）税。增值税中央分享75%，地方分享25%。资源税按不同的资源品种划分，海洋石油资源税作为中央收入，其他资源税作为地方收入。证券交易（印花）税，中央与地方各分享50%。

3）实行中央对地方的税收返还制度

税收返还制度就其性质而言，是一种转移支付，是年年都有的经常性收入返还。为了保持地方既得利益格局，逐步达到改革的目标，中央财政税收返还数额以1993年为基期年核定。按照1993年地方实际收入及税制改革和中央地方收入划分情况，核定1993年中央从地方净上划的收入数额（消费税+75%的增值税－中央下划收入）。1993年中央上划收入，全额返还地方，保证地方既得利益，并以此作为以后中央对地方税收返还基数。1994年以后，税收返还数额在1993年基数上逐年递增，递增率按本地区增值税和消费税增长率的1:0.3系数确定，即本地区两税每增长1%，对地方的返还则增长0.3%。如果1994年以后上划中央收入达不到1993年的基数，则相应扣减税收返还数额。

2. 分税制财政管理体制的改革成效

实践证明，1994年分税制改革是我国预算管理体制上一次卓有成效的制度创新，初步建立起了与社会主义市场经济发展相适应的财政管理体制和运行机制。分税制改革取得了来之不易的成效，主要表现在以下三个方面。①在中央优化全局产业结构导向的大框架下，调动了地方各级政府理财、抓效益、抓收入的积极性，各地顺应分税制要求，都将精力和财力用在对自己有利的新财源的培育上来。②在政府和企业的关系方面，使中央政府和地方政府

开始走上不再按照企业行政隶属关系，而是按照税种组织财政收入的新轨道，标志着我国的改革终于走上了由"行政性分权"向"经济性分权"的转折点，把企业放到了在税法面前一律平等的地位上，不论大小、所有制和行政级别，该缴国税的缴国税，该缴地方税的缴地方税，税后红利按产权规范分配。因此，这是使企业真正站到同一条起跑线上展开公平竞争的新开端。③在中央和地方关系方面，大大提高了财力分配的透明度和规范性，规则全国一致，有利于长期行为的形成，并促使地方政府转变理财思路，实现规范管理。

3. 存在的问题

在分税制运行过程中，显现出了很多问题，主要存在于体制设计上，具体表现为四个方面。①1994年体制中未对投资权作出明确规定，地方政府还是可以从事一般营利性项目的建设。从现在的情况看，这是政府间事权纠葛和地方政府职能调整迟迟不到位的一个主要原因。②仍然保留了企业所得税按行政隶属关系划分这条旧体制的尾巴，与企业深化改革和专业化联合趋势的矛盾日益尖锐。2002年实行所得税分享改革对此已做了改变。③共享收入在全部税收收入中的比重相当高（60%左右），与彻底的分税制相比表现出很大的距离。④省以下分税制基本上没有建立起来。

我国分税制的进一步完善，必须遵从社会主义市场经济运行的基本原则，以科学界定政府职能为前提，以合理划分中央政府与地方政府及地方各级政府之间的事权为基础，以政府预算和税收制度改革为手段，合理设计满足公共财政目标模式要求的预算管理体制。

15.3.4 《预算法》修订的主要内容

1. 政府全部收支入预算，接受人民监督

2018年修订后的《预算法》实行全口径预算管理，如第四条明确规定政府的全部收入和支出都应当纳入预算；第五条明确规定预算包括一般公共预算、政府性基金预算、国有资本经营预算、社会保险基金预算。实行全口径预算管理，是建立现代财政制度的基本前提。收入是全口径的，不仅包括税收和收费，还包括国有资本经营收入、政府性基金收入等；支出也涵盖广义政府的所有活动，同时将地方政府债务纳入预算管理，避免地方政府债务游离于预算之外、脱离人大监督。

2. 避免收"过头税"，预算审核重点转向支出预算和政策

2018年修订前的《预算法》规定预算审查重点是收支平衡，并要求预算收入征收部门完成上缴任务。在客观上带来预算执行"顺周期"问题，容易导致收入征收部门在经济增长放缓时，为完成任务收"过头税"，造成经济"雪上加霜"；而在经济过热时，为不抬高基数搞"藏富于民"，该收不收，造成经济"热上加热"。2018年修订后的《预算法》改变了这一现状，将审核预算的重点由平衡状态、赤字规模向支出预算和政策拓展。同时，收入预算从约束性转向预期性，通过建立跨年度预算平衡机制，解决预算执行中的超收或短收问题，如超收收入限定冲抵赤字或补充预算稳定调节基金，省级一般公共预算年度执行中出现短收，允许增列赤字并在下一年度预算中弥补等。这些规定强调依法征收、应收尽收，有助于避免收"过头税"等行为，增强政府"逆周期"调控政策效果。

3. 规范专项转移支付，减少"跑部钱进"

针对地方可自由支配的一般性转移支付规模偏小、限定用途的专项转移支付项目繁杂、交叉重复、资金分散、配套要求多等问题，2018年修订后的《预算法》第十六条、第三十

八条、第五十二条等条款对转移支付的设立原则、目标、预算编制方法、下达时限等作出规定；并重点规范了专项转移支付，如强调要建立健全专项转移支付定期评估和退出机制，市场竞争机制能够有效调节事项不得设立专项转移支付，除国务院规定上下级政府应共同承担事项外不得要求下级政府承担配套资金等，有利于减少"跑部钱进"现象和中央部门对地方事权的不适当干预，也有利于地方统筹安排预算。

4. "预算公开"入法从源头防治腐败

2018年修订后的《预算法》首次对"预算公开"作出全面规定，第十四条对公开的范围、主体、时限等提出明确具体的要求，对转移支付、政府债务、机关运行经费等社会高度关注事项要求公开作出说明，并在第九十二条中规定了违反预算公开规范的法律责任。将预算公开实践成果总结入法，形成刚性的法律约束，这是预算法修改的重要进步，有利于确保人民群众知情权、参与权和监督权，提升财政管理水平，从源头上预防和治理腐败。

5. 严格债务管理防范债务风险

2018年修订后的《预算法》为地方政府债务管理套上预算监管的"紧箍咒"。按照疏堵结合、"开前门、堵后门、筑围墙"的改革思路，修订后的《预算法》第三十五条和第九十四条，从举债主体、用途、规模、方式、监督制约机制和法律责任等多方面作了规定，从法律上解决了地方政府债务怎么借、怎么管、怎么还等问题。

6. "勤俭节约"入法，违纪铁腕追责

针对现实中的奢侈浪费问题，2018年修订后的《预算法》对于厉行节约、硬化支出预算约束作出严格规定，如第十二条确定了统筹兼顾、勤俭节约、量力而行、讲求绩效和收支平衡的原则，第三十七条规定严控机关运行经费和楼堂馆所等基本建设支出等。相对于修订前的《预算法》仅就擅自变更预算、擅自支配库款、隐瞒预算收入等三种情形设置了法律责任，但是不够具体明确。2018年修订后的《预算法》重新梳理了违法违纪情形，加大了责任追究力度，在第九十二、九十三、九十四、九十五条里集中详细规定了法律责任。如对政府及有关部门违规举债、挪用重点支出资金，或在预算之外及超预算标准建设楼堂馆所的，对负有直接责任的主管人员和其他直接责任人员给予撤职、开除的处分。如构成犯罪的，还将依法追究刑事责任等。

本章小结

国家预算是经法定程序审批的国家年度财政收支计划，是以收支一览表的形式表现的、具有法律效力的文件，是国家筹集和分配财政资金的重要工具，是调控国民经济运行的重要杠杆。国家预算制度包括预算的编制、预算的批准、预算的执行、国家决算。

预算管理体制是在中央与地方政府及地方各级政府之间规定预算收支范围和预算管理职权的一项制度。分税制是国家预算管理体制中的一种重要形式，我国目前已经初步形成了分税制预算管理体制框架，但其中还存在很多问题，需要从事权划分、收入的调整和转移支付制度的完善等角度进行解决。

关键词

国家预算 复式预算 部门预算 增量预算 国家决算 预算外资金 分税制

思考题

1. 中国实行复式预算的必要性与可行性是什么？
2. 任何事物都有两面性，分税制也有劣势，主要表现在哪些方面？

第 16 章 财政平衡与财政政策

【学习目的】

通过本章的学习,掌握财政平衡的含义及财政赤字的弥补;掌握财政平衡与社会总供求平衡的关系;掌握财政宏观调控的目标及工具,熟悉财政政策与货币政策的搭配。

【开篇导言】

第二次世界大战时期是美国实行赤字财政的顶峰时期。以1942年为例,美国联邦政府当年财政赤字达到360亿美元,占国民生产总值近40%,这在和平时期是难以想象的。为了动员财力并防止发生严重的物价波动和经济混乱,政府一方面发行公债,另一方面实行全面的价格管制、配给和物资调拨。这种赤字财政政策配合经济计划化,带动了当时美国经济的高速增长。之后的数十年间,美国经济共发生了九次衰退,每隔4~9年一次。为了刺激经济增长,都采用各种各样宏观调控手段,如罗斯福"新政"、肯尼迪—约翰逊政府的"增长性"财政政策、"里根经济学"、克林顿政府的平衡预算、小布什政府的财政政策,但总体来看,方法主要有三:一是实施宽松的货币政策,中央银行通过增加货币发行、降低法定存款准备金率、降低贴现率等手段来扩大货币供应量和信贷规模,刺激投资和消费;二是实施扩张性的财政政策,主要是通过增发国债、增加政府支出、减税等方式来刺激总需求;三是实施汇率政策,通过使本币贬值的方式,提高本国产品在国际市场上的竞争力,以刺激出口。

在我国,1993年之前,财政调控主要是采取行政性手段,政策工具的选择和运用比较单一,主要就是压支出、砍项目。1993年以来,中国经济发展经历了从通货膨胀、经济过热到通货紧缩、经济偏冷,随后又转为经济局部过热、结构问题突出。与此相对应,中国的财政政策也进行了三次大的调整,相继实行了适度从紧的(紧缩性)财政政策、积极的(扩张性)财政政策和稳健的(中性)财政政策,通过适时适度的宏观调控,有力地促进了国民经济的持续快速健康发展。1998—2004年,通过增发长期建设国债9 100亿元,有效带动了地方政府配套资金、银行信贷资金、企业自有资金的大量投入,形成了约4万亿元的全社会投资规模,集中力量建成了一批关系全局的重大基础设施项目。2005年后,由于中国经济过热,在总量上,政府逐渐缩减发债的规模,同时为缓解外汇储备过多及货币流动性强的问题,发行了多期特别国债。

财政政策作为宏观调控的手段之一,是经济政策的重要组成部分,具体表现为运用税收、公债等收入手段和政府购买、转移支付等支出手段及预算手段对社会经济运行的调节。财政政策是财政理论的综合运用。学习研究财政政策,应主要关注那些深藏在形形色色、往往"朝颁夕改"的财政政策背后的规律性的东西。诸如,财政政策的目标是什么,为什么确定这些目标,可以采用哪些手段来实现这些目标,政策效力的传导机制是什么,政策效果如何、怎样评价，财政政策如何同其他经济政策相配合等。简而言之，财政政策的目标、手段、传导机制、效果，以及同其他政策手段的配合等，是本章学习的重点内容。

16.1 财政平衡与社会总供求平衡

16.1.1 财政平衡概述

1. 财政平衡的概念

财政平衡是指财政收支在量上的对比关系。按我国现行的统计口径，是与当年的收支对比而言的。财政收支对比不外乎三种结果：一是收大于支，表现为结余；二是支大于收，表现为赤字；三是收支相等。从理论上讲，收支相等是可以成立的，但在实际经济生活中，财政收支相等的情况几乎是不存在的。

1) 财政收支不平衡的原因分析

财政收支之间经常出现矛盾，即经常表现为财政不平衡：在一个年度内，要么收入大于支出，要么支出超过收入。其主要原因如下。

(1) 外部冲击。外部冲击是指对一国国民收入有很大影响、但本国不能左右的外部事件。它来自国际的影响因素，是不可控变量。比如，进出口商品价格的变动、外债成本的变动、国外援助规模的变动等，都会影响本国财政收支状况。

(2) 无弹性税制。税收收入弹性小于1的税制是无弹性税制。税收收入弹性是指在现行的税率或税法情况下，税收收入变动的百分比与国民收入变动的百分比之间的比例关系。在无弹性税制情况下，随着生产发展和国民收入增加，税收收入增加的比例小于国民收入或国内生产总值增加的比例。税收收入占GDP的比率无疑会下降，而财政支出一般不但不会减少反而还要增加。所以，相对减少的税收收入与绝对增加的财政支出不相匹配，最终导致财政不平衡，或继续增加财政赤字规模。

(3) 国有企业的经营状况。在我国，国有企业的经营状况是影响财政平衡与否的重要因素。这不仅是因为国有企业的生产经营活动在整个国民经济中占重要地位甚至是主导地位，而且因为来自国有企业的财政收入在财政收入总额中占很大的比重。国有企业生产经营状况的好坏，直接关系到国家财政的平衡状况。国有企业的经营状况，一方面影响其对财政收入的贡献率；另一方面，如果国有企业亏损了，政府需要增加企业亏损补贴。因此，国有企业的经营状况从财政收入和支出两方面增加了财政平衡的压力，无疑是我国赤字连年不断的一个重要原因。

(4) 意外事件。当遇到严重自然灾害时，增支减收成为必然，当年财政甚至以后年度的财政平衡与否就要受到影响。

以上因素决定了财政不平衡是财政收支运动的基本形态。但财政收支又是彼此依存、互相统一的。第一，财政收入与财政支出的目的相同，都是满足国家和人民不断增长的需要。第二，财政收入是财政支出的来源，财政支出是对财政收入的使用。财政收入的规模、增长速度决定了财政支出的规模与增长速度。没有收入，就没有支出，多收才能多支，少收只能少支。可见，收入是财政收支矛盾的主要方面，直接制约着支出。因此，要增加财政支出，满足日益增长的需要,就必须大力增加财政收入。第三,财政支出又促进和影响财政收入,它是保证财政收入增加的条件。财政支出的规模、增长速度与支出结构,直接影响到经济增长与经济效益,从而影响财政收入的规模和增长速度。

可见,矛盾着的财政收支双方,不但有对立性,而且有统一性,两者共处于对立统一体之中。财政收支的矛盾性,客观上要求正确认识矛盾,促使矛盾转化,实现财政收支平衡;财政收支的统一性,为财政收支平衡提供了客观可能性。

2) 财政平衡的含义

(1) 财政平衡是一种相对平衡,只要财政结余或赤字不超过一定的数量界限,就可以视为财政收支的平衡形态。一般把财政收支状况概括为三种形式。一是财政收支平衡、略有结余的稳固平衡。略有结余的数量界限,一般认为以财政结余数占财政总收入的3%左右为度。二是财政收支完全平衡。如前所述,财政收支绝对相等是不存在的,因此,财政收支完全平衡也是财政收支平衡、略有结余的一种形态,只不过略有结余的数量界限不同而已。根据历史经验,财政结余占财政总收入的2%以下可视为财政收支完全平衡。三是财政收支基本平衡。这是指财政收入小于财政支出,略有赤字。略有赤字以财政赤字占财政总收入的3%以内为度。

(2) 财政平衡是一种动态平衡。财政平衡不应只局限于一个财政年度内的收支对比状况,更要考虑年度之间的联系和相互衔接,研究未来财政年度收支的发展趋势,研究经济周期对财政的影响及财政对经济周期的调节作用,以求得一个时期的内在平衡。

(3) 财政平衡是一种综合平衡,不能就财政平衡去论财政平衡。财政状况是国民经济运行的综合反映,财政收支是宏观经济的重要指标,财政政策又是宏观调控体系的重要组成部分。财政收支作为一种货币收支,同国民经济货币收支体系中其他货币收支是相互交织在一起的。财政部门作为一个经济部门,其收支同家庭、企业部门及对外部门的收支有着密切联系,而且是互补余缺的。只有从国民经济全局出发去研究财政平衡,才可能分析财政平衡状况的成果,探求改善财政状况的对策,才可能运用财政政策有效地调节经济运行,达到优化资源配置、公平分配和稳定发展的目标。

(4) 财政收支平衡可以从中央预算平衡和地方预算平衡分别考察。根据我国过去的财政体制,一般是把中央财政与地方财政合到一起,从总体上进行考察。这种考察虽可反映国家财政收支的全貌,却不能反映中央与地方政府各自收支的对比情况。比如,1979年以来出现的财政赤字主要是中央财政赤字,地方财政除少数年份出现赤字外,多数年份均为结余,而地方的结余又可抵补中央财政的赤字,也就是说,中央财政实际存在的赤字比国家公布的财政赤字数要大得多。随着财政体制的改革,地方财政将成为一级独立的财政主体,在中央预算与地方预算分立的情况下,分别考察中央预算的平衡与地方预算的平衡,就显得十分必要。

2. 财政赤字及计算方法

财政赤字是指财政年度中财政支出大于财政收入导致的财政不平衡的一种财政现象,反映了财政年度内国家财政收入入不敷出的基本状况。财政的结余或赤字的计算方法不同,得出的财政收支所处的状态可能会有差别,财政结余或赤字的计算方法问题主要涉及如何看待债务收入问题,即债务收入是否作为正常的财政收入来计算的问题,通常有两种不同的计算方法,即

$$\text{赤字(结余)} = (\text{经常收入} + \text{债务收入}) - (\text{经常支出} + \text{债务支出})$$
$$\text{赤字(结余)} = \text{经常收入} - \text{经常支出}$$

第一种计算方法把债务收入视为正常的财政收入。在当今世界各国，对债务收入的处理方法各不相同。有些国家如日本及苏联将债务收入都作为正常的财政收入。这里所指的"经常收入"是指政府通过征税等活动所取得的收入，即税收收入、国有企业上缴的利润收入，以及各种非税收入，如规费收入、公产收入等；"经常支出"是指行使政府职能所必不可少的支出，如行政管理费、社会文教费、国防费、经济建设费、债务的利息支出等；"债务收入"包括政府发行债券的收入和其他借款收入；"债务支出"指债务的还本支出。

第二种计算方法为世界上许多国家所采用，如美国等。第二种方法还为国际货币基金组织所采用。国际货币基金组织编制的《政府财政统计年鉴》就是按这种方法来计算各国的财政赤字或结余的。

2013—2019年我国财政赤字规模见表16-1，这是按照第二种计算方法计算的，赤字规模由2013年的12 000亿元增长为2019年的48 492亿元，财政赤字占GDP比重由2013年的2.2%增长为2019年的4.9%。

表16-1 2013—2019年我国财政赤字规模

年份	2013	2014	2015	2016	2017	2018	2019
赤字规模/亿元	12 000	13 500	16 200	21 800	30 493	37 544	48 492
财政赤字占GDP比重/%	2.2	2.1	2.5	3.1	3.7	4.1	4.9

3. 财政赤字的弥补

财政发生赤字后，需要采用一定的方法予以弥补。一般来说，弥补财政赤字的方法主要有增加税收、增发货币和发行公债等。不同的弥补方法，对经济的影响是不同的。

1) 增加税收

增加税收包括开增新税、扩大税基和提高税率。首先，由于税收的法律规定性，决定了不管采用哪一种方法增加税收，都必须经过一系列的法律程序，这使增加税收的时间成本增大，难解政府的燃眉之急。其次，由于增加税收必定加重负担，减少纳税人的经济利益，所以纳税人对税收的增减变化是极为敏感的，这就使得政府依靠增税来弥补财政赤字的试图往往受到很大的阻力，从而使增税可能议而不决。最后，拉弗曲线告诉我们单纯的提高税率在临界点之后是会导致投资萎缩、经济滞后的。因此，增税不是弥补财政赤字的稳定可靠的方法。

2) 增发货币

一国的财政赤字可以通过向中央银行申请融资来解决，而这就意味着发行货币。当货币的发行仅仅是为了弥补财政赤字，而无相应的产出与之对应，就会导致过多的货币追求过少的商品，出现通货膨胀。因此，用增发货币来弥补财政赤字是不可取的。

3) 发行公债

发行公债是世界各国弥补财政赤字的普遍做法，而且被认为是一种可靠的弥补途径。但是，债务作为弥补财政赤字的来源，会随着财政赤字的增长而增长。但是，债务是要还本付息的，债务的增加也会反过来加大财政赤字。当前许多国家，有发达国家也有发展中国家，都面临赤字与债务同时增长的局面。发达国家主要担心的是债务带来的排挤效应及巨额债务终将导致债务货币化的前景。发展中国家也担心会产生不良后果：公债信誉下降，债券不易发行，出现债务危机，被迫发行货币偿还本息等。

在已经存在赤字的情况下，一般是靠发新债还旧债，而每年连续发行，每年都要还本付息。财政实际可支配的债务收入是当年发行数减去当年还本付息的净收入，为了保持和加大净收入，就必须扩大发行额，未偿还债务规模随之连年增加，自然利息支出也不断加大。公债利息率是公债发行中的一个重要问题。利息低甚或出现负利率，会加大发行的困难，但高利息率又会加大发行成本，并构成扩大财政赤字的因素。在发展中国家，迫于政府急需资金和市场利率的压力，公债利息率一般呈上升的趋势。公债利息支出应计入经常性支出，只有利息率低于国民生产总值的增长速度，才有可能靠税收的自然增长支付利息，否则要靠借新债来偿还旧债的利息。在这种情况下，必将出现扩大债务规模与控制利息率的两难选择。

因此，发行公债虽是弥补财政赤字的一种可靠来源，但对发展中国家来说，对公债的发行和管理却绝不可掉以轻心。

16.1.2 财政平衡与社会总供求平衡

经济学原理认为，政府进行宏观调控的最终目标是实现社会总供给与社会总需求的平衡。所谓社会总供给，是指一个国家或地区一定时期内在由物质生产部门和非物质生产部门提供的商品总量和付费劳务总量；所谓社会总需求，是指一个国家或地区在一定时期内，在有支付能力的范围内使用和消费的商品总量和付费劳务总量。二者之间的恒等关系式为

$$C+S+T+M=C+I+G+X$$

恒等式的左边代表总供给的收入流量，由消费（C）、储蓄（S）、税收（T）和进口额（M）组成；右边代表总需求的支出流量，由消费（C）、投资（I）、政府支出（G）和出口额（X）构成。这个恒等式可以理解为：不论经济处于何种状态，在给定的时期内，作为总供给的收入流量恒等于作为总需求的支出流量。政府的所有支出，无论是赤字支出还是非赤字支出，都汇入支出流量而构成总需求。根据总供需恒等式，可以列出以下描述财政赤字的预算恒等式：

$$G-T=(S-I)+(M-X)$$

恒等式的左边表示预算收支平衡状况，当 $G>T$ 时，政府预算出现赤字；当 $G<T$ 时，则有财政结余。等式的右端由两个部分组成，它们实际上是两个不同的账户，S 和 I 是储蓄、投资账户，M 和 X 是对外贸易经常账户。当 $S>I$ 时，非政府部门的储蓄大于投资，有结余资金；反之，则非政府部门的储蓄、投资账户出现赤字。当 $M<X$ 时，贸易经常账户有盈余；反之，则贸易经常账户出现赤字。这个预算恒等式可以理解为

财政赤字＝储蓄、投资账户结余＋贸易经常账户赤字

为使该恒等式表达的经济含义更容易解释清楚，下面从一个封闭型经济开始讨论。

即
$$M-X=0$$

有
$$G-T=S-I$$

财政赤字＝储蓄、投资账户结余

这个公式表达了一个重要的经济学原理：一个部门的赤字正好是另一个部门的结余。政府预算的赤字，可以由非政府部门的储蓄结余来抵补。按照恒等式的逻辑，财政赤字的增加，可以不影响需求总量，因为弥补赤字的资金可以来源于民间的储蓄结余。在这种情况

下，政府多支出的那一部分，正是非政府部门少支出的那一部分。因此，赤字可以在一定条件下以替代支出的方式嵌入总需求，而不改变需求总量。

在一个开放型经济中，政府预算赤字不仅可以用国内结余资源来弥补，还可以动员国际资源。假定 $M-X>0$，即贸易经常账户处于赤字状态，这表明一部分国外资源流入国内以补充国内总供给。在其他条件不变的情况下，谁动用了这部分资源，则取决于 S 和 I 的关系。大体可以分为以下几种情况。

(1) $S>I$。这表示非政府部门有结余，资源净流出。政府既动用了国外资源，也动用了国内结余资金。赤字同时以两种方式加入总需求：用国外资源弥补的赤字，会以新的总需求方式叠加在原有总需求之上，使总需求扩张；用国内结余资金弥补的赤字，会以替代支出的方式嵌入原有总需求中，总需求结构会被改变，但总量不变。

(2) $S=I$。这表示非政府部门的储蓄等于投资，这个部门既不占用其他部门的资源，也不为其他部门提供结余资源。在这种情况下，政府动用了全部从国外流入的资源，且国外流入的资源数量与财政赤字相等。这是国内政府的赤字由国外结余弥补的例子，全部赤字都会以新的需求叠加在原有总需求之上。在这种情况下，$S=I$，$M>X$ 与 $G>T$ 的组合，为持政府赤字导致贸易经常账户赤字观点的经济学派提供了理论依据。

(3) $S<I$。这表示非政府部门的储蓄、投资账户也出现赤字，需要筹资弥补。由于政府也处于赤字状态，因此两个部门都必须从国外筹集资金，所有的赤字都会使总需求扩张，假定国内的储蓄投资赤字等于贸易经常账户赤字，则政府便无资可筹，这也是一种排挤效应，是民间投资排挤政府支出的排挤效应。

从以上的恒等式分析，对财政平衡和社会总供求的关系可以得出以下三方面的认识。

(1) 财政平衡是社会总供求平衡中的一个组成部分，必须从国民经济的整体平衡研究财政平衡，就财政本身研究财政平衡难以得出全面的、正确的结论。

(2) 财政平衡是实现社会总供求平衡的一种手段。国民经济整体平衡的目标是社会总需求的大体平衡，财政平衡不过是其中的一个局部平衡，因而对社会总供求平衡而言，财政平衡本身不是目的，而是一种手段。

(3) 财政平衡可以直接调节社会总需求。国民收入决定因素中的消费、储蓄、投资及进出口属于个人和企业的经济行为，是通过市场实现的，而财政收支属于政府行为，因而财政收支平衡是掌握在政府手中进行宏观调控的手段。财政平衡可以直接调节社会总需求，间接调节社会总供给。

16.2 财政政策

财政政策是国家根据客观经济规律的要求，为达到一定目的而制定的指导财政工作的基本方针和准则。财政政策同其他任何政策一样，属于上层建筑范畴，是基于人们对财政经济规律的认识，在一定的理论指导下制定的。

16.2.1 财政政策的类型

根据财政政策在调节宏观经济活动中所起的不同作用，现代经济学从不同角度对财政政策进行了划分。这里介绍两种基本的分类方法。

1. 根据财政政策在调节社会总需求过程中发挥作用方式分类

1)自动稳定的财政政策

指财政的某些制度性安排能够自动促进总需求和总供给的平衡,如累进个人所得税、失业救济金、福利计划和社会救助支出等。这些财政政策都遵照法律规定的收入和支出制度自动执行,财政收支的升降自动由经济周期的波动所决定。在没有改变相关法律之前,一旦某些经济现象出现,这些财政收支就必须发生,政府无法凭借自身的权力去左右和变更这些财政收支。财政政策的自动稳定器功能主要表现在两个方面。

(1)税收的自动稳定功能。累进征收的个人所得税制,对经济活动水平的变化相当敏感。其调节机理是将纳税人的收入与适用的累进税率相挂钩,即纳税人收入越多,累进所得税的边际税率越高。这样,当经济繁荣、总需求增加时,所得税税额相应增加,私人部门的总需求相应降低,税收对总需求就有了一种自动抑制的功能;反之,当经济萧条、纳税人的收入水平下降、总需求萎缩时,累进所得税的边际税率自动下降,税收收入随之自动下降,导致总需求扩大,有助于抑制国民收入的下降。

(2)转移支付制度的自动稳定功能。政府的转移支付水平一般与社会成员的收入呈逆相关。经济增长速度越快,就业岗位越多,社会成员的收入水平越高,进入社会保障范围的人数越少,则社会保障支出的数额自动减少,以转移支付形式形成的总需求相应减少;反之,则相应增加。这样,政府的转移支付机制随着经济发展的兴衰,自动增加或减少社会保障支出和财政补贴数额,能够自动起到调节总需求、熨平经济波动的作用。

自动稳定器是保证宏观经济正常运行的第一道防线,它能够在一定程度上熨平宏观经济的周期性波动,却无法完全消除宏观经济波动所产生的负面影响。

2)相机抉择的财政政策

指政府根据总需求和总供给的现实情况,灵活改变税收和财政支出,以达到实现总供求、熨平经济波动的目标。按照早期的财政政策理论,相机抉择的财政政策包括汲水政策和补偿政策。

(1)汲水政策。指的是在经济萧条时增加一定数额的公共投资,促使经济自动恢复活力。汲水政策有四个特点:①它是一种诱导景气复苏的政策,即以经济本身具有的自发恢复能力为前提的治理萧条的政策;②它的载体是公共投资,以扩大公共投资规模作为启动民间投资的手段;③财政支出规模是有限的,不进行超额的支出,只要使民间投资恢复活力即可;④它是一种短期的财政政策,随着经济萧条的消失而不复存在。

(2)补偿政策。指的是政府有意识地从当时经济状态的反方向出发,调节景气变动幅度的财政政策,以达到稳定经济的目的。比如,在经济繁荣时期,为了减少通货膨胀因素,政府通过增收节支等政策,抑制和减少民间的过剩需求;而在经济衰退时期,为了减少通货紧缩,政府又必须通过增支减收的政策来增加消费和投资需求,谋求整个社会经济有效需求的增加。

2. 根据财政政策在调节国民经济总量方面的功能进行分类

1)扩张性财政政策

扩张性财政政策,又称为膨胀性财政政策或松的财政政策,是指通过财政收支活动对社会总需求有拉动刺激性作用的政策。在社会总需求不足的情况下,政府通常采取扩张性财政政策，通过减税、增加财政支出等手段刺激总需求增加，缩小社会总需求与社会总供给之间的差距。一般来说，减税可以增加民间的可支配收入，是扩大民间社会需求的重要途径。财政支出规模的扩大，是社会总需求增加的直接构成因素。在减税和增加政府支出并举的情况下，扩张性财政政策一般容易导致财政赤字，从这个意义上说，扩张性财政政策等同于赤字财政政策。

2）紧缩性财政政策

紧缩性财政政策是指通过财政政策收支活动对社会总需求有减少和抑制性作用的政策。在社会总需求规模大于社会总供给，出现需求膨胀的情况下，政府通常是采取紧缩的财政政策，通过增加税收、减少财政支出等手段来减少或者抑制社会总需求，以达到促进总供给与总需求平衡的目标。增加税收可以减少民间的可支配收入，降低他们的消费需求和投资能力；减少财政支出可以降低政府的消费需求和投资需求。无论是增加税收还是减少政府开支，都是抑制消费膨胀和投资膨胀的有效措施。如果在一定的经济状态下，增税与减支同时并举，就有可能出现财政盈余，在一定程度上看，紧缩的财政政策等同于盈余的财政政策。

3）中性财政政策

它是指通过财政收支的大体平衡，以保持社会总需求与总供给基本平衡的政策。这时政府的财政收支活动不对社会总需求产生扩张性或抑制性影响。其政策功能在于保持社会总供求的同步增长，以维持社会总供求对比的既定格局。政策实施表现为财政收支在数量上基本一致。因此，中性财政政策对社会总供求关系产生不具倾向性的调节作用。

财政政策的其他分类，如表16-2所示。

表16-2 财政政策的其他分类

分类方法	分类内容	政策含义
根据财政政策对总供给的影响进行分类	刺激性财政政策	通过某些财政手段的应用以达到刺激供给的财政政策
	限制性财政政策	通过某些财政手段的应用，以达到限制供给的财政政策
根据财政政策调节的对象进行分类	宏观财政政策	是指在财政收支活动中，通过财政收支量的变化对整个国民经济进行调节的政策。(1) 扩张性财政政策；(2) 紧缩性财政政策；(3) 均衡性财政政策；(4) 补偿性财政政策；(5) 积累与消费差别政策
	微观财政政策	是指对宏观财政政策的补充和配合，在微观层面上进行具体实施的各种政策。它在调整方向和效果上比宏观财政政策更有针对性和直接性，因而便于实现政府的一些具体的财政目标。(1) 固定资产折旧政策；(2) 投资抵免政策；(3) 资本利得税政策；(4) 行业津贴(补贴)政策；(5) 非营利基础设施建设政策；(6) 工业布局合理化政策；(7) 人才资源开发政策
根据财政收支两方面进行分类	财政收入政策	如税收政策、公债政策
	财政支出政策	如财政补贴政策、财政投资政策、支出变动与转换政策
根据财政政策调节的需要进行分类	总量调节政策	是指国家为了调节社会总供给与总需求平衡而规定的调整财政收支总量关系的基本方式
	结构调节政策	是指国家为了调节社会供给结构与需求结构的平衡，而规定的调整财政收入结构和财政支出结构的基本方式
	利益调节政策	是指国家为了调节社会经济利益关系而规定的调整财政收支变动的基本方式

分类方法	分类内容	政策含义
根据财政政策调节对象的动态性进行分类	存量财政政策	是指通过对资产存量、收入存量、利益存量等进行合理分布和调整的基本方式
	增量财政政策	是指通过对新增的财政分配部分，如新增盈利、新增留利、新增资金等进行合理调节的基本方式

16.2.2　财政政策的目标

财政政策的目标是多元化的，但从根本上说，是为了保持国民经济持续、快速、健康发展和满足人民群众日益增长的物质和文化生活的需要。但从具体目标来说，不同国家不同时期，财政政策的目标是不同的。

1. 财政政策目标的内容

按照国际惯例，各国一般都把社会总供给与社会总需求的基本平衡、经济增长稳定、物价稳定、充分就业、收入公平、国际收支平衡等作为财政政策宏观调控的目标。但从我国目前状况看，政府要把充分就业、物价稳定、经济增长和国际收支平衡作为财政政策的主要目标。

（1）充分就业。充分就业并不意味着没有失业现象，而是把失业率限定在一定范围内。由于价值观念的不同，充分就业在具体的数量指标上各不相同。较为保守的一些经济学家认为失业率在2%～3%为充分就业，而有些经济学家认为只要失业率低于5%就可以算是充分就业。现在，大多数经济学家认为失业率不超过4%为充分就业。当实际失业率超出该标准时，就采取各种政策手段予以调节，增加就业机会，以确保社会经济的稳定。

理论上，一般把失业划分为四种类型。①摩擦性失业。在短期内，由于信息的不畅通或者获得信息花费的成本较高，社会中总有一部分人处于寻找工作的状态，这部分失业人口被称为摩擦性失业人口。②结构性失业。指劳动力的供给与需求在职业、技能、地区分布等结构上的长期不协调所引起的失业。③季节性失业。指某些行业的生产因季节性变化产生间歇性的需求不足所造成的失业。这种失业带有某种规律性，除非在淡季使工人及时转到另一行业，否则这种失业是不可避免的。④周期性失业。这是指由于经济周期的存在，某些时期市场中对商品和劳务的总需求不足所导致的失业。

前三种失业的存在可能与劳动力市场和商品市场的实际结构性特征有关，也可能与市场信息的不完全性、寻找工作的成本和劳动力转移的成本有关。由这些因素引起的失业称为自然失业。自然失业与周期性失业相对应，后者是经济萧条时期出现的失业，经济复苏之后可以慢慢消失，但是自然失业是难以通过反周期的办法消除的。

（2）物价稳定。通货膨胀使各种商品和劳务、各种生产要素及各种债务的价格并非按照同一比例变动。通货膨胀的非均衡性会给经济生活带来不良的影响，它既会导致社会资源的配置失当，也会引起收入和财富的再分配，损害某些集团的利益。因此，抑制通货膨胀、稳定物价水平成为财政政策的主要目标之一。当然，抑制通货膨胀并不等于将价格总水平的增长控制为零。一般认为，温和的通货膨胀能在一定程度上刺激投资，是加速经济增长的润滑剂。通货紧缩则会严重挫伤经营者的信心，抑制企业的投资积极性，降低经济效率。因此，客观上要求政府利用财政收支与总供求之间的内在联系,既抑制通货膨胀,又防止通货紧缩的发生。从美国等发达国家的实践来看,当经济增长能够达到潜在的或合理的水平时,价格总水平上涨幅度保持在2%～3%是比较理想的。

(3) 经济增长。经济增长是指在一个特定时期内社会所生产的总产量和总收入或人均生产量和人均收入的持续增长。经济增长关键是保持合理的增长速度。当前国际竞争的实质是以经济和科技实力为基础的综合国力的较量,世界上许多国家和地区都在加快经济发展。如果社会主义国家经济发展滞后,没有比较高而又效益好的经济增长速度,就谈不上缩小同发达国家发展水平的差距,也谈不上国家的富强和人民生活水平的提高,从而社会主义制度的巩固将会遇到极大的困难。所以,社会主义国家的宏观调控要把促进经济增长摆在重要的位置。当然,经济增长速度的确定,必须根据客观实际的可能量力而行,讲求实效。

(4) 国际收支平衡。国际收支平衡主要是指资本流出、流入的平衡和进出口的平衡。在经济生活国际化的社会,国际收支是否平衡对于社会总供求的平衡、国内货币稳定、经济稳定、经济发展都有重要影响,随着我国开放度的扩大,这种影响将越来越大。从国际收支造成的经济影响看,各国政府更关心的是国际收支赤字。长期的国际收支赤字会导致国际储备不断减少,本币地位不断下降。同时,政府被迫大量举借外债,利息的偿付导致本国资源的大量流出,不仅进一步恶化国际收支,而且还会削弱国家在世界经济中的地位。因此,在国际收支平衡中,重要的是外汇收支差额和偿债率要适当。这就要求将外汇收支差额控制在合理的范围之内,既保持一定的外汇结存,又不要太多;同时,在利用外资、举借外债时必须保持适度规模。

2. 各政策目标的关系

首先,充分就业与物价稳定之间就有可能发生矛盾。按照标准的凯恩斯理论的宏观经济分析,充分就业与物价稳定之间本来是可以协调的,因为需求不足引起失业,过度需求引起通货膨胀,只要消除了需求不足而又不造成过度需求,就可以既有充分就业,又有物价稳定了。但经济运行的现实往往是在充分就业之前,社会上的物价往往已经上涨,在这种情况下,也并不存在有效需求不足问题,如果再实行扩张性的财政政策来扩大就业就只能使通货膨胀更加严重,这就需要其他各种经济政策的配合。

其次,物价稳定与经济增长之间的矛盾。本来物价稳定是有利于促进经济增长的,但在资本主义市场经济中,由于物价稳定通常以牺牲充分就业为代价,而充分就业才是促使经济增长的主要动力,这样在物价稳定和经济增长之间便产生了矛盾。

最后,充分就业、物价稳定及经济增长目标同国际收支目标也有矛盾冲突。充分就业通常带来物价上涨和通货膨胀,而通货膨胀通常导致经济的不稳定,经济的不稳定就不利于扩大出口,也不利于吸引外资,从而给国际收支平衡带来威胁。

财政政策的各项目标之间的冲突与矛盾,要求政策制定者要么确定重点的政策目标,要么对这些政策目标进行协调。在进行财政政策的决策时,既要受自己对各项政策目标重要程度的理解,考虑国内外各种政治因素,又要受社会可接受程度的制约。不同流派的经济学家,对政策目标有不同的理解。例如,凯恩斯主义者比较重视充分就业与经济增长,而货币主义者则较为重视物价稳定。这些分歧对一国政策目标的确定都有相当的影响。因此,政策制定者应根据不同时期的经济形势有所侧重,并尽量做到统筹兼顾,寻求一个最佳组合模式。

为了实现上述目标,国家需要对财政收支进行决策,这就是财政政策。

16.2.3 财政政策的工具

财政政策目标的实现，依赖于相应的政策工具或手段。可供选择的财政政策工具主要包括购买性支出、转移性支出、税收、公债和财政预算等。

1. 购买性支出

购买性支出可分为财政投资支出和财政消费支出。财政投资支出是中央政府和地方政府用于固定资产方面的支出。它的特点是投资规模大，投资方向集中在基础设施、公共事业等项目上，投资目标非营利性，资金来源于税收和公债。政府通过财政投资，可以扩大或缩小社会总需求，调整国民经济结构，改善社会投资环境，以刺激私人投资。财政消费支出是中央政府、地方政府用于产品和劳务的经常性支出，由国防、文教卫生及其他政府活动等支出内容构成。政府通过消费政策可以直接增加或减少社会总需求，引导私人生产发展方向，调节经济周期性波动。

购买性支出的增减，将直接影响个人收入的增减和社会总消费的增减，进而影响国民收入的增减。其影响程度取决于政府购买乘数的大小。可见，购买性支出作为财政政策的工具，是实现反经济周期的手段之一。

2. 转移性支出

转移性支出是政府将财政资金用于社会救助、社会保险和财政补贴等费用的支付。按用途不同可分为社会救助与社会保险支出、财政补贴支出两类。前者占财政支出的比例远大于后者。

社会救助支出是将一部分财政资金无偿转移到低收入阶层，以保障其最低生活需要；社会保险支出则是为了保障人们的基本生活需要。社会救助和社会保险政策，是实现收入公平分配的主要工具。

财政补贴可分为消费性补贴和生产性补贴，二者的调节效果有所区别。消费性补贴是对人们日常生活用品的价格补贴，作用是直接增加消费者的可支配收入，鼓励消费者增加消费需求。生产性补贴主要是对生产者的特定生产投资活动的补贴，如生产资料价格补贴、利息补贴等，作用等同于对生产者实施减税政策，可直接增加生产者的收入，从而提高生产者的投资和供给能力。因此，在有效需求不足时，主要增加消费性补贴；在总供给不足时，主要增加生产性补贴，可以在一定程度上缓和供求矛盾。

3. 税收

税收作为调节手段，一是调节社会总供给和总需求的关系，二是调节收入分配关系。总供求关系的调节主要通过两个过程实现：一是自动稳定机制过程，二是相机抉择过程。前者是在既定税收制度和政策下，由经济的内在运行规律进行支配；后者是政府根据经济形势的发展变化，有目的地调整税收制度和政策。在经济繁荣时期，国民收入增加，税收收入自动增加，个人可支配收入减少，这在一定程度上减轻了需求过旺的压力。此时如果总需求和总供给的缺口仍然很大，政府则要采取相机抉择的税收政策，如扩大税基，提高税率，减少税收优惠等。在经济衰退时期，国民收入下降，税收收入会自动减少，增加了个人可支配收入，这在一定程度上缓解了有效需求不足的矛盾，此时如果经济仍然不景气，政府就可采用相机抉择的税收政策，如缩小税基，降低税率，增加税收优惠等。

4. 公债

公债最初是政府组织收入、弥补财政赤字的重要手段。随着信用制度的发展，它已成为调节货币供求、协调财政与金融关系的重要政策工具。当经济萧条时，政府可以通过以下国债政策来扩大总需求：①增加短期国债的发行来提高社会资金的流动；②通过向银行发行国债，促使银行扩大信贷规模；③调低国债的发行利率，带动金融市场利率水平的下降；④政府大量买进债券，刺激国债价格上升。由于国债价格与利率呈反方向变化，这一行为将使利率水平下降。这些措施都有利于刺激投资需求和消费需求，实现供求平衡。当经济过热时，可以采取相反的措施加以调节。

5. 财政预算

财政预算是一国政府编制的每一财政年度内财政收入与财政支出的安排和使用计划，它是国家的基本财政计划。从范围上讲，财政预算分为中央预算和地方预算，它主要通过年度预算的预先制定和在执行过程中的收支平衡变动，实现其调节国民经济的功能。

预算调节经济的作用主要反映在财政收支的规模和收支差额上。赤字预算体现的是一种扩张性财政政策，在有效需求不足时，可以对总需求的增长起到刺激作用。盈余预算体现的是紧缩性财政政策，在总需求过旺时，可以对需求膨胀起到有效的抑制作用。平衡预算体现的是一种中性财政政策，在总需求和总供给相适应时，可以保持总需求的稳定增长。财政预算主要用于提高充分就业水平，稳定价格，促进经济增长及约束政府的不必要开支。

16.2.4　财政政策的传导机制

财政政策目标的实现是由众多的财政工具借助于中介媒体的传导，最终作用于经济而完成的。传导财政政策的媒体主要有收入分配、货币供应和价格等。

收入分配表现在各个方面，就财政政策传导分析而言，主要表现为对企业利润收入和个人收入分配的影响。政府支出政策特别是消耗性支出和公共工程支出，都会最终增加企业收入，税率的调整也会直接影响企业的税后利润水平。财政政策对个人收入分配的影响主要体现在会改变居民个人实际支配收入的变化上。调高或者调低税率最终会减少或者增加个人实际支配收入；增加或者减少补贴，则会增加或者减少居民可实际支配的收入。居民个人收入的变化会影响其消费行为、储蓄行为及劳动的积极性，在一定程度上可能导致人们在工作和休闲之间的重新选择。

财政采取的扩张性政策通常都具有货币扩张效应，采取紧缩性政策则会引起货币紧缩的效应，从而最终对社会供求总量平衡和经济的发展产生影响。

价格是在市场经济条件下引导资源配置的最为灵活的杠杆，财政支出政策所引起的某些商品价格变动，甚或是扩张性财政政策所产生的货币扩张效应最终都会引起价格的变动，从而对经济产生影响，实现财政政策目的。

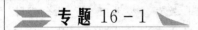
专题 16-1

20 世纪 90 年代以来中国财政政策的演变情况[①]

改革开放以来，我国多次出现经济过热现象，为了给经济过热降温，受当时宏观调

---

① 张德勇. 中国财政政策 10 年回顾：从"适度从紧"财政政策到积极财政政策. 经济研究参考, 2004 (2).

控经验不足的局限,往往采取"紧缩到底"的政策手段,使经济由过热一下子陷入过冷。这种热与冷的转换,好像是快速行驶中的急刹车,经济过热是消除了,但又面临着如何启动经济的问题。热与冷的骤然交替造成剧烈的经济波动,对国民经济运行产生了十分不利的影响。1988年的经济过热与通货膨胀及随后1989年和1990年国民经济的低速增长,使决策部门认识到,必须改变过去那种"一松就热、一紧就冷"的传统做法,做到既要为经济过热降温,也要保证国民经济的正常发展速度,防止经济运行中的大起大落现象的再次发生。

中国财政政策在政策取向上,以1998年下半年为分水岭,前后分别择机实施了"适度从紧"的财政政策与积极的财政政策。

1998年初,中国政府决定将适度从紧政策调整为扩大内需、刺激经济增长的政策,实行积极的财政政策。其主要措施包括:定向募集2 700亿元特种国债注入国有商业银行补充其资本金;增发1 000亿元国债定向用于公共工程建设投资,并希望由此带动1 000亿元银行配套贷款的发放;增大中央财政预算赤字规模,从1998年初计划的650亿元扩大到1 050亿元;调整企业的出口退税率。

1999年中国政府进一步加大了积极财政政策的力度,出台了四个方面的措施:一是增加发行600亿元长期建设国债;二是增加公职人员工资,提高国有企业下岗职工基本生活费、失业救济金和城镇居民最低生活保障费等社会保障三条线的保障水平;三是提高纺织、服装和煤炭等商品的出口退税率;四是恢复征收利息所得税。

2000年,中国政府决定继续加大实施积极财政政策的力度,其主要内容有四个方面。一是继续发行长期建设国债;采用财政贴息的方式,继续支持国有企业技术改造;加大对西部开发和生态建设的投入力度;适当增加对科技和教育基础设施的投入;支持开展南水北调、京沪高速铁路等一批重大项目的前期准备工作。二是继续落实1999年已经出台的调整收入分配政策。三是加大税收政策的实施力度,暂停征收固定资产投资方向调节税,带动投资需求;进一步提高出口退税率,刺激外贸出口。四是实施向农村倾斜的政策,加大对农村的投入。

我国从1998年开始实施以增发国债和扩大政府支出为主要政策工具的积极财政政策,不仅有效地进行了需求管理,而且有效地促进了经济的快速增长。从2003年下半年以来,我国经济开始走出通货紧缩的阴影,呈现出加速发展的态势。但也出现了部分行业和地区投资增长过快等问题,资源对经济增长的制约越来越明显,并带来煤、电、油、运供求紧张的局面。同时,农业特别是粮食生产连续多年减产,粮食供应靠挖库存维持平衡,粮价逐步攀升,带动了居民消费品价格的明显上升,通货膨胀压力逐渐加重。另外,我国经济又并非全面过热,经济社会发展中还有农业、教育、公共卫生、社会保障等许多薄弱环节亟待加强,而且没有强烈信号表明近期会发生高通货膨胀,因此,积极财政政策应当适时转向但不宜直接转向紧缩的财政政策。

在这种情况下,中央提出2005年实行稳健的财政政策。所谓稳健财政政策,理论上就是经济学意义上的中性财政政策,指财政政策对总需求既不扩张也不收缩的情形,是介于扩张性和紧缩性财政政策之间的一种中间状态,是在经济总量基本平衡、物价比较稳定、结构性问题相对突出情况下实行的一种财政政策。从我国的实践看,其核心内容是"控制赤字、调整结构、推进改革、增收节支",反映了财政政策"松紧适度"的增量平衡取向、"有保有控"的结构优化取向、"制度创新"的完善市场机制取向、"增收节支"的效率取向。实施几年来的稳健财政政策促进了国民经济的平稳较快发展和社会各项事业的进步。2008年,我国继续实施稳健财政政策,进一步发挥财政的宏观调控作用,并加强与货币政策的协调配合,保持经济平稳较快发展的好势头,努力防止经济增长由偏快转为过热,防止价格由结构性上涨演变为明显通货膨胀。

2009年财政政策略有调整,实施扩张性的财政政策;2010年继续实施适度扩张的财政政策;2011年又转向稳健的财政政策;2012年转向积极财政政策,以扭转当时经济下行态势,量入为出、结构性调整为当年财政政策的主基调;2013年继续实施积极财政政策,适当增加财政赤字规模,完善结构性减税,优化财政支出结构,推动经济发展方式转变,提高经济发展质量和效益。2016年及今后一个时期,我国继续实施积极的财政政策,继并加大力度,保障经济发展。

16.3 财政政策与货币政策的配合

财政政策和货币政策是国家调控宏观经济的两个基本手段。由于两者在调节经济的活动中发挥的作用不同,所以要达到理想的调控效果,需要将财政政策和货币政策协调配合运用。

16.3.1 货币政策概述

货币政策是指国家为实现一定的宏观经济目标所制定的货币供应和货币流通组织管理的基本准则。货币政策的内容,包括稳定货币的目标和实现这些目标的政策手段。它是由信贷政策、利率政策、汇率政策等具体政策构成的一个有机的政策体系。

1. 货币政策的工具

一般性货币政策的工具主要是法定存款准备金、再贴现率和公开市场业务,俗称"三大法宝"。

1)法定存款准备金

商业银行等金融机构按照规定的比率,将所吸收的存款的一部分交存中央银行,自身不得使用。应交存的比率称为法定存款准备率。

中央银行可以通过调高或调低法定存款准备率,来增加或减少商业银行应交存到中央银行的存款准备金,从而影响商业银行的贷款能力和派生存款能力,以达到调节货币供应量的目的。如果中央银行调低法定存款准备率,商业银行可以减少其上交存款准备金的数量,相应增强其贷款能力,扩大贷款规模,通过存款的倍数效应扩大货币供应量;反之,则会缩减货币供应量。

2)再贴现率

再贴现率是指商业银行向中央银行办理商业票据再贴现时所使用的利率。中央银行可以通过调高或调低贴现率的办法来影响商业银行的贷款规模。如果中央银行调低贴现率，降低商业银行向中央银行借入资金的成本，这样商业银行也可以调低其贷款利率，从而起到刺激企业贷款需求、扩大商业银行贷款规模和扩大货币供应量的作用；反之，则会通过调高贴现率的办法缩减商业银行贷款规模，减少货币供应量。

3）公开市场业务

公开市场业务是指中央银行通过其证券经纪人在金融市场上买进或卖出有价证券进而调节货币供应量的一种方式。例如，中央银行买进有价证券，实际上相应地向流通领域注入了货币，增加了流通中的货币供应量，增加商业银行的可贷资金来源，有利于企业投资；另外它还可以提高证券的价格，刺激人们对证券的需求。反之，政府卖出证券，则可以起到减少市场货币供应的作用。

除上述传统手段外，西方国家还经常地辅以其他调节手段，如道义劝告、行政干预和金融检查等。

2. 货币政策的传导机制

货币政策的传导机制一般包括两个层次。第一个层次是中央银行运用各种调节手段，以影响商业银行的行为。商业银行对中央银行的行为作出反应，相应调整其对企业居民的贷款规模。第二个层次是企业居民对商业银行的行为作出反应，相应调整投资支出和消费支出，最终影响社会总需求，从而实现货币政策目标。

16.3.2　财政政策与货币政策相互配合的必要性

财政政策与货币政策相互配合的必要性是由财政政策与货币政策的不同特点决定的。

1. 政策目标的侧重点不同

财政政策直接作用于社会经济结构，间接作用于供需总量平衡；而货币政策则直接作用于经济总量，间接作用于经济结构。从财政政策看，它对总供给的调节，首先表现为对经济结构的调节，财政政策对总需求的调节主要通过扩大或缩小支出规模，达到增加或抑制社会总需求的目的，但这种调节从根本上说也是以调节社会经济结构为前提的。货币政策则通过货币投放和再贷款等措施控制基础货币量，通过存款准备金率和再贴现率等手段控制货币乘数，实现对社会总需求的直接调节，达到稳定货币和稳定物价的目的。当然，货币政策也可以根据国家产业政策，通过选择贷款方向，间接对结构发生调节作用。

2. 财政和货币政策作用机制不同

财政政策更多地偏重于公平。财政政策是影响和制约社会总产品和国民收入分配的重要环节，它的主要责任是直接参与国民收入的分配并对集中起来的国民收入在全社会范围内进行再分配，调节各经济主体间的利益差别，保持适当合理的分配差距，以防止过度的收入悬殊，并从收入和支出两部分影响社会总需求的形成。货币政策则更多地偏重于效率。货币政策的实施是国家再分配货币资金的主要渠道，是在国民收入分配和财政再分配基础上的一种再分配，主要是通过信贷规模的伸缩来影响消费需求和投资需求，进而引导资源流向效益好的领域。

3. 两大政策调节的领域不同

财政政策主要通过参与社会产品和国民收入的分配来实现对国民经济的调节。货币政策主要从流通领域出发对国民经济进行调节。货币政策的核心内容是通过货币供应量的调节来对国民经济施以影响,其功能是向流通领域提供既能满足经济发展需要,又能保证物价稳定的流通手段和支付手段。

16.3.3 财政政策与货币政策的配合模式

由于财政政策与货币政策对总需求结构产生不同的影响,对产出和利率水平也会产生不同的影响,因此只有将两者有效地结合起来,以一方优势弥补另一方的不足,才能更好地发挥其对宏观经济的调控作用。在不同的经济状况下,财政政策和货币政策可以有多种不同的配合方式。

(1) 扩张性的财政政策与扩张性的货币政策搭配,即"双松"政策。松的财政政策主要是通过减少税收和扩大财政支出规模,来刺激社会总需求的增加。松的货币政策主要是通过降低法定准备金率、降低利息率而扩大信贷支出的规模,以抵消财政政策的"挤出效应";增加货币的供给,来影响和拉动社会总需求。这种"双松"政策配合的结果,能够比较迅速地激发社会总需求的增加,主要在社会需求严重不足,生产资源大量闲置,解决失业和刺激经济增长成为宏观调控首要目标时采用。我国在1979年、1980年、1982—1984年、1986—1988年、1998年、1999年实行的都是"双松"的配合。如1998年,针对前几年"双紧"政策造成的有效需求不足、通货紧缩等问题,政府实施了以扩大内需确保经济增长目标实现为目的的松的财政政策和松的货币政策。在货币政策方面采取了取消贷款限额控制,降低法定存款准备率,连续5次下调存贷款利率,扩大对中小企业贷款利率的浮动幅度等一系列措施;在财政政策方面,加快"费改税"进度,对某些产品提高出口退税率并加快出口退税进度,加大政府投资的力度并积极引导企业和个人社会投资和外资。1998年下半年中央又决定实行更积极的财政政策,向国有商业银行发行1 000亿元长期国债,国有商业银行增加1 000亿元配套贷款,定向用于公共设施和基础产业建设。1998年经济增长率达到7.8%,基本实现了宏观调控目标。

(2) 紧缩性的财政政策和紧缩性的货币政策搭配,即"双紧"政策。紧的财政政策主要通过增加税收,压缩财政支出,来抑制社会总需求的增长。紧的货币政策是指通过提高法定准备金率,提高利息率,减少货币供应量,来抑制投资和消费支出。这种政策的组合效应,会有效地制止需求增长过猛和通货膨胀,抑制经济增长过热势头,但可能带来经济的滑坡,增长缓慢,甚至陷于衰退的境地。这种政策主要在社会总需求极度膨胀,社会总供给严重不足,物价大幅攀升,抑制通胀成为首要的经济目标时采用。我国在1985年、1989年、1994—1997年实行的都是"双紧"的配合。如1994年,结合分税制改革,强化了与产值速度关系密切的增值税、消费税的调控作用,并通过发行国债,引导了社会资金的流向,从而减轻了经济的泡沫化程度。在货币政策方面,严格控制信贷规模,大幅度地提高了存贷款利率,并要求各专业银行的分支机构定期收回乱拆借的资金,使宏观经济在快车道上稳刹车,并最终顺利实现了软着陆,至1997年,经济增长率在保持8.8%的同时,物价上升水平回落到0.8%。

(3) 扩张性的财政政策和紧缩性的货币政策搭配,即一松一紧的政策组合。松的财政政策,有助于克服需求不足和经济萧条;紧的货币政策能缓和财政政策所造成的通货膨胀压力。这种政策的配合,可以在保持经济一定增长的同时,尽可能地避免通货膨胀。但这种政策组合的长期实行,会造成财政赤字居高不下,对汇率和国际收支产生不良影响。这种组合主要在通胀与经济停滞并存,产业结构和产品结构失衡,治理滞胀、刺激经济增长成为首要目标时采用。

(4) 紧缩性的财政政策与扩张性的货币政策搭配。紧的财政政策可以抑制社会总需求,限制社会集团和个人消费,防止经济过热和通货膨胀;松的货币政策能鼓励投资,促进经济增长。这种政策的组合,能改善资源配置,并有助于资金积累,在控制通货膨胀的同时,保持适度的经济增加。但如果松紧度掌握不好,货币政策过松,难以抑制通货膨胀。这种组合适于财政赤字较大,物价基本稳定,经济结构合理,但企业投资不旺,经济处于轻度衰退时采用。我国在1981年实行的为紧财政松货币的配合,在财政方面,当年财政基本建设投资支出比1980年压缩了28%,财政赤字比1980年减少了102亿元。在银行方面,实行紧中有松的政策,一方面,现金投放减少了36.2%;另一方面,增加各类贷款350.3亿元,主要用于支持农副产品收购和轻纺工业的发展。

除了以上财政政策与货币政策配合使用的一般模式外,财政、货币政策还可呈中性状态。中性财政政策,指财政收支量入为出、自求平衡的政策。中性的货币政策,是指保持货币供应量合理、稳定地增长,维持物价稳定的政策。若将中性货币政策与中性财政政策分别与上述松紧状况搭配,又可产生多种不同配合。以我国目前为例,自2004年以来,我国出现了经济过热的苗头,从2005年开始,受资本市场复苏和房地产市场投资过热的影响,经济过热进一步加剧。进入2007年,我国经历了较为严重的通货膨胀,基础产品价格居高不下,CPI连续数月超出警戒线。鉴于此,我国政府采取了稳健的财政政策和从紧的货币政策相配合,在调整关税、资源税和证券交易印花税的同时,连续十次提高法定存款准备金比率,五次上调利率,以应对当时的经济态势,并取得了较好的效果。2008年全球金融危机爆发,国内通胀压力减缓,中国人民银行调整金融宏观调控措施,连续三次下调存款基准利率,两次下调存款准备金率,取消对商业银行信贷规划的约束,引导商业银行扩大贷款总量,2008年11月5日,国务院常务会议要求施行积极的财政政策和适度宽松的货币政策。2009年7月23日,中共中央政治局召开会议,指出要继续把经济平稳较快发展作为首要任务,保持宏观经济政策的连续性和稳定性,继续实施积极的财政政策和适度宽松的货币政策。2011年保障重点建设项目贷款需要,积极扩大直接融资,货币政策为了应对新形势下通胀预期和压力所必需的总量调控措施,继续实施积极的财政政策和稳健的货币政策。

2015年是稳增长、调结构的紧要之年,我国继续实施积极的财政政策和稳健的货币政策,适当扩大财政赤字规模和动用以前年度结转资金,加大支出力度。2015年全国安排财政赤字16 200亿元,比2014年增加2 700亿元,赤字率从2014年的2.1%提高到2015年的2.3%。加大支出力度,促进经济运行保持在合理区间,这是积极财政政策的重要体现。

按照中央经济工作会议部署,2016年及今后一个时期,要继续实施积极的财政政策并加大力度,继续实施稳健的货币政策。为配合推动供给侧结构性改革、促进发展动力顺利转换,2016年积极的财政政策必须坚持扩张支出与防控财政风险兼顾,更加强调精准发力,把财政资金用于关键和薄弱环节,使人民有更多获得感。

财政政策与货币政策配合方式,要根据宏观经济运行的客观态势来决定。要看是在总量失衡情况下的总需求大于总供给,或是总供给大于总需求,还是在供需总量基本平衡下的结构失调,从而选择基本配合方式,以及进一步确定对财政政策工具与货币政策工具配合的力度和政策出台的时机。只有这样,才有可能达到最佳的政策效果。

> 专题 16-2

20世纪90年代美国财政政策与货币政策的配合

1993年1月20日克林顿入主白宫时,面对着他的是经济回升乏力、失业率不断上升、财政赤字居高不下、债务猛烈增长的形势。但在其第一任期内,美国经济即出现了第二次世界大战后最佳态势,经济持续高增长、低通胀,财政赤字大幅削减。到1998年,财政赤字消失并出现盈余,失业率和通胀率为第二次世界大战后最低水平。导致这一巨大变化有其国内外诸多方面的主客观因素,其中最关键的因素是克林顿政府的财政政策和美联储的货币政策及其协调配合。

克林顿于1993年2月17日在国会参众两院联席会上提出了他的振兴经济计划。其主要内容是:将公共支出和私人开支的重点从消费转向投资,在短期内启动经济并对未来美国人的就业和收入进行投资;尊重工作与家庭;大幅度减少联邦赤字;减少政府开支,减少浪费,提高效率等四个部分。其核心部分则是大幅度减少财政赤字计划。

与此相对应的,20世纪90年代以来,美联储一直以充分就业、价格稳定和适度的长期利率作为其货币政策的最终目标,实行中性的稳定一贯的货币金融政策,并及时进行微调,使美国经济在1994年成功地实现了软着陆。美联储货币政策的内容主要有两个方面。(1)坚决制止通货膨胀的低利率政策。美联储根据经济情况适时对利率进行微调,并使利率保持在较低水平,这对抑制经济过热和通货膨胀恶化产生了根本性作用。(2)利用公开市场业务调整利率。20世纪90年代之前,美国的货币政策主要是通过货币供应量的调整来调节经济运行,进入90年代以后,由于货币流通速度的大幅度变化,货币供应量的调整难以起到引导物价稳定的作用,有鉴于此,美国货币当局对其货币政策的调控目标和实施工具进行了调整,从以控制货币总量为主转变为主要对利率的调控。

由于采取了科学的政策搭配,从1993年到1999年,美国经济持续高速增长,平均增长率约为4%,通胀率和失业率分别为1.7%和4.2%,是第二次世界大战后最低水平。1999年9月27日,白宫行政管理和预算管理局宣布,在1999年财政年度里,联邦政府的财政盈余达1 230亿美元,大大高于1998年692亿美元的水平。就此而言,美国20世纪90年代的财政政策是卓有成效的。

本章小结

财政平衡是指财政收支在量上的对比关系。在实际经济生活中,财政收支相等的情况几乎是不存在的。导致财政收支不平衡的原因包括外部冲击、无弹性税制等因素。财政赤字是指财政年度中财政支出大于财政收入导致的财政不平衡的一种财政现象,反映了财政年度内国家财政收入入不敷出的基本状况。财政发生赤字后,需要采用一定的方法予以弥补。一般来说，弥补财政赤字的方法主要有增加税收、增发货币和发行公债等。财政平衡是社会总供求平衡中的一个组成部分，可以直接调节社会总需求。

财政政策是指国家为实现一定目标对财政收支进行的决策。财政政策的目标有充分就业、物价稳定、经济增长和国际收支平衡。其手段包括购买性支出、转移性支出、税收、公债和财政预算等工具。

财政政策和货币政策是国家调控宏观经济的两个基本手段。由于两者在调节经济的活动中发挥的作用不同，所以要达到理想的调控效果，需要将财政政策和货币政策协调配合运用。二者的搭配有双松、双紧、一松一紧和一紧一松四种模式。

关键词

财政平衡　财政赤字　社会总供求平衡　财政政策　货币政策

思考题

1. 分析财政平衡政策和财政赤字政策对经济的影响。
2. 传导财政政策的媒介主要有哪些？请举例说明。
3. 联系我国目前的经济发展形势及存在的问题，试讨论我国应当采取何种财政政策与货币政策的搭配模式。

参考文献

[1] 付敏杰. 新时代财政职能的国家化和财政学的政治学转向. 财经问题研究, 2019, (2).
[2] 王雍君. 财政学知识图谱的智识化与集成化建构研究:兼论中国当代财政改革的核心命题. 财政研究, 2019 (8).
[3] 熊进. 从财政学到财政社会学:高等教育财政研究的范式转换:以对高等教育项目制的分析为例. 教育学术月刊, 2019 (9).
[4] 崔潮. 国家治理财政学:学说渊源、理论基础及主要特征. 河北大学学报(哲学社会科学版), 2020, 45 (1).
[5] 杨志勇. 新中国财政学70年发展的基本脉络. 财政研究, 2019 (6).
[6] 杨松武. 构建"国家治理财政学"的基本命题与可行方向. 地方财政研究, 2020 (2).
[7] 白云真, 曹明星. 新市场财政学的研究议题与未来趋向. 经济与管理评论, 2019 (5).
[8] 陈莹, 唐盟. 基于社会共同需要的财政学如何可能?:中国的逻辑. 财政科学, 2019 (1).
[9] 刘尚希, 赵全厚. 政府债务:风险状况的初步分析. 管理世界, 2002 (5).
[10] 刘尚希. 基本公共服务均等化:现实要求和政策路径. 浙江经济, 2007 (13).
[11] 刘尚希. 宏观金融风险与政府财政责任. 北京:中国财政经济出版社, 2006.
[12] 刘尚希, 傅志华, 李成威, 等. 构建现代财政补贴体系理论研究. 财政研究, 2019 (9).
[13] 谢晓娟. 财政与税收. 厦门:厦门大学出版社, 2009.
[14] 钟大辉, 杨光. 财政与税收. 昆明:西南财经大学出版社, 2016.
[15] 肖文圣. 财政与税收. 南京:东南大学出版社, 2011.
[16] 李思泓. 财政与税收. 哈尔滨:哈尔滨工程大学出版社, 2011.
[17] 徐信艳, 马晓青. 财政与税收. 上海:上海交通大学出版社, 2011.
[18] 欧阳华生. 财政与税收. 天津:南开大学出版社, 2011.
[19] 王晓光. 财政与税收. 北京:北京理工大学出版社, 2010.
[20] 何振一. 理论财政学. 北京:中国社会科学出版社, 2015.
[21] 费雪. 州和地方财政学. 2版. 北京:中国人民大学出版社, 2000.
[22] 平新乔. 当代财政学前沿的若干问题. 经济学动态, 2000 (4).
[23] 罗森. 财政学. 4版. 北京:中国人民大学出版社, 2000.
[24] 赵振东, 张念瑜. 收费理论与收费管理. 北京:中国物价出版社, 1995.
[25] 钱津. 国有资产的市场化经营. 北京:经济科学出版社, 1998.
[26] 杨秀琴, 钱晟. 中国税制教程. 北京:中国人民大学出版社, 1999.
[27] 叶振鹏, 张馨. 公共财政论. 北京:经济科学出版社, 1999.
[28] 邓子基, 邱华炳. 财政学. 北京:高等教育出版社, 2000.
[29] 刘溶沧, 赵志耘. 财政政策论纲. 北京:科学出版社, 2000.

[30] 汪洋. 收费管理概论. 北京：高等教育出版社，2000.
[31] 刘溶沧，赵志耘. 中国财政理论前沿. 北京：社会科学文献出版社，1999.
[32] 邓力平. 经济全球化、WTO与现代税收发展. 北京：中国税务出版社，2000.
[33] 黄少安. 国有资产管理概论. 北京：经济科学出版社，2000.
[34] 冯健身. 公共债务. 北京：中国财政经济出版社，2000.
[35] 王金秀，陈志勇. 国家预算管理. 北京：中国人民大学出版社，2000.
[36] 蒋洪. 财政学. 北京：高等教育出版社，2000.
[37] 毛程连. 国有资产管理新论. 上海：上海财经大学出版社，2001.
[38] 黄济生，殷德生. 国际税收理论与实务. 上海：华东师范大学出版社，2001.
[39] 聂庆轶. 财政学教程. 上海：立信会计出版社，2003.
[40] 杨斌. 税收学. 北京：科学出版社，2002.
[41] 类承曜. 国债的理论分析. 北京：中国人民大学出版社，2002.
[42] 刘玲玲. 公共财政学. 北京：中国发展出版社，2003.
[43] 靳东升. 税收国际化趋势. 北京：经济科学出版社，2003.
[44] 吴厚德. 财政学. 4版. 广州：中山大学出版社，2003.
[45] 毛程连. 公共财政理论与国有资产管理. 北京：中国财政经济出版社，2003.
[46] 张馨. 比较财政学教程. 北京：中国人民大学出版社，2004.
[47] 唐朱昌. 新编公共财政学：理论与实践. 上海：复旦大学出版社，2004.
[48] 姜雅净，程振强，郭家华. 税务代理实务. 上海：上海财经大学出版社，2004.
[49] 计金标. 税收筹划. 北京：中国人民大学出版社，2004.
[50] 莫童. 国有资产管理与资本运营. 上海：上海交通大学出版社，2004.
[51] 邓子基，林致远. 财政学. 北京：清华大学出版社，2005.
[52] 戴文标. 公共经济学新论. 杭州：浙江大学出版社，2005.
[53] 赵小平. 价格管理实务. 北京：中国市场出版社，2005.
[54] 李松森. 国有资产监督. 北京：中国财政经济出版社，2005.
[55] 代英姿. 国有资产评估管理. 北京：中国财政经济出版社，2005.
[56] 朱炜，王莉，段治平. 财政与金融. 徐州：中国矿业大学出版社，2006.
[57] 中国注册会计师协会. 中国注册会计师全国统一考试辅导教材. 北京：经济科学出版社，2020.